◆南山大学学術叢書◆

フランス語圏 刑法学の諸相

末道康之 著
Yasuyuki Suemichi

成文堂

はしがき

　本書は、『フランス刑法の現状と欧州刑法の展望』を出版した後、私が比較的最近、発表してきたフランス刑法学及びベルギー刑法学に関する論考をまとめたフランス語圏刑法学に関する研究書である。

　これまで、フランス刑法学の諸課題を中心に研究を進めてきたが、同時に、隣国であるベルギーの刑法学についても解釈論や立法論に関心をもって研究を進めてきた。ベルギーは、フランス語共同体、オランダ語共同体、ドイツ語共同体という三共同体と、ブリュッセル首都圏地域圏、ワロン地域圏、フランデレン地域圏という三地域圏から構成される多言語の連邦国家である。19世紀に制定されたベルギー刑法典は、当時のフランス刑法典及びフランス刑法学から大きな影響を受けて制定されたという経緯があり、刑法学の基本的な概念は共通している部分が多い。犯罪論においては、犯罪概念や犯罪の体系論等の基礎理論については、類似性がみられる。ただ、フランスとは異なり、多言語国家であり、オランダ語圏ではオランダ刑法学の影響がみられ、フランスとは異なった理論的発展を遂げている分野も多い。比較刑法学の視点からも、両国の刑法学の現状や課題を分析することは、意義があると思われる。

　また、ベルギーでは、刑法典の全面改正の審議が継続されていたが、ようやく、2024年2月29日に新刑法典を導入する法律案が成立し、4月8日に官報に公布された。新刑法典は、2年後の2026年4月8日に施行されることになった。ベルギーでは、1867年に制定された刑法典が、その後幾度かの改正がなされてはいるが、その基本的な構造については命脈を保ち存続し続けてきた。しかし、この現行刑法典は、進化する社会の実情には必ずしも対応できていない部分もあり、国内的及び国際的な社会の進展に対応した改正が繰り返されてきたが、そのために、整合性や一貫性という点で刑法典自体が矛盾を内包する状態にある。そこで、2015年から、150年ぶりの刑法典の全面改正の作業が開始され、刑法総則・各則について刑法典改正法案が既に国会に提出され、審議が行われていた。ベルギー刑法典の全面改正の議論におい

ii　はしがき

ては、フランス、オランダ、ドイツといった隣国の刑法学との比較検討、EU レベルでの法令の国内法への適用といった視点は法案の制定において重要な意味を有しており、比較法的な視点から個々の条文の解釈論を検討することの重要性は高いと考えられる。

　本書では、フランス及びベルギーの刑法学において、最近、議論されている解釈論及び立法論上の諸問題について検討すると同時に、ベルギーの刑法典改正の動向について検討している。特に、ベルギー刑法学についてその詳細を検討した先行研究は多くはないので、今回のベルギー刑法典全面改正の動向を深く検討し紹介することは、わが国における比較刑法研究においても意義があると考えている。

　第 1 部では、フランス及びベルギーの刑法解釈学に関する諸問題について取り上げて検討した。

　第 1 章では、フランス刑法における違法性の概念について、犯罪体系論における違法性の意義について比較法的な視点から検討した。第 2 章では、フランスの未遂概念について、19世紀から20世紀初頭にかけて有力に展開されていた新古典主義刑法理論の未遂概念が、その後支持を失い、主観的未遂概念が有力となったその変遷について、理論的に検討し、新古典主義の未遂概念の意義とその問題点について論じた。第 3 章では、フランス及びベルギーの刑法学において様々な分野で考慮されている〈précarité〉の概念について、その意義を比較法的な視点から検討した。第 4 章では、美術品取引が国際的に拡大している中で、美術品に対する不正行為をめぐる刑法上の問題について、フランスの法改正の動向を踏まえて、刑事規制の必要性についてフランスとの比較法的な考察をおこなった。第 5 章と第 6 章では、ベルギー刑法における犯罪の主観的犯罪成立要件について、19世紀以降、学説・判例実務で展開されてきた〈élément moral〉の概念を検討し、現在進められているベルギー刑法典の改正を踏まえて、犯罪の主観的要素と未必の故意をめぐる解釈論の現状について理論的に検討した。第 7 章では、新型コロナウイルス感染症の拡大を阻止するための刑事規制に関して、ベルギー刑法上問題となりうる行為について、解釈論的な検討を加えた。

　第 2 部では、ベルギー刑法学における最近の立法動向を取り上げて検討し

た。特に、現在、ベルギーでは150年ぶりの刑法典の全面改正に向けて、刑法典改正法の審議が継続されていたが、ようやく、2024年2月29日に刑法典の全面改正が実現し、2026年4月8日に施行されることが決定した。そこで、第1章では、刑法典第1巻・総則について、その概要を紹介し、個々の条文について解説を加えた。今回の改正については、フランスやオランダ、さらにはEU諸国の刑事立法の動向を踏まえた知見が盛り込まれているので、比較法的な視点からもその全体像を紹介することは重要な意義をもつと考える。第2章では、刑法典の全面改正の議論が進められている中で、2022年に実現した性犯罪規定の全面改正について、改正された諸規定を紹介し、その概要について検討した。刑法典の全面改正をまたずに実現した今回の性犯罪規定の改正については、わが国においても2023年に性犯罪に関して大きな改正が行われたところでもあり、比較法的な視点からもその概要を紹介することは意義があると考える。第3章では、ベルギーにおける性差別及び各種ハラスメントの刑事規制について、その概要を紹介し、特に性差別に関する刑事規制の意義について比較法的な視点から検討した。

　なお、本書の出版にあたり南山大学学術叢書出版助成を受けた。ロバート・キサラ南山大学学長及び南山学会関係各位に感謝を申し上げる。
　最後に、本書の出版を快く引き受けていただいた成文堂の阿部成一社長及び編集部の飯村晃弘編集長に心からの感謝を申し上げたい。

　2024年12月

末　道　康　之

目　　次

はしがき　*i*

第1部　刑法解釈学の諸問題

第1章　フランス刑法と違法性の概念 ……………………………………… *1*
　Ⅰ　はじめに …………………………………………………………………… *1*
　Ⅱ　フランス法における違法性の概念 …………………………………… *4*
　　1　フランス刑法における違法性の概念　*4*
　　2　フランス民法における違法性の概念　*7*
　Ⅲ　フランスの犯罪成立要件と違法性 …………………………………… *9*
　　1　犯罪の定義　*9*
　　2　主観的要素（élément moral）と違法性　*10*
　　3　不法（違法）要素（élément injuste）と違法性　*15*
　　4　法律的要素（élément légal）と違法性　*16*
　　5　法益侵害の概念と違法性　*16*
　Ⅳ　フランス犯罪論における違法性の意義とその法的効果 ……………… *19*
　　1　正当化事由と違法性の概念　*19*
　　2　主観的帰責と違法性の概念　*24*
　Ⅴ　おわりに ………………………………………………………………… *29*
第2章　フランス新古典学派の未遂犯概念に関する一考察 ……… *32*
　Ⅰ　はじめに ………………………………………………………………… *32*
　Ⅱ　新古典学派の刑法理論の概観 ………………………………………… *33*
　　1　新古典学派の基本思想　*33*
　　2　新古典学派と〈mal〉概念の評価　*34*
　Ⅲ　新古典学派の未遂犯論 ………………………………………………… *35*
　　1　新古典学派と客観的未遂概念　*35*
　　2　オルトランの絶対的不能・相対的不能説　*36*

vi

  3 ボアソナードの不能犯論 *40*

  4 新古典学派と主観的未遂概念の展開 *44*

  5 新古典学派と法律の不能・事実の不能説 *46*

  6 中止犯の概念 *47*

  7 未遂概念をめぐる若干の考察 *49*

 Ⅳ おわりに …………………………………………………………… *51*

第3章 フランス・ベルギー刑法学における〈précarité〉の概念

  ………………………………………………………………… *53*

 Ⅰ はじめに …………………………………………………………… *53*

 Ⅱ 犯罪論における〈précarité〉概念 ……………………………… *55*

  1 窃盗罪と〈précarité〉 *55*

  2 物乞いに関連する行為と〈précarité〉 *57*

  3 性犯罪の被害者と〈précarité〉 *65*

 Ⅲ 刑罰論における〈précarité〉概念 ……………………………… *66*

  1 罰金刑及び特別没収の量定における〈précarité〉の考慮 *67*

  2 労働刑の適用における〈précarité〉の考慮 *73*

 Ⅳ 〈précarité〉概念の意義——比較刑法学の視点から ………………… *74*

  1 被害者の〈précarité〉という事情の考慮 *74*

  2 行為者の〈précarité〉という事情の考慮 *75*

  3 量刑判断における〈précarité〉の考慮 *76*

 Ⅴ おわりに …………………………………………………………… *79*

第4章 美術品に対する不正行為と刑事規制をめぐる

  日仏比較法的考察 ……………………………………………… *81*

 Ⅰ はじめに …………………………………………………………… *81*

 Ⅱ 贋作美術品の制作・販売と著作権法違反の罪 ……………………… *83*

  1 東京地判令和4年3月9日（著作権法違反被告事件） *83*

  2 東京地裁令和4年8月5日判決（著作権法違反被告事件） *86*

  3 著作権法違反の罪 *87*

 Ⅲ 贋作美術品の制作・販売と刑法上の対応 ………………………… *89*

  1 贋作美術品の販売と詐欺罪の成否 *91*

目　次　*vii*

　　2　贋作美術品の制作と偽造罪関連　*94*

　Ⅳ　フランスにおける芸術作品に対する不正行為と刑事規制をめぐる

　　最近の動向 ……………………………………………………… *95*

　　1　芸術作品に対する不正行為に関する1895年2月9日法律　*96*

　　2　1895年2月9日法律改正法案　*97*

　　3　法律改正の立法理由の概要　*100*

　Ⅴ　美術品に対する不正行為と刑事規制の必要性 ………………… *106*

第5章　ベルギー刑法学における犯罪の主観的成立要素 ………… *110*

　Ⅰ　はじめに ………………………………………………………… *110*

　Ⅱ　犯罪論における〈élément moral〉の概念 …………………… *112*

　　1　犯罪論体系における〈élément moral〉の概念　*112*

　　2　犯罪の主観的要素としての〈élément moral〉の概念　*114*

　　3　〈élément moral〉としての故意・過失　*118*

　Ⅲ　刑法典改正法案における犯罪の主観的成立要件 ……………… *126*

　　1　特別故意（intention spéciale）　*128*

　　2　一般的故意　*129*

　　3　過　失　*131*

　　4　秩序違反犯の主観的要素　*132*

　Ⅳ　おわりに ………………………………………………………… *134*

第6章　ベルギー刑法における未必の故意（dol éventuel）の

　　概念をめぐる最近の議論 ……………………………… *136*

　Ⅰ　はじめに ………………………………………………………… *136*

　Ⅱ　破毀院2019年11月6日判決の概要 …………………………… *139*

　Ⅲ　主観的犯罪成立要素としての故意と未必の故意の概念 ……… *148*

　　1　主観的犯罪成立要素としての故意の概念　*148*

　　2　未必の故意の概念　*152*

　　3　未遂犯の主観的要素と未必の故意　*158*

　　4　既遂犯の故意と未遂犯の故意との同一性　*160*

viii

Ⅳ　若干の考察

　　——故意概念をめぐる議論の整理と刑法典改正法案における

　　　故意の概念 ……………………………………………………… *163*

第7章　ベルギーにおける感染症対策と刑事法の対応 ………… *168*

　Ⅰ　はじめに ……………………………………………………… *168*

　Ⅱ　ベルギーにおける感染症対策の現状 ……………………… *169*

　Ⅲ　刑法典処罰規定の適用可能性 ……………………………… *171*

　　1　ウイルスを感染させると脅す行為　*171*

　　2　ウイルスを意図的に感染させる・感染させようとする行為　*175*

　　3　警察官等への反抗及び暴行行為（公務執行妨害行為 la rébellion

　　　et les coups portés aux agents de la force publique）　*182*

　　4　テロ犯罪（les infractions terrorists）　*183*

　　5　刑法典改正法案の処罰規定　*185*

　Ⅳ　おわりに ……………………………………………………… *189*

第2部　ベルギー刑法改正の動向

第1章　ベルギー刑法典第1巻・総則の概要 ……………………… *193*

　Ⅰ　はじめに ……………………………………………………… *193*

　Ⅱ　刑法典第1巻・総則 ………………………………………… *195*

　Ⅲ　犯罪に関する諸規定の概要 ………………………………… *240*

　　1　刑法の基本原則　*240*

　　2　犯罪論　*243*

　Ⅳ　刑罰に関する諸規定の概要 ………………………………… *262*

　　1　刑罰の目的　*263*

　　2　刑罰の概要　*267*

　Ⅴ　おわりに——比較法的視点からの若干の考察 ………………… *287*

第2章　ベルギー刑法における性犯罪規定全面改正の概要 ……… *291*

　Ⅰ　はじめに ……………………………………………………… *291*

目　次　*ix*

Ⅱ　性的完全性、性的自己決定及び良俗を侵害する罪 …………… *293*

1　性的完全性侵害罪、窃視・盗撮等罪、性的コンテンツの
不同意拡散罪及び不同意性交罪（強姦罪）　*293*

2　未成年者に対する性的搾取の罪　*317*

3　良俗の公然壊乱罪　*336*

4　通　則　*338*

Ⅲ　売春濫用の罪 ……………………………………………………… *349*

1　売春濫用の罪　*349*

2　売春濫用の罪の概要　*354*

Ⅳ　おわりに ………………………………………………………… *357*

第3章　性差別及び各種ハラスメントに関する
ベルギーの刑事規制 ………………………………… *360*

Ⅰ　はじめに ………………………………………………………… *360*

Ⅱ　各種ハラスメントの法規制の概要 ……………………………… *362*

1　ハラスメント　*362*

2　加重ハラスメント　*364*

3　職場におけるモラルハラスメント及びセクシャルハラスメント　*364*

4　電話によるハラスメント　*365*

5　新刑法典におけるハラスメントの処罰規定　*366*

Ⅲ　性差別に対する刑事規制の概要 ………………………………… *367*

1　性差別に対する刑事規制の変遷　*368*

2　性差別罪の成立要件　*371*

3　性差別罪の法的性格　*379*

Ⅳ　性差別に対する刑事規制の意義 ………………………………… *381*

Ⅴ　おわりに ………………………………………………………… *387*

初出一覧 ……………………………………………………………… *388*

事項索引 ……………………………………………………………… *389*

第1部　刑法解釈学の諸問題

第1章　フランス刑法と違法性の概念

I　はじめに

　犯罪を定義する場合、わが国においては、ドイツ刑法の影響を受けて、犯罪とは構成要件に該当し、違法かつ有責な行為であると定義されることが一般的である。したがって、人の行為が、構成要件該当性、違法性、有責性の三要件を充足した場合に、犯罪は成立することになる。比較刑法的な視点では、ドイツ刑法の影響を受けて刑法理論が発展した諸国においては、犯罪成立要件として構成要件該当性・違法性・有責性という三分説をとる犯罪論体系が一般的であるといえる。フランス語で書かれたスイス刑法の体系書においても、犯罪とは、構成要件に該当し（構成要件該当性・typicité）、法秩序に違反し（違法性・illicéité）、有責な（有責性・culpabilité）行為と定義される[1]。

　これに対して、フランス刑法やその影響を受けたベルギー刑法では、犯罪成立要件として、élément légal（法律的要素）、élément matériel（客観的要素）、élément moral（主観的要素）の三要素[2]を用いて説明する見解（三要素

---

[1]　J. H. Pozo, *Droit pénal Partie générale Nouvelle édition refondue et augmentée*, 2008, p. 131.

[2]　〈élément légal〉には法定要素、〈élément matérie〉には物理的要素・外部的要素、〈élément moral〉には精神的要素・内部的要素、という訳語があてられることもある。élément matériel と élément moral を説明する場合、〈élément matériel ou objective〉〈élément moral ou subjectif〉とされる場合も多いので、本稿では、élément matériel を客観的要素、élément moral を主観的要素と訳出する。なお、〈élément moral〉の概念については、犯罪行為の主観的要件（すなわち故意及び過失）のみを意味する見解もあるが、責任を含む犯罪の主観的成立要件すべてを含む概念であるととらえる見解もある。

説）がこれまでは有力であった[3]。ただ、最近では、犯罪論体系としては、上記の三要素を用いることなく犯罪行為と犯罪行為者に二分して犯罪論を構築する見解や上記の三要素のうち客観的要素と主観的要素の概念は犯罪行為の中に取り込みながら犯罪論を構築しようとする見解など多様な見解も主張されるようになっている[4]。犯罪成立要件について三要素説をとるか否かにかかわらず、フランスの犯罪論においては、犯罪行為と刑事責任に重点が置かれてきたことは明らかであるが、違法性の概念が、独立した犯罪成立要件であると認識され犯罪論の一要件と位置づけられることはこれまで一般化されてこなかった。ボアソナードを通してフランス刑法を継受した旧刑法においては、責任阻却と責任軽減に関する規定は周到に規定されており、旧刑法は責任主義の原則を徹底した刑法であると評価されるが[5]、ドイツ刑法学の影響を受けた現行刑法では、違法阻却事由の規定を責任阻却事由の規定の前に置き、違法評価と責任評価とを明確に区別している。わが国の旧刑法の制定において、ボアソナードはフランス刑法を中心に、当時のヨーロッパ諸国の刑法を参照しているが、違法性と責任との区別の問題については、それを区別しないフランス刑法学の考え方から離れることはなかったといえる。

　確かに、フランスにおいても、違法性の概念を犯罪論の中で重要な要件として位置づけていた刑法学者が存在していたことは事実である。例えば、19世紀後半から20世紀初頭に活躍したガロー（Garraud）やルー（Roux）は、違法性を犯罪成立要件の一つとして明確に位置づけていた。ルーは、犯罪を、法がその行為の結果として刑罰を科すことになる違法な行為であると定義しているので[6]、行為の違法性を犯罪の成立要件としていたことは明らかである。あるいは、ガローは、行為の違法性は犯罪の主要な要件であり、違法性の概念は犯罪概念の一部である、としている[7]。ガローは、犯罪の成立

3　この点については、末道康之『フランス刑法の現状と欧州刑法の展望』（成文堂・2012）14頁以下、特に、17頁以下を参照。

4　この点については、末道・前掲書19頁以下の諸説を参照。

5　井田良「外国法（学）の継受という観点から見た日本刑法と刑法学」『日本法の中の外国法─基本法の比較法的考察』（2014）143頁を参照。

6　J.-A.. Roux, *Cours de droit pénal et de procédure pénale*, 1920, p. 61; J.-A.. Roux, *Cours de droit criminel français, 2ᵉ éd.*, Ⅰ, 1927, p. 87.

7　R. Garraud, *Traité théorique et pratique du droit criminel français, 3ᵉ éd., T. 1*, 1913,

要件として、法律的要素、客観的要素、主観的要素のほかに、第4の要素として不法（違法）要素（élément injuste）を付け加えたが、不法（違法）要素はビンディングによって展開されたドイツ刑法における不法概念に影響を受けたものである[8]。この不法（違法）要素は、正当化事情の欠如のように消極的にとらえられることが多かった。ガローの四要素説は、現在でも一部の学説において支持されている[9]。これに対して、最近では、法律で処罰される行為が法益を侵害するものである場合に犯罪として可罰的となるとして、違法性の概念を積極的に犯罪成立要件として位置づけようとする見解も主張されるようになっている[10]。ただ、このように違法性の要件を犯罪成立要件として明示的に要求する見解は現在においても少数説にとどまっている。

　フランスにおいても、比較法研究は重要視され、20世紀初頭から、犯罪行為や犯罪論の体系に関するドイツ刑法理論は紹介されていたが[11]、このドイツ的な刑法理論を、批判的精神をもたずに、フランスに導入することは無益であり役には立たないとされ[12]、ドイツ刑法理論はフランスにおいて大きな影響を与えるということはなかったといえる[13]。その典型例が違法性の概念であるともいえる。

　本稿では、フランスにおいて違法性の概念が積極的に論じられてこなかった理由はどこにあるのかという点を検討し、違法性の概念がフランスの刑法理論においてどのような意味をもち、どのように考えられているのかということを論証してみたいと考える。この問題について、アンドレ・ヴィテュ

---

　　p. 214; R. Garraud, *Précis de droit criminel, 9ᵉ éd.*, 1907, nᵒˢ 144 et s., pp. 212 et s.

8　Garraud, *Précis de droit criminel préc.*, nᵒ 99, p. 214; A. Decocq, *Droit pénal général*, 1971, p. 61.

9　M.-L. Rassat, *Droit pénal général*, 2004, pp. 364 et s.; G. Levasseur, A. Chavanne, J. Montreil et B. Bouloc, *Droit pénal et procédure pénale, 13ᵉ éd.*, 1999, pp. 75 et s.

10　J.-H. Robert, *Droit pénal général, 6ᵉ éd. refondue*, 2005, p. 225; X. Pin, *Droit pénal général, 7ᵉ éd.*, 2015, pp. 210 et s.

11　例えば、リストの体系書は1911年に翻訳出版されている。F. Von Liszt, *Traité de droit pénal allemand traduit sur la 17ᵉ édition allemande*(1908) par R. Lobstein, t. 1, 1911 et t. 2, 1913.

12　E. Garçon, *Préface de Traité de droit pénal allemand de Von Liszt préc.*, p. Ⅺ.

13　この点については、R. Merle et A. Vitu, *Traté de droit criminel T. 1, Problèmes généraux de la science criminelle Droit pénal général, 7ᵉ éd.*, 1997, p. 499 を参照。

4　第1章　フランス刑法と違法性の概念

（André Vitu）が1984年に公刊された「フランス刑法における違法性」という論文[14]において分析しているので、このヴィテュの論文を参考にしつつ、フランス犯罪論における違法性の概念について比較法的な視点から検討したいと考える。

II　フランス法における違法性の概念

1　フランス刑法における違法性の概念

　フランス刑法典において、犯罪の定義は存在しない。これは、1994年に施行された現行刑法典においても、1810年に制定された旧刑法典においても同様である。刑法111-1条は、犯罪（infractions pénales）は重罪、軽罪及び違警罪に分類されると規定し、刑法111-2条は、法律で重罪及び軽罪に適用する刑罰を、法律が定める範囲と区別に従って命令で違警罪に適用する刑罰を定めると規定する。刑法111-3条は、何人もその構成要素が法律によって定められていない重罪または軽罪で処罰することはできず、その構成要素が命令で定められていない違警罪で処罰することはできない（1項）、何人も、犯罪が重罪もしくは軽罪であるときには法律で定められていない刑罰によって、または、犯罪が違警罪であるときには命令で定められていない刑罰によって、処罰されることはない（2項）、と罪刑法定主義の原則を規定する。しかし、犯罪とは何かという定義規定が置かれているわけではない。旧刑法典においても同様の規定（1条、4条）が置かれてはいるが、犯罪の定義規定は存在していなかった。

　ヴィテュ（Vitu）は、まず、フランスで犯罪を重罪・軽罪・違警罪に三分類し（それぞれを管轄する裁判所も異なる）、刑罰もそれぞれの犯罪に応じて規定するというシステムをとったことが、ドイツ刑法理論において展開され

14　A. Vitu, De l'illicéité en droit criminel français, *Bulletin de la société de la législation comparée*, 1984, pp. 127 et s. この論文は、1984年5月14日から18日にかけてナンシーで開催された比較立法協会の第2回フランス・ギリシャ比較法研究会において報告された内容であり、ベルギーの Jean-Paul Doucet 教授の web 上（http://ledroitcriminel.free.fr/）で公開されている。本稿では、この公開されている論文（全18頁）を参照し、引用のページ数もそれによる。

Ⅱ　フランス法における違法性の概念　　*5*

たような犯罪論がフランスでは展開されることを妨げた理由ではないかと指摘している[15]。確かに、フランスでは、革命以前の罪刑専断主義を反省するという意味で、刑法の厳格解釈に基づく罪刑法定主義の原則を徹底するということが19世紀以来重視されてきた。また、19世紀末頃から、刑罰の個別化という問題に対応して、行為者の刑事責任論が重視されてきたことも事実である[16]。犯罪の成立要件として、罪刑法定主義と刑事責任の基礎である有責性の分析に重点が置かれることになる一方で、条文上に根拠のない違法性の概念についてはフランスの刑法学者が注意を払わなかったのではないかと考えられる。

　次に、ヴィテュは、フランスの刑法学者の養成課程においても、他国とは異なる伝統―すなわち、フランスでは、伝統的に、刑法は私法（droit privé）に分類され、刑法を公法に分類する他国とは異なる―がある点も見逃せないのではないかと指摘する[17]。私法学者も、違法性の概念について注目することはなく、20世紀初頭にプラニオル（Planiol）が「民事責任の研究」という論文において違法性の概念に着目したが[18]、この見解は私法学者の中でも大きな反響はなく、刑法学者への影響は全くなかった。プラニオルが着目した違法性の概念が他の私法学者に取り上げられるまでにはかなりの時間を俟たなければならなかった[19]。

　ヴィテュは、最後に、フランスの法学者にはデカルト哲学の影響が圧倒的に大きく、カント哲学の影響を大きく受けたドイツ刑法理論が違法性の概念を発展させたこととの違いを指摘する[20]。この点についてはよく指摘される

15　Vitu, *op. cit.*, n° 1, p. 1.

16　刑罰の個別化については、R. Salleil, *De l'individualisation de la peine*, 2ᵉ éd., 1909が大きな影響を与えた。

17　Vitu, *op. cit.*, n° 2, p. 2. この点については、末道康之「フランス犯罪論体系の素描」『宮澤浩一先生古稀祝賀論文集　第2巻刑法理論の現代的展開』（成文堂・2000）151頁以下を参照。

18　M. Planiol, Etudes sur la responsabilié civile, *Rev. crit. lég et jurispr.*, 1905, pp. 283 et s.

19　G. Marty, Illicéité et responsabilité, *Etudes juridiques offerts à Léon Julliot de la Morandière*, 1964, pp. 339 et s.

20　Vitu, *op. cit.*, n° 3, p. 2. デカルトの影響については、スイスの刑法学者であるポゾ（Pozo）もその体系書で指摘している（Pozo, *op. cit.*, n° 399, p. 136）。

6 第1章 フランス刑法と違法性の概念

ことであり、フランスでの法学教育の現場に接したものであれば違和感なく受け入れられると思われるが、フランス法学においては、明晰性が好まれ、抽象的かつ複雑な体系化を進めることを重視し難解（obscur）であるとも評されるドイツ的な思考は好まれないことがある[21]。ギャルソン（Garçon）は、ドイツでは哲学的な思考を重視し純粋な概念について検討するが、フランスでは同じ問題を論証するとしても、異なった方法論、より具体的な思考を重視すると指摘している[22]。フランスの法学教育においては、研究者になろうとする者については最終段階として教授資格試験（concours d'agrégation）を念頭に学生には教育訓練がなされるが、そこでは徹底的に明晰であることが求められる。したがって、ドイツ的な抽象論や難解な議論に基づく方法論が重要視されることはないといってもよい。

　フランス刑法において、違法性の概念が理論的に展開されることはなかったからといって、違法性に関する問題がフランス刑法で論じられてこなかったわけではない。例えば、正当防衛等の違法性阻却事由（正当化事由）に関する諸問題は、フランスにおいても重要な問題として議論されてきており、旧刑法典では総則に正当防衛等の違法性阻却事由に関する規定は置かれず、殺人等の特定の規定との関係で犯罪阻却事由として規定されてきたが、現行刑法典では、正当行為、正当防衛、緊急避難については刑事責任を問わないと規定されている。ただ、現行刑法典も第2編第2部・無答責事由（causes d'irresponsabilité pénale）及び責任軽減事由（causes d'atténuation pénale）として、122-1条から122-8条までの規定を置いているが—122-1条（責任無能力・限定責任能力）、122-2条（不可抗力・強制）、122-3条（法の錯誤）、122-4条（法律の命令・許可）、122-5条（正当防衛）、122-6条（正当防衛の推定）、122-7条（緊急避難）、122-8条（刑事未成年者）—、条文の配列を考えた場合、違法性阻却事由・正当化事由と責任阻却事由とが整然とは整理されておらず、刑事責任を問えない（または完全な刑事責任を問えない）という点で、

21　ギャルソンは、リストの教科書のフランス語訳書の序文において、ドイツ的ゲルマン的思考方法とフランス的ラテン的思考方法とを比較して分析している（E. Garçon, *Préface de Traité de droit pénal allemand de Von Liszt préc.*, p. XI）。

22　Garçon, *Préface de Traité de droit pénal allemand de Von Liszt préc.*, p. X.

ひとまとめにしたという印象を受ける。この配列を見ても、違法性判断が責任判断の前提にあるということが明示的には認識されていないと考えてよいと思われる。

2 フランス民法における違法性の概念

違法性の概念については、フランスの犯罪論において議論されてきたわけではないが、民事法においても違法性の概念が注目されてきたわけではない。民事法において違法性の概念が問題となるものとして、不法行為が挙げられる。フランス法では、民事過失（faute civile）と刑事過失（faute pénale）の一体性（同一性）の原則が判例上認められており[23]、また、付帯私訴を通して、刑事裁判所に不法行為による損害賠償の責任を提起することもできるため、不法行為責任に関する民事法上のフォート（faute　非行）の概念を明確にすることは刑事法との関連でも意義を有することになる。民法1382条は、故意による不法行為（délit civil）を「他人に損害を生じさせる人の所為はいかなるものであっても、フォート（faute　非行）によってそれをもたらした者に、それを賠償する義務を負わせる。」と規定し、民法第1383条は、過失による不法行為を「各人はその所為によってばかりでなく、その懈怠（négligence）または軽率（imprudence）によって生じさせた損害についても責任を負う。」と規定する。このように、フランス民法の不法行為の規定においても違法性という文言が用いられているわけではない。これに対して、

---

[23]　この点については、J.-Y. Maréchal, Elément moral de l'infraction, *Juris-classeur pénal, art. 121-3: fasc. 20*, 2015, n ᵒˢ 97 et s., pp. 29 et s. を参照。ただ、民事過失と刑事過失の一体性（同一性）については学説からの批判が強く、2000年7月10日法律による改正によって定められた刑事訴訟法4-1条は、刑法121-3条に定める過失行為が存在しないことは、民法1383条に定める民事過失（faute civile）が認められるときには同条に基づき、または、社会保障法 L.425-1条に定める許しがたい過失（faute inexcusable）が立証されたときには同条を適用して、損害賠償を求めるために民事裁判所に訴えを提起することを妨げない、と規定し、民事過失と刑事過失の一体性の原則を緩和している。また、民法においても、414-3条（旧489-2条）は、他人の損害を惹起した者は、たとえ精神障害の支配下にあっても、賠償義務を負う、ことを規定しており、是非弁別能力（事理弁識能力）がない者の行為については、責任能力がなく刑事責任は問いえなくとも、民事責任を認めている（廣峰正子「フランス民事責任におけるフォート概念の存在意義」立命館法学323号（2009）28頁以下を参照）。

8　第1章　フランス刑法と違法性の概念

ドイツでは、責任は、まず、法律によって保護されている利益への侵害、すなわち違法な行為を前提とし、故意・過失が損害賠償責任を負わせる役割を果たしている[24]ので、違法性と責任は隣接して存在することになるとされる。また、スイスでは、違法な手段によって、故意であれ、懈怠または軽率によってであれ、他人に損害を生じさせた者は、それを賠償する責任を負うと規定する（債務法41条）[25]。不法行為責任を負わせるために、フランスでは、フォート（faute　非行）、損害及び因果関係が必要であるが、ドイツやスイスではそのほかに行為の違法性の要件が必要となる。

それでは、フランス法において、不法行為責任を問う場合に違法性の概念が全く問題にならないかというと、そうではない。フランスにおいても、行為の違法性は問題となるが、それは、ドイツやスイスのように独立した要件としてではなく、フォート（faute　非行）の概念[26]の中においてであって、フォート（faute　非行）の概念が違法行為を包含しているとして理解されるのが一般的である[27]。伝統的には、フォート（faute　非行）は、その客観的要素である行為の違法性（caractère illicite）と、その主観的要素である行為の有責性（caractère imputable）の二つの要素を内包するとされてきた[28]。

不法行為における客観的要素としての行為の違法性については、法律または行政法規によって課せられた義務の故意または過失による違反だけではなく、行為規範に違反することを意味する[29]。したがって、民法上、行為者に

24　ドイツ民法823条については、平野裕之『民法総合6不法行為法〔第3版〕』（信山社・2013）22頁を参照。

25　G. Schamps, *La mise en danger: un concept fondateur d'un principe général de responsabilité. Analyse de droit comparé*, 1998, p. 265.

26　フランス民法において、フォート（faute）は、非行や故意・過失を意味する概念として用いられている（山口俊夫編『フランス法辞典』（東京大学出版会・2002）227頁。フォートを過失と訳出することも一般的である（大村敦志『フランス民法—日本における研究状況—』（信山社・2010）208頁以下）。

27　Ph. Malaurie, L. Aynès et Ph. Stoffel-Munck, *Droit civil Les obligations*, 6ᵉéd., 2013, p. 29.

28　山口俊夫『概説フランス法下』（有斐閣・2004）164頁を参照。

29　かつては、違法性の概念を先行義務違反と解する見解（Planiol）、先行義務違反説を批判し「行動の逸脱」ととらえる見解（Marty）などが主張されているが、現在では、違法性を行為規範違反（あるいは注意義務違反）ととらえる見解が一般的である（廣峰・前掲論文27頁を参照）。

帰責できる行為の違法性とは、法によって保護された社会的または個人的な利益の侵害という意味で実質的な違法性であると同時に、法律または命令によって特別に列挙された利益に向けられた違法性という意味で形式的な違法性であることになる。

Ⅲ　フランスの犯罪成立要件と違法性

1　犯罪の定義

　民事上の不法行為については法律上定義されているが、犯罪に関する定義は存在していない。ドイツやわが国では、犯罪とは構成要件に該当し、違法かつ有責な行為と定義される。これに対して、フランスやベルギーでは、犯罪とは、「法律によって刑罰を科され、非難される意思に駆り立てられた人の所為（un fait humain commis sous l'impulsion d'une volonté coupable et que la loi sanctionne d'une peine）」、「法律によって処罰される状況に合致し、その実行が刑罰によって処罰される、人の行動（le comportement humain qui correspond à une situation incriminée par ou en vertu de la loi et dont la commission est sanctionnée d'une peine）」[30]あるいは「刑罰の脅威にさらされ法律によって禁止された所為（un fait interdit par la loi sous la menace d'une peine）」[31]という定義が一般的である。このような定義によれば、犯罪となる行為が法律で規定され処罰されること、その行為に責任を問うことができることが必要とされるが、行為の違法性は犯罪の成立要件としては明示されていない[32]。

　刑法上問題となる「人の所為（行為）」とは、人の作為または不作為をいい、その行為から結果が生じ行為と結果との間に因果関係が認められることが必要である。また、人の行為は刑罰法規に記載された内容すなわち抽象的

30　Vitu, *op. cit.*, p. 4.
31　Pin, *op. cit.*, n° 151p. 142.
32　違法性の概念を犯罪の定義に含める見解も主張されており、犯罪とは「積極的または消極的で、社会的に責任を問われる、人の外部的行為から生じ、市民の安全を保護するために制定された法律の違反であり、義務の遂行もしくは権利の行使によって正当化されず、法律によって刑罰を科されるもの」と定義する見解もある（G. Vidal et J. Magnol, *Cours de droit criminel et de science pénitentiaire, 9ᵉ éd., refondue et mise au courant de la législation et jurisprudence, vol. 1,* 1947, p. 76）。

10 第1章 フランス刑法と違法性の概念

な行為の類型（type）と合致することが必要であり、これがいわゆる行為の構成要件該当性（typicité）と同じ意味をもつと理解できる。従来のフランスの通説的な見解では、構成要件該当性（typicité）という概念は用いられることはなかったが、フランスでは〈qualification（罪名決定）〉という概念が構成要件該当性に代わる概念として用いられることがある[33]。

犯罪とされるには、人の行為に責任を問いうること、故意であれ、過失であれ、その行為が非難可能であること、すなわち有責性が必要であることになる。

ドイツやわが国の犯罪論では、構成要件該当性と有責性との間に違法性の要件が必要となる。違法性の本質をどのように考えるかという点については、規範違反性を重視するか、法益侵害性を重視するか、をめぐって行為無価値論と結果無価値論との間で激論が戦わされてきた。違法性の概念を犯罪成立要件の中に位置づけることによって、正当防衛等の正当化事由が存在する場合に、行為の違法性を阻却する根拠を体系的に説明することに役立つことは認められるが、フランス刑法学においては、人の行為について、違法性の評価をしたうえで、責任の評価を行うことは、犯罪行為の基本的な統一性を無視することになり、違法性と責任とを区別して評価することは受け入れがたいという批判が加えられることもある[34]。

2　主観的要素（élément moral）と違法性

これに対して、違法性を検討せず、客観的な行為と責任との二要件を犯罪成立要件とする立場に立てば、客観的な行為という点では人間の行為の外部的な側面（作為と不作為、行為の結果、因果関係）をすべて検討し、責任という点では行為者の主観面（行為者の精神状態）を検討することになり、前者がフランス刑法にいう客観的要素（élément matériel）に該当し、後者が主観

---

33 〈qualification〉の概念を重視する見解として、M. Puech, *Droit pénal général*, 1988, pp. 244 et s. プエッシュは、犯罪論を犯罪行為（infraction）と答責性・帰責性（imputation）とに区別して論じる。さらに、犯罪行為を犯罪定型論（théorie de l'incrimination）と犯罪の罪名決定論（théorie de la qualification）とに区別して検討している。この点については、末道康之・前掲『フランス刑法の現状と欧州刑法の展望』22頁参照。

34 Vitu, *op. cit.*, p. 5.

的要素（élément moral）に該当することになると理解することができる。法律的要素とは、犯罪となる行為が刑罰法規によって規定されていることを意味することに他ならないのであり、法律的要素とは罪刑法定主義の原則を現したものにすぎず、最近では、法律的要素を犯罪成立要件とする必要があるかという点について見解の対立があり、法律的要素は犯罪成立要件としては必ずしも必要ではないとする見解が有力になりつつある[35]。

　ヴィテュの理解によれば、フランス刑法で犯罪を客観的要素（élément matériel）と主観的要素（élément moral）に二分して論じることは、民法の不法行為の成立要件であるフォート（faute　非行）を客観的要素（行為の違法性）と主観的要素（行為の有責性）とに区別して論じることとの統一性が認められることになる[36]。犯罪の主観的要素（élément moral）の中にも、行為者の人格、犯罪の動機、故意と過失といった行為者の主観的側面にかかわる問題と、行為規範の違反にかかわる客観的側面の問題があり、この主観的要素の客観的側面が違法性にかかわる問題を意味することになる。このように理解すれば、違法性の要件を犯罪の成立要件の中で独立して論じる必要はないという点で、犯罪となる行為（民事上の不法行為と刑事上の犯罪行為と）の基本的な統一性を維持することができるし、犯罪行為の評価について違法と責任とに区別して論じる必要性もなくなる。すなわち、不法行為におけるフォートの客観的要素すなわち規範違反性が行為の違法性を意味すると同様に、刑法においても、犯罪の主観的要素（élément moral）における規範違反性が刑法上の違法性を基礎づけることになる。ヴィテュの見解では、犯罪成立要件としての主観的要素（élément moral）には、行為者の責任と関連するすべての要件が含まれることになり、正当化事由に該当すればその行為は正当化され法規範に違反しない（違法ではない）ことになるので、刑事責任を問われないことになる。

35　現在でも、法律的要素を犯罪成立要件とする見解として、G. Stefani, G. Levasseur et B. Bouloc, *Droit pénal général, 16ᵉéd.*, 1997, nᵒ 37 et nᵒˢ 99 et s.; B. Bouloc, *Droit pénal général, 24ᵉéd.*, 2015, nᵒ 37 et nᵒ 102等がある。ブーロックは、法律で定められた条文がなければ犯罪は存在しないのであるから、法律が犯罪の必要的成立要件の一つであるとするのは不正確ではないとして、法律的要素を犯罪成立要件であることを強調している。

36　Vitu, *op. cit.*, p. 5.

12　第1章　フランス刑法と違法性の概念

　民事上の違法性と刑事上の違法性を統一的に考えその本質を行為規範違反性（transgression de la norme de civilité[37]）であるととらえたとしても、民事上の違法性と刑事上の違法性とは完全に同一ではなく、その規範違反の程度は異なっている。民事上の違法性は、個人的な利益の侵害の程度によって決定され、それが損害賠償責任の基礎となり、発生させた損害に応じた賠償責任を負うことになる。これに対して、刑法は、個人的法益だけではなく、社会的法益や国家的法益という公序をも保護しており、私人対私人の関係を規律する民法とは保護する範囲が異なっている。刑法上の違法性の本質は、個人的法益のみならず社会的法益・国家的法益を保護する刑罰法規の規範に違反することにある。したがって、刑法上の違法性とは、社会が認める許容範囲を超えること、換言すれば、社会的相当性を逸脱することと理解することが可能であろう[38]。このような見解は、違法性は統一的であるが、民事上の違法性と刑事上の違法性とは区別されるべきであるといういわゆるやわらかな違法一元論[39]に通じるものがあると思われる。

　民法1382条は、賠償責任の対象となる損害を生じさせた行為について何らの限定も加えていないので、民法上の違法性はあくまで一般的な行動準則すなわち行為規範に違反することと理解されるが、刑法においては、個人の生命、身体の完全性、所有権、名誉、性的自由等、犯罪処罰規定がそれぞれ特定の法益を保護するために存在しているので、行為規範もそれぞれの犯罪処罰規定によって異なることは当然である。したがって、各犯罪処罰規定が保護している法益との関係で行為規範の内容が定められることになる。

　ヴィテュによれば、刑法上の違法性とは、法律または命令によって定められた行動により表明された、刑法による保護が必要であると国家が定めた法益の保護に向けられた行為規範の違反であると考えることができるとす

---

[37]　〈norme de civilité〉を「市民的規範」と訳出するもの（北川敦子「フランス刑法における被害者の同意(1)─グザヴィエ・パンの見解を素材に─」早稲田法学会誌59巻2号（2009）170頁注(98)）、〈civilité〉を「誠実性」と訳出するもの（井上宜裕『緊急行為論』（成文堂・2007）20頁注13）もあるが、本稿では〈norme de civilité〉を「行為規範」と訳出する。

[38]　Vitu, *op. cit.*, p. 6.

[39]　違法一元論と違法相対性論については、井田良『講義刑法学・総論（第2版）』（有斐閣・2008）272頁以下を参照。

る[40]。

　正当化事由に関する問題を犯罪の主観的要素（élément moral）の中で検討する見解は、ベルギーにおいても主張されている[41]。実務家であるクュティ（Kuty）は、次のように説明する[42]。責任主義の原則から、責任なき行為は罰しないことになる。したがって、犯罪行為は有責な行為（comportement fautif）であり、正当化事由によって行為が正当化されれば、行為者に刑事責任を問いえないことになる。正当化事由は、刑事責任を阻却すると同時に民事責任も阻却することになる[43]。刑事責任を問うためには、行為者が刑法で処罰される客観的な行為を犯しただけでは十分ではなく、処罰の対象となる作為または不作為が、認識があり、自由な意思に基づき、かつ有責な行動（activité consciente, libre et fautive）の発現でなければならないとされる。したがって、判断能力（discernement）なく行動したとき、自由な意思（libre arbitre）に基づかずに行動したとき、正当化事由に該当する行動をしたときには、刑事責任を問えないことになる。自由意思の欠如、判断能力の欠如という事由は、刑事責任を阻却するが、これらの事由は個別的に作用するため、主観的犯罪阻却事由とされる[44]。一方、正当化事由は原則として連帯的に作用するため、客観的犯罪阻却事由とされる。犯罪阻却事由に該当した場合には、犯罪の主観的要素（élément moral）を充足しないため犯罪は成立しないことになる。このような見解も、刑事責任を問うためには、行為が正当化されない（したがって違法である）ことは前提とされるが、違法性を積極的に検討するのではなく、正当化事由によって犯罪の主観的要素を欠けば、刑事責任を問えないと構成しており、違法と責任は一体として検討されていると考えてよいと思われる。

　フランスとは異なり、ベルギーでは違法性を犯罪成立要件とする学説も主張されている。例えば、オランダ語圏のルーバンカトリック大学学派は、ド

40　Vitu, *op. cit.*, p. 7.

41　F. Kuty, *Principes généraux du droit pénal belge. T. 2: l'infraction pénale*, 2010, pp. 322 et s.

42　Kuty, *op. cit.*, n°s 1233 et s., pp. 328 et s.

43　Cass., 29 juin 2005, Pas., 2005, p. 1480; Kuty, *op. cit.*, n° 1232, p. 328.

44　Kuty, *op. cit.*, n°s 1234 et s., pp. 329 et s.

14　第1章　フランス刑法と違法性の概念

イツ刑法やオランダ刑法の影響を受けて、犯罪成立要件として、違法性を、客観的要素及び主観的要素に追加して論じている[45]。ベルギーで違法性を犯罪成立要件としてとらえる見解では、違法性を形式的違法性と実質的違法性とに区別して、形式的違法性とは法が定める禁止規範または命令規範に違反することであり、実質的違法性とは刑法が保護する利益（保護法益）を侵害することであると定義する。したがって、刑罰法規に違反すれば形式的には違法であり、刑法が保護する法益に反すれば実質的に違法であると評価される。実質的違法性が認められれば必然的に形式的違法性も認められるが、形式的違法性が認められても実質的に違法でない場合も認められる。保護法益の侵害またはその危険がなければ、実質的違法性が認められないので、犯罪は成立しないことになる[46]。

　ただ、ベルギーのフランス語圏の刑法理論では、フランスと同様に違法性を犯罪成立要件として位置づけておらず[47]、違法性を犯罪成立要件として位置づける学説を批判している。まず、ベルギー破毀院は、実質的違法性がないことを理由に犯罪成立を否定する立場には立っていない[48]。また、形式的違法性の概念は罪刑法定主義と混同されているとの批判がある。罪刑法定主義の原則に従い、犯罪とされる行為は法律で定められており、刑罰法規に違反する行為は法規範に違反していることは当然である。したがって、形式的違法性を議論する意味はない[49]。次に、犯罪とされる行為はすべて法律で規定され、侵害犯であれば刑法上保護される法益を侵害する行為、危険犯であれば刑法上保護される法益を危険にさらす行為、を犯罪として処罰しているのであって、立法者は、保護するにふさわしいと思われる社会的または道徳的な価値を保護するために、行為を抽象化して犯罪行為として禁止している。もし、実質的違法性が犯罪の成立要件であるとすれば、各事件におい

45　この点については、Kuty, *op. cit.*, n° 790, pp. 25 et s. を参照。

46　Kuty, *op. cit.*, n° 790, pp. 25 et s.

47　例えば、Ch. Hennau et J. Verhaegen, *Droit pénal général, 3ᵉ éd mise à jour avec le concours de* D. Spielmenn et A. Bruyndonckx, 2003は、フランス語圏のルーバンカトリック大学教授の刑法体系書であるが、違法性を独立した犯罪成立要件とはしていない。

48　Kuty, *op. cit.*, n° 791, p. 26.

49　*ibid.*

て、刑法上保護される法益が実質的に侵害されたのか否かを論証し、侵害されていなければ無罪判決を下さなければならないことになるが、裁判実務においてそのような論証方法はとられていない[50]。このように、ベルギーのフランス語圏の犯罪論においては、フランスと同様、違法性の概念は犯罪論において独立した要件とはされないとの見解が有力である。

ヴィテュの見解とは異なり、違法性を犯罪の主観的要素（élément moral）との関連で論じるその他の見解としては、正当化事由に該当すると信じて行動した場合は、行動の動機が正当で評価すべきものであるので、犯罪の故意がなく、犯罪の主観的要素を阻却するとの立場をとるものもある[51]。この見解については、刑法上の故意・過失（faute pénale）の存在を評価する権限は裁判官にあるので、裁判官に非常に広範な権限を与えるという利点があることは事実である。但し、正当化事由を故意の存否の問題とすることで有責性を否定する事由とすることになり、正当化事由を非合法化（非正当化）することになってしまうとの批判が加えられる[52]。

3　不法（違法）要素（élément injuste）と違法性

不法（違法）要素を犯罪成立要件ととらえる見解では、法律で定められた客観的行為が実現され故意等の主観的要件も充足していたとしても、その行為が反社会的ではなく、社会の利益を守るために実現された場合には、不法（違法）要素を欠くために犯罪は成立しない[53]、すなわち、行為が違法であるときにその行為は刑法上可罰的となるため、正当化事由が存在するときには行為が正当化され不法（違法）要素が存在しないため、犯罪は成立しない[54]、と説明される。前述したように、不法（違法）要素を犯罪成立要件とする見解は、ガローによって展開されたが、しかしながら、この見解はフランスにおいては多数説とはならなかった。不法（違法）要素説は、つまるところ、正当化事由がある場合に不法（違法）要素を欠くために、犯罪は成立

50　Kuty, *op. cit.*, n° 792, p. 27.

51　この見解については、Merle et Vitu, *op. cit.*, n° 436を参照。

52　Ph. Conte et P. Maistre de Chambon, *Droit pénal général*, 5ᵉ éd., 2000, p. 135.

53　Rassat, *op. cit.*, p. 365.

54　Rassat, *op. cit.*, p. 389; Conte et Maistre de Chambon, *op. cit.*, n° 241, p. 135.

16　第1章　フランス刑法と違法性の概念

しないとするのみで、違法性の問題は犯罪論においては消極的な意味しかもたず、不法（違法）要素とは法律的要素の仮装に過ぎないと批判され[55]、結局、法律的要素と不法（違法）要素とを区別する意味がないと考えられたことも、この見解が多数から支持されなかった理由と考えられる。

4　法律的要素（élément légal）と違法性

正当化事由が存在する場合には、法律的要素が阻却されるとする見解では、例えば、不正な侵害者に対して正当防衛した者は、防衛行為が通常は違法な行為であっても特別な事情によって正当化されるため、犯罪を実行していないことになると説明する。犯罪とはならない根拠は、防衛行為によって何らかの結果が生じたとしても、防衛行為は社会秩序に対して何らの侵害も起こしていないのであって、防衛行為は社会的に有益な行為であり、刑罰法規を適用して社会を防衛するという理由が存在しないことから、その行為は社会から許容され、行為の可罰性は失われることになると説明される[56]。刑法で処罰規定が置かれる行為は原則として法規範に違反する違法な行為である（したがって、法律的要素を充足する）が、正当化事由に該当する行為を行った者は、法規範に違反する行為は行っていないことになるので、法律的要素が阻却され犯罪そのものが存在しないと説明されることになる[57]。

5　法益侵害の概念と違法性

これらの見解は、いずれも犯罪論において積極的に違法性を論じているわけではない。これに対して、最近では、犯罪論において違法性を積極的に成立要件としてとらえるべきであるとする見解も主張されている。

刑法において保護される利益・保護法益（intérêt protégé）の概念を犯罪論の中に明示的に取り入れたのは、ロベール（Robert）である[58]。ロベールは、法益概念が重要な役割を果たす分野として客観的犯罪阻却事由（正当化

55　Conte et Maistre de Chambon, *op. cit.*, nº 241, p. 135.
56　Merle et Vitu, *op. cit.*, nºˢ 431 et s.; Conte et Maistre de Chambon, *op. cit.*, p. 135.
57　ベルギーでも、N. Colette-Basecqz et N. Blaise, Manuel de droit pénal général, 2ᵉ éd., 2013, p. 216は、法律的要素が阻却されると説明している。
58　ロベールの見解を詳細に検討した文献として、北川・前掲論文(1)137頁以下がある。

事由）を挙げ、正当防衛などの正当化事由が存在する場合に、実行された行為が表面的には犯罪行為の外観を帯びているとしても、行為の時点で、刑法が保護する利益が存在しないため保護法益の侵害がなく、したがって、実行された行為は正当化され犯罪は成立しないとする[59]。法益侵害の概念を犯罪論の中で重視することは、犯罪論において違法性を犯罪成立要件の一つととらえることにつながる。違法性の概念を重視する見解は、周知の通り、ドイツ刑法学説の影響を受けたものであるが、前述したように、フランスではガロー（Garraud）が違法性の概念を不法（違法）要素の中に取り込み、正当化事由が存在する場合には、不法（違法）要素を欠くため、犯罪は成立しないと説明したが、不法（違法）要素はあくまで消極的な意義しかもたなかったことで、通説化することはなかった。ただ、被害者の同意が正当化されることを説明する根拠としては、法益の侵害という観点は重要な意義を有するため、正当化の根拠を説明するに際して、法益侵害を違法性の中で積極的に考慮することの意義を見出し違法性の概念を積極的に再評価した点で[60]、ロベールの見解の特色があると思われる。

　その後、パン（Pin）は、ロベールの見解をさらに発展させた[61]。パンは、構成要件該当性（typicité）という概念を用いて、構成要件該当性段階で犯罪の客観的成立要件と主観的成立要件を論じ、客観的に及び主観的に犯罪行為が成立すれば、その行為は違法であるすなわち法規範に違反すると推定されるが、犯罪が最終的に成立するには、違法であるとの推定が、実質的な側面でも、形式的な側面でも、確認される必要があるとする[62]。パンは、行為の違法性を判断するうえで法益侵害が現実に生じているかということが重要であるとして、法益侵害及び法益侵害の程度という点から違法性を検討する。法益侵害性という観点では、問題となる法益が処分可能であり被害者が法益

59　Robert, *op. cit.*, pp. 251 et s.

60　Robert, *op. cit.*, p. 250.

61　パンの見解、特に、刑法における被害者の同意に関するパンの博士学位論文〈*Le consentement en matière pénale* (LGDJ, 2002)〉を詳細に検討した文献としては、北川敦子「フランス刑法における被害者の同意(1)(2・完) ―グザヴィエ・パンの見解を素材に―」早稲田法学会誌59巻2号（2009）127頁・60巻1号（2009）207頁がある。

62　Pin, *op. cit.*, n° 210, p. 198.

18 第1章 フランス刑法と違法性の概念

の放棄に同意している場合には、法益侵害性がないので犯罪は成立しないとして、被害者の同意の問題を扱う[63]。他方、立法者が、犯罪の事情を理由に、処罰を根拠づける利益が刑法上の保護に値せず、免責にしたほうがよいと考えたときにも犯罪は成立しないとして、免責（immunité）の問題を取り扱う[64]。法益侵害の程度という観点では、正当化事由の形態で優越的な利益を保護するために行為が正当化される場合には、法益の侵害が存在しないため犯罪は成立しないことになる[65]。具体的には、権利の行使または義務の履行にあたるときには、通常は法律で処罰される行為が正当化される、すなわち、行為が権利の行使や義務の履行という正当な利益によって根拠づけられ、事件の状況において及び法律で定められた基準に従って、刑事裁判官が、処罰規定で保護される利益よりも優越していると判断したときには、処罰の必要性がなくなるとして、正当化事由の法的根拠を説明する。このように、パンは、違法性を犯罪成立要件として明確に位置づけ、違法性の概念を消極的なものと限定的にとらえてきた不法（違法）要素の内実について、法益侵害という観点から違法性を積極的にとらえようとした点で、これまでのフランス犯罪論にはとらわれない見解を示している。

　犯罪論において違法性をどのようにとらえるかという点については、様々な見解があるが、違法性を犯罪成立要件として明示的に位置づける見解は少数に留まっている。罪刑法定主義の原則を重視するフランスにおいては、犯罪とされる行為は全て法律（または命令）で規定されることは当然の前提であり、刑罰法規に違反する行為は法規範に違反し違法であることは明確である。したがって、犯罪とされる行為は当然に法規範に違反することになるので、敢えて行為の違法性を独立の犯罪成立要件とする必要性がないと考えられていると理解できるのではなかろうか。

63　Pin, *op. cit.*, n°s 212 et s., pp. 199 et s.

64　Pin, *op. cit.*, n°s 218 et s., pp. 208 et s.

65　Pin, *op. cit.*, n°s 211 et s., pp. 199 et s.

Ⅳ　フランス犯罪論における違法性の意義とその法的効果

1　正当化事由と違法性の概念

　刑罰法規に反する行為がすべて違法であるわけではない。違法性を阻却する事由があれば、犯罪行為は正当化され可罰的行為の対象とはならない。犯罪論における違法性論は、違法性阻却事由との関係で特に問題となるが、フランスでは、違法性を犯罪成立要件の一つとして位置づけてこなかったので、違法性阻却事由という用語は用いられず、正当化事由（faits justificatifs）という用語が一般的である。

　現行刑法典においては、正当化事由として、法律の命令・許可（122-4条）、正当防衛（122-5条）、正当防衛の推定（122-6条）、緊急避難（122-7条）が規定されている。法律の命令等の正当行為と正当防衛は旧刑法典においても規定されていたが、総則ではなく、各則に規定が置かれていた[66]。なお、旧刑法典では緊急避難に関する一般規定は置かれていなかったが、判例法上、独立した正当化事由の一つであると認められていた。したがって、旧刑法典の時代に法律または判例で認められていた正当化事由についてはすべて現行刑法典において規定が置かれている。その他、被害者の承諾についても正当化事由の一つとして位置づけるかということも問題となるが、フランスでは、刑法には公序を維持し何よりもまず一般的な利益を保護する使命があると考えられているので、被害者がその個人的法益の放棄に同意をしていたとしても、被害者の同意を一般的な正当化事由とは認めていない[67]。但し、一定の場合には被害者の同意を考慮する場合がある。まず、窃盗罪（vol）、背信罪（abus de confiance）、強姦罪（viol）、監禁罪（séquestration arbitraire）等の罪との関係では、被害者の承諾は犯罪の成立要件を欠くことになり犯罪

---

[66]　旧327条は正当行為を、旧328条・329条は殺人罪及び暴行・傷害罪において正当防衛を規定していた。旧刑法典では、法律の命令等の正当行為、正当防衛と認められれば、重罪も軽罪も成立しない、とされていた。フランス刑法における正当化事由については、江口三角「フランス刑法における正当化事由(1)」愛媛法学4号（1972）29頁参照。

[67]　Desportes et Le Gunehec, *op. cit.*, n°s 713 et s., pp. 688 et s.; Pin, *op. cit.*, n°s 214, p. 200 et s.

20 第1章 フランス刑法と違法性の概念

とはならない、いわゆる構成要件該当性を欠くことと同様の効果を有すると
理解される。次に、治療行為やスポーツによる行為等が不可罰とされる根拠
としては、被害者の承諾によって行為が正当化されると理解されることとな
る。通説的な見解では、被害者の同意によって正当化される根拠について
は、法律または慣習による許可によって正当化されると説明する[68]。患者の
権利と生の終末に関する2005年4月22日法律は、患者の同意によって治療を
中止することは、法の許可に該当することとなり、保健衛生法に新たな正当
化事由を規定することとなった[69]。前述したように、法益侵害の概念を違法
性の中心的な要件と位置づける見解においても、被害者の同意を一般的な正
当化事由とは認めていないが、詐欺罪、暴行罪、財産・名誉・往来の自由・
性的自由等の処分可能な法益を保護している犯罪については、処分可能な法
益の放棄について被害者の同意が存在する場合には、刑法上保護に値する法
益が存在していないので法益侵害性が認められず、違法ではないと説明され
ることになる[70]。

　法の命令・許可、正当防衛、緊急避難等の正当化事由に該当した場合、そ
の法的効果をいかに説明するかについて、犯罪論の構成と関連して議論され
ている。正当化事由に該当すると認められれば犯罪は成立しないが、その根
拠については、前述したように、正当化事由が法律的要素を阻却する事由と
する見解、不法（違法）要素の問題として正当化事由に該当すれば不法（違
法）要素が存在しないとする見解、正当化事由を主観的要素の客観的側面に
位置づけて正当化事由に該当すれば主観的要素が阻却されるとする見解、法
益侵害の概念を通して違法性に積極的な意味を与え、正当化事由に該当すれ
ば法益侵害性が存在せず違法性の要件を欠くため犯罪は成立しないとする見
解等、様々な見解が主張されてきた。旧刑法典の時代には、殺人、傷害及び
暴行が、法律の命令等の正当行為（旧327条）や正当防衛（旧328条）に該当
すると認められた場合には、重罪も軽罪も成立しない（ni crime, ni délit）と
規定されていたので、犯罪成立要件としての法律的要素が中立化・阻却さ

68　F. Desportes et F. Le Gunehec, *Droit pénal général, 16ᵉ éd., 2009,* p. 690.

69　末道康之・前掲『フランス刑法の現状と欧州刑法の展望』111頁以下参照。

70　Pin, *op. cit.,* nº 216, p. 205 et s.

れ、刑事責任を問われないとされていた。罪刑法定主義に基づいて、法律なければ刑罰なしという原則を反映したものが法律的要素であるので、条文上、重罪も軽罪も成立しないという文言解釈からすれば、正当化事由に該当する場合には、そもそも犯罪成立要件としての法律的要素が存在しないことになると説明されるのである。ただ、この見解では、正当化事由が法律に規定されている場合のみ法律的要素が中立化（阻却）されることになり、書かれざる正当化事由についてはこの説明は妥当しないことにもなりかねないという批判もある。この点で、不法（違法）要素を犯罪成立要件とする見解に立てば、正当化事由が存在する場合は正当な行為を行っているのであるから、不法（違法）要素が存在せず、犯罪は成立しないと説明されることになる。不法（違法）要素は法律的要素と表裏一体に関係にあるともいえるが、法律的要素とは、犯罪行為が法律で規定されていることを犯罪の成立要件としているものであり、罪刑法定主義は刑法存立の根本原理であるとすれば、これを犯罪成立要件とすることについて問題があるとする見解が広がりを見せていることには十分な根拠があると思われる。特に、現行刑法111-3条１項は「何人もその構成要素が法律によって定められていない重罪または軽罪で処罰することはできず、その構成要素が命令で定められていない違警罪で処罰することはできない。」と規定していることから、刑罰法規によってあらかじめ犯罪の成立要件が定められることから、刑罰法規は犯罪の成立要件ではないことは明らかであると解釈できるため、法律的要素は犯罪の成立要件ではないとする解釈が妥当であるといえる[71]。さらに、現在では、正当防衛、法の命令・許可、緊急避難という正当化事由に該当する場合、刑事責任を問われない（n'est pas pénalement responsable）と規定していることから、犯罪成立要件としての法律的要素が阻却されるという解釈とはなじみにくいのではないかと思われる。

　前述したように、現行刑法典では、無答責事由及び責任軽減事由として、責任無能力（限定責任能力）（122-1条）、強制（122-2条）、法律の錯誤（122-3条）、法の許可・命令（122-4条）、正当防衛（122-5条）、正当防衛の推定

---

[71]　この点については、R. Bernardini, *Droit criminel Volume Ⅱ－L'infraction et la responsabilité, 2ᵉ éd.*, 2015, p. 53. を参照。

22 第 1 章 フランス刑法と違法性の概念

（122-6条）、緊急避難（122-7条）、刑事未成年者（122-8条）の諸規定が設けら
れている。刑事責任を問わないという点では共通しているが、正当化事由と
責任阻却（軽減）事由とを合わせて規定しており、配置の順序も、違法性阻
却事由から責任阻却事由へというように整理されて配置されているわけでは
ない。ここからも、立法者の意思としては、違法性の概念が責任概念と切り
離されて明確に認識されている状況ではないと推察することもできるが、こ
のような立法形式については、学説からは批判されている[72]。

　犯罪阻却事由に関して、フランスの刑法学説では、客観的無答責事由
（cause objective d'irresponsabilité）と主観的無答責事由（cause subjective d'ir-
responsabilité）を区別して論じていることには疑いがない[73]。一般的には、
法の許可・命令、正当防衛、緊急避難等の正当化事由は客観的無答責事由に
該当するとされ、責任無能力（限定責任能力）、強制、法律の錯誤、刑事未成
年者が主観的無答責事由に該当するとされる。行為が正当化事由のように客
観的犯罪阻却事由（cause objective d'impunité）に該当すれば、その行為は法
にかなった行動となり、行為の違法性は阻却され[74]、刑事責任も民事責任も
負わないとされる[75]。正当化事由が存在する場合は、犯罪そのものの存在が
否定される[76]。これに対して、責任無能力（限定責任能力）及び強制は責任阻
却事由（cause de non-imputabilié; cause de non-culpabilité）とされる。正当化
事由は連帯的（*in rem*）に作用するが、責任阻却事由は個別的（*in personam*）
に作用する。責任無能力とされ責任が阻却されるとしても、責任無能力者の
行為は違法であることは認められている[77]。したがって、正当化事由の法的

72　G. Roujou de Boubée, B. Bouloc, J. Francillon, Y. Mayaud, *Code pénal commenté*, 1996, p. 30.

73　Merle et Vitu, *op. cit.*, n° 438, pp. 562 et s.; Desportes et Le Gunehec, *op. cit.*, n°ˢ 627 et s., pp. 601 et s.; C. Mascala, Faits justificatifs Généralité Ordre de la loi et commendement de l'autorité légitime, *Juris-classeur pénal, Art. 122-4, fasc. 20*, 2013, n° 4, p. 3.; J. Pradel, *Droit pénal général, 19ᵉéd.*, 2012, pp. 308 et s. et pp. 464 et s.; Y. Mayaud, *Droit pénal général, 5ᵉ éd mise à jour*, 2015, pp. 467 et s.; W. Jeandidier, *Droit pénal général, 2ᵉéd.*, 1991, pp. 275 et s., et pp. 375 et s.

74　J. Pradel, *op. cit.*, n° 309, p. 274; W. Jeandidier, *op. cit.*, n° 251, pp. 275 et s.; F. Desportes et F. Gunehec, *op. cit.*, n° 693, pp. 667 et s.

75　Crim., 13 déc 1989, *B. C.*, n° 478.

76　Roujou de Boubée, Bouloc, Francillon, Mayaud, *op. cit.*, p. 30.

効果と責任阻却事由の法的効果とは異なることは当然の前提として認められている。

正当化事由（客観的犯罪阻却事由）に該当すれば、犯罪行為の違法性が阻却され犯罪自体が存在しないことになる。ここでいう違法性とは、通説的な見解によれば行為規範違反を意味することになると思われる。法は、一般的に、行為規範を侵害する行動を禁止しているのであるから、正当化事由が存在する場合には、行為者が行った行為は行為規範に違反しておらず、法にかなった行動をとっていることになり、法益を侵害することもなく、社会の許容範囲を逸脱していないことになる。社会の許容範囲を逸脱する行為に刑罰という不利益を科すことが認められるのであるから、正当化事由が存在する場合には刑罰を科す理由が存在しないことになる。最近では、前述したように、ロベールやパンのように違法性と法益侵害の概念を関連させて議論する見解も存在するが[78]、フランスの一般的な理解としては、違法性の本質は（行為）規範違反であるととらえていると考えるのが妥当であろう。

正当化事由は連帯的に作用するので、原則的には、正当化事由に該当する行為を行った行為者の共犯者及び共同正犯者の違法性も阻却され不可罰とされる。但し、例外的に、共犯者及び共同正犯者の刑事責任を問うことができる場合もありうる。共同正犯の一方にのみ正当防衛状況が認められるような場合、例えば、ふざけて偽物の拳銃を突き付けて脅した者に対して2人共同して発砲したが、うち1人はふざけた遊びであることを知らず、もう一人はその事実を知っていた場合、前者には正当防衛の状況は認められうる（正確には誤想防衛になると思われる）が、後者には正当防衛の状況は認められない[79]。法律の命令・許可、正当防衛、緊急避難等の客観的犯罪阻却事由に該当すると認められる場合には、原則として、刑事責任のみならず民事責任も問いえないとされ、この点が、責任無能力等の主観的犯罪阻却事由とは異なる点である[80]。

77　Pradel, *op. cit.*, p. 274.
78　例えば、Robert, *op. cit.*, pp. 251 et s.; Pin, *op. cit.*, nᵒˢ 222 et s., pp. 211 et s.
79　Desportes et Le Gunehec, *op. cit.*, nᵒ 693, p. 667.
80　Desportes et Le Gunehec, *op. cit.*, nᵒ 693, p. 668.

24　第1章　フランス刑法と違法性の概念

2　主観的帰責と違法性の概念

　違法性の概念は、違法性の意識の問題を通して、故意、過失、錯誤等の主観的帰責とも関連する。刑法122-3条は、法律の錯誤を規定し、避けることのできない法の錯誤によって、適法に行為を遂行することができると信じたことを証明する者は刑事責任を問われない、と規定する。旧刑法典では、錯誤に関する規定は存在しておらず、学説において事実の錯誤と法律の錯誤を区別して論じてきた。

　違法性と錯誤論との関連では、犯罪の主観的要件としての違法性の意識をどのように理解するかということも問題となりうる。

　フランスでは、刑法121-3条が犯罪の主観的成立要件を規定する。故意犯については、1項で「重罪または軽罪を犯す意思がなければ重罪も軽罪も存在しない。」と規定し、故意犯処罰の原則を明示する。2項は、「但し、法律の定めがある場合、他人を意図的に危険に陥れるときには、軽罪となる。」と規定する。この規定は、他人を危険に陥れる罪に関する主観的要件を定めたものであり、いわゆる未必の故意（dol éventuel）の概念を規定したものであるとされている[81]。3項と4項は過失犯に関する規定である。3項は、法律の定めがある場合には、行為者が、その任務または職務の性質、行為者が有する管轄権並びに権限及び手段を考慮して、通常の注意義務を尽くさなかったと証明されたときには、不注意、懈怠または法律もしくは命令が定める慎重もしくは安全特別義務に違反するという過失があるときには、軽罪とする、と規定する。4項は、直接的には損害を惹起していないが、その損害の実現を許す状況を創出したもしくはその創出に寄与したまたは損害の発生を避けることができる手段をとらなかった自然人は、明らかに意図的な方法で法律もしくは命令が定める慎重もしくは安全特別義務に違反した、あるいは、加重過失を犯し無視することができない特に重大な危険に他人をさらし

---

[81]　フランスの判例及び通説によれば、未必の故意（dol éventuel）は、故意ではなく過失に分類さてきた（J.-Y. Maréchal, Elément moral de l'infraction, *Juris-classeur pénal, Art. 121-3: fasc. 20*, 2015, n° 51, pp. 16 et s.）。但し、他人を危険に陥れる罪の本質については、故意犯であると認めている論者も多く、121-3条2項の主観的要素が、故意なのか、過失なのか、明確ではないとする批判が加えられている（Maréchal, *op. cit.*, n°s 53 et s., pp. 16-17）。

IV　フランス犯罪論における違法性の意義とその法的効果　　*25*

た、と証明されたときには、刑事責任を負う、と規定する。第5項は、不可抗力の場合は、違警罪は存在しないと規定する。

　故意（intention ou dol général）とは、重罪または軽罪を犯す意思と定義されているが、故意の内容については、従来から、犯罪を実行する認識とその意欲という二つの要件から構成されると解されてきた[82]。ギャルソンは、「故意とは、法律によって定義される犯罪を実行する意思」であり、「法律による禁止に違反するという認識である」と定義する[83]。ガローは、故意とは「作為または不作為を手段として、より正確には、行為者が知っていると推定される法律によって保護される利益を侵害する手段によって、法律に違反する意思」と定義する[84]。これらの定義から、故意の成立要件としては、認識と意思の二つの要素が必要であると解していると理解して良いと思われる[85]。故意（intention）とは、ラテン語では〈*tendere in*〉であり、事情を知ってかつ悪意をもって、法律で処罰する犯罪の実現に向けられた意思と定義できる[86]。古典学派は、この二つの要素のほかに、さらに、行為者が刑罰法規に違反するという認識をもつことも、故意の成立要件として必要としてきた[87]。古典学派は、行為者は犯罪事実について認識しているだけではなく、刑罰法規の内容とその射程範囲まで完全に知らなければならないという見解をとってきたが、現在の通説的見解は、このような見解を支持しているわけではない。確かに、故意の成立にとって、行為者が犯罪行為の違法性を認識していることは必要ではあるが、違法性の意識は犯罪事実を認識し犯罪を実現する意思の中に包含されていると理解され、犯罪事実を認識していれば違法性の意識は法律上推定されることになる[88]と解されている。

---

[82]　Maréchal, *op. cit.*, n° 18, p. 6.

[83]　E. Garçon, *Code pénal annoté I*, art. 1ᵉʳ, n° 77.

[84]　Garraud, *Traité théorique et pratique de droit pénal français préc.*, n° 287, p 573.

[85]　この点については、Merle et Vitu, *op. cit.*, p. 729を参照。Merle et Vitu によれば、このような見解はドイツ刑法理論における認識説と意思説とを総合したものであるとしている。

[86]　Merle et Vitu, *op. cit.*, p. 729.

[87]　Merle et Vitu, *op. cit.*, p. 733.

[88]　*ibid.* このような見解は、故意の成立要件として違法性の意識を必要と解するのではなく、故意の成立には違法性の意識の可能性で足りるとする見解（違法性の意識可能性説）に親和的であると解してよいと思われる。

26   第1章　フランス刑法と違法性の概念

　前述したヴィテュの見解のように、犯罪の主観的成立要件としての主観的
要素（élément moral）には客観的側面と主観的側面があると理解した場合、
故意犯における主観的要素の客観的側面は、刑罰法規によって特別に保護さ
れる法益を侵害するなという行為規範を無視することであり、主観的側面は
行われた行為が意図的かそうでないかという問題である。このような立場か
らは、犯罪を行う（刑法に違反する）という意思・意欲（volonté infraction-
nelle）が主観的要素（élément moral）の主観的側面に該当し、犯罪を行う
（刑罰法規に違反する）という認識（conscience infractionnelle）は主観的要素
（élément moral）の客観的側面すなわち刑法上の違法性の前提となる行為者
の違法性を認識しうる知的理解力以外の何物でもないことになる。したがっ
て、行為者は、その行為の時点で、犯罪事実を認識し理解していれば、犯罪
行為の違法性について理解し意識していることになると解することにな
る[89]。

　それでは、過失犯においてはどうか。過失犯の場合、不注意、懈怠、慎
重・安全義務違反等の過失が列挙されているが、これは、過失に該当する場
合を例示したと考えられ、民法の不法行為の場合と同様、人の生命や身体の
完全性等の法益を過失によって侵害する場合を総体的に処罰している。過失
犯においても、法律で定める不注意、懈怠、慎重・安全義務違反等の注意義
務が列挙されているので、注意義務に違反することが規範違反を構成し過失
犯の違法性を基礎づけることになる[90]。

　法の錯誤（erreur de droit）については、「法の不知は宥恕せず（nul n'est
censé ignorer la loi）」という法諺に従って、フランスにおいても犯罪の成立
には影響しないと従来から考えられてきた。破毀院は、「それが生じた原因
がいかなるものであれ、法の錯誤は故意に実行された行為の有責性を消滅さ
せない。」[91]、「違法な事実の可罰性を知らなかったとの主張は、正当化事由
とはならない。」[92]、「法の錯誤は正当化事由でもなく、免責事由でもなく、

89　Vitu, *op. cit.*, pp. 7 et s.
90　Vitu, *op. cit.*, p. 8.
91　Crim. 10 juillet 1903, *D.*, 1903, Ⅰ, 490; Crim. 16 mars 1972, *B. C.*, n° 110.
92　Crim. 24 juillet 1974, *B. C.*, n° 267.

法を知らなかったとの主張は故意の成否に何らの影響も及ぼさない。」[93]と判断してきた。したがって、国民は刑罰法規（重罪・軽罪を規定する法律であっても、違警罪を規定する命令であっても）を知っていることを法律上推定されることになる。また、破毀院は、刑罰法規の錯誤と非刑罰法規の錯誤とを区別することを否定しているので[94]、刑罰法規以外の民法、商法、行政法の規定にも推定は及ぶことになる。したがって、ここでいう「法の不知」とは刑罰法規を含むすべての法規の不知ということになる。法規を知っていることを推定されるというのはあくまでフィクションであって、法律のインフレーションとも呼ばれるように制定法が次々と成立する状況では、実務家であっても、官報を読むだけでは理解できず、司法省の通達がなければ立法された法規について正確には理解できない状態であるのに、国民にすべての法規を知っていることを求めることは現実には無理ではあるが、罪刑法定主義の原則に従い、法律・命令によって予め定められた行為のみが犯罪として処罰の対象となること、すなわち、不意打ち処罰にあうことはないことの見返りとして、一般国民には法規を知っていることが推定されることになるのである[95]。

　法の錯誤が避けることができず適法に行動したと信じることもやむを得ないと行為者が証明できたときには、刑事責任を問われないことになるが、その根拠としては、行為者において、行為の可罰性についての認識または法に違反して行動するという意思が欠けることになるので、故意がなく責任を問うことができないことになると説明されている[96]。ヴィテュによれば、行為者が、刑法で処罰される行動規範が存在することを知らず、その存在を知ることが不可能であったことが判明したときには、犯罪の主観的要素（élément moral）の客観的側面が欠けており、その結果、行為の違法性を構成す

93　Crim. 2 mars 1976, *B. C.*, n° 78.

94　Crim. 8 déc, 1964, *D.*, 1965, p. 393.

95　この点については、Desportes et Gunehec, *op. cit.*, n° 675, pp. 649 et s.; G. Barvier, Erreur sur le droit, *Juris-classeur pénal*, *Art. 122-3: fasc. 20*, 2014, p. 3. 同様の指摘については、井田良・前掲『講義刑法学・総論』378頁を参照。

96　Desportes et Gunehec, *op. cit.*, n° 683, pp. 654 et s.; Barvier, *op. cit.*, p. 6. このような見解では、法の錯誤が避けられなかった（回避不可能であった）場合には故意がないと説明されることから、違法性の意識可能性説に立っていると解してよいと思われる。

28　第1章　フランス刑法と違法性の概念

る行為規範違反性が存在しないことになる[97]。

　刑法122-3条は法の錯誤に関して故意犯に限定するとは規定しておらず、過失犯においても法の錯誤は問題となりうるが、実務的には法の錯誤は主として故意犯において問題となり、過失犯において法の錯誤が問題となることはないと理解されている[98]。法律上の規定では、法の錯誤が回避不可能である場合には刑事責任を問わないとしていることから、違法性の意識必要説に立っていないことは明らかであり、違法性の意識可能性説に親和的な規定であると解してよいと思われる。

　行為者が「適法に行為を遂行することができると信じた」こととは、行為者が自分の行為が違法であることを知らなかったということを意味するので、避けることのできない法の錯誤によって、自分の行為の違法性を認識することができなかったときには、刑事責任を問われないことを意味する。ここでいう、違法性の認識とは、破毀院が法の錯誤とは刑罰法規の錯誤のみならず非刑罰法規の錯誤も含むと解している以上、法律上許されないことの認識と解されることになり、刑法違反の認識（可罰的刑法違反の認識）に限定されないと思われる。

　なお、1994年刑法典の条文解釈に関する司法省の省令では、事前に行政機関に問い合わせたが誤った情報を与えられたため錯誤が避けられなかった場合及び刑罰法規の公布がなされなかった場合には、法の錯誤が避けられなかったことに相当の理由があるとして刑事責任を問われないとして、法の錯誤の規定は非常に限定的にしか適用されないことが認められており[99]、実務的にも、破毀院が法の錯誤を認めることには慎重な姿勢を示している点で[100]、このような制限的な解釈には学説からは批判がある[101]。

　フランスにおける法の錯誤に関する規定では、錯誤が回避可能ではあったときには刑事責任を問われることになるが、錯誤が存在したことを否定することはできないので、ドイツ刑法17条、スイス刑法21条に規定されるよう

---

[97]　Vitu, *op. cit.*, p. 15.

[98]　Barvier, *op. cit.*, p. 6; Desportes et Gunehec, *op. cit.*, n° 683, pp. 654 et s.

[99]　Circ. du 14 mai 1993.

[100]　Bernardini, *op. cit.*, pp. 302 et s.

[101]　Bernardini, *op. cit.*, n° 510, pp. 309 et s.

に、刑の軽減をすべきではないかという批判も存在している[102]。欧州刑法の
モデルの一つとされるコルプス・ユリス第2案11条では、法律の錯誤が回避
可能であったときには刑の減軽を認め、裁判官は刑の上限を宣告することは
できないと規定しているので[103]、フランスにおいても、錯誤が回避不可能な
場合に刑事責任を問わないとするほか、錯誤が回避可能な場合に刑事責任を
軽減する規定を設けるべきであるとの提言[104]は、欧州刑法とフランス刑法と
の関係を考えるうえでも重要な指摘であろう。

V　おわりに

　これまで検討してきたことからも明らかなように、フランスにおいては、
違法性の概念は犯罪成立要件の中で積極的に位置づけられてはいない。ドイ
ツやわが国の犯罪論の体系と大きく異なる点は、まさに違法性の評価をどの
ようにとらえるかという点であろう。フランスでは罪刑法定主義を徹底して
いるので、犯罪として刑罰法規に定められる行為が法令に違反する（すなわ
ち違法である）ことは当然であって、犯罪行為の客観的要素と主観的要素を
充足し刑罰法規に違反することが確定すれば、その行為は必然的に違法であ
ることが推定されることになると思われる。違法性の本質については、ヴィ
テュに代表されるように（行為）規範違反であると理解する見解が一般的な
理解であると思われるが、それ以上の検討はなされておらず、違法性の本質
に関してこれまで深く検討されることはなかった。違法性の本質を法益侵害
であるととらえる見解も近年主張されるようになっているが、違法性論につ
いて議論が活発化している状況にはない。このような現状に鑑みれば、違法
性の本質に関して学説及び判例においても議論の必要性がなかったことは明
らかであろう。個々の正当化事由について個別的に成立要件を明らかにして
はいるが、正当化事由の一般的な正当化原理については、それほど学説の注
目が払われていないことも、フランスで違法性の本質論について議論されて

102　この点については、Bernardini, *op. cit.*, n°s 516 et s., pp. 315 et s. を参照。
103　末道・前掲『フランス刑法の現状と欧州刑法の展望』228頁以下を参照。
104　この点については、Bernardini, *op. cit.*, n°s 516 et s., pp. 315 et s. を参照。

30 第1章 フランス刑法と違法性の概念

こなかったこととも通じるのではないかと思われる。

　なお、現行刑法典で用いられる〈responsabilité〉という概念は、一般的には責任と翻訳されるが、その起源は比較的新しい。〈responsabilité〉という文言がアカデミー・フランセーズで認められたのは1798年であり[105]、旧刑法典ではこの文言は使われてはいなかった[106]。〈responsabilité〉の概念は、〈culpabilité（有責性）〉や〈imputabilité（答責性・帰責性）〉とは区別されている[107]。〈culpabilité〉とは、行為者が〈faute（故意・過失）〉を犯しその行為について行為者に非難が可能であることをいう。したがって、行為者に故意・過失がなければ非難可能性はなく、犯罪は成立しないことになる。また、前述したように、〈faute〉の概念が違法性を含意していると理解すれば、〈faute intentionnelle〉、〈faute non-intentionnelle〉という場合には、単なる故意、過失という意味を超えて、〈故意による違法行為〉、〈過失による違法行為〉という意味を含意していると理解することができると思われる。〈imputabilité〉とは、行為者に認識と自由な意思があることを前提に犯した行為について行為者に帰責できることをいう。従って、精神障害によって責任能力がない場合や強制による場合には、行為者にその行為を帰責できないことになる。刑事責任を問うためには、〈culpabilité〉と〈imputabilité〉が存在していなければならないとの理解が一般的であるが[108]、確立した定義は存在せず、非常に多義的な意味をもち、論者によって様々に定義される概念であるといっても過言ではない[109]。

　現行刑法典において、正当化事由や責任阻却事由をすべて無答責事由として刑事責任を問わない（n'est pas pénalement responsable）と規定しているこ

105　この点については、Bernardini, *op. cit.*, n° 468, p. 238を参照。

106　但し、旧刑法典第2部（59条以下）は「重罪または軽罪で処罰すべき者、宥恕すべき者または責任ある者（Des personnes punissables, excusables ou responsables pour crimes et délits）」とされていたので、〈responsable〉という文言は使われていた。

107　例えば、団藤重光『刑法綱要総論（第3版）』（創文社・1990）257頁では、広く刑事責任という場合の責任〈responsabilité〉は刑を受けるべき地位を意味するとされ、犯罪成立要件の一つとしての非難可能性を意味する狭義の責任〈culpabilité〉とは区別されている。

108　B. Bouloc, *op. cit.*, n° 394, p. 335.

109　このような指摘については、Bernardini, *op. cit.*, n° 468, p. 239を参照。

と、正当化事由が客観的犯罪阻却事由（客観的無答責事由）であり正当化事由に該当する場合には違法ではなく客観的に犯罪は成立せず刑事責任を問わないとしていると理解されていることから、フランスの〈responsabilité〉の概念は、あくまで個人的な見解であるが、違法性と責任とを合わせた内容を含む広い概念ともいいうるのではないかと考えられる。このように考えれば、フランスにおいて違法性の概念が犯罪論において独自の位置づけをされてこなかった理由も理解できるのではないかと思われる。

第2章　フランス新古典学派の未遂犯概念に関する一考察

I　はじめに

　わが国の近代未遂犯概念の発展は、ボアソナードによって当時のフランス刑法学を中心とする未遂犯概念が紹介され継受したことから始まるといってもよいであろう。私はかつてフランスの未遂犯論に関する研究をまとめて公刊した[1]。フランス革命後、革命期の刑法典を経て、1810年にナポレオン刑法典が制定され、フランスではヨーロッパ諸国の中でいち早く近代未遂犯概念が確立され、未遂犯を処罰するためには、実行の着手が存在し、行為者の意思とは無関係な事情により結果が生じなかったという要件が明示されることになった。また、未遂犯は既遂犯と同一の刑で処罰されるという原則が示された。このフランスの未遂犯概念は、その後のドイツ、ベルギー、イタリア等の他国の未遂犯の規定に影響を与えたことは周知の事実である。

　19世紀のフランス刑法学は、客観主義の刑法理論に支配されており、その中でも、特に、新古典主義刑法理論（新古典学派、折衷学派）が支配的な地位にあった。わが国の旧刑法典の制定に大きな寄与をしたボアソナードは、新古典学派の刑法理論をわが国に紹介し、新古典学派の刑法理論は、わが国の刑法理論の発展の基礎を作ったといってよいであろう。わが国の旧刑法典の未遂犯概念はボアソナードの刑法理論を通して当時のフランス刑法学の影響を受けていることは明らかであり、さらに、現行刑法典のモデルとなった当時のドイツ刑法典の未遂犯規定の淵源は1810年のフランス刑法典の未遂犯規定に求めることができるので、わが国の未遂犯規定はフランスの未遂犯規定と深く結びついているといってよいであろう。

　フランス未遂犯論の研究と関連して、ボアソナードの未遂犯論についても

1　末道康之『フランス刑法における未遂犯論』（成文堂・1998）

検討を加えたことがあるが、ボアソナードの不能犯論の理解について、ボアソナードが客観説を支持しているとする私の理解について、改めて疑問が指摘されたこともあるので[2]、この機会に、本稿において、ボアソナードの未遂犯論を含めて、19世紀のフランス刑法学を支配した新古典学派の未遂犯論の意義について不能犯論を中心に若干の検討を加えてみたい。

Ⅱ　新古典学派の刑法理論の概観

1　新古典学派の基本思想

　フランス新古典学派（折衷学派）の刑法理論は、その後に展開された主観主義刑法理論や新社会防衛論などの影響を受けながら、形を変えて現在のフランス刑法理論にも影響を与えていることは事実である。わが国においても、ボアソナードが伝えたフランスの新古典学派（折衷学派）刑法理論や刑法思想は、宮城浩蔵、井上正一らを通して、また、江木衷や古賀廉三を経て、牧野英一の新派刑法学にも影響を与えていると評価することもできよう[3]。

　新古典学派（折衷学派）の刑法理論については、これまでに紹介がなされているので、簡潔にその内容をまとめると、新古典学派（折衷学派）は、自由意思を前提に、刑罰権の根拠を絶対的正義（justice absolue）と社会的効用（utilité sociale）[4]に求め、犯罪とは道義的責任の違反にあり、個人や社会の利益に対して現実的に危険を実現しうる行為のみが刑法の対象となりうると説明する[5]。「効用を越えて処罰しない、正義を越えて処罰しない（ni plus qu'il

---

2　中野正剛「不能犯論・覚書—末道書評を契機として—」『理論刑法学の探求⑩』（成文堂・2017）215頁、同『社会秩序無価値説の構想』（成文堂・2023）31頁以下。

3　中野正剛『未遂犯論の基礎—学理と政策の史的展開—』（成文堂・2014）329頁参照。

4　〈utilité〉には「功利性」「効用」「功用」等の訳語が宛てられるが、本稿では「効用」と訳出しておく。

5　R. Bernardini et M. Dalloz, *Droit criminel vol. I-Eléments préliminaires 3ᵉéd.*, Bruylant, 2017, pp. 95 et s.; R. Merle et A. Vitu, *Traité de droit criminel Problèmes généraux de la science criminelle Droit pénal général, 7ᵉ éd.*, Cujas, 1997, pp. 112 et s. 等を参照。新古典学派の刑法理論については、江口三角「フランス新古典学派の刑法思想」『団藤重光博士古稀祝賀論文集第1巻』（有斐閣・1983）50頁以下を参照。

n'est utile ni plus qu'il n'est juste)」[6]という主張に明確に表れている。したがって、個人・社会の利益に対して現実的危険を生ぜしめない行為は処罰の対象とはならない。「結果なければ刑罰なし」「責任なければ刑罰なし」という原則に従って、社会の利益が脅威にさらされ侵害されたとき（社会的悪・道徳的悪が生じたとき）に刑罰権が発動されるとして、刑罰権の行使を限界づけようとした。さらに、刑罰とは、道義的責任を充足しかつ社会の防衛を確保するものでなければならない。したがって、刑罰には受刑者の改善を図るという側面もあることを重視していた[7]。

2　新古典学派と〈mal〉概念の評価

　新古典学派（折衷学派）に代表される19世紀のフランス刑法学では、〈mal〉という概念が重要である。オルトランやボアソナードらの新古典学派（折衷学派）でも、〈mal social（社会的悪）〉〈mal moral（道徳的悪）〉という概念が社会刑罰権との関係で重要な意味を有している[8]。この〈mal〉という文言は一般的には「悪」「害悪」「結果」等と訳出されるが、当時のフランスでは、刑法と道徳規範との区別は明確ではなく[9]、〈mal〉という概念は法益侵害という「結果」を意味する概念であるが、その中には道徳的・道義的な意味での「悪」という意味が内包されていると考えられる。換言すれば、〈mal〉という概念には法益侵害という違法性と道義的責任という両面が包含されていたという理解も可能であろう。したがって、法分野の世俗性が徹底されている現在のフランスでは、結果という概念を表現する文言としては〈résultat〉という文言が用いられることが一般的であり、結果という意味で〈mal〉という概念が用いられることはなくなっている。正義と効用を重要視する新古典学派（折衷学派）は、刑罰は効果的でなければならない、すなわち、刑罰は応報的であると同時に受刑者を矯正させるものでなければならないとする。刑罰の性格を応報刑であり矯正刑であるとするところから、新

6　Merle et Vitu, *op. cit.*, p. 118. 江口・前掲論文70頁参照。

7　Bernardini et Dalloz, *Droit criminel vol. I-Eléments préliminaires préc.*, p. 96.

8　J. Ortolan, *Elément de droit pénal 5ᵉ éd.*, T. 1, 1886, pp. 434 et s.

9　刑法と倫理規範との関係性については、江口・前掲論文71頁を参照。

古典学派（折衷学派）は矯正的刑罰と応報的刑罰を認めるカトリック教会法の思想を継承していると考えてよいであろう[10]。したがって、〈mal〉という概念にもキリスト教に基づく道徳観念が含意されていると考えられる。新古典学派の刑罰論においても、刑罰の機能が贖罪による道徳秩序の回復であり社会防衛でもあるとされており、社会防衛という側面が後の実証主義に基づく主観主義刑法理論にもつながっていくことにもなる。新古典学派の刑法理論はボアソナードを介してわが国の刑法学に継受されたが、新古典学派の刑法理論が、その後のドイツ刑法学の影響を受けて展開されたわが国の新旧両学派の基盤となったと評価することは正しいと思われる。

Ⅲ　新古典学派の未遂犯論

1　新古典学派と客観的未遂概念

　19世紀のフランス刑法学を代表する新古典学派は、行為者の意思ではなく社会に害を及ぼした行為を処罰すべきであるとして、未遂犯の処罰根拠を危険な行為によって社会の利益が脅威にさらされたことに求めた。したがって、可罰未遂を基礎づける実行の着手は、客観的な行為のみによって基礎づけられることになる。

　1994年に現行刑法典が施行されるまで、フランスの未遂犯は、「実行の着手により表明された重罪の未遂は全て、行為者の意思とは無関係な事情により中断され、あるいは、結果を欠いたに過ぎない場合には、重罪そのものとしてみなす。」と規定されていた[11]。この規定から、未遂犯の成立要件として、実行の着手が存在すること、行為者の意思とは無関係な事情によって結果が発生しなかったこと、という2要件が必要となる。すなわち、「実行の着手」と「任意による中止の不存在」である。

　厳格な客観説では、犯罪構成要素または犯罪加重事由等の犯罪の一部をなす行為が行われて初めて実行の着手が認められることになる。換言すれば、現実的に結果を発生させる危険性をもつ行為が開始されたことで実行の着手

10　この点については、W. Jeandidier, *Droit pénal général*, 2ᵉ éd., 1991, p. 51.
11　末道・前掲『フランス刑法における未遂犯論』52頁参照。

が認められることになるので、結果発生の現実的危険性がない場合には可罰未遂は成立しないことになる。例えば、ロッシーは、犯罪の実現に向けられた行為が社会に対する危険（le danger pour la société）または実質的な悪（le mal matériel）を生ぜしめたことが未遂犯処罰の根拠としており、社会に対する危険や実質的な悪が発生しなければ未遂犯としては処罰できないことになる。換言すれば、実行の着手が認められるためには、構成要件的結果発生の客観的な危険性が認められることが必要であることを示しているのであって、行為自体に結果を発生させる危険性があることが求められているのである。フランス刑法学においても、危険（danger）という概念は存在しており[12]、法益侵害の危険性の概念は実行の着手の概念とは切り離せないものと考えてよいと思われる。フランス刑法学においても、実行の着手と不能犯の概念とは表裏の関係であることは認識されている。客観説が不能犯を不可罰とする根拠として、以下のような論証がなされる。未遂犯が処罰されるためには実行の着手の存在が必要である。不能なことを実行することはできないし、その実行に着手することもできない[13]。したがって、可罰的な未遂犯は存在しない。ただ、不可能であることは結果の発生であって、犯罪の実行ではないことが認識されるようになり、不能犯を一律に不可罰とする結論にも批判が加えられるようになった。そこで、不能犯を不可罰とする客観説を緩和する見解（修正された客観説と絶対的不能・相対的不能説）が展開されることになった。修正された客観説とは、手段に関する不能について、用いた手段・方法が偶然の事情によって結果を生ぜしめなかった場合には不能犯ではなく欠効犯であり未遂犯として処罰する見解であった[14]。

2　オルトランの絶対的不能・相対的不能説

オルトランは、19世紀のフランス刑法学（新古典派）を代表する刑法学

---

[12]　例えば、最近の文献として、Bernardini et Dalloz, *Droit criminel vol. Ⅱ -L'infraction et la responsabilité, 3ᵉ éd.*, Bruylant, 2017, p. 123を参照。

[13]　A. Prothais, *Tentative et Attentat*, L. G. D. J., 1985, p. 89.

[14]　フランスでこのような見解を支持していた論者としては、ブランシュとヴィレイを挙げることができる。詳細については、末道・前掲『フランス刑法における未遂犯論』174頁を参照。

者である。フランス刑法学では、現在でも、犯罪論について、一般的には、法律的要素（élément légal）、客観的要素（élément matériel）、主観的要素（élément moral）（それぞれ法定要素、自然的要素、心理的要素という訳語が用いられることもある）の3要素に区別して論じる見解が有力である[15]。オルトラン以前の刑法学者、例えばトレビュシアンも犯罪構成要素として客観的要素（自然的要素）と主観的要素（心理的要素）が必要であると主張していたが[16]、オルトランは、犯罪構成要素という概念を否定して、犯罪行為論と犯罪行為者論とに区別して犯罪論を論じていた。ただ、現在のフランスにおいても、犯罪論を犯罪行為論と犯罪行為者論とに区別して論じる体系をとる有力な見解（例えば、メルル＝ヴィテュ、プラデル）もあり[17]、この見解はオルトランの学説の系譜につながるものであるといえよう。オルトランの犯罪論では、犯罪行為者論の部分で、責任能力、故意、強制、正当防衛、正当行為、共犯、犯罪被害者などを論じ、犯罪行為論の部分で、犯罪の分類、犯罪行為（犯罪事実）、犯罪の結果（mal du délit）、未遂犯と危害犯（attentat）、加重・軽減事由等を論じている。特に、犯罪行為者論において犯罪成立にとって重要な要素が論じられており、オルトランの刑法理論は行為者の有責性を中心に刑法理論を構築しているといえる[18]。

　オルトランは未遂犯論についていわゆる客観的未遂概念をとっている。オルトランは、行為者が、犯罪を構成する行為そのものを開始したときに実行の着手を認めている[19]。すなわち、構成要件の一部を開始したときに実行の着手を認める客観説の立場に立っていることは明白である。不能犯について

15　末道康之『フランス刑法の現状と欧州刑法の展望』（成文堂・2012）17頁参照。フランスの犯罪論については、末道康之「フランス犯罪論体系の素描」『宮澤浩一先生古稀祝賀論文集第2巻　刑法理論の現代的展開』（成文堂・2000）159頁参照、末道・前掲『フランス刑法の現状と欧州刑法の展望』18頁及び18頁注(24)参照。フランス犯罪論に関する仏文の文献としては、J.-H. Robert, L'histoire des éléments de l'infraction, *R. S. C.*, 1977, p. 269; S. Monacorda, La théorie générale de l'infraction pénale en France: lacune ou spécificité de la science pénale ?, *R. D. P. C.*, 1999, p. 35; Bernardini et Dalloz, *Droit criminel, V. Ⅱ-L'infraction et la responsabilité préc.*, pp. 48 et s. 等を参照。

16　末道・前掲『フランス刑法の現状と欧州刑法の展望』16頁参照。

17　末道・前掲『フランス刑法の現状と欧州刑法の展望』19頁以下参照。

18　中野・前掲『未遂犯論の基礎—学理と政策の史的展開—』58頁参照。

19　Ortolan, *op. cit.*, p. 459. 末道・前掲『フランス刑法における未遂犯論』93頁参照。

38 第2章 フランス新古典学派の未遂犯概念に関する一考察

は、純客観説ではなく、絶対的不能・相対的不能説を展開したことにその独自性がある。この見解は、従来の客観説を緩和するものであり、19世紀末から20世紀初頭においては破毀院によっても支持されるほど影響力を有していた[20]。現代のフランス刑法学においても、不能犯に関する絶対的不能・相対的不能説を説明する場合には、必ずオルトランの学説が引用されるが、オルトランの見解は、ベルギーの刑法学者ハウスによって支持された[21]。

　オルトランやハウスによって展開された絶対的不能と相対的不能の概念は次のように説明される。客体に関する絶対的不能とは、客体が存在しない場合や主要な犯罪構成要素を欠く場合であり、不能犯となり処罰できない。死体に対する殺人行為、妊婦ではない女性を堕胎する行為、他人の物だと思って自分の物を盗む行為等は不能犯に該当する。方法に関する絶対的不能とは、行為者が用いた手段が本質的に犯罪結果を発生させることができないものであった場合であり、不能犯となり処罰できない。具体的には、無害な物質を毒物だと思って毒殺しようとする場合等である。これに対して、客体に関する相対的不能とは、客体は現実には存在したが想定したところには存在しなかったような場合であり、人がいると思って部屋に向けてピストルを発砲したがそこは無人で別の部屋にいたような場合には殺人未遂罪が成立する。手段に関する相対的不能とは、用いた手段自体は結果を実現しうるものであったが適切に用いられなかったために結果が生じなかったような場合であり、ピストルの使い方を失敗したとか、金庫を開けることができずに失敗したような場合には可罰未遂として処罰される[22]。

　オルトランによれば、未遂は犯罪結果を惹起することを目的とした行為の中に存在するのであるから、絶対的不能の場合には、犯罪の実行に着手したとはいえない。未遂犯の処罰には、危険な行為によって社会の利益が危険にさらされることが必要なのであるから、結果発生が絶対的に不可能である場合には、結果発生の現実的危険があるとはいえず、未遂犯は成立しない。一

20　この点については、末道・前掲『フランス刑法における未遂犯論』179頁以下を参照。

21　J.-J. Haus, *Principes généraux du droit pénal belge 3ᵉéd., T. 1, 1879, réimpression,* Swinnen, *1977,* pp. 346 et s.

22　末道・前掲『フランス刑法における未遂犯論』179頁以下参照。

方、相対的不能の場合には、行為それ自体が結果を発生させることは可能であったので、社会の利益に対する脅威が存在しており、未遂犯として処罰が可能であると説明される[23]。

オルトランの見解も、構成要件的結果発生の客観的危険性という要素を重視していることは紛れもない事実であって、「不能の内容・性質によって不能犯と未遂犯とを区別しようとする」不能論的アプローチ[24]ではなく、「犯罪実現の危険性の性質によって不能犯と未遂犯とを区別しようとする」危険論的アプローチに分類されるものと考えられる[25]。

一時は、フランス刑法学を支配した絶対的不能・相対的不能説ではあったが、その後のフランス刑法学説や判例理論において支持されることはなく、19世紀末から、フランスにおいて、ドイツ刑法学の影響を受け不能犯をすべて未遂犯として処罰すると考える主観説と、法律の不能の場合には未遂犯の成立要件を欠き不可罰であるが事実の不能の場合には未遂犯として処罰するとするガローが主張した法律の不能・事実の不能説が不能犯の議論を主導することになった[26]。絶対的不能・相対的不能説への最大の批判は、区別基準が不明確であり、不能の程度に差はありえず、不可能か可能かのいずれかであるという点である。相対的不能とされる場合も、事後的に見れば結果発生は不可能であったのであり、既遂結果発生が不可能ではあっても、行為者の意思とは無関係な事情によって結果が発生しなかっただけであって、犯罪の実行に着手することが可能であり、未遂犯は成立しうることが論証されたことで、絶対的不能・相対的不能説は支持を失っていった[27]。

19世紀末においては、ヨーロッパで実証主義思想に影響された主観主義刑

23　末道・前掲『フランス刑法における未遂犯論』180頁以下参照。

24　中野教授は、オルトランの見解を不能論的アプローチに位置づけられているようである。中野・前掲論文221頁参照、中野・前掲『未遂犯論の基礎―学理と政策の史的展開―』33頁参照。

25　私は、オルトランの見解もボアソナードの見解も危険論的アプローチに位置づけるべきであると考えている。

26　フランス不能犯論の歴史的な展開については、末道・前掲『フランス刑法における未遂犯論』165頁以下参照。

27　Bernardini et Dalloz, *Droit criminel vol. Ⅱ-L'infraction et la responsabilité, préc.*, pp. 126 et s.

法理論が台頭し、当時の社会において、個人の事情を全く考慮せずただ単に行為の重さにふさわしい刑罰を科すことが応報としての刑罰にかなうものであるとする新古典主義の刑法理論が、個々の犯罪現象に適切に対応できていないとのサレイユの批判を受け、未遂犯論においても、行為者の主観面を重視する主観説が有力化することとなった。そもそも絶対的不能と相対的不能に区別すること自体が論理的な根拠に基づいているとはいえないことや、未遂犯と既遂犯との同一刑主義をとるフランス未遂規定が主観説や主観的未遂概念になじみやすいということがあったとも考えられる[28]。

3　ボアソナードの不能犯論

　わが国の旧刑法は、ボアソナードの影響を強く受けて制定されたことは、周知の通りである[29]。予備と実行の着手に関する記述から判断すれば、ボアソナードは、実行の着手を犯罪行為の一部が開始された時点で認めており[30]、非常に形式的に判断していたと考えてよいであろう。ボアソナードの提示した不能犯に関する規定（草案128条）では、「行為の性質または用いられた手段によれば、いかなる悪も惹起することができないときには、行為者の意図がいかなるものであれ、刑を免除する（1項）。行為または用いられた手段によって、行為者が想定したよりも軽い悪しか生じなかったときには、現実に生じた悪に対して処罰することができる（2項）。」とする。この規定からもわかるように、ボアソナードは、不能犯に関しても基本的には客観説に従っているといえるが、手段に関する相対的不能については未遂犯として処罰することを認めるいわゆる修正された客観説[31]の立場に従っていると考えてよいと思われる[32]。オルトランと同じく絶対的不能・相対的不能説を支持しているかについて、明示的ではないが絶対的不能・相対的不能説に

28　末道・前掲『フランス刑法における未遂犯論』184頁以下参照。
29　ボアソナードの未遂論に関する最近の詳細な研究として、東條明憲「実行の着手論の再検討（4）」法学協会雑誌136巻9号（2019）2034頁以下を参照。
30　*Projet révisé de code pénal pour l'Empire du Japon accompagné d'un commentaire par Gve. Boissonade*, 1886, n° 262, pp. 411 et s.
31　末道・前掲『フランス刑法における未遂犯論』184頁以下参照。
32　この点については、末道・前掲『フランス刑法における未遂犯論』184頁参照。

左袒していたことは確かであると主張している中野教授の見解もある[33]。この点について、筆者がボアソナードは（修正された）客観説を支持していると主張したことに疑問が提起されている。また、客観説と絶対的不能・相対的不能説とを厳密に区別する必要性はなく、危険性概念を用いて不能犯か否かを判断する具体的危険説に対応させて観念していることが重要であるとされる[34]。

　確かに、絶対的不能・相対的不能説も客観説から派生した見解であるが、相対的不能に該当する場合は未遂犯として処罰され処罰範囲が拡張されることになるため、両者を区別する意味はあると思われる。ボアソナードは、そのフランス語による著作において、絶対的不能・相対的不能という文言は用いていない[35]。不能犯とされる事例として、ボアソナードは、①夜間人気のない場所で旅人が通行するはずであると信じて待ち伏せしていたが、風で樹々が動くのを見て旅人が来たと思って発砲したところ灌木に発砲していた場合、②窃盗のために夜中に家に侵入し家の番人を殺したと思ったが実は死体であった場合、③毒物（砒素）だと思って無害な物質（塩）を飲ませた場合、④弾丸が装填されていると思って発砲したところ装填されていなかった場合、⑤他人の所有物だと思って窃取したところ自分の所有物だった場合、⑥呪術を用いて人を殺そうとする場合、等を挙げているが[36]、いずれの場合も反道義性は既遂犯と同じであるとしても、社会的悪（mal social）が全く認められないため不可罰とされる。さらに続けて、ボアソナードは、意図した結果（mal résolu）が生じる可能性がないのであるから、危険すらないとしている[37]。この危険の概念をどのように理解するのかということが問題となるが、具体的危険ではなく、主観的な事情を排除した結果の発生に直接結びつく危険源すなわち客観的・物理的な危険ととらえていると評価することが

33　中野・前掲『未遂犯論の基礎―学理と政策の史的展開―』85頁。
34　中野・前掲『未遂犯論の基礎―学理と政策の史的展開―』89頁注(120)参照。
35　この点について、東條准教授は、ボアソナードは絶対的不法と相対的不能という概念を用いているわけではないので、オルトランとボアソナードが完全に同じ説を採用しているといえるかについては留保が必要である、と指摘する（東條・前掲論文2047頁注(86)を参照）。
36　*Projet révisé de code pénal préc.*, n° 266, pp. 416 et s.
37　*Projet révisé de code pénal préc.*, n° 267, p. 417. 東條・前掲論文2045頁を参照。

42 第2章 フランス新古典学派の未遂犯概念に関する一考察

できるであろう[38]。

この点に関し、具体的危険の概念については、20世紀初頭にリストの見解がフランスで翻訳され、リストの具体的危険説を通して紹介されていた。ただ、サレイユはリスト説の結論の妥当性は認めながらも、そもそも危険性の概念が不明確であることを指摘して、具体的危険説を批判していた[39]。その後、フランスにおいて具体的危険説を支持する見解はほとんどなく、20世紀初頭からいわゆる主観説が不能犯論において有力化していった。したがって、ボアソナードが活躍していた19世紀後半の時代において、具体的危険の概念はフランスでは一般的には知られていなかった概念であり、ボアソナードは客観説に立って客観的・物理的に危険概念を理解していたと解することは妥当であると思われる。ボアソナードが不能犯としている事例（②から⑤）は、概ねオルトランのいう絶対的不能に該当するものではある。また、ボアソナードも方法に関する相対的不能の場合（薬剤を用いた場合、吹き矢を用いた場合、武器として子供のおもちゃを用いた場合）には、発生した結果に応じて処罰することを認めている。ただ、①の事案において、その道を旅人が夜間通行することがありえたとしても（客体に関する相対的不能の場合で客体は存在する可能性はあった場合）、ボアソナードの見解では不能犯として不可罰となると考えられる。オルトランの見解では、客体に関する相対的不能の場合には、未遂犯として処罰することになるので、この点で、両者の見解には相違があると考えてよいと思われる。中野教授は、オルトランは①の事案について一貫して絶対的不能に該当し不能犯に該当するとされる。この点について、その場に人は現在せず灌木に向けて発砲した場合に、オルトランが客体の絶対的不能であるとしている点については指摘の通りであるが、客体に関する相対的不能の場合には、例えば、会社の金庫に通常は現金があったが、犯行の行われた当日だけは何らかの事情で金庫は空であったという事案では、オルトランの絶対的不能・相対的不能説に従えば、未遂犯として処罰されることになると思われるが[40]、ボアソナードの見解では不能犯となる

---

38 中野・前掲『未遂犯論の基礎—学理と政策の史的展開—』82頁以下、東條・前掲論文2045頁を参照。

39 末道・前掲『フランス刑法における未遂犯論』189頁以下参照。

のではなかろうか。ボアソナードは客観説に立っていたと思われるのが[41]、その見解には修正された客観説との親近性も指摘できるので、実質的にはそれほど大きな相違はないかもしれないし、ボアソナードは立法論として未遂犯概念について論じているのにとどまり、まとまった未遂犯論を展開しているわけではないので、ボアソナードの見解をオルトランと対比して論じることに意義があるのかという指摘も理解できないわけではないが[42]、中野教授が指摘されるようにボアソナードがオルトランの見解を知っており支持していたとすれば、何故、ボアソナードは絶対的不能・相対的不能という概念に全く触れていないのか私には理解ができない。

　ボアソナードは1864年に国家試験に合格しアグレジェ（教授資格者）となり、1867年にアグレジェとしてパリ大学法学部に招聘された[43]。当時のパリ大学には、客観説を主張していたロッシーが教授として憲法の講座を担当し、オルトランは教授として比較刑法の講座を担当していた[44]。また、1869年から1873年まで毎年数週間オルトランの刑法講座を代理していたが[45]、ボアソナードは、オルトランが亡くなった後の刑法講座の後継者には選任されず、その後、日本に法律顧問として赴任することになった[46]。このような当時の状況を考えれば、ボアソナードがオルトランの見解を十分に認識していたか認識することは可能であったと考えることは自然であろう[47]。ただ、

40　Prothais, *op. cit.*, p. 90.

41　佐藤教授は、ボアソナードの見解は、厳格な客観的危険説に該当すると評価している。佐藤拓磨『未遂犯と実行の着手』（慶應義塾大学出版会・2016）42頁参照。

42　中野・前掲論文222頁参照。

43　ボアソナードの経歴等については、大久保泰甫「ボワソナードにかんする若干の新資料―フランスにおける調査の報告を中心として―」『野田良之先生古稀記念　東西法文化の比較と交流』（有斐閣・1983）188頁以下参照。

44　ロッシーは刑法学者から憲法学者に、オルトランは憲法学者から刑法学者に転身した。この点については、G. Antonetti, La faculté de droit de Paris à l'époque où Boissonade y faisait ses études, *R. I. D. C.*, 1991, p. 354を参照。

45　この点については、大久保・前掲論文190頁、194頁、Antonetti, *op. cit.*, p. 354参照。Antonetti の論文では、ボアソナードが法学部で研究していた当時のパリ大学の教授ポストに関する詳細が説明されている（Antonetti, *op. cit.*, pp. 333 et s.）。

46　この間の事情については、Antonetti, *op. cit.*, pp. 354 et s. を参照。

47　私は、ボアソナードがオルトランの絶対的不能・相対的不能説を知らなかったと考えるのが合理的ではないかと思っていたが（末道康之「中野正剛『未遂犯論の基礎―学理と政策の史的展開―』（成文堂・2014）を読んで」『理論刑法学の探求⑨』（2016）251

44 第2章 フランス新古典学派の未遂犯概念に関する一考察

知っていてオルトランの見解に言及していないとすれば、ボアソナードはオルトランの見解を積極的には支持していなかったと考えることが合理的であると思われる。

　私が特に指摘しておきたかったことは、オルトランの見解とボアソナードの見解の相違という点ではなく、20世紀以降、フランスの未遂犯規定の解釈論として、新古典学派から主張された客観説や絶対的不能・相対的不能説が支持を失ったことである。

4　新古典学派と主観的未遂概念の展開

　19世紀末になると、新古典学派をその理論的支柱とする絶対的不能・相対的不能説や客観説がフランスにおいて支持を失い、未遂犯論・不能犯論において主観説が台頭したが、その原因には、フランス社会の構造的な変化があると思われる。これまでの新古典学派に基づく客観的な未遂概念では、増加する犯罪現象には対応できないことが認識され、社会の安全を守り、社会秩序を維持することに重点が置かれるようになるにつれて、より早い段階で犯罪行為を捕捉し処罰をすることが要求されることになる。このような状況では、客観的見解は支持を失うことは自明であろう。わが国においても、明治期において有力であった折衷学派の刑法理論が次第に退潮し、主観主義刑法理論が有力化する背景にも、ヨーロッパで起こった新旧両派の論争が影響を及ぼしていることは周知の通りである。

　ところで、19世紀末からフランスで有力化していった主観説は、サレイユやガレの見解からも理解できるように、基本的には新古典学派の刑法理論を基盤として主張されたことを確認しておく必要がある。ただ、ここでいう新古典学派とは、19世紀に有力であった新古典学派ではなく、新・新古典学派（école néo-classique moderne ou nouvelle）といわれる見解である。新・新古典学派とは、新古典学派の刑法理論に基本的に立脚しながら、（新）社会防衛論の考え方を取り入れた見解である[48]。オルトランやボアソナードは新古

　頁）、Antonetti の論文を前提にすれば、知りうる立場にはあったと思われるので、この点は見解を改める。

48　Bernardini et Dalloz, *Droit criminel vol. I-Eléments préliminaires préc.*, p. 104; Merle

典学派（折衷学派）の立場から客観的な未遂概念を支持したが、サレイユや
ガレは新・新古典学派に立脚しながら主観的未遂概念を支持した。フランス
においては、正義と効用を重視する新古典学派刑法理論をもとに主観説が主
張されたが、行為者の意思の危険性が外部的行為によって表明されれば、社
会に危険を及ぼすことになるので、正義と効用という点から処罰する必要性
が認められることになる。さらに、旧刑法2条の未遂犯処罰規定の解釈が主
観説の正当性を支えることになった。未遂犯の成立要件として、実行の着手
が存在すること、行為者の意思とは無関係な事情によって既遂に至らなかっ
たことが必要である。実行の着手は行為者の意思の危険性が外部に表明され
たことによって認められるべきで、客観的な結果発生の危険性をもとに判断
するものではない。また、既遂結果が生じなかったこと（中断したかまたは
結果が発生しなかったこと）が要件とされているだけで、結果発生が不能か否
かという点は条文に記載はない。すなわち、結果発生が物理的に不可能で
あったとしても、行為者の意思の危険性が外部的行為によって表明されれ
ば、処罰のための社会的効用が認められることになる[49]。したがって、行為
者の危険性を犯罪の本質として重視する立場と主観的未遂概念が必然的に結
びつくものではなく[50]、客観主義刑法理論の立場から主観的未遂概念を採る
ことには理論矛盾はなく両立しうるものである。また、オルトランやボアソ
ナードは、新古典学派（折衷学派）の立場から、旧刑法2条が未遂と既遂の
同一刑主義をとっていた点を批判し未遂犯の必要的減刑主義を主張していた
が、フランスで主観説が有力化した根拠の一つとして、旧刑法2条が未遂と
既遂の同一刑主義を採用していた点もあると考えられる。フランスで主観説
が有力化した背景には、ブーリーやコーラー等のドイツ刑法学説（主観説）
やイタリア刑法思想（実証主義刑法理論）の影響があることは指摘されてい
る通りであるが、ドイツの未遂規定とフランスの未遂規定はそもそも類似し
ており、条文の解釈論という点でも、主観説はフランスにおいても受け入れ

---

et Vitu, *op. cit.*, pp. 138 et s.
[49] 主観説の概要については、末道・前掲『フランス刑法における未遂犯論』187頁以下
を参照。
[50] この点については、佐藤・前掲書45頁を参照。

やすい見解であったといえるのではなかろうか。なお、主観説に従っても、迷信犯や幻覚犯の場合にはそもそも刑法上の犯罪には該当しないのであり、罪刑法定主義の立場から処罰の対象とはされないと説明している[51]。わが国の旧刑法112条が未遂犯の刑は既遂犯の刑より1等または2等減軽されると規定されていたことは、未遂犯は既遂犯よりその刑は減軽されるべきであるとするオルトランやボアソナードの見解が旧刑法典の未遂犯規定に採用された結果である。当時のフランスの実務では、刑を酌量的に軽減することができたので、未遂犯を既遂犯より軽く処罰することは可能であったことを考慮したためであると思われる。しかしながら、立法論としてはともかく、そもそもフランス旧刑法2条未遂規定の解釈論としては、必要的減刑主義を主張することには無理があったといわざるを得ないであろう。

5　新古典学派と法律の不能・事実の不能説

　フランスにおいて主観説が有力になるのとほぼ同時期に、ガローによって主張された見解が法律の不能・事実の不能説であった[52]。ガローは、当初は不能犯に関して客観説の立場に従っていたが、空ポケット事件（パリ控訴院1894年10月19日判決）[53]の無罪判決に対する世論の厳しい批判を受けて、客観説を批判し、新たに法律の不能・事実の不能説を展開した。ガローは、未遂犯の処罰根拠を主観と客観の両面からとらえている。すなわち、犯罪を実行するという意思が一定の行為によって外部に表明され、その行為によって法的に保護された利益が侵害される危険を示す必要がある。法律の不能の場合、犯罪の客体が存在しない（死体に対する殺人行為）とか、用いられた手段が結果を発生させることができない（無害の物質による毒殺行為）とか、そもそも、犯罪の成立に必要な要素が存在しないため、法律的に犯罪の実現は不可能であり、既遂犯も未遂犯も成立しないことになる。一方、事実の不能の場合は、法律的には犯罪成立は可能であり、行為者の意思とは無関係な事

51　F. Desportes et F. Le Gunehec, *Droit pénal général 6ᵉ éd.*, Economica, 2009, p. 417.

52　R. Garraud, *Traité théorique et pratique du droit pénal français 3ᵉ éd.*, t. 1, Recueil Sirey, 1913, pp. 84 et s.

53　末道・前掲『フランス刑法における未遂犯論』197頁を参照。

情で結果が生じなかったのであり、未遂犯規定に基づき、可罰的となる。例えば、教会の献金箱にはたまたま金員が入っていなかったとしても、教会のほかの場所には窃盗の対象となる物が存在していたとすれば、献金箱が空であったという事情は行為者の意思とは無関係な事情にすぎず、他人の財物に対する侵害の危険性は存在しており、窃盗未遂として処罰は可能となる。ガローは、行為者の犯罪意思を重視しながらも、意思の危険性のみで未遂犯を処罰するという主観説を批判して、客観的側面も重視し、客観的に法益侵害の危険が存在しなければ未遂犯としては処罰できないという見解を主張した。ガローの法律の不能・事実の不能説は、現在のフランス刑法学においても支持されている見解であり、この点で、絶対的不能・相対的不能説とは大きく異なっている。法律の不能・事実の不能説も、未遂犯の処罰根拠について法益侵害の危険という概念を重視しているが、法律の不能の場合には、犯罪構成要件要素を欠くために構成要件該当性がないことになるので、事実の欠缺の概念と共通する見解であると考えることができる[54]。法律の不能・事実の不能説は、現在においても一部の論者において支持されている[55]。

6 中止犯の概念

わが国の未遂規定に関して、旧刑法と現行刑法とで規定の仕方が大きく異なる点が中止犯に関する部分である。旧刑法では、フランス刑法にならい自らの意思によって犯罪を中止した中止犯の場合には未遂犯は成立しないとしていたが、現行刑法では、ドイツ刑法にならい中止犯を犯罪化して未遂犯と位置づけている。明治後期においては、ドイツ刑法の影響が大きくなっていることが証明されている。ただ、フランス型の中止犯規定をとっても、自ら中止する以前に既に何らかの犯罪行為に該当する行為が行われていれば、その限りにおいては処罰することは可能ではあるが（例えば、殺人の実行に着手して人を刺したが、自ら結果を発生させないようにした場合、殺人未遂にはなら

---

54 この点については、大塚仁『刑法概説（総論）（第３版）』（有斐閣・1997）250頁以下（注3・4）を参照。
55 末道・前掲『フランス刑法における未遂犯論』232頁以下参照。法律の不能・事実の不能説は、メルル、マイエ＝ガズノー、ラサー、コント等の刑法学者によって支持されている。

ないとしても、傷害罪で処罰することは可能である）、わが国においては、このようなフランス流の考え方は支持を失うことになった。

　フランスでは、1810年刑法典制定から現在に至るまで、中止犯に関する基本的な考え方は維持されており、自らの意思で犯罪を中止した場合には、「行為者の意思とは無関係な事情によって中断されまたは結果の発生を欠いた（結果が生じなかった）」という要件を充足しないことになり、未遂犯とはならないとされる。中止犯が未遂犯として処罰されない根拠を、新古典学派の理論では、社会的効用という点から正当化する。すなわち、自ら犯罪行為を中止することで結果を発生させなかったことは社会の利益に合致するため処罰の必要性が認められないことになるのである。中止の任意性の判断基準については、中止の動機の如何にかかわらず、内部的原因と外部的原因とを比較して、内部的原因が優越している場合には中止の任意性を肯定するのが通説的な見解であるが、判例実務では任意性の判断においては後悔・悔悟等の倫理的な動機が認められる場合には任意性を肯定している[56]。ドイツでは、19世紀初頭においてはドイツ型の中止犯規定が採用されたが、1851年プロイセン刑法の頃からフランス型の未遂犯・中止犯規定が採用され、その後、1871年ライヒ刑法典では再びドイツ型の中止犯規定を採用するという変遷をたどっている[57]。フランスでは旧刑法においても現行刑法においても、重罪の未遂は常に処罰され、軽罪の未遂は法律に定める場合にのみ処罰されることになるので、重罪の未遂については、陪審員の参加する重罪院において、実行の着手があったか、行為者の意思とは無関係な事情によって中断されたかまたは結果の発生を欠いたか、が立証される必要がある。未遂犯が成立するためには、検察官は行為者が任意に中止したのではないこと（任意の中止の不存在）を立証する責任があり、陪審員裁判を前提とするフランス刑事実務に整合した考え方であったのかもしれない。

56　この点については、末道・前掲『フランス刑法における未遂犯論』149頁以下を参照。
57　この点については、野沢充「中止犯論の問題点」『理論刑法学の探求7』（成文堂・2014年）215頁を参照。

7 未遂概念をめぐる若干の考察

フランスやドイツでは、19世紀末から主観的未遂概念が有力となり、現在でも通説的な見解として支持されている。一方、同様の未遂規定をもつわが国では、現在でも客観的未遂概念に基づき客観的な見解が支持されているが、フランス刑法学、ドイツ刑法学を継受したわが国の未遂概念において客観的色彩の強い見解が支持されている理由の一つとして、明治前期のボアソナードを起点とする客観主義的未遂論の影響が底流にあることも否定できないと思われる。ただ、比較法的な視点から考えると、原則として予備罪は処罰しないフランス等とは異なり、わが国においては重大な犯罪について広く予備罪が処罰されているので、フランス等と比較して未遂犯の成立時期を早める必要性はそれほど大きくはなかったことが、現在においても客観的未遂概念が通説としての地位を占めている最大の理由ではないかと考えられる。

オルトランが19世紀のフランス新古典学派を代表する刑法学者であることは紛れもない事実である。しかしながら、オルトランの刑法理論特に未遂犯理論を現代において再評価する意義はあるのであろうか。19世紀において、フランス破毀院の判例にも影響を及ぼしたオルトランの絶対的不能・相対的不能説は、20世紀初頭以降、支持を失い、過去の学説として紹介されることはあるものの、現在のフランス刑法学では支持されてはいない。破毀院1986年1月16日判決[58]において、死体に対する殺人行為について殺人未遂罪の成立を正面から肯定したことは、破毀院が従来の主観説を支持していることを再度明確にしたという点で意義があった。不能を絶対的不能と相対的不能に区別する基準そのものが明確性を欠くという点が致命的であったことは一般に承認されているところである。不能犯に関して通説的な主観説と対峙する見解として現在支持されている見解は、ガローによって展開された法律の不能・事実の不能説である。その間、フランスの未遂犯規定が大きく変わったということもない。わが国の未遂犯規定の母法でもあり、実行の着手概念を生み出したフランスの未遂犯の解釈論において、客観説や絶対的不能・相対的不能説が未遂犯規定の文言の解釈という観点から支持を失ったことには大

---

58 Crim. 16 janvier 1986, *B. C.*, n° 25. この判例の詳細については、末道・前掲『フランス刑法における未遂犯論』211頁以下を参照。

きな意味があるように思われる。

「未遂（tentative）」という文言は、「意思（intention）」という文言と同一の語源をもち、目的へと向けられた方向・傾向を意味している。未遂という概念は行為の危険性を意味し、未遂概念には結果の発生や結果への到達という観念は含まれていないのである。したがって、実行された行為が行為者の意図した結果に向けられたことが証明されれば、その行為が現実に結果を発生させることができなかったとしても、未遂犯として可罰的になると解釈することは未遂犯規定の合理的で整合的な解釈と考えることができる。そもそも、フランスの旧未遂犯規定では、未遂犯を既遂犯と同一刑で処罰するとしており、未遂犯を既遂犯より軽く処罰しているわけではない。結果が発生した既遂犯の場合と発生しなかった未遂犯の場合とを同様に処罰していることは、結果の大小で行為の違法性や責任の程度が異なるとは考えていないのである。フランスの旧未遂犯規定は、行為者の意思を重視する革命以前の注釈学派や教会法の伝統も継承していると考えられており[59]、重大な犯罪の未遂については既遂犯と同一刑主義をとっていた点も承継している。現行刑法121-4条は未遂犯（重罪の未遂犯及び法律が定める場合には軽罪の未遂犯）の行為者も既遂犯の行為者と同じく正犯と規定するので、未遂犯と既遂犯の同一刑主義を形式上採用しているわけではないが、未遂犯の行為者も既遂犯の行為者も正犯であれば、その法定刑は同一であることには変わりはない。現行の未遂犯規定（121-5条）も可罰未遂の成立要件として、実行の着手が存在すること、任意の中止が存在しないこと、という2要件が必要であるとしていることから、その根幹には旧未遂犯規定の継承があり、主観的には犯罪意思（故意）が存在すること、客観的にはその意思（故意）に支配された行為が犯罪の実現に向けて外部に表明されることが必要であり、未遂犯の成立においては、犯罪結果が現実に発生可能であったかという点（物理的・客観的な結果発生）は重要ではなく、行為者の意思という主観的要件の重要性に変化はないと考えられる。現在のフランスの通説的な考え方に従えば、行為者の意思（故意）が具体的な行為によって外部に表明され客観化され、その行

---

59 この点については、末道・前掲『フランス刑法における未遂犯論』49頁以下を参照。

為が社会一般の立場から危険であると判断されることが未遂犯の処罰根拠であると考えることができるのである。すなわち、行為時における行為自体の危険性が重要であり問題とされるのであって、結果発生の客観的危険性は未遂犯の成立要件としては重要ではない。このような考え方は、フランスの裁判実務からも支持されていると思われる[60]。重罪事件については陪審員裁判が行われることになるので、一般の国民を代表する陪審員が未遂犯の成否を検討することになる。陪審制度を前提とすれば、一般国民の立場から未遂犯として処罰すべきか、ということが重視されることは当然であって、犯罪結果を実現しようとする行為者の意思が犯罪結果に向けられた外部的行為によって表明されれば、一般国民の立場から見れば、未遂犯として処罰する必要性があることになる。ここでいう一般国民とは、フランスで「善良な家父（bon père de famille）」「思慮・分別のある人（personne raisonnable）」という文言に表される「通常一般の注意能力を備えた合理的な人」であり通常一般人ということになろう。行為が犯罪結果発生の現実的危険性を有するかどうかということは、未遂犯の成否において陪審員が検討する問題としては提起されることはない。このような裁判制度を前提とすれば、フランスでは、ドイツやわが国とは異なり、陪審員には判断が難しい危険概念が実務的にも問題とはされなかったことの一つの根拠にもなりうると思われる[61]。

Ⅳ　おわりに

　19世紀におけるフランス新古典学派の未遂犯論について客観的未遂概念から主観的未遂概念への変遷を概観してきたが、フランスの未遂犯規定の解釈論において、主観的未遂概念が、行為者の危険性を重視する主観主義刑法理論の立場ではなく、新古典学派という客観主義刑法理論の立場から展開され、その後、主観的未遂概念は現在に至るまで通説的な地位を占めるに至っ

60　ブーロックは、判例実務では結果発生の可能性は未遂犯の成立要件ではない、と明確に示している（B. Bouloc, *Droit pénal général 24ᵉéd.*, Dalloz, 2015, p. 237.）この点については、末道・前掲『フランス刑法における未遂犯論』255頁を参照。

61　フランス未遂犯論における危険概念については、末道・前掲『フランス刑法における未遂犯論』248頁以下を参照。

ている。

　20世紀のフランス刑法学では、新古典学派以降、新社会防衛論の思想が大きな影響を与え支配的な立場にあった。20世紀末頃から、応報刑論の復権とともに新古典学派の刑法理論は再評価されるに至っているが[62]、未遂犯論においては、19世紀に支配的であった客観的未遂概念が再評価されるという状況にはない。前述したように、現在の主観的未遂概念は新古典学派の刑法理論をもとに展開されたのであり、客観主義刑法理論と主観的未遂概念は矛盾するものではない。

　未遂犯とは、結果が発生する以前の段階で処罰を加えることを可能にする立法形式であり、社会を動揺させるような法益に対する侵害を未然に防ぐためには、行為時において一般人に危険だと思われる行為を処罰する必要性は認められるはずである[63]。予備罪を広く処罰しているわが国においては、主観的未遂概念をとって未遂犯の成立時期を早める必然性はなく、客観的未遂概念が実務及び学説において一貫して支持されているが、フランスの未遂規定をその淵源にもつわが国の未遂犯の構造を考えるうえでも、未遂行為を基礎づける要素は行為者の故意すなわち主観的違法要素としての故意であることを確認し、主観的違法要素である故意が客観的行為（実行行為）によって外部に表明され構成要件的結果発生の現実的危険性を有することによって未遂犯としての可罰性を帯びると考えることが合理的な解釈ではないかと考える。実行行為が構成要件的結果発生の現実的危険性を有するかの判断に際しては、行為時における一般人の判断が重視されることは、裁判員裁判が導入されたわが国においても整合的な解釈であると思われる[64]。

62　Bernardini et Dalloz, *Droit criminel vol. II -L'infraction et la responsabilité, préc.*, p. 128.

63　刑法の行為規範性を重視する立場から具体的危険説の正当性を論証するものとして、井田良『講義刑法学・総論（第2版）』（有斐閣・2018）451頁以下を参照。

64　一般人が認識しうる事情または行為者が認識していた事情をもとに一般人の立場から結果発生の現実的危険性を判断する具体的危険説の考え方が基本的には妥当であると考える。

第3章　フランス・ベルギー刑法学における〈précarité〉の概念

I　はじめに

　フランスやベルギー等のフランス語圏の刑法学において、〈précarité〉という概念が様々な場面で考慮されるようになっている。〈précarité〉とは、第2次大戦後のヨーロッパにおいて、非正規雇用のように雇用における「不安定さ」を意味する概念として用いられてきたが、それにとどまらず、貧困や困窮という社会生活における「不安定さ」を意味する概念として意義を有するようになっており[1]、1960年代以降は、精神医学においても、〈précarité〉の状況にある者が研究の対象として着目されてきた。フランス政府も、格差の拡大によって、社会的・経済的に不安定な状況にある者が精神疾患、心臓疾患及び糖尿病等の深刻な疾患に罹患する危険にさらされているという事実に着目し、〈précarité〉の状況にある者の平均寿命が10年も短縮されている事態を深刻にとらえ、〈précarité〉の状況にある者の精神疾患等の治療を地域の中で機動的に推進する体制を整える政策を実施している[2]。

　刑法の分野では、貧困や困窮という社会生活における「不安定さ」がより重要な意味をもつと考えられる。犯罪行為者や犯罪被害者の経済的「不安定さ」が犯罪論や刑罰論において問題となることが考えられる。具体的には、犯罪論において、犯罪に利用される者の「不安定さ」が犯罪の加重事由となる場合や、貧困による空腹状態で食料品の万引きをしたような事案において緊急避難や強制の規定が適用されて違法性阻却・責任阻却が問題となる場合、消費期限が切れ廃棄された食品を盗むような場合等が問題となりうる。

1　J.-C. Barbier, La précarité, une catégorie française à l'épreuve de la comparaison internationale, *Revue française de sociologie, vol. 46*, 2005, pp. 352 et s.

2　この点については、フランス連帯・衛生省（Ministère des solidarités et de la santé）のweb頁で2021年11月4日に公表された記事を参照。

また、経済的な貧困・困窮という不安定さに起因する物乞い（mendicité）そ
れ自体は処罰されていないが、物乞いを利用する行為（exploitation de la
mendicité）は処罰されている。刑罰論の分野では、行為者の経済的な「不安
定さ」が量刑判断において考慮される事情となりうる。特に、罰金等の財産
刑を科す場合には、行為者の経済的な困窮等の事情を考慮することはありう
るし、自由刑の代替刑を選択する場合においても、行為者の経済的な事情を
考慮することもある。

　わが国の刑法において、犯罪行為者や犯罪被害者の経済的「不安定さ」に
直接的に関係する規定は多くはない。準詐欺罪（248条）は、「未成年者の知
慮浅薄又は人の心神耗弱に乗じて」詐欺行為を行うことを処罰しており、被
害者の精神的な不安定さを利用する犯罪類型であると考えられる。また、監
護者わいせつ罪・監護者性交等罪（179条）も、未成年者である被害者の未
成熟性や経済的・精神的な依存関係という被害者の不安定な状態に乗じたわ
いせつ行為・性交行為を処罰する規定である。フランスやベルギーでは被害
者の精神的・肉体的な脆弱性（vulnérabilité）に乗じた犯罪の実行について
は、犯罪の加重事由とされる場合が多いが、このような類型も「不安定さ」
に関係するものと考えられる。

　わが国においては、刑法と犯罪行為者・被害者の経済的な「不安定さ」と
の直接的な関係性に着目することはあまりないといってよいが、フランスや
ベルギーでは、失業率の高さや経済的な格差の拡大を背景にした生活困窮者
等の社会的な弱者が増加する傾向にあることから、生活困窮者等の不安定な
立場にある者と刑事司法との関係性が問題となり、刑法と「précarité（不安
定さ）」との関係に着目した検討がなされている[3]。わが国においても、近
年、非正規雇用の増加による経済的な格差の拡大や、新型コロナ感染症拡大
の影響のもとでの雇用の不安定化等の要因によって、社会的・経済的な「不
安定さ」という問題は、刑法学においても検討を要する課題となりうるので
はないかと考えられる。

　本稿では、フランスやベルギー等のフランス語圏の刑法学における「pré-

---

[3]　ベルギー刑法と〈précarité（不安定さ）〉を論じた文献として、F. Kuty, Le droit
pénal et précarité, *R. D. P. C.*, 2020, p. 661 がある。

carité（不安定さ）」の概念の意義について検討し、わが国の刑法学に何らか
の新たな視座を与えうるかを考えてみたい。

II　犯罪論における〈précarité〉概念

1　窃盗罪と〈précarité〉

　犯罪論において「précarité（不安定さ）」が問題となるのは、まず貧困・
困窮による空腹に耐えられなかった行為者が犯した食料品の窃盗の事例であ
る。商店の食料品を不法領得の意思で窃取すれば窃盗罪の構成要件に該当す
ることは明らかであるが、空腹に基づいて窃盗を犯したことが、緊急避難や
強制に該当して刑事責任を問いうるかが問題となる[4]。収入もなく、2日間
何も食べていなかった被告人（Louise Ménard）が、自分自身やその母親や
子供のために、パン屋で不法にパンを窃取した事案において、1898年3月4
日にシャトー・ティエリー裁判所が、被告人に無罪を言い渡した[5]。裁判所
は、強制（contrainte）、より正確には絶対的な緊急避難の理論に基づき、被
告人は空腹によって、自由意思の一部が奪われ、または長期間食べることが
できなかったことに起因する耐えがたい苦痛を生じたことによって、善悪の
観念が多くの範囲で減弱する可能性があったとして、空腹の耐えがたい衝動
のもとで行動した者に刑事責任を問うことはできないと判断した[6]。

　また、最近では、2016年5月2日、イタリア最高裁は、ホームレスの男性
がスーパーマーケットでソーセージとチーズ約4ユーロ分を盗んだという事
案について、6年の自由刑と100万円の罰金を言い渡した第1審の判決を支
持したジェノバ控訴院判決を破棄して、職権による判断で、本件の事実は窃
盗罪を構成しないとして、無罪を言い渡した[7]。最高裁は、被告人の状況及
び被告人が商品を奪った事情からは、被告人は、栄養を補給するという直接
的でかつ緊急の要求に応じるために、少量の食料品を窃取したことを示して

4　Kuty, *op. cit.*, p. 669.

5　*ibid.*

6　*ibid.*

7　Cass. (Italie), 2 mai 2016, *J. L. M. B.*, 2017, p. 1844, obs. F. Kuty.

いるとして、空腹に突き動かされ、栄養補給のために緊急の要求に対応するために少量の食料品を窃取する者は緊急避難の状況で行動し、したがって刑事責任を問うことはできないと判断した[8]。

　空腹による窃盗行為が問題となるその他の事案として、消費期限が過ぎて商品としての価値がなくなりゴミ箱に廃棄された食料品を盗んだ場合が考えられる。このような事案について、フランス破毀院は2015年12月15日判決において、窃盗罪の成立を認め被告人に執行猶予付きの1.000ユーロの罰金と500ユーロの損害賠償を言い渡したディジョン控訴院2014年5月21日判決を破棄し、売り物にならずゴミとして処理されるのを待つ物は所有者が不要であるとして意図的に廃棄した物（廃棄物）であって、所有権が放棄された物であり、不法領得の対象とはならないと判断し、窃盗罪の成立を否定した[9]。ベルギーでも同様であり、窃盗罪は他人の所有物を窃取することによって成立するので、窃盗罪の客体が廃棄物すなわち所有者が意図的に廃棄した物であるときには、所有者にとっては不要な物を処分するために、所有権を放棄したのであるから、窃盗罪は成立しないと解される[10]。したがって、ゴミ箱に捨てられた商品を盗んだとしても窃盗罪には該当しない[11]。

8　Kuty, *op. cit.*, p. 669.

9　Cass. Crim., 15 décembre 2015, *B. C.*, 2015, n° 713. *J. L. M. B.*, 2017, p. 1840, obs. F. Kuty. フランス破毀院は、所有者が意図的に所有権を放棄したという事実から所有権が放棄されていることを認め、他方で、衛生上の観点から商品棚から撤去されてゴミとして捨てられたものについては、正当な所有者の権利を保持する以外の目的で廃棄物を保管することを会社内規で禁止していることが、純粋に消費者法に基づく衛生上の観点であるため、消費者法の規定が適用されても、それによって刑法上の物の概念に影響は与えない、と判示している。

10　Kuty, *op. cit.*, p. 670.

11　ゲント控訴院は、2012年2月8日判決（Gant, 8 février2012, *J. L. M. B.*, 2017, p. 1852, obs. F. Kuty）で、客に見えない商店の裏側に置かれたコンテナに廃棄する食料品を捨てていたが、この食料品を盗んだ事案において、所有者が意図的に廃棄したものには該当しないので、廃棄物には該当しないと判断した。控訴院は、コンテナに廃棄する食料品をストックしていたのであって、意図的に廃棄したとまではいえないとしているが、このような見解には、そもそも「廃棄物」の概念を無意味なものにする、廃棄物か否かの判断には所有者が廃棄する意思を有していたかが重要であるとのKutyの批判がある（Kuty, *op. cit.*, p. 671）。この点について、わが国の廃棄物処理法では、「廃棄物とは、占有者が自ら利用し、又は他人に有償で売却することができないために不要になった物をいい、これらに該当するか否かは、占有者の意思、その性状等を総合的に勘案すべきものであつて、排出された時点で客観的に廃棄物として観念できるものではないこと。」

2 物乞いに関連する行為と〈précarité〉

　フランス旧刑法典では、浮浪（269条～273条）や物乞い行為（mendicité）（274条～276条）そのものを処罰する規定が置かれていた。刑法典の全面改正に際して、浮浪・物乞いを処罰する規定は、社会の発展に伴い、浮浪・物乞いは犯罪の一形態ではなく、社会からの逸脱にすぎず、社会から排除された者を刑事罰の対象とする必要がないと考えられるようになったため、未成年者に直接的に物乞い行為を唆す行為を処罰する規定（227-20条）を除き、処罰の対象から外された[12]。物乞い行為は非犯罪化されたが、行政法規（arrêté）によって取締りが図られた。フランス地方自治法 L.2212-2条では、市町村長は、自治体において物乞い行為の実行を監督する権限を有し、公序、公共の治安、公共の安全及び公衆衛生を目的として、警察に物乞いを取り締まる権限を与えることを可能としている[13]。取締法規に違反した場合は、第1級の違警罪となり、刑法 R.610-5条に基づいて、罰金を科すことができる[14]。ただ、公序に対する侵害を理由として、行政法規によって物乞い行為を取り締まることについては、往来の自由の侵害になる可能性も指摘されるところであり、期間や場所を限定して、物乞い行為を取り締まるという対策がとられている[15]。その後、国内の治安のための指針及び方策を定めた2002年8月29日法律によって、治安対策として、公共の場所で暴力的な手段または危険な動物による脅迫を用いて金銭等を交付させる行為を処罰する規定が設けられた（312-12-1条）。さらに、現行刑法典では、物乞いをさせる行為・利用する行為は処罰の対象となっている（225-12-5条～225-12-7条等）。現行のベルギー刑法典においても、物乞い自体は処罰の対象とされていないが、物乞いを利用する行為は処罰の対象となっている（433条の3、433条の4）。

　（廃棄物の処理及び清掃に関する法律の適用に伴う留意事項第一の1）としているが、所有者・占有者がゴミとして廃棄したものであれば、財物性はないと解するのが妥当であろう。

12　M.-Ch. Sordino, Exploitation de la mendicité, *Jurisi-classeur pénal, Art. 225-12-5 à 225-12-7: fasc. 20,* 2020, p. 2.

13　Sordino, *op. cit.,* n° 4, p. 2.

14　*ibid.*

15　*ibid.*

(1) フランス刑法と物乞いに関する処罰規定

　物乞いを利用する罪については、売春斡旋罪を参照して規定されている。物乞いを利用する罪についても、外国人や脆弱な者を利用する体系的な組織網が存在していることを前提に、その組織網の捕捉を目的として規定が設けられた[16]。

　本罪の主体に限定はなく、フランス国籍者か否かは問わず、成人・未成年・男女の別は問わない。本条の適用に関する2003年6月3日の司法省通達では、女性や子供は本条の主体から排除する旨が示されており、実質的には男性のみが本条の主体となりうるとされているが、夫婦間で妻が夫に圧力をかけて物乞いをさせることも想定されることから、通達のように限定的に解釈することは文言の分離解釈からして妥当ではないと批判されている[17]。また、法人も本罪の主体となりうる。

　物乞いを利用する行為（225-12-5条1項）は、何人によっても、いかなる方法でも、利益を得る目的で他者の物乞いを組織すること（1号）、他者の物乞いから利益を得ること、その利益を分配することまたは日常的に物乞いに専念している者から援助金を受け取ること（2号）、物乞いをさせる目的で、人を雇い、訓練し、もしくは誘拐すること、または人が物乞いをする、もしくは物乞いを継続するために、人に圧力をかけること（3号）、個人的な蓄財目的で、公道において施しを受ける業務に従事させるために、人を雇い、訓練し、もしくは誘拐すること（4号）、と定義される。物乞いに専念している一もしくは複数の者もしくは物乞いに専念している者に、恒常的であってもなくても事実上の影響を及ぼすことで、または物乞いに専念している者と日常的な関係を有することで、生活水準に見合う収入を正当化できない事実は物乞いを利用する行為とみなされる（同条2項）。物乞いを利用する行為は3年の拘禁刑または4万5000ユーロの罰金に処する（同条3項）。

　物乞いを利用する行為については、他人の物乞いから利益を得る類型（1号、2号及び4号）と他人に物乞いを行わせる類型（3号）に区分される。

　1号所定の行為は、他人を利用して物乞いを組織することであり、物乞い

16　Sordino, *op. cit.*, n° 8, p. 3.
17　Sordino, *op. cit.*, n° 9, p. 3.

を組織する行為の定義はなされず、その方法には限定がない。フランス国内で外国人に物乞いをさせるような場合も対象となる。裁判例では、公道において、母親が衛生状態のよくない4歳の少女を通行人に見せつけることで物乞いをし、7歳の少女に物乞いをさせる行為は1号に該当するとしたものがある[18]。

　2号所定の行為には2類型があり、①他人の物乞いから利益を得る行為及び利益を分配する行為と、②物乞いをして生活している者から金銭（援助金/subsides）を受け取る行為である。〈subsides〉とは、定期的に行われる経済的援助を意味する[19]。具体例として、15歳未満の未成年者の後見人の配偶者が、商業施設で物乞いを強要し、未成年者から物乞いで得た金銭をすべて受け取るような事例が挙げられる[20]。

　4号は、公道において物乞い行為を強制させられる者を保護するために設けられた規定である。公道において施しを受ける業務に従事させる「ために」と規定されていることから、現実に物乞い行為が実行されなくても、人を雇う・訓練する・誘拐する行為が行われれば犯罪が成立する。本条所定の行為は直接的に乞食行為を利用することではないが、人身売買罪と同様に、行為者が、雇われ、訓練され、誘拐された者を第三者が利用できる状態に置くことである。

　3号所定の行為は、物乞いをさせる目的で、人を雇い、訓練し、もしくは誘拐すること、または人が物乞いをする、もしくは物乞いを継続するために、人に圧力をかけることである。前段の行為について、常習性は要求されていない。後段の行為は、人に圧力をかけて物乞いをさせる、または物乞いを継続させることであり、圧力をかけるとは、対象者またはその家族を脅迫することである。但し、意思を抑圧する程度の強制性までは不要であると解されている[21]。

　物乞いを利用する行為とみなされる行為も処罰されており、物乞いに専念

18　C. A. Aix-en Provence, 25 juin 2008, *JurisData n° 2008-002469.*
19　Sordino, *op. cit.*, n° 16, p. 4.
20　C. A. Paris, 14 mai 2008, *JurisData n° 2008-362467.*
21　Sordino, *op. cit.*, n° 18, p. 4.

60　第3章　フランス・ベルギー刑法学における〈précarité〉の概念

して生活している者と日常的な関係をもつ者は、その収入を証明することができないときには、物乞い行為から利益を得て生活しているとみなされる（225-12-5条2項）。

　人身売買罪についても、物乞いからの搾取が規定されている（225-4-1条Ⅰ第2項）。人身売買罪については、EU法及びフランスの国際公約を適用するための司法の領域における適用諸規定に関する2013年8月5日法律[22]によって、大幅に改正されたが、人身売買罪の搾取する目的の「搾取」の中に、被害者に対して、物乞いから搾取する行為を実行して、被害者を自己または第三者の意のままにさせることも含まれる[23]。人身売買罪は7年の拘禁刑及び150,000ユーロの罰金に処せられる。

　未成年者に対する健康危険罪においても、公共の場所等で6歳未満の未成年者に物乞いをさせる行為を処罰している（227-15条2項）。未成年者の健康危険罪は、尊属または15歳未満の未成年者に親権を行使する者もしくはその他の権限を有する者が、その子の食料を奪いまたは世話を怠る行為を行って、その健康を危険にさらす行為を7年の拘禁刑及び100,000ユーロユーロの罰金で処罰する（同条1項）。同条2項は、通行人の施しを懇願する目的で、6歳未満の子供を、公道または公共交通機関において旅行者が利用する空間にとどめおく行為は世話を怠る行為にあたると規定する。公道や公共の場所において、6歳未満の子供に物乞いをさせる行為は、未成年者に対する健康危険罪において処罰の対象とされる「世話を怠る行為」に該当することになる。6歳未満の未成年者に物乞いをさせる行為については、物乞いを利用する罪について少年が客体の場合の加重類型（225-12-6条）との関係性が問題として指摘され、新たに未成年者健康危険罪に独立した犯罪が創設されたか否かが議論されている[24]。同条1項が規定する未成年者健康危険罪とは独立した新たな犯罪が創設されたという見解も主張されているが、判例・通説は、同条2項は、1項が規定する未成年者の健康を危険にさらす行為の例

22　2013年8月5日法については、末道康之「フランスにおける人身の自由に対する罪の処罰の強化」南山法学37巻3・4号（2014）81頁を参照。

23　同上85頁参照。

24　F. Alt-Maes, Privation d'aliments ou de soins envers un mineur, *Juris-classeur pénal, Art. 227-15 et 227-16: fasc. 20*, 2011, n° 18, pp. 4 et s.

示をしたにすぎず、新たな犯罪が創設されたのではないと解している[25]。同2項が規定する犯罪が成立するためには、6歳未満の未成年者を一定の場所すなわち公道または公共交通機関において旅行者が利用する場所にとどめおくことが必要である。公道とは道路、広場、歩道等であり、公共交通機関において旅行者が利用する場所とは鉄道の駅、バスターミナルまたは地下鉄の通路もしくは駅等である。また、本罪の罪質について、侵害犯か危険犯かという点も問題となる。本罪が成立するためには、未成年者の健康が侵害されたという結果が必要か、あるいは、未成年者の健康が危険にさらされることで足りるのか、という点が議論されてきた。学説では、本罪は不作為犯でありかつ侵害犯（結果犯）であると解する見解が主張され[26]、この見解を支持した裁判例もある[27]。これに対して、「危険にさらす（compromettre）」という文言が用いられている以上、本罪の成立には、健康が侵害されたという結果の発生は不要であり、健康が危険にさらされることで足りるとする見解も主張されているが、この見解においても、未成年者を公道等に置きとどめることによって、現実に未成年者の健康が危険にさらされることが必要ではなく、健康が危険にさらされる可能性があることで足りるとする見解もある[28]。この点について、破毀院は、子供の健康が侵害されなかったことが立証されたときには、本罪は成立しないと判断した[29]。破毀院は、本罪の成立には、被害者の肉体的または精神的な健康状態の不良な変更が必要であると解したのである。したがって、破毀院に従えば、本罪は、侵害犯であり、単なる危険犯ではないと解される。

　公共の場所で、集団でかつ暴力的な手段を用いて、または危険な動物による脅迫を用いて、現金、有価証券または財産を要求する行為は6月の拘禁刑及び3750ユーロで処罰される（312-12-1条）。本条は、国内の治安に関する2003年3月18日法律によって導入された規定であり[30]、集団での暴力的な手

25　Alt-Maes, *op. cit.*, n° 18, p. 5.

26　J. Pradel et M. Danti-Juin, *Droit pénal spécial, 5ᵉ éd.*, 2010, n° 593, p. 369.

27　Alt-Maes, *op. cit.*, n° 22, p. 5.

28　*ibid.*

29　Cass. crim., 12 oct. 2005, *B. C.*, 2005, n°. 259, Alt-Maes, *op. cit.*, n° 26, p. 6.

30　Ch. Soulard et D. Chauchis, Extorsion. Chantage. Demande de fonds sous contrainte,

段や危険な動物による脅迫を用いた、金銭等の要求行為を処罰しており、物乞い行為の加重類型と位置づけられる。

(2) ベルギー刑法と物乞いに関する処罰規定

ベルギーでは、浮浪（vagabondage）及び物乞い（mendicité）を処罰していた1891年11月27日法律が、一層連帯する社会のための緊急方針を内容とする1993年1月12日法律によって廃止され、物乞い行為が、成人によって自由に選択され、非礼でもなく、公序に混乱をもたらさないときには、住民の間には不快感が生じたとしても、失業して、住居不定の状態で、または収入がなく生きることは犯罪行為を構成しないとして、物乞いは処罰されないことになった。この点について、国務院（Conseil d'Etat）は、「人間の尊厳にふさわしい生活を送る権利は、生存手段を自由に選択することができることを含意しており、具体的かつ効果的なより良い解決策がない場合には、物乞いも選択肢の一つである。」、同様に、「物乞いは、たとえ住民の中で不快感が生じたとしても、それ自体として公序に混乱をもたらすものではない。」、「但し、この権利は、物乞いをする者に、行政当局によって、いかなる制限も物乞い行為に課せられないことまで含意するものではない。」、それでもなお、制限手段は、「客観的要素が公序に対する危険の存在を基礎づけることができないとしても、住民の一部によって表明される安全ではないという感情を専ら根拠にすることはできない」ことに変わりはない。結論として、「物乞いには社会に同化する権利が与えられているという事実の確認は、根拠のない理由によって、物乞いに専念すべきまたは専念したいという可能性を排除するには十分ではない。」と説明している[31]。

前述した1993年1月12日法律改正の法案準備作業において、当時の政府は、住居不定者を、処罰すべき犯罪者としてではなく、社会的に同化することに恵まれない者として理解していたことが明らかになっている[32]。社会的・経済的な格差が拡大する現状において、貧困に由来する住居不定者を社会から排除するのではなく、貧困を、社会を構成する全員の問題としてとら

Juris-classeur pénal, Art. 312-1 à 312-15: fasc. 20, n° 4, p. 3 et n° 85, p. 16.

31 C. E., 6 janvier 2015, n° 229. 729, Kuty, *op. cit.*, 2020, p. 672.

32 Kuty, *op. cit.*, p. 672.

え、恵まれない者の権利を社会全体として保障することが明確にされたと理解してよいであろう。

　したがって、乞食・物乞いは、暴力行為、脅迫または損害がなく実行されれば、それ自体として違法ではないことになる。2019年 7 月 3 日リエージュ軽罪裁判所判決でも示されたように、乞食・物乞いが市町村の条例に違反して実行されたことが明らかであったとしても、必ずしも公共の静謐に対する侵害を構成すると考えられることはない[33]。

　物乞いの捜査や逮捕が過去の物乞い行為に基づくものでしかないときには、物乞い行為が、自由を剥奪するためには絶対に必要である公共の空間の静謐への混乱をもたらすものではないことが確認されているのであれば、その処分は違法となる[34]。したがって、職務質問された者は警察の介入に対抗する権利を有することになる。この場合、警察官による逮捕や捜査は違法となるため、物乞いが警察官に対して反抗したとしても、その反抗行為は、警察官の違法な行為への即時対応の必要性、抵抗行為の相当性等の成立要件を充足すれば、正当な抵抗と認められ、公務執行妨害行為の違法性が阻却されることになる。リエージュ軽罪裁判所は「人々の視線から隠すために、物乞いを公道から排除することは、問題を隠ぺいするだけで、問題を解決するものではない。公権力が戦わなければならないのは物乞いではなく、貧困である。」と判断したが[35]、正当な指摘であると思われる。

　1993年 1 月12日法律による改正以降、物乞い行為それ自体は犯罪ではなくなったが、物乞いを利用する行為（exploitation de la mendicité）は、人身売買及び悪徳大家（marchands de sommeil）の実践との闘いに関する2005年 8 月10日法律によって新たに犯罪（刑法433条の 3 ・433条の 4 ）として規定された。未成年者に関して物乞いをさせる行為については、1965年 4 月 8 日法律によって創設されていたが、前記2005年 8 月10日法律による改正で物乞いを利用する行為の処罰範囲が拡大された[36]。

33　Kuty, *op. cit.*, pp. 672 et s.

34　Kuty, *op. cit.*, p. 673.

35　Corr. Liège, 3 juillet 2019, *J. L. M. B.*, 2019, p. 1504, Kuty, *op. cit.*, p. 673.

36　M.-A.Beernaert, L'exploitation de mendicité, *Les infractions vol. 2 Les infractions contre les personnes*, Larcier, 2010, p. 587.

64　第3章　フランス・ベルギー刑法学における〈précarité〉の概念

　刑法433条の3第1項は「次に掲げる者は6月以上3年以下の拘禁刑及び500ユーロ以上2万5000ユーロの罰金に処する。第1号：物乞いに専念させる目的で、人を雇い、訓練し、誘拐し、もしくはとどめおいた者、物乞いを唆し、もしくは物乞いを継続させた者、または物乞いを自由に利用できる者。第2号：いかなる方法であっても、他人の物乞い行為を悪用する者。」と規定する。第2項は「第1項で定める犯罪の未遂は、1月以上2年以下の拘禁刑及び100ユーロ以上2,000ユーロの罰金に処する」と規定する。同433条の4は、前条の加重事由を定め、同433条の3第1項が、「第1号：未成年者に対して、第2号：違法なもしくは不安定な行政上の身分、社会的に不安定な立場、または妊娠、疾病、肉体的もしくは精神的な欠陥もしくは障害の状態を理由として、濫用されることに従う以外のその他の正しいかつ受け入れ可能な選択をすることができないような方法で、人が置かれた著しく脆弱な状況を濫用することによって、第3号：直接的または間接的な方法で、不法な詐術、暴行、脅迫または意思を強制する何らかの形態を用いることによって、実行された場合には、1年以上5年以下の拘禁刑及び500ユーロ以上50,000ユーロ以下の罰金に処する。」と規定する。

　物乞いを利用する罪について、「物乞い（mendicité）」の定義規定は置かれてはいない。狭義では、物乞いとは、通行人に何らかの反対給付のない施しを求めることと定義できる。広義では、つつましやかな反対給付（花や新聞の売買、路上での楽器の演奏、赤信号で停車した車の洗浄等）があったとしても、通行人に施しを求める一切の行動と定義される[37]。刑法上は、物乞いの定義規定は存在しないが、物乞いの定義については、狭義の定義が採用されていると考えてよい。刑法の厳格解釈の原則に照らしても、処罰範囲を拡大する解釈はとるべきではない。例えば、青少年運動の主催者が、ボーイスカウトやガールスカウトにマスパン等の菓子やカレンダーを販売させた場合、提示された反対給付（菓子やカレンダー）には交換が期待される施しとは現実的な関係を有する価値は全くないことを考えれば、物乞いを利用する罪（433条の3）を適用してこの主催者を処罰することは妥当ではないからであ

37　Beernaert, *op, cit.*, p. 588.

る[38]。

　処罰の対象とされる行為については、フランス法の規定と類似しているが、フランス刑法225-12-5条２項と同様の「物乞いに専念して生活している者と日常的な関係をもつ者は、その収入を証明することができないときには、物乞い行為から利益を得て生活しているとみなされる。」という規定も法律提案では検討されたが、ベルギーでは採用されなかった[39]。ベルギーでは、売春斡旋罪の規定を参考に、同様に規定された[40]。

　物乞いを利用する罪の加重事由として、ベルギーでも、物乞いに利用される被害者の種々の不安定な立場を理由とする被害者の著しい脆弱性を濫用する場合が規定されている。ここでも被害者の不安定な立場・状況と脆弱性が関連したものとして規定されている。

3　性犯罪の被害者と〈précarité〉

　フランス刑法では、「précarité（不安定さ）」の概念は、性犯罪等における被害者の脆弱性（vulnérabilié）との関連でも問題となる。「précarité（不安定さ）」の概念は、2012年８月６日法律によるセクシャルハラスメント罪の改正の際に、導入された。222-33条Ⅲ第４号は、セクシャルハラスメントの加重類型として「経済的もしくは社会的な状況が不安定であるため著しく脆弱でありもしくは依存している者または行為者がその状態を認識している者に対して行われた場合」を規定している[41]。その後、2018年８月３日法律によって、強姦罪の加重類型として、「経済的もしくは社会的な状況が不安定であるため著しく脆弱でありもしくは依存している者または行為者がその状態を認識している者に対して行われた場合」が設けられた（222-24条３号の２）[42]。フランスでは、性犯罪においては、「précarité（不安定さ）」の概念は

38　*ibid.*

39　Beernaert, *op, cit.*, p. 589.

40　Beernaert, *op, cit.*, p. 560.

41　末道康之「フランス・ベルギーにおけるセクシャルハラスメントの法規制」刑事法ジャーナル60号（2019）39頁を参照。

42　M.-L. Rassat, Agressions sexuelles. Viol. Autres agressions sexuelles. Exhibition sexuelle. Harcèlement sexuel, *Juris-classeur pénal, Art. 222-22 à 222-33-1: fasc. 20,* n° 37, p. 14.

被害者の経済的・社会的脆弱性という事情との関係で問題とされるものであり、加重事由の一つを構成している。一方、ベルギーでは、性犯罪について、被害者の精神的・肉体的な障害による脆弱性は考慮されているが、社会的・経済的な脆弱性を性犯罪の加重事由としておらず[43]、売春斡旋罪（proxénétisme）では、被害者の脆弱性の原因として被害者の行政上のまたは社会的・経済的に不安定な立場・状況について、物乞いを利用する罪と同様の文言が規定されていて（380条§3第3号）、これは物乞いを利用する罪の制定にあたって、売春斡旋罪の規定を参照しているためである。

Ⅲ　刑罰論における〈précarité〉概念

　刑罰の目的について、刑の個別化に関する及び刑事制裁の効果を強化するための2014年8月15日法律によって導入されたフランス刑法130-1条では、「被害者の利益を尊重しながら、社会の保護を確保し、新たな犯罪の実行を予防し、社会の均衡を修復するためには、刑罰は次の機能を有する。第1号：犯罪行為者の処罰。第2号：犯罪行為者の更生、同化及び社会復帰の促進。」と規定する[44]。同132-1条3項は「法律の定める範囲内で、裁判所は、第130-1条に示された刑の目的及び機能に従って、犯罪の事情及び行為者の人格並びに実質的、家族的及び社会的な状況に応じて言い渡される刑の本質、期間、総額及び執行方法を決定する。」と規定する。ベルギー刑法典改正法案28条1項（ベルギー新刑法典27条）においても、刑罰の目的についての規定を設け、刑の選択やその水準（量刑）の決定に際して、刑罰法規の違反に対する社会の非難、社会的均衡の回復・犯罪から生じた損害の賠償、犯罪行為者の社会復帰・社会への同化の支援、社会を保護すること、犯罪と刑罰の均衡を考慮することを明示している[45]。わが国の刑法においては、刑の

---

[43]　末道康之「強姦罪をめぐる比較法的考察—フランス刑法及びベルギー刑法における強姦罪の解釈をめぐって」南山法学40巻2号（2017）135頁以下、同「ベルギー刑法における性犯罪規定改正の動向—強制わいせつ罪の改正及び窃視・盗撮罪の新設をめぐって」南山法学42巻1号（2018）77頁以下を参照。

[44]　Art. 130-1, *Code pénal annoté*, Dalloz, 2022, p. 277; Pradel, *Droit pénal général, 21ᵉ éd.*, 2016, p. 521.

量定に関する直接の規定はないが、犯人の性格、年齢、境遇、犯罪の軽重、情状、犯罪後の情況等の起訴猶予の判断の際に考慮される諸事情（刑訴法248条）は、量刑判断においても重要な基準とされる[46]。したがって、犯罪者の社会的・経済的な不安定さという事情は、量刑判断において考慮される事情の一つであることに異論はない。

経済的貧困階層の出身者である者と経済的に恵まれた階層（富裕層）の出身者である者とを比較した場合、前者は暴行・傷害罪等の粗暴犯、各種窃盗罪や薬物事犯等単純でわかりやすい罪を犯すことが多いが、後者は高度で洗練された、場合によっては国際的な経済犯罪等を実行することの多いことが指摘されている[47]。大規模で組織的な経済犯罪は国家の財政にも影響を及ぼし、社会的弱者のための教育や連帯への投資が減額されるという負の効果をもたらすこともありうる。その一方で、富裕層の犯罪者への処罰は、貧困層の犯罪者への処罰と比較すれば、軽すぎるという指摘もある[48]。特に、財産刑については、富裕層への刑罰の効果は限定されるか、あるいは全くないということもありうると考えられる。そこで、財産刑の量定については、刑の言渡しを受けた者の資産状況等を考慮して、判断されることになる。ここでは、ベルギー刑法における刑の量定を素材として、刑の量定における「précarité」の考慮について検討したい。

1　罰金刑及び特別没収の量定における〈précarité〉の考慮

経済的・社会的困窮者が、自分の生活維持のために罪を犯した場合、犯罪行為者の経済的・社会的不安定さ（précarité）を考慮して、応報目的でのみ刑を科すのではなく、犯罪行為者の社会復帰を目的として、刑を科すことが求められる。刑罰が、困窮している犯罪行為者の悲惨な状況を悪化させることは、非生産的であり、かつ人間の尊厳に反することにもなるからであるという指摘は重要であろう[49]。

45　末道・前掲「ベルギー刑法典改正法案第1編・刑法総則の概要」168頁を参照。なお、ベルギー新刑法典第27条の規定については、本書第2部第1章を参照。

46　団藤重光『刑法綱要総論（第3版）』（創文社・1990）540頁。

47　Kuty, *op. cit.*, p. 673.

48　Kuty, *op. cit.*, pp. 673 et s.

68 第3章 フランス・ベルギー刑法学における〈précarité〉の概念

(1) 罰金刑の量定

ベルギー刑事訴訟法163条3項及び195条2項は、罰金刑を言い渡すときに
は、裁判官は、罰金額の量定に際しては、被告人の社会的な状況を考慮する
と規定する[50]。さらに同法163条4項及び195条3項は、被告人が経済的に不
安定である状況を証明するための何らかの証拠資料を提出すれば、裁判官
は、法定の寡額を下回る罰金刑を言い渡すことができると規定する[51]。被告
人が経済的に不安定である状況を証明する証拠資料を提出した場合、裁判官
は提出された証拠書類から、被告人の不安定な経済状況を立証するに足りる
かを判断する。同法163条4項及び195条3項は、道路交通の安全に関する諸
規定を修正する2003年2月7日法律によって新設され、道路交通警察に関す
る1968年3月16日の連携法を修正する2005年7月20日法律によって改正され
た[52]。本条の立法趣旨については、罰金額の量定においては、刑の言渡しを
受ける者の資産状況や社会的な状況を考慮して、国民間での均衡に配慮して
社会的な調整を行う必要があることが指摘されていた[53]。ただ、刑訴法の規
定があっても、破毀院は、軽罪事件を受理した裁判官は、刑法100条に照ら
して、刑訴法に特別の規定が存在することから、酌量減軽に関する刑法85条
の規定が適用されないとしても、違警罪に予定される罰金刑を言い渡すこと
は妨げられないと判断している[54]。

経済的な不安定さや貧困という事情は刑事責任を減軽する事由とみなされ
ることがある。裁判官はまた、刑法85条を適用して、罰金額の法定の下限
（寡額）を下回るまで罰金額を減額するために、または言い渡さなければな

---

49 Kuty, op. *cit.*, p. 675.

50 この点については、F. Kuty, *Principes généraux du droit pénal belge Tome Ⅳ: la
peine*, Larcier, 2017, n° 2429, pp. 252 et s. を参照。ベルギーの刑事訴訟法典について
は、正確には、治罪法典（code d'instruction criminelle）ではあるが、本稿では、便宜
上、刑事訴訟法典という訳語を用いる。なお、法典については、ベルギー政府のBel-
giqueLexで公開されているものを参照した。

51 Kuty, op. *cit.*, p. 676; Kuty, *Principes généraux du droit pénal belge Tome Ⅳ: la peine
préc.*, p. 254.

52 この点については、Kuty, op. *cit.*, p. 676; Kuty, *Principes généraux du droit pénal
belge Tome Ⅳ: la peine préc.*, n° 2429, p. 252に説明がある。

53 Kuty, op. *cit.*, p. 676.

54 Cass., 5 juin 2012, *Pas.*, 2012, p. 1298.

らない罰金刑の言渡しを行わないために、刑の言渡しを受ける者の有利になるように、減軽事由を適用することができる[55]。同85条が適用されれば、罰金額は25ユーロ以下でかつ違警罪刑の下限を下回る1ユーロ以上の範囲内で言い渡される[56]。裁判官は、場合によっては、罰金の言渡しが必要な場合であっても、罰金を言い渡さないという選択をすることもできる。減軽事由の適用は、検察官・裁判官の幅広い裁量に委ねられているので、財産犯の事案では、行為者の経済的な不安定さや貧困という事情は、その事情が犯罪の実行の原因となっている場合には、刑事責任を減軽するものとして考慮される[57]。行為者が不安定な状態で、さらには必要に駆られて、行動したか否かは、財産犯の評価に異なった色合いを与えることに異論の余地はない。

　罰金額は、比例性（proportionnalité）の原則の観点から、決定される[58]。裁判官は、罰金額を決定するときには、欧州人権条約第1追加議定書1条から導かれる比例性の原則を考慮しなければならない[59]。一般的な利益の要求と刑の言渡しを受ける者の利益との間で、共同体の一般的な利益の要求と個人の基本的人権の保護の要請との間で、適切な均衡・バランスが必要である。欧州人権裁判所は、罰金刑は、裁判所が対象者に過度な責任を負わせ、基本的に資産状況を侵害するときには、罰金額を理由に、被告人の財産権を侵害しうることを認めた[60]。刑罰が過剰に重く被告人の財政事情を侵害することになってはいけないという点については、欧州人権裁判所は、実行された犯罪との関係で問題となるのであって、被告人の資産状況との関係で問題となるのではないことは明示している[61]。したがって、実行された犯罪の重さと罰金等の金銭的な制裁とが均衡していることが重要である。罰金額が法外に重すぎることで、被告人の財政事情に決定的な影響を与えることは避ける必要がある。欧州人権裁判所の判断を受けて、破毀院は、言い渡そうとし

55　Kuty, *op. cit.*, p. 677.

56　*ibid.*

57　*ibid.*

58　Kuty, *Principes généraux du droit pénal belge Tome IV: la peine préc.*, n° 2430, p. 255

59　Kuty, *op. cit.*, p. 677.

60　Kuty, op. *cit.*, pp. 677 et s.

61　Kuty, op. *cit.*, p. 678.

70　第3章　フランス・ベルギー刑法学における〈précarité〉の概念

ている罰金額が、法律の範囲内で決定されたとしても、第1追加議定書1条に含まれる比例性の原則にかなうものであるかを下級審裁判所は確認しなければならないと判断している[62]。憲法院もまた、法外な罰金額は、たとえその額が法定の多額と寡額の範囲内のあっても、行為の重大性と訴追の応報的及び予防的な目的とを比較して不均衡であることが明らかになれば、過剰な責任を負わせることになり、刑の言渡しを受ける者の財政事情への基本的な侵害となると判断した[63]。人間の尊厳からの要請に合致させながら、罰金額の量定するためには、裁判所は、法定の範囲から出発しなければならないが、均衡性の原則を適用して、法定の寡額を下回る額に減額するために、法定の範囲を逸脱することもできる[64]。被告人が困窮から犯罪を実行したのであれば、罰金刑の言渡しは、被告人の状況を不必要に難しくすると同時に、再犯の危険性があることを認識する必要がある。したがって、裁判官には、罰金の言渡しにおいては被告人の状況を踏まえて判断することが求められる。なお、刑法典改正法案の罰金の規定では、自然人に対する罰金額はその資産力及び社会的地位に応じて決定され、法律の範囲内で基礎額を決定し、刑の効果における公平性を保障するために、5倍を超えない乗数を掛けて罰金額を調整することができる（法案53条§2第1項）[65]。さらに、裁判官は、刑の言渡しを受けた者がその不安定な資産状況を証明する証拠を提示した場合には、法定の寡額を下回る罰金を言い渡すことができる（同第2項）[66]。このように、罰金の言渡しにおいても、公平性や刑の言渡しを受ける者の経済的に不安定な状況が考慮されることになる。

　自然人に対して言い渡された罰金刑には、補充的な拘禁刑が適用される。刑法40条[67]及び100条[68]に基づき、被告人への罰金の言渡しに際して、法令に

62　Cass., 11 juin 2013, *Pas.*, 2013, p. 1308; Cass., 7 mai 2013, *Pas.*, p. 1063, Kuty, op. *cit.*, p. 678.

63　C. C. (audience plénière), 30 octbre 2008, n° 140/2008, *A. C. C.*, 2008, p. 2289; C. C. (audience plénière), 7 juin 2007, n° 81/2007, *A. C. C.*, 2007, p. 959.

64　Kuty, op. *cit.*, p. 678.

65　末道・前掲「ベルギー刑法典改正法案第1編・刑法総則の概要」180頁を参照。

66　同上

67　刑法40条は、対審による裁判の場合は判決の日から、欠席裁判の場合はその送達の日から、2月の間に罰金の支払いがないときには、罰金は、判決において定められた期間

よって特別な例外がある場合を除き、裁判官は罰金刑への補充的な拘禁刑を言い渡さなければならない。この規定は、罰金が支払われないことを糊塗し、罰金が支払われないことを予防するために設けられたものではあるが、罰金の支払いを不正に免れた場合と罰金が刑の言渡しを受けた者の金銭的な事情で不幸にも支払われなかった場合とを区別しないのは正義に反するという批判もある[69]。したがって、補充的な拘禁刑の適用は、罰金を支払えるのに、意図的に罰金の支払いを拒否した者に限るべきであって、貧困によって罰金の支払いができなかった者に補充的な拘禁刑を適用しその自由を奪うことは、現在の社会においてはあってはならない[70]、との主張には説得力がある。

　フランスにおいても、罰金の執行については、裁判所は法定の罰金の下限を下回る罰金を言い渡すことは可能であり、罰金額は、犯罪行為者の収入及び責任を考慮して決定される（フランス刑法132-20条1項・2項）。

(2)　特別没収の量定

　特別没収は付加刑であるが、財産権の尊重への介入にもあたりうるので、その適用に際しては、均衡性の原則に照らして、決定する必要がある[71]。裁判所は、特別没収を言い渡すときには、共同体の一般的な利益の要求と個人の基本権の尊重からの要請との間で適切な均衡の保障に留意しなければならない。そこで、欧州人権裁判所は、追加議定書1条に照らして、用いられる手段と刑罰法規が対象とする応報的な目的との間で存在しなければならない合理的なバランス関係は、刑の言渡しを受けた者は過剰かつ法外な責任を受け入れないことを要求していることを強調している。したがって、裁判官にとっては、没収によって追求した法律上の目的と没収によって影響を受ける対象者の権利との間でバランスをとることが求められる。人権裁判所は、実

　の拘禁刑で代替される。拘禁刑の期間について、重罪の場合は6月、軽罪の場合は3月、違警罪の場合は、3日を超えることはできない、と規定する。

[68]　刑法100条は、特別な法令において別に定めがない場合は、本法第1編の規定は、第7章及び85条を除き、前記法令において定められた犯罪にこれを適用する、と規定する。

[69]　Kuty, *op. cit.*, p. 680.

[70]　*ibid.*

[71]　*ibid.* なお、特別没収の詳細については、Kuty, *Principes généraux du droit pénal belge Tome IV: la peine préc.*, pp. 274 et s. を参照。

72 第3章 フランス・ベルギー刑法学における〈précarité〉の概念

行された犯罪が社会に与えた損害に照らして、没収される財産の価値が刑の
言渡しを受ける者にとって、異論の余地なく重大であることが確認されたと
きには、没収刑は問題を提起すると考えている。既に不安定な状況にある者
から物の所有を奪うときには、過剰かつ法外な責任を負わせるという点で、
特別没収という付加刑は人間の尊厳の要求に反することが明らかとなる。こ
の点について、憲法院も、刑法42条1号及び43条1項を適用して言い渡され
た、犯罪の実行に利用された物で刑の言渡しを受けた者が所有する物の特別
没収は、訴追の法律上の目的と比較して、国際条約で保障された財産権の侵
害に至るような不均衡な処分となるほど、罰金刑を科せられる者の財政事情
への侵害となるときには、追加議定書1条で保障される財産権の尊重とは矛
盾すると判断した[72]。この憲法院の判断を受けて、刑法43条1項は、犯罪に
利用された、または犯罪の実行のための準備された物の没収は、刑の言渡し
を受けた者に不合理に重い刑を科す結果となるときを除いて、言い渡すこと
ができる、と解釈されることになる[73]。「不合理に重い刑」という基準は、
その後も多用されており、刑の言渡しを受けた者の支払能力と実行された犯
罪の重さとを比較して、刑の言渡しを受けた者の社会的な階級を低下させ、
生活することが困難になる状況に陥れることがないようにという配慮がなさ
れている。刑法典改正法案の没収の規定においても、「不合理に重い刑を科
さない」という文言が用いられている[74]。

　犯罪の供用物が刑の言渡しを受けた者の財産の中で発見できなかったとき
には、相当額の追徴が言い渡される。但し、その追徴額が、言い渡された者
の資産状況に照らして過大であり、生活することが困難になるような場合に
は、価額を減じることも可能である。このような場合、刑法第43条の2第7
項を適用して、裁判官は刑の言渡しを受けた者に不合理に重い刑を科さない
ために、追徴額を減額する、あるいは追徴を言い渡さないという裁量権を有
する[75]。なお、刑法典改正法案の没収にも同様の規定が置かれている（54条

---

[72] C. C. (audience plénière), 9 février 2017, n° 12/2017, *Moniteur Bélge*, 2017, p. 5446.

[73] Kuty, op, *cit.*, pp. 681 et s.

[74] 末道康之「ベルギー刑法典改正法案第1編・刑法総則の概要」南山法学44巻2号
（2021）181頁を参照。

[75] Kuty, op. *cit.*, p. 682.

§1第7項)[76]。追徴額が合理的か否かという評価については、裁判官が、刑の言渡しを受けた者の支払能力と犯罪行為の重大性に基づいて、自ら判断する。没収についても均衡性の原則を重視するという規定は、刑事事件に関する財産刑及び訴訟費用の徴収を改善するための措置に関する2014年2月11日の法改正によって導入されたが、個人の財産権や人間の尊厳を尊重するという観点から、没収や追徴が不合理に重すぎて、既に困窮状態にある対象者が生活することができなくなるという事態を避けなければならないという点を立法者が重視したことが指摘されている[77]。

　薬物事犯における没収の適用実務においても、没収対象者の社会的・経済的な事情が考慮されることもある。薬物の売人は、自分自身が薬物の常習者であることが多く、自身が不安定な状況にある場合が多い。したがって、薬物取引で得た金銭を没収すれば、もともと不安定な状況にある対象者の社会的・経済的状況をさらに悪化させ、社会から孤立させ、社会復帰を困難にする可能性を否定できない。このような場合、対象者の不安定な状況を考慮して、薬物売買から得た利益については、没収しないという実務的な運用も可能とされる。

2　労働刑の適用における〈précarité〉の考慮

　労働刑は、2002年4月17日法律によって、軽罪または違警罪について独自の刑として導入されたが、当初は、短期自由刑の代替刑として機能することが想定されていた[78]。但し、裁判所は、労働刑を罰金刑の代替刑として主刑の形で言い渡すという実務的な運用をしている。法律上、主刑として拘禁刑が規定されており、付加刑として罰金が併科されているときには、裁判所が、刑法7条に従って、刑の併科を適用できない場合に限り、拘禁刑の代替刑として労働刑を言い渡すことができる。拘禁刑の代替刑として言い渡された労働刑について、罰金が併科されるか、または選択されるかに従って、付

76　末道・前掲「ベルギー刑法典改正法案第1編・刑法総則の概要」181頁を参照。
77　Kuty, op. cit., p. 682.
78　ベルギー刑法の労働刑の詳細については、末道康之「ベルギーにおける刑罰制度の改正―電子監視刑と保護観察刑について」南山法学38巻3・4号（2015）159頁以下を参照。

加刑としての罰金を組み合わせることができる。それに対して、法律上、罰金が主刑として規定されているときには、刑の言渡しを受けた者の経済的な困窮を増加させないために、裁判官は代替刑として労働刑を言い渡すことができる。道路交通法違反の罪の場合には、罰金の代替刑として労働刑が言い渡されることが実務上は多い。違反者が財産刑の代替刑として労働刑の適用を要請するような高額に罰金額がなることもあるので、このような事例においては、原告人及び司法官は、財産刑の言渡しが民事死（法的死亡）の手続に類似しないようにすることに留意しなければならない。

Ⅳ 〈précarité〉概念の意義——比較刑法学の視点から

1 被害者の〈précarité〉という事情の考慮

わが国の刑法において、フランスやベルギーのように社会的弱者や経済的困窮者を意味する「précarité（不安定さ）」に類似する文言が用いられている刑罰法規はないように思われる。広義での「précarité（不安定さ）」の概念は被害者の脆弱性との関係でも問題とされていることから、わが国の遺棄罪（217条）・保護責任者遺棄罪（218条）における客体としての「扶助を要する者」の解釈で問題とされる可能性はあるが、遺棄罪の扶助を要する原因は「老年、幼年、身体障害または疾病」でなければならず、経済的・精神的に保護が必要で扶助を必要とする者であっても、本罪の客体とはならないと解されている[79]。「扶助を要する者」の解釈については、保護責任者遺棄罪の場合も遺棄罪とは文言は異なってはいるが、その意義は同じであると解されている[80]。したがって、わが国の遺棄罪の規定の解釈からは、社会的弱者・経済的困窮者を客体とすることはできないことになる。

フランスの性犯罪の規定では、セクシャルハラスメントの罪や強姦罪の加重類型として、被害者の脆弱性の原因として社会的・経済的な不安定な立

---

[79] 大塚仁他編「大コンメンタール刑法第3版第11巻」〔217条・小島吉晴〕（青林書院・2014）261頁以下を参照。

[80] 大塚他・前掲「大コンメンタール刑法第3版第11巻」〔218条・半田靖史〕279頁を参照。

場・状況が考慮され、ベルギーでは、売春斡旋罪において、被害者の行政上
の違法または不安定な身分、貧困等の社会的・経済的な不安定な状況を原因
とする被害者の脆弱性を濫用する場合を処罰している。わが国の性犯罪の規
定においては、被害者の貧困・困窮という社会的・経済的な原因に基づく被
害者の脆弱性は考慮されてはいない。

　遺棄罪や性犯罪、最近では高齢者等の社会的弱者を対象とする特殊詐欺の
事案において、被害者の年齢や肉体的・精神的な障害以外の事情を考慮する
必要があるかについては、脆弱な立場にある被害者の保護という観点では検
討の余地があると思われる。確かに、社会的弱者や経済的困窮者等の脆弱な
立場にある者の保護については、社会福祉・社会保障の分野で解決すべき問
題であって、刑法の謙抑性の原則から、刑法において規律すべきものではな
いとする見解[81]も傾聴に値するが、わが国においても、経済的な格差が拡大
している状況においては、社会的・経済的に脆弱な立場にある者の保護につ
いては、刑法学においても今後さらに検討が必要な問題であると思われる。

2　行為者の〈précarité〉という事情の考慮

　行為者の「précarité（不安定さ）」という事情は、空腹に耐えきれずやむ
を得ずに実行されたパンの窃盗（万引き）事案のように、わが国において
も、窃盗罪の構成要件該当性が認められたとしても、緊急避難に該当するか
は問題とはなりうるであろう。わが国においても、緊急避難の成立要件を充
足すれば違法性が阻却されると解することも不可能ではないと思われるが、
やむを得ずにした行為といえるか、すなわち万引き以外に他にとるべき手段
がなかったとは認められないように思われるので、補充性の要件を充足せ
ず、窃盗罪の成立は認められることになると思われる。

　わが国では、「こじきをし、又はこじきをさせた者」は軽犯罪法 1 条22号
で処罰の対象となり、拘留または科料に処せられる。乞食行為の禁止は、勤
労の権利と義務を保障する憲法27条 1 項を根拠とするものであると理解され
る。また、児童福祉法34条 1 項 2 号は、「児童にこじきをさせ、又は児童を

81　例えば、大塚他編・前掲「大コンメンタール第11巻（第 3 版）」〔小島〕262頁を参照。

76 第3章 フランス・ベルギー刑法学における〈précarité〉の概念

利用してこじきをする行為」を禁止しており、違反者には「3年以下の懲役（拘禁刑）若しくは100万円以下の罰金に処し、又はこれを併科する」と規定する。児童福祉法の規定では、違反者に重い刑事罰を科しているが、軽犯罪法における乞食行為に対する罰則は非常に軽い。フランスやベルギーとは異なり、刑法典に物乞い・乞食に関係する規定は置かれていない[82]。物乞い行為を利用する罪については、移動民であるロマの関与や、犯罪組織の関与が指摘されることもあり、フランスやベルギーでは同様の犯罪構造をもつ売春斡旋罪と類似した規定となっている。近年では、ネット乞食という形態での乞食行為が出現し問題となっている。わが国では、乞食・物乞いをする行為そのものが軽犯罪法違反となるが、人間の尊厳の尊重という観点からは、生活手段の選択権を侵害する可能性がある以上は、フランスやベルギーのように、経済的な困窮を理由とする物乞い行為そのものは処罰の対象から外すべきではないかと考える。

3 量刑判断における〈précarité〉の考慮

　わが国では、周知の通り、量刑に関する包括的な規定は置かれてはいないが、犯人の性格、年齢、境遇、犯罪の軽重、情状、犯罪後の情況等の起訴猶予の判断の際に考慮される諸事情（刑訴法248条）は、量刑判断においても重要な基準とされている。改正刑法草案48条は、第1項「刑は犯人の責任に応じて量定しなければならない。」、第2項「刑の適用にあたっては、犯人の年齢、性格、経歴及び環境、犯罪の動機、方法、結果及び社会的影響、犯罪後における犯人の態度その他の事情を考慮し、犯罪の抑制及び犯人の改善更生に役立つことを目的としなければならない。」と規定し、犯人の責任を最も

---

[82] ボアソナードの旧刑法典改正草案では、社会道徳に対する罪として、浮浪（196条）及び物乞い・乞食（199条）の処罰規定を設けていた。浮浪とは、現実の住居や定まった居所をもたず、仕事、技芸もしくは職業に従事していないまたは生存に適切なその他の手段をとらない者が、公道、その他の公的場所または私有地であっても人気のない場所で放浪していることと定義される。物乞い・乞食とは、健康な者が日常的に物乞いに従事していることと定義される。ボアソナードは、物乞い一般を処罰するのではなく、処罰の対象を、年齢や能力等から労働に適した健康な者が日常的に物乞いに従事している場合に限定している。この点については、G. Boissonade, *Projet révisé de Code pénal pour l'Empire du Japon accompagné d'un commentaire*, 1886, pp. 602 et s. を参照。

重視するとともに、「犯罪の抑制及び犯人の改善更生」すなわち一般予防及び特別予防という刑事政策的な目的を加味したと評価されている[83]。わが国においても、量刑の資料として、犯人の資産状況等の資料も含まれているので、犯人の社会的・経済的な状況は考慮されている[84]。諸外国の量刑に関する状況については、ドイツ刑法46条1項は「行為者の責任は、刑の量定の基礎である。刑が社会における行為者の将来の生活に与えることが予測される効果を考慮する。」と規定し、同条2項で、量刑にあたり考慮する事情を明示するが、「行為者の経歴、人的及び経済的状況」も挙げられている[85]。フランスやベルギーにおいても、量刑に際しては、行為者の社会的・経済的な状況が考慮されることは既に説明した通りである。

　刑罰の本質が犯罪に対する応報であることを前提に、犯罪の重さと刑罰とが均衡を保つこと、すなわち罪刑の均衡が保たれることが重要となるので、量刑においても罪刑均衡の原則の徹底が求められることになる。財産刑の執行に関するベルギーの実情からも明らかにされたように、犯罪行為の重さと刑罰との均衡が重要であるとしても、刑の言渡しを受ける者の財産・資産の状況によっては、刑の与える影響に大きな差があることは明らかである。不安定な状況にある貧困層の行為者に対して財産刑の与える影響は深刻であり、その後の生活基盤そのものを侵害することにもなりかねない。罰金刑の短所としてのこのような指摘は、わが国においても、同様になされている[86]。このような刑罰の執行は財産権の保護に対する侵害となり、人間の尊厳に反するものであると判断されることになる。短期自由刑の弊害を克服するために罰金刑等の財産刑の適用が拡大されてきたことは、世界的な傾向であるが、刑罰の効果の公平性を担保するためには、日数罰金制の導入[87]や柔軟な罰金額の量定等が検討の対象となりうる。罰金の完納ができない場合に

83　大谷實『刑法講義総論新版第5版』（成文堂・2019）546頁。

84　大谷・前掲書548頁。

85　ドイツ刑法46条については、法務省刑事局『刑事法制資料　ドイツ刑法典』（2021）51頁以下を参照。

86　大塚仁他編『大コンメンタール刑法（第3版）第1巻』〔15条罰金・新矢悦二〕378頁を参照。

87　ドイツでは日数罰金刑が採用されているが（40条）、フランスでは通常の罰金刑と日数罰金刑が併存している。

78 第3章 フランス・ベルギー刑法学における〈précarité〉の概念

は、労役場に留置して労役が科され、懲役（2022年刑法一部改正施行後は拘禁刑）受刑者に関する規定が準用される[88]。労役場留置の適用についても、貧富の差に応じて、資産・資力のある者は労役場留置を免れる一方で、資産・資力のない者は労役場に留置されるという不平等が生じることは指摘されているところである[89]。この点については、最大判昭和25年6月7日において、貧富の差によって罰金刑等の効果に差異があることは認めながらも、受刑者に対して一定の刑罰効果を挙げうるものであるからこれを否定することはできないとして、法の下の平等を保障した憲法14条に違反しないと判断している[90]。ただ、同判決では、罰金刑のもつ貧富による罰金刑の効果の事実上の差異を緩和するために、刑の量定をする際に犯人の資産状況が考慮されていること、刑法25条の規定により刑の執行猶予を与えることができること、労役場留置については同法30条2項の規定により仮出場を許すことができることなどの考慮が払われていることも指摘されている[91]。このように、わが国においても、資産・資力のない不安定な状況にある困窮者に対しては、量刑判断において一定の考慮がなされてはいるが、罰金・科料という財産刑の代替処分として労役場留置という制度のみで十分な対応ができるかという点には疑問もある。資産・資力のない者に対しては、罰金等の財産刑を科すことが受刑者の生活環境をさらに悪化させ、受刑者の尊厳を害することにつながることを避けるためにも、公益奉仕労働等の代替刑の整備や受刑者の特性に合わせた刑の個別化の推進が求められる。

88　刑事収容施設及び被収容者等の処遇に関する法律（以下、刑事施設収容処遇法）288条。本条の解説については、林眞琴・北村篤・名取俊也『逐条解説　刑事収容施設法』（有斐閣・2010）929頁以下を参照。労役場留置の性質については、自由刑を科す換刑処分と解するか、罰金または科料の特殊な執行方法と解するか、見解が分かれるが、換刑処分であり、かつ特殊な執行方法であると両義的にとらえるべきであるとする理解が妥当であろう。この点については、大塚他・前掲『大コンメンタール（第3版）第1巻』〔18条労役場留置・新矢悦二〕392頁を参照。

89　同上393頁参照。

90　刑集4巻6号956頁。

91　大塚他・前掲『大コンメンタール（第3版）第1巻』〔18条労役場留置・新矢悦二〕394頁参照。

V　おわりに

　これまでわが国は「１億総中流」といわれ、他の欧米諸国と比べて国民間での経済的な格差は小さいといわれてきたが、それは幻想にすぎず、現実に目を向けると、正規雇用と非正規雇用との二極分化が進み経済的指標からも格差社会が拡大していることは明らかであり、新型コロナ感染症が拡大している状況下で、貧困層の拡大は深刻な状況にある。このような社会状況に照らせば、フランスやベルギーで議論されている社会的弱者・経済的困窮者を包含する意味をもつ「précarité（不安定さ）」という概念が刑法学に与える影響は、わが国においても検討すべき課題であると思われる。フランスやベルギーの現状の分析からも明らかなように、「précarité（不安定さ）」という要素は、量刑判断において考慮されることはもちろん、構成要件該当性、違法性、責任の諸段階においても検討される概念にはなりうると思われる。違法性や責任の判断においては、行為者・被害者の諸事情が考慮されるので、「précarité（不安定さ）」という事情も考慮されることはありうると思われるが、構成要件段階では、刑法典の刑罰法規において「précarité（不安定さ）」に類似する概念が規定されているわけではない。わが国の刑罰法規は欧米とは異なり簡潔であり詳細には規定されておらず、「未成年者」「老年者」「幼年者」「身体障害者」「病者」等の一定の限定された範囲の客体について特別に犯罪構成要件に規定されているにすぎない。簡潔に規定され余計な文言が少ないわが国の現行刑法のもとでは、条文の解釈については裁判官の裁量が広く認められることになるので、罪刑法定主義に反することがない範囲内での構成要件の拡張解釈や縮小解釈を行う際に、行為者や被害者の「précarité（不安定さ）」という事情が不文の構成要件要素として考慮されることはありうると思われるが[92]、社会的・経済的弱者が犯罪被害者となりうる場

---

[92]　この点について、宮澤浩一「刑法理論と被害者学」『刑事法学の総合的検討（下）』（有斐閣・1993）88頁以下には、被害者学の刑法理論学への寄与を論じているが、被害者の態度、被害者の落ち度、犯人と被害者の間の力関係等は構成要件の不文の要素として考慮されうるのではないかとの指摘がある。

合には、フランスやベルギーと同様に、法律主義の徹底という観点からは、被害者の「précarité（不安定さ）」や脆弱性は犯罪を加重する事由として構成要件で明文化することも選択肢としてはありうるように思われる。また、犯罪行為者の「précarité（不安定さ）」という状況との関係では、刑罰適用の場面で検討すべき課題がある。わが国の死刑・拘禁刑・罰金刑を中心とする刑罰制度については、死刑制度の存在、自由刑を中心とした制度設計等に対して批判が加えられているところであり[93]、刑罰制度の多様化という点では遅れている状況にある。自由刑や罰金刑の代替刑として多様な処分を整備し、社会内処遇を進めることは、刑の執行によって、経済的困窮状態にある受刑者の生活環境を一層悪化させることを防止し、受刑者の尊厳を保障し、受刑者の社会復帰・再社会化を図ることにもつながることになる。

　社会的弱者や経済的困窮者は犯罪行為者にも犯罪被害者にもなりうるのであり、このような立場に置かれた者に対する細やかな配慮が刑法学においても求められることは否定できない。貧困対策は社会福祉政策であり、謙抑的であるべき刑法が介入する分野ではないという主張があることは理解したうえで、犯罪被害者あるいは犯罪行為者となった社会的弱者・生活困窮者の尊厳を守り、社会から排除することのないような積極的な対応をとることも刑法学に与えられた検討課題であろう。

93　例えば、日本弁護士連合会の「死刑制度の廃止を含む刑罰制度全体の改革を求める宣言」（2016）等を参照。

第4章　美術品に対する不正行為と刑事規制を めぐる日仏比較法的考察

I　はじめに

　2021年2月頃、東山魁夷、片岡珠子、平山郁夫等の日本画の巨匠や洋画家の有元利夫の版画作品の贋作が販売され大量に市場に流通していたことが判明し、大きな問題となった。主として版画を扱う大阪の画商が、ある版画工房と組んで贋作版画を制作し販売していた。この問題が発覚した後、日本現代版画商協同組合等の美術商の団体によって、臨時偽作版画調査委員会が立ち上げられ[1]、民間鑑定機関である「東美鑑定評価機構」が鑑定した結果、100点を超える版画が贋作と判定された。

　版画の技法については、大別すれば、凸版（木版画）、凹版（銅版画といわれるエングレーヴング、ドライポイント、メゾチント、エッチング、アクアチント等）、平版（リトグラフ）、孔版（スクリーンプリント、ポショワール）に分類される[2]。画家が自ら原画を描き、製版・刷り等の版画制作の全過程に関与し制作された版画をオリジナル版画という。これに対して、画家が描いた原画をもとに、画家本人またはその遺族の許諾を得て、制作された版画は複製版画（エスタンプまたはリプロダクション）と呼ばれる。版画は複数枚制作されるので、画家本人または著作権継承者がエディションナンバーと署名を記載する。

　問題となった版画は複製版画（エスタンプ）と呼ばれるものであり、画家本人が版画制作のために原画を制作したのではなく、画家が版画にすることを意図しないで制作した作品を原画として、画家本人またはその遺族の承諾を得て、リトグラフ、セリグラフ、シルクスクリーン等の版画の技法で制作

1　臨時偽作版画調査委員会の設置に関する経緯については、日本現代版画商協同組合のwebサイトに説明がある。
2　町田市立国際版画美術館のwebサイトの「版画の技法　用語解説」を参照。

される版画である。巨匠といわれる画家の作品から版画が制作されるので、数十万から数百万の価格で販売されている。

　この事件では、画家本人は故人であるため、遺族等の著作権者の許諾なく、版画が制作され、販売されて、流通していたことが問題となった。2021年3月の臨時偽作版画調査委員会による告発を受けて、同年9月、元画商と版画作家は逮捕され、同年10月に著作権法違反の罪で起訴された。起訴の対象となったのは、2017年1月から2018年12月までの間に、著作権者の許諾なく、東山魁夷の『白馬の森』等5作品7点を複製したこと、及びこのうちの2点を2020年2月と8月に販売したことであった。この事件で問題となった犯罪行為については、親告罪であり（2018年の著作権法改正によっても非親告罪化されていない）、著作権法違反の被害者である東山魁夷の遺族のみが告訴に同意し、それ以外の物故作家の遺族は告訴に同意しなかったために、東山魁夷の作品のみが起訴の対象とされた[3]。

　この事件では、著作権者の許諾なく制作された贋作版画を、許諾を受けて制作した作品と偽って販売しており、この行為は詐欺罪にも該当しうるものと考えられるが、本件は詐欺罪では訴追されなかった。

　版画の場合、画家が生前に制作に関与したものであれば、複製版画であっても、画家の監修のもとで作成され、画家の署名があるので、真贋の判断には困難が伴わないと思われるが、物故者の作品の場合には、鑑定人が明確ではない場合もあり、また、日本画や洋画のような肉筆作品とは異なり、版画の場合は複数枚制作されて、市場に流通していることもあり、真贋の判断には困難が伴うことがあるとの指摘もある。

　美術市場が拡大し、美術品取引も活発化している中で、贋作美術品の売却については、売主に民事的責任を問うことで解決が図られるが[4]、民事的責任だけではなく、刑事責任を問うべきである事案も存在しているように思われる。本稿では、偽作版画制作・販売事件を契機として、贋作美術品をめぐ

3　島田真琴『アート・ローの事件簿―盗品・贋作と「芸術の本質」篇』（慶應義塾大学出版会・2023）160頁参照。

4　この点については、島田真琴「贋作美術品の売買における売主の責任：日本法及びイギリス法の比較」慶応法学46巻（2021）46頁を参照。

る刑事法上の問題について検討する。

　国際的な美術市場の拡大で、美術品をめぐる不正行為は諸外国でも問題になっており[5]、フランスでは、芸術作品に対する不正行為（fraudes en matière artistique）に関する1895年2月9日法律の改正審議が、現在、議会で進行中である。フランスでの議論も参考にして、贋作美術品をめぐる刑事規制の在り方について検討したい。なお、美術品とは、「絵画、彫刻、工芸品その他の有形の文化的所産である動産をいう」と定義される[6]。本稿においても、美術品とは、上記の定義に従い、絵画等の視覚芸術作品のこととする。なお、芸術作品とは、美術品の他、音楽、演劇、舞踊等を含む概念として理解する。

II　贋作美術品の制作・販売と著作権法違反の罪

　偽作版画を制作し、販売した著作権法違反行為について、首謀者である画商に対しては、東京地裁令和4年3月9日判決によって、偽作版画の制作を担当した版画作家に対しては、東京地裁令和8月5日判決によって、それぞれ有罪判決が言い渡された。

1　東京地判令和4年3月9日（著作権法違反被告事件）[7]
　偽作版画を制作し、販売した画商であった被告人に対して、懲役3年（執行猶予4年）及び罰金200万円が言い渡された。
（罪となるべき事実）
第1　被告人は、Aと共謀の上、法定の除外事由がなく、かつ、著作権者の許諾を受けないで、別表記載のとおり、平成29年1月中旬頃から平成30年12月中旬頃までの間、奈良県大和郡山市（住所省略）のB工房作業所内において、Cほか6名が著作権を有する美術の著作物である版画「D」ほか4作

5　EUレベルにおいても、文化財の不正取引対策を話し合う会議が2022年に開催され、今後の文化財不正取引対策強化の推進が図られている。在日フランス大使館のwebページを参照。
6　美術品の美術館における公開の促進に関する法律2条の定義を参照。
7　裁判所データベース、TKC法律情報データベースを参照。

品につき、リトグラフ技法により紙に印刷するなどして合計7枚を複製し、もって前記各著作権者の著作権を侵害し、

第2　被告人は、株式会社E（以下、「E」という。）の代表取締役であるが、法定の除外事由がなく、かつ、著作権者の許諾を受けないで、平成30年2月5日、東京都中央区（住所省略）Fホールにおいて、Gに対し、前記Cほか6名が著作権を有する美術の著作物である版画「H」の複製物1枚を、著作権者の許諾を受けないで複製されたものであることの情を知りながら、E名義で代金33万円で販売して頒布し、もって前記各著作権者の著作権を侵害する行為とみなされる行為を行い、

第3　被告人は、Eの代表取締役であるが、法定の除外事由がなく、かつ、著作権者の許諾を受けないで、令和2年7月2日、同区（住所省略）貸会議室Iにおいて、株式会社Jの代表取締役であるKに対し、前記Cほか6名が著作権を有する美術の著作物である版画「L」の複製物1枚を、著作権者の許諾を受けないで複製されたものであることの情を知りながら、E名義で代金40万円で販売して頒布し、もって前記各著作権者の著作権を侵害する行為とみなされる行為を行った。

（証拠の標目）以下略

第1　罰条

1　判示第1の別表番号1及び4の各所為につき

別表番号毎にそれぞれ包括して刑法60条、平成28年法律第108号附則8条による改正前の著作権法119条1項、同法21条

2　判示第1の別表番号2、3及び5の各所為につき

それぞれ刑法60条、平成28年法律第108号附則8条による改正前の著作権法119条1項、同法21条

3　判示第2及び第3の各所為につき

それぞれ著作権法119条2項3号、113条1項2号

第2　刑種の選択−判示各罪について

いずれも懲役刑及び罰金刑の併科刑を選択

第3　併合罪の処理

刑法45条前段、刑法47条本文、10条、48条2項（懲役刑については、犯情の最

も重い判示第１別表番号１の罪の刑に法定の加重をし、罰金刑については、判示各罪所定の罰金の多額を合計）

第４　労役場留置

刑法18条（金１万円を１日に換算）

第５　執行猶予

刑法25条１項（懲役刑について）

（量刑の理由）

　本件は、美術商として美術品の売買等を行っていた被告人が、版画の修復作業等の職人であった共犯者とともにＭの作品５点について合計７枚を著作権者に無断で複製し（判示第１）、また単独で、無断で作品２点の複製物を代金合計73万円で販売して頒布した（判示第２及び第３）という著作権法違反の事件である。

　被告人らは、平成20年頃から、著作権者に無断で有名画家の作品の版画を複製し、美術商である被告人が販売していたものであり、本件各犯行は長期間にわたって職業的・常習的に行われた犯行の一環である。そして、本件各偽作版画は、極めて精巧に制作されており、版画市場に流通するに至っている。著作権者の利益を大きく害しており、強い非難を免れない。

　被告人と共犯者の関係等についてみると、被告人が複製する作品を定め、オークション等で入手した真作を共犯者に渡して複製を依頼していたものであり、被告人は主導的立場にあったものである。また、共犯者から受け取った偽作版画については、被告人が倉庫で管理する中で、適宜販売していたもので、被告人は偽作版画の複製から販売による利益獲得まで全ての過程を掌握していた。

　以上からすれば、被告人の刑事責任は重いが、一方で、被告人は、事実関係を認めた上で、反省し、著作権者に対する被害回復にも努め、Ｎ美術館Ｍ館に対しては1400万円の寄付をしており、一部の著作権者は、被告人の厳罰までは望んでいない。そして、被告人に前科前歴がないこと、被告人の妻が監督を誓約していること等も考慮すれば、本件で直ちに実刑判決とするのは躊躇されることから、主文のとおりの懲役刑を科した上で、その執行は猶予するが、この種事犯が経済的にも不合理であることを示すために、主文

86　第 4 章　美術品に対する不正行為と刑事規制をめぐる日仏比較法的考察

のとおりの罰金刑を併科するのが相当と判断した。（求刑　懲役 3 年及び罰金 300万円）

別表
番号	複製年月日（頃）	著作物名称	数量（枚）
1	平成29年 1 月中旬	E	2
2	同年11月上旬	S	1
3	同年12月末	J	1
4	平成30年 8 月末	T	2
5	同年12月中旬	U	1
		（合計）	7 枚

2　東京地裁令和 4 年 8 月 5 日判決（著作権法違反被告事件）[8]

偽作版画を制作した版画職人である被告人に対して、著作権法違反の罪で懲役 2 年（執行猶予 3 年）及び100万円の罰金が言い渡された。

（罪となるべき事実）

被告人は、A と共謀の上、法定の除外事由がなく、かつ、著作権者の許諾を受けないで、別表（添付省略）記載のとおり、平成29年 1 月中旬頃から平成30年12月中旬頃までの間、奈良県大和郡山市（住所省略）所在の株式会社 B 工房作業所内において、C ほか 6 名が著作権を有する美術の著作物である版画「D」ほか 4 作品につき、リトグラフ技法により紙に印刷するなどして合計 7 枚を複製し、もって前記各著作権者の著作権を侵害した。

（量刑の理由）

本件は、版画の制作、修復作業等の職人であった被告人が、美術商として美術品の売買等を行っていた共犯者とともに、E の作品 5 点について合計 7 枚（以下、「本件各作品」という。）を著作権者に無断で複製したという著作権法違反の事案である。

被告人らは、平成20年以降、長期間にわたって著作権者に無断で絵画作品等の複製を行うようになり、本件犯行に及んだものである。本件各作品は、真作と判別がつかないほど精巧に制作されており、著作権者の複製権を大き

8　裁判所データベース、TKC 法律情報データベースを参照。

く侵害している。

　被告人は、共犯者から著作権者の許諾がないことを明確に伝えられていなかったとして、未必的認識があったに過ぎない旨述べている。もっとも、証拠によれば、別紙番号1の「D」について見ると、額面の裏には、「E　新復刻画　D　監修　F」「制作　アトリエG」との記載があるシール（共シール）が付されており、Fの記載の下には押印がされている。これによれば、アトリエGが複製し、Fが監修をしたものであることが理解できるところ、被告人は、複製した業者や著作権者が監修を示す趣旨で貼付された共シールはコピーするようなものではないとしつつも、共犯者に依頼されるまま共シールの制作依頼に応じていた旨述べている。結局、被告人は、著作権者侵害となることを黙認していたといえる。版画制作の職人でありながら、著作権に意を払わずに犯行を及んだものであり、規範意識に欠けており、非難を免れない。

　共犯者との関係をみると、本件は、版画職人である被告人の高度な技術によってこそ実現可能となったものであり、実行犯である被告人が果たした役割は大きい。本件各犯行を発案し、複製作品の決定や複製の基となる真作の入手等を行ったのは共犯者であり、被告人が受動的立場にあったことを考慮しても、被告人の刑事責任には相応に重いものがある。同種事案と比較してみても、被告人に対しては、懲役刑及び罰金刑を選択するのが相当であり、罰金刑を選択すべきとの弁護人の主張は採用できない。

　その上で、被告人が事実関係を概ね認め、反省の態度を示していること、情状証人として出廷した妻が今後の監督等を誓っていること、被告人に前科前歴がないこと等の事情も踏まえ、被告人に対しては、主文のとおりの懲役刑を科した上で、その執行は猶予し、また、この種事犯が経済的にも不合理であることを示すため、主文のとおりの罰金刑を併科するのが相当と判断した。（求刑　懲役2年及び罰金100万円）

3　著作権法違反の罪

　本件の場合、著作権継承者である遺族の許諾なく、版画を制作し、販売している。裁判所は、この行為について、著作権等の侵害罪（119条1項）、著

作権等侵害物品の頒布罪（119条２項３号）の成立を認めた。

　著作権法では、著作者人格権・著作権、著作隣接権、出版権等の権利を侵害するものではないが、当該行為を許容するとすれば権利者の利益が不当に損なわれるような行為については、113条の規定により、権利を侵害する行為とみなして規制しており、113条は民事・刑事に共通する規定であると位置づけられる[9]。

　同法113条１項は「次に掲げる行為は、当該著作者人格権、著作権、出版権、実演家人格権又は著作隣接権を侵害する行為とみなす。」と規定し、同項２号は「著作者人格権、著作権、出版権、実演家人格権又は著作隣接権を侵害する行為によって制作された物（前号の輸入に係る物を含む。）を、情を知って、頒布し、頒布の目的をもつて所持し、若しくは頒布する旨の申出をし、又は業として輸出し、若しくは業としての輸出の目的をもつて所持する行為」と規定する。すなわち、113条１項２号は、権利侵害物頒布等を処罰する規定である。偽作版画事件においては、著作権継承者の許諾なく版画を制作・販売している事実が認定されており、著作権を侵害する行為によって制作された版画を、権利侵害物であることを認識しながら、すなわち、情を知って、頒布する、または頒布の目的で所持することに該当するため、本条に該当することは明らかである。

　同法119条１項は「著作権、出版権又は著作隣接権を侵害した者（第30条第１項（第102条第１項において準用する場合を含む。第３項において同じ。）に定める私的使用の目的をもつて自ら著作物若しくは実演等の複製を行った者、第113条第２項、第３項若しくは第６項から第８項までの規定により著作権、出版権若しくは著作隣接権（同項の規定による場合にあっては、同条第九項の規定により著作隣接権とみなされる権利を含む。第120条の２第５号において同じ。）を侵害する行為とみなされる行為を行った者、第113条第10項の規定により著作権若しくは著作隣接権を侵害する行為とみなされる行為を行った者又は次項第３号若しくは第６号に掲げる者を除く。）は、10年以下の懲役（拘禁刑）若しくは1,000万円以下の罰金に処し、又はこれを併科する。」と規定し、同条２項は、「第

9　作花文雄『詳解　著作権法（第６版）』（ぎょうせい・2022）287頁を参照。

113条第 1 項の規定により著作権、出版権又は著作隣接権を侵害する行為とみなされる行為を行った者」（同 3 号）に 5 年以下の懲役（拘禁刑）若しくは500万円以下の罰金に処し、またはこれを併科している。

同法119条 1 項は、基本的な侵害行為、「著作権」、「出版権」または「隣接著作権」を侵害する行為を処罰している。同項では、同法30条 1 項に定める私的使用の目的で著作物等の複製を行った者や同法113条の諸規定により著作権等侵害とみなされる行為を行った者が除かれ、のぞかれている規定に関連する侵害行為については、別の刑罰法規の対象となっている[10]。また、同法119条 2 項 3 号は、著作権等侵害物品の輸入・頒布等の著作権等の侵害とみなされる行為を行った者を処罰の対象としている[11]。

本件で訴追の対象となった行為は、著作権法119条 1 項及び同条 2 項 3 号に該当することは明らかであり、前述の判決においても、解釈論上の問題なく、著作権法違反が認められている。

Ⅲ　贋作美術品の制作・販売と刑法上の対応

「贋作（狭義）とは、有名な芸術家が創作した美術品を模倣若しくは模写し、又はその作風、用法や特徴を真似て、当該芸術家であるかのように偽って制作し流通に置かれた作品のことをいう。」[12]と定義される。さらに、贋作を意図して作成されたのではなく、オリジナル作品の作風を研究するためや芸術家へのオマージュとして制作された作品についても、売主が意図的にまたは誤解によりオリジナルとして販売した場合も贋作（広義）に該当するとされる[13]。

贋作美術品をめぐる犯罪については、古今東西を問わず、生起している。オランダでは、1947年、フェルメールの贋作を作成し、真作として売却したハン・ファン・メーヘレンに対して、署名偽造罪及び詐欺罪で有罪判決が言

10　この点について、作花・前掲書585頁を参照。
11　同上。
12　島田真琴『アート・ロー入門』（2021）46頁、島田・前掲論文57頁以下を参照。
13　同上。

90　第4章　美術品に対する不正行為と刑事規制をめぐる日仏比較法的考察

い渡された[14]。メーヘレンが作成したフェルメールの贋作については、当時の、フェルメールの専門家、美術館や画商等が全員騙されて、真作であると鑑定していた。メーヘレンの贋作であるとの告白の後も、真贋論争は続き、メーヘレンの死後に、化学鑑定によって、フェルメールの贋作であることが証明されて、真贋論争に決着がついた[15]。

　わが国においても、春峯庵事件が想起される。昭和9年4月26日、東洲斎写楽、岩佐又兵衛、喜多川歌麿、葛飾北斎等の肉筆浮世絵が「春峯庵」との号をもつ旧大名華族の下から発見されたと東京朝日新聞で報じられた。当時、浮世絵の研究者として高名であった大学教授の笹川臨風が真作であると鑑定していた。同年5月14日、入札会が東京美術倶楽部で行われ、売値総額20万円のうち9万円分が売却済みとなった（現在では10億円程度と換算できる）。ところが、その後、「春峯庵」は架空の存在で、すべて贋作であったことが判明した。贋作者（矢田家一族）は、浮世絵商で浮世絵鑑定師であった金子清次に勧められて、写楽の落款を入れた「市川團十郎瀬川菊之丞」、又兵衛の印章を記入した「源氏物語朧月夜」「源氏物語雪中図」、歌麿の印章のある「扇屋見世先図」「鏡中男女図」等十数点を作成し、金子は「春峯庵」から出たとの話を考え出して、真作として売却した[16]。この事実について、大審院昭和12年12月14日判決は、贋作を売却した金子と贋作者の一人には印章署名偽造罪及び詐欺罪、その他の贋作者には印章署名偽造罪及び詐欺罪の幇助の成立を認めた[17]。

　また、大原美術館のヴァン・ゴッホの「アルピーユの道」がオットー・バッカーが制作した贋作であることが判明している[18]。大原美術館がこの油彩画を購入した時点で、既に、海外の専門家の間ではバッカーの贋作である

14　島田・前掲『アート・ロー入門』50頁、島田・前掲『アート・ローの事件簿―盗品・贋作と「芸術の本質」篇』39頁以下を参照。

15　島田・前掲『アート・ローの事件簿―盗品・贋作と「芸術の本質」篇』41頁以下を参照。

16　島田・前掲『アート・ロー入門』50頁以下を参照。

17　大判昭和12・12・14刑集16巻1603頁。

18　この作品については、ゴッホ研究者である圀府寺司（大阪大学教授）のインタビュー記事「ゴッホの贋作を見て覚えた感動は本物か(1)」ほぼ日刊イトイ新聞ネット記事（2019年10月10日）を参照。

ことは判明していたが[19]、真作であると信じて購入し、展示されていた。また、国立西洋美術館が購入した、ラウル・デュフィーの「アンジュ湾」、アンドレ・ドランの「ロンドン橋」が後に贋作と判明した事件もあった[20]。この2作品については、当時から、贋作の販売が疑われていたフランスの画商フェルナン・ルグロから購入した作品であったが、鑑定書を信じて購入したところ、鑑定書自体も怪しいものであった。

　古美術の世界では、真贋の判定はさらに困難になる場合が多い。わが国では、「永仁の壺」事件[21]が有名である。鎌倉時代の永仁2年銘をもつ古瀬戸の瓶子が1959年に重要文化財の指定を受けていたが、指定後に、鎌倉時代の古瀬戸ではなく、現代の作品ではないかとの疑いが提起され、加藤藤九郎とその長男である岡部（加藤）嶺男が作者であると告白したことから、化学的鑑定調査が行われた結果、鎌倉時代の古瀬戸ではないとの結論が示され、1961年に重要文化財の指定が解除された。同時に、「古瀬戸黄袖蓮花唐草文四耳壺」及び「古瀬戸狛犬一対」も鎌倉時代ではなく昭和の作品であると判定されて重要文化財の指定が解除された。この事件を受けて、国際的な陶磁器研究家であり、重要文化財指定を推薦した文部技官・文化財専門審議会委員であった小山富士夫は職を辞したが、「永仁の壺」事件については沈黙を守ったので、真相には不明な点が残っている。陶磁器の専門家が真贋の判断を誤るほどの出来栄えの作品であったといえるが、真贋鑑定の難しさを示す事例である。加藤藤九郎と岡部（加藤）嶺男は、「永仁の壺」事件後も、瀬戸焼・志野焼、青磁の巨匠として、陶芸作品を発表した。

1　贋作美術品の販売と詐欺罪の成否

　偽作版画制作・販売事件では、画商が偽作版画の制作を版画作家に依頼

19　この点については、閖府寺・前掲記事(2)ほぼ日刊イトイ新聞ネット記事（2019年10月11日）、西野嘉章編「真贋のはざま―デュシャンから遺伝子まで（二子登・麓愛弓・湊園子［編］補遺2東西贋作事件史）」(2001)東京大学総合研究博物館データベースを参照。

20　ルグロ事件については、西野編・前掲「真贋のはざま―デュシャンから遺伝子まで（二子登・麓愛弓・湊園子［編］補遺2東西贋作事件史）」を参照。

21　「永仁の壺」事件の概要については、西野編・前掲「真贋のはざま―デュシャンから遺伝子まで（二子登・麓愛弓・湊園子［編］補遺2東西贋作事件史）」を参照。

し、著作権継承者の許諾なく制作された版画が販売されている。販売された偽作版画は、非常に精巧に制作されていたので、画商等の専門家でも真贋の判断は非常に難しいというクオリティーであった。本件の行為は著作権法違反に該当するものではあるが、著作権等の侵害罪（119条1項）及び著作権等侵害物品の頒布罪（119条2項3号）は親告罪であるため、遺族が告訴した東山魁夷の偽作版画のみが訴追の対象とされた。しかしながら、市場に流通していたのは、東山魁夷の偽作版画にとどまらず、平山郁夫、片岡珠子等の日本画の巨匠の偽作版画であり、多量の偽作版画が市場に流通し、オリジナルの真作版画であると錯誤して購入した被害者が存在していることから、詐欺罪の成立が検討される余地は十分にあると思われる。本来的には、詐欺罪で訴追されるべき事案であったのではないかとも考えられる。

　詐欺罪（246条1項）は、人を欺いて財物を交付させることによって成立するが、まずは、欺く行為が存在するかを検討する必要がある。欺く行為とは、相手方が財産的処分行為をするための判断となる重要な事実を偽ること、すなわち、相手方がその点に錯誤がなければ財産的処分行為をしなかったであろうと認められる重要な事実を偽ることと定義される[22]。美術品の購入者にとっては、購入しようと考えている美術品が真作であることを信じて、美術品の購入を決断するのであるから、対象となる美術品が真作であるか否かは、美術品購入の判断の基礎となる重要な事実に該当することは明らかである。したがって、偽作版画であることを告げずに購入希望者に偽作版画を販売する行為は、欺く行為に該当すると思われる。購入の対価が支払われているので、偽作版画を購入した者には財産的な損害が生じており、行為者には贋作版画を真作として販売し購入者を欺く認識・認容があることから詐欺の故意は認定され、贋作を真作と偽って売却することによって経済的な利益も得ていることから不法領得の意思も認定できる。したがって、詐欺罪が成立することには異論はないように思われる。

22　最決平成22・7・29刑集64巻5号829頁、最決平成26・4・7刑集68巻4号715頁、井田良『講義刑法学・各論（第3版）』（有斐閣・2023）311頁、高橋則夫『刑法各論（第4版）』（成文堂・2022）323頁以下、大塚仁他編『大コンメンタール刑法（第3版）第13巻』（青林書院・2018）30頁以下〔高橋省吾〕等を参照。

Ⅲ　贋作美術品の制作・販売と刑法上の対応　　*93*

　しかしながら、偽作版画事件においては、検察官は詐欺罪では訴追しなかった。贋作版画事件では、著作権法違反の罪が問題となったが、親告罪であったために、著作権継承者である遺族の告訴がなかった平山郁夫、片岡珠子の偽作版画については、訴追の対象とはならなかったという問題がある。検察官が、詐欺罪での訴追を断念した背景事情を考えてみたい。

　贋作版画事件においては、大手デパートで販売されていたものも多く、贋作の疑いが生じた後は、販売した版画を鑑定し、贋作であることが判明した後は、デパートが買い戻すなどの金銭的な賠償をしていることから、実質的には財産的な損害が補填されているという事情があった[23]。また、贋作を購入した画商も、騙されていたという事実を公表したくないという事情や、代金や顧客の情報を口外するわけにはいかない、という美術品取引業者の閉鎖性や秘密主義が捜査当局への協力を躊躇させることにもなったとの指摘もある[24]。美術業界にはびこる「騙した奴より騙されたほうが悪い」という業界の暗黙の掟も詐欺罪の立証を困難にしたとも考えられる。

　贋作を販売した画商自身が、贋作であったと知らなかったと主張する場合には、贋作であることを認識していたことの立証ができなければ、詐欺の故意を認定することは難しく、欺く行為を認定することもできないため、詐欺罪の成立を立証することは難しくなり、結局は、刑法上の制裁の対象からは外れてしまうことになる。

　ネットオークション等では、明らかに偽造された流派の家元宗匠等の書付のある茶道具が出品されていることもある。この場合に、真作保障という表示がなく、真贋の判断は買主に委ねられているような場合には、真贋が不明でも購入するためにオークションに参加し落札する買主を欺いたとはいえず、出品者に、詐欺罪の成立を認めることは困難であろう。

23　例えば、大丸の web サイトの「『贋作版画』に対する弊社の対応について」（2021年11月29日）、そごう・西武の web サイトの「偽作疑い美術商材の販売について」等を参照。
24　島田・前掲書160頁参照。

2 贋作美術品の制作と偽造罪関連

刑法典では、書画や工芸品等の美術品の偽造を直接処罰する規定は存在していない。ただ、文書偽造罪や印章偽造罪については、美術品の偽造についてその適用の可否を検討する余地はある。

絵画や書が、文書偽造罪の客体となりうるか。広義の文書は、文字またはこれに代わるべき可視的・可読的符合を用い、永続すべき状態において、物体上に記載された意思または観念の表示であると定義される[25]。広義の文書のうち、文字またはその他の発音的符合を用いたものが狭義の文書であり、象形的符合を用いたものが図画であると定義される[26]。したがって、純然たる美術品の絵画や、図画等であってもその名義人の意思・観念の表示としての意味を有しないものは「図画」ではないとされる[27]。この定義に従えば、美術品としての書画については、文書偽造罪の客体には該当しない。

印章偽造罪についてはどうか、印章とは、人の同一性を表示されるために使用される一定の象形を意味すると定義される[28]。署名とは、自己を表彰する文字をもって、氏名その他の呼称を表記したものと定義される[29]。

贋作美術品の場合には、贋作者が名義人の署名や印章を用いて絵画、書、箱書等を偽造する場合がある。

書画の場合には、作者自らが箱に表題と署名を記載する共箱の作品や額装の絵画の裏面に表題と署名が貼付される共シールといわれる作品があり、茶道具の場合には、茶人や鑑定人が銘等を署名とともに箱裏等に書付ける（箱書付といわれる）場合がある。茶道具の場合には、茶碗、茶入、茶杓等の道具そのものよりも、道具の来歴、例えば、東山御物（足利将軍家伝来）、信長所持、秀吉所持、柳営御物（徳川将軍家伝来）、千家伝来、中興名物（小堀遠州の好みで選定された茶道具）、雲州蔵帳記載茶道具（松平不昧所持）等の伝来

25　大判明治43・9・30刑録16輯1572頁。

26　大塚仁他編『大コンメンタール刑法（第3版）第8巻』(2014) 61頁〔松田俊哉〕を参照。

27　同上。

28　大塚他編・前掲『大コンメンタール刑法（第3版）第8巻』309頁〔小西秀宜〕、西田典之他編『注釈刑法第2巻各論(1)』(2016) 510頁〔鎮目征樹〕を参照。

29　大塚他編・前掲『大コンメンタール刑法（第3版）第8巻』313頁〔小西秀宜〕、西田他編・『注釈刑法第2巻各論(1)』〔鎮目征樹〕513頁を参照。

が重要な意味をもつ。千利休・小堀遠州等の茶人や、茶道流派の歴代の家元宗匠の箱書付等が金銭的な評価においては重要な要素となる。このような茶道具は、高額で取引される美術品であるため、時間と手間をかけて贋作を制作する意味はあると考えられる。

　共箱や箱書付がある場合には、贋作者が、家元等の他人の署名や花押を書き入れているため、私印偽造罪・同不正使用罪の成立は可能であると思われる。さらに、箱書に茶道具の銘（例えば、茶杓に「有明」と銘をつけるような場合）が記載されている場合や鑑定書の記載（例えば、この茶入は古瀬戸の肩衝茶入であることに間違いがない等の記載）がある場合には、名義人の意思・観念の表示と判断することが可能であり、文書（事実証明に関する私文書）に該当しうると考えられる[30]。したがって、名義人と作成者（偽作者）との人格の同一性に齟齬が生じる場合には、私文書偽造罪が成立することもありうるように思われる。

　判例実務において、問題とされる事案は多くはないと考えられるが、刑法上の偽造罪についても、その成立の余地はありうると思われる。

Ⅳ　フランスにおける芸術作品に対する不正行為と刑事規制をめぐる最近の動向

　フランスでは、芸術作品に対する不正行為については、1895年2月9日法律（Bardoux 法、以下1895年法とする。)[31]によって規制されてきた。この法律は、アレクサンドル・デュマ・フィスによるコローの贋作購入を契機として制定されたものであるが[32]、法律制定から、120年以上が経過し、法律の規定そのものが、現代に生起する芸術作品をめぐる不正行為に対応できなくなっていることが指摘された。2017年11月17日には破毀院が主催して、司法官や芸術分野の専門家等が参加した「faux en art（芸術における贋作）」を

---

[30]　大判大正14・10・10刑集4巻538頁は、書画が真筆であることを証明する箱書は事実証明に関する私文書であるとした。高橋則夫『刑法各論（第4版）』（2022）549頁、西田他編・前掲『注釈刑法第2巻(1)』〔今井猛嘉〕381頁参照。

[31]　Légifrance の web サイトで公開されている法律を参照した。

[32]　2017年11月17日に破毀院が主催して開催されたシンポジウム「芸術における贋作（Le faux en art）」での講演原稿 PDF を参照（破毀院の web サイトで公開されている）。

96 第4章 美術品に対する不正行為と刑事規制をめぐる日仏比較法的考察

テーマとしたシンポジウムが開催された。この分野について、改めて、問題が指摘された。

このような状況にあって、Institut Art et Droit（芸術と法研究所）の副所長である Y. Mayaud（Paris-Panthéon-Assas 大学名誉教授）と所員である L. Saenko（Paris-Saclay 大学准教授）は連名で、1895年2月9日法律の改正を提案し[33]、その提案をもとに、B.Fialaire 議員他複数の議員によって法律改正案が、2022年12月5日、元老院に提出され[34]、元老院での審議の後、現在、国民議会で審議が進行している[35]。そこで、まず、1895年法と現在審議されている改正法案の内容を紹介する。

1 芸術作品に対する不正行為に関する1895年2月9日法律

第1条（2000年9月19日のオルドナンス n° 2000-916によって改正）：次に掲げる者は、必要な場合には、損害賠償請求権を損なうことなく、2年以下の拘禁刑及び75.000ユーロの罰金に処する。

第1号：絵画、彫刻、素描（デッサン）、版画または音楽の作品に不法に偽名（詐称名）を付けた、または記載した者。

第2号：前号と同一の作品について、不法に、かつ作者の人格について買主を欺く目的で、作者の署名または作者が用いたサインを模倣した者。

第2条：情を知りながら、偽名、偽署名または偽サインがなされた物を隠匿し、売却し、もしくは流通させた小売業者または仲買業者には、前条と同一の刑が適用される。

第3条（1994年2月5日法律 n° 94-102によって改正）：判決を下した裁判所は、作品を没収する、または告訴人に還付することを命じることができる。

第3条の1（1994年2月5日法律 n° 94-102によって創設）：差し押さえた作品

---

33 Y. Mayaud et L. Saenko, Quelle réponse pénale pour les fraudes en matière artistique? Pour une proposition de réforme de la loi 〈Bardoux〉 du 9 février 1895, *Journal Spéciale des Sociétés,* N° 23, 2022, p. 4.

34 Proposition de loi portant réforme de la loi du 9 février 1895 sur les fraudes en matière artistique, Texte N° 177（2022-23）.

35 元老院では、2023年3月16日に、Proposition de loi portant réforme de la loi du 9 février 1895 sur les fraudes en matière artistique が採択されて、国民議会で法律案の審議が開始されている。

が贋作であると証明されたときには、予審免訴または無罪の場合であっても、同じ手続をとることができる。

第4条（1992年12月16日法律 n° 92-1336によって改正）：本法は、著作権が消滅していない作品に適用される。その他の作品については、刑法423条[36]の適用は妨げない。

第5条：1992年12月16日法律 n° 92-1336によって削除

2　1895年2月9日法律改正法案

元老院で採択され、国民議会で審議されている改正法案[37]は次のようなものである。

第1条：文化財法（code du patrimoine）第1部第1編第Ⅱ章の後に、第Ⅱ章の2を挿入する。

《第Ⅱ章の2　芸術作品に対する不正行為との闘い》

L.112-28条：次に掲げる行為は、5年以下の拘禁刑及び375.000ユーロの罰金に処す。

第1号：方法が如何なるものであっても、他人に、著作者の同一性、その原産地、その製造年、その性質またはその組成を偽る意図で、芸術作品または蒐集対象物を制作し、または変造する。

第2号：贋作であることを知りながら、1号に記載された作品または対象物を、無償もしくは有償で、展示し、頒布し、または譲渡する。

第3号：方法が如何なるものであっても、著作者の同一性、その原産地、その製造年、その性質もしくはその組成について偽った芸術作品または蒐集対象物を、無償もしくは有償で、展示し、頒布し、または譲渡する。

第4号：方法が如何なるものであっても、その来歴を偽った、芸術作品または蒐集対象物を、無償もしくは有償で、展示し、頒布し、または譲渡する。

L.112-29条：L.112-8条に記載された行為は、次に掲げる態様で行われたときには、7年の拘禁刑及び750.000ユーロの罰金に処する。

36　なお、423条は累犯加重に関する規定であったが、現在は削除されている。

37　Proposition de loi portant réforme de la loi du février 1895 sur les fraudes en matière artistique, n° 75 (2022-2023) adoptée par le Sénat le 16 mars 2023.

第1号：組織的集団を構成することはなく、正犯または共犯の身分を有する複数人によって。

第2号：常習的な方法で、または職業活動の行使がもたらす便宜を用いて。

第3号：国もしくは地方公共団体、または公施設の一つに損害を与えて。

L.112-30条：L.112-8条に記載された行為は、組織的集団によって行われたときには、10年の拘禁刑及び100万ユーロの罰金に処する。

L.112-30-1条：刑法121-2条に定める条件の下で、本法 L.112-28条から L.112-30条までに定める軽罪について刑事責任を問われた法人は、刑法131-38条に定める態様に従った罰金の他、刑法131-39条2号及び9号に定める刑を科される。刑法131-39条2号に記載された禁止は、活動の遂行中において、またはその遂行に際して、犯罪が行われた活動に及ぶ。

L.112-31条1項：裁判官は、また、以下に掲げる刑を言い渡すことができる。

第1号：本法 L.112-28条に記載される作品または対象物の没収。

1号の2：作品または対象物の破壊。

第2号：それが現存しているときには、被害者である著作者または権利保有者への作品または対象物の還付。

第2項：公法人の財産に関する一般法 L.3211-19条は、本条1項を適用した没収の場合に、これを適用する。

第3項：付加刑である没収は、刑法131-21条に定める条件の下で、これを科す。

L.112-32条：無罪または予審免訴の場合は、裁判所は、それ自体として、L.112-28条1号にいう贋作を構成することが立証されるときには、それが現存している場合に、差し押さえた作品または対象物の没収、破壊または被害者である著作者もしくは権利保有者への還付を命じることができる。

L.112-33条：本法 L.112-28条から L.112-30条で処罰される軽罪で責任を問われた者はまた、付加刑として、刑法131-27条に定める態様に従い、活動の遂行中において、またはその遂行に際して、犯罪が行われた職業的もしくは社

会的活動の禁止、または、商業的もしくは工業的職業、如何なる肩書であれ、直接的もしくは間接的に、自己のもしくは他人の利益のために、商業的もしくは工業的企業もしくは商事会社を経営し、管理し、運営し、もしくは監督することの禁止を科される。活動遂行の禁止は、併科して、これを言い渡すことができる。

L.112-34条：L.112-28条に記載された作品及び対象物は、それ自体として、それが同条1号にいう贋作を構成することが立証されたときには、国務院のデクレによって定める条件の下で、登録簿に記載される対象物である。

第2条
Ⅰ：芸術作品に対する不正行為に関する1895年2月9日法律は、これを廃止する。
Ⅱ：公法人の財産に関する一般法は、次に掲げるように改正する。
第1号：L.3211-19条は、次に掲げるように改正する。
　　a）1項の最後の、〈芸術作品に対する不正行為に関する1895年2月9日法律によって言及される贋作〉との文言は、〈または文化財法L.112-28条1号にいう偽造物〉との文言に、これを言い換える。
　　b）2項の〈芸術作品に対する不正行為に関する前述の1895年2月9日法律によって言及され、3条及び3条の1によって定める条件の下で没収された贋作〉という文言は、〈または同法L.112-31条もしくはL.112-32条を適用して没収された文化財法L.112-28条1号にいう偽造物〉との文言に、これを言い換える。
　　c）2項の〈détruites, soit déposées〉との文言は、〈détruits, soit déposés〉との文言に、これを言い換える。

第2号：L.5441-3条1号の、〈芸術作品に対する不正行為に関する1895年2月9日法律によって言及される贋作〉との文言は、〈または文化財法L.112-28条1号にいう偽造物〉との文言に、これを言い換える。

3 法律改正の立法理由の概要

　1895年法は、芸術作品に関する不正行為を処罰する特別刑法として規定され、処罰の対象となる行為は、第１条と第２条に規定される。第１条は、絵画、彫刻、素描（デッサン）、版画または音楽の作品に、不法に偽名（詐称名）を付ける行為または記載する行為（１号）、不法に、かつ作者の人格について買主を欺く目的で、作者の署名または作者が用いたサインを模倣する行為（２号）を処罰し、第２条は、偽名（詐称名）、偽署名または偽サインがなされた物を隠匿し、売却し、または流通させる小売業者または仲買業者を処罰する。対象となる行為は、絵画作品等に偽名などを書き入れる行為や、サインを模倣する行為、それらを隠匿し、売却・流通させる行為であり、非常に限定された範囲で刑事規制を行っていた。制定当時、憲法で保障された芸術作品における表現の自由を重視し、表現の自由への侵害を最小限にとどめるという配慮がなされていたとの指摘がある[38]。

　しかしながら、美術市場の国際的な拡大や美術品の市場取引価格の暴騰によって、美術品が投資の対象となり、美術品の財産的価値が一層高まっており、美術品の取引がマネー・ロンダリングの対象となり、組織犯罪の対象ともなるという事態を招いている。フランスでは内務省に美術犯罪を担当する専門部局（Office central de lutte contre le trafic des biens culturels）が美術品の盗難や贋作等の犯罪捜査にあたっている[39]。現代においては、美術品の真贋、すなわち、美術品の真正に対する社会的な信用という法益を保護する必要性は高まっているといえる[40]。かつてのように、美術品が王侯貴族等の特権階級の蒐集物ではなくなり、一般市民にも美術品への門戸が開かれ、美術市場が民主化されていくことによって、美術品に対する不正行為も広く刑事規制が求められる時代になっている。

　フランスの現行刑法において、美術品を保護する刑罰法規は存在する。例えば、人に危険を及ぼさない破壊・毀損・毀棄の罪（322-1条）について、

---

[38]　Mayaud et Saenko, *op. cit.*, p. 1; Exposé des motifs de la Proposition de loi portant réforme de la loi du 9 février 1895 sur les fraudes en matière artistique, p. 1.

[39]　フランス内務省の web ページを参照。

[40]　Exposé des motifs *préc.*, p. 1.

322-3-1条はその加重類型を規定するが、同条1項1号は「文化財法の規定に基づき指定もしくは登録された不動産もしくは動産または同法に基づき指定された私的文書記録」、同2号は「文化財法 L.510-1条にいう考古学遺物」、同3号は「行政財産である動産に属する文化財、フランスの美術博物館、図書館、メディアテークもしくは文書館に、または、公益の任務を担う公法人もしくは私人に属する場所に、たとえ一時的にせよ、展示、保存または寄託された文化財」、同4号は「礼拝施設」を破壊、毀損、毀棄する行為を処罰している[41]。したがって、一定の範囲で、文化財を保護法益とする規定が設けられている。

その他の犯罪について、成立が検討されるものもある。具体的には、詐欺罪（escroquerie）、文書偽造罪（faux）、商品の品質等を偽る罪（tromperie）、著作財産侵害罪（contrefaçon）等である。

詐欺罪（313-1条）は、「虚偽の氏名もしくは虚偽の資格を用いて、真実の資格を濫用して、または不正な策略を用いて、自然人または法人を欺いて、その者または第三者の利益に反して、資金、有価証券もしくは何らかの財産を交付させ、役務を提供し、または債務の履行もしくは債務の免除を承諾させることを決意させる行為は、詐欺とする。」[42]と規定する。詐欺罪の法定刑は、5年以下の拘禁刑及び375.000ユーロの罰金である。フランスの詐欺罪の規定は、罪刑法定主義の徹底と、一般的な商業活動を過度に制限しないという配慮のために、諸外国の規定と比較して、制限的であって、詐欺罪の成立範囲は限定されていると評価されている[43]。美術品への不正行為は、詐欺的行為であることには異論はないが、詐欺罪の適用を検討する際には、「不正な策略（manœuvre frauduleuse）」を用いたことが必要となり、この要件の充足については、解釈論上の問題がある[44]。

「不正な策略」が認められるためには、単純な嘘ではなく、「組み合わせた

41　この点については、Mayaud et Saenko, *op. cit.* pp. 3 et s. を参照。

42　法務大臣官房司法法制調査部編『フランス新刑法典』（平成7）112頁の条文翻訳を参考に、著者が文言に一部修正を加えた。

43　この点については、M.-L. Rassat, Escroquerie, *Juris classeur pénal code, Art. 313-1 à 313-3: fasc. 20,* 2021, n° 25, p. 9 を参照。

44　Rassat, *op. cit.,* n°ˢ 70 et s., pp. 21 et s.

102 第4章 美術品に対する不正行為と刑事規制をめぐる日仏比較法的考察

嘘（mensonge combiné）」や「作り上げた嘘（mensonge construit）」が用いられるような状況が必要であるとされる[45]。具体的には、嘘を補強するための様々な証拠書類の作成、被害者を欺くための演出、第三者の介入等の状況設定が求められるので、絵画に虚偽の氏名を書き入れる等の行為は、「不正な策略を用いて」には該当しないと考えられる[46]。そもそも、フランスの詐欺罪も、一定の手段を用いて、人を欺いて、自己または第三者に、財物を交付させて、あるいは、財産上の利益を得させて、被害者に財産的な損害を与えることによって成立するという基本的な構造は、わが国の詐欺罪と大きく異なることはない。美術品に対する不正行為それ自体は、被害者の財産に対する侵害を構成するものではなく[47]、詐欺罪を適用することは適切ではない。

　文書偽造罪（441-1条1項）は、「法的な効果をもたらす、権利もしくは事実を証明する目的をもつ、もしくは結果としてその証明をし得る文書またはその他一切の思想表現手段に対して、損害を惹起する性質をもち、方法が如何なるものであっても行われた、不法に真実性を改変する行為は、文書偽造とする。」[48]と規定する。文書偽造罪は、方法が如何なるものであっても、文書等の真実性への一切の改変を処罰の対象としている[49]。美術品に対する不正行為については、文書偽造罪は関連性を有していると思われる[50]。文書偽造罪の客体は「文書またはその他一切の思想表現手段（un écrit ou tout autre support d'expression de la pensée）」である。「その他一切の思想表現手段」とは、紙媒体に記載された文書以外のUSBメモリーやCD-ROMに書き込まれた情報化された記録等も含まれる[51]。芸術作品については、「その他一切

45　Mayaud et Saenko, *op. cit.*, p. 4.

46　Mayaud et Saenko, *op. cit.*, p. 4, Exposé des motifs *préc.*, p. 1.

47　Mayaud et Saenko, *op. cit.*, p. 4.

48　前掲『フランス新刑法典』169頁に文書偽造罪の翻訳があるが、著者が新たに訳出した。

49　フランスの文書偽造罪は、有形偽造（faux matériel）の他、無形偽造（faux intellectuel）を含む形で規定されている。フランスの文書偽造罪に関する文献として、島岡まな「フランス刑法における文書偽造罪」法学研究68巻3号（1995）61頁以下、井上宜裕「フランス刑法における文書偽造」立命館法学375・376号（2017）80頁以下がある。

50　Exposé des motifs *préc.*, p. 1.

51　G. Roujou de Boubée, B. Bouloc, J. Francillon et Y. Mayaud, *Code pénal commenté*, 1996, p. 817, E.Dreyer, *Droit pénal spécial*, 2008, p. 417を参照。

Ⅳ　フランスにおける芸術作品に対する不正行為と刑事規制をめぐる最近の動向　　*103*

の思想表現手段」に該当するかが問題となる。絵画や音楽等の芸術作品は、思想の発現というより、創作者の感性の外部への発現という側面をもつと考えられる[52]。したがって、美術品への不正行為について、文書偽造罪を適用することはできない。

　商品の品質等を偽る罪については、消費者法 L.441-1 条に規定される。消費者法は、美術品に対する不正行為についても保護の対象としていると考えられる。同法 L.441-1 条は、「契約当事者であるか否かにかかわらず、いかなる手段または手続であっても、第三者を介入させることによっても、すべての者に対して、次に掲げることについて、契約締結者を欺く、または欺こうと企てることを禁止する。第 1 号：すべての商品の性質、種類、原産地、実質的品質、組成または有効成分の含有量について。第 2 号：商品の引き渡しによって、引き渡された物の数量または引き渡された物の同一性について。第 3 号：用途の適正、商品の利用に内在する危険、検査の実施、使用方法または注意事項について。」と規定する。

　美術品も商品であり、美術品に対する不正行為が、その性質、原産地、実質的品質を偽るものであるとすれば、消費者法 L.441-1 条の適用の対象となりうると考えることは可能であろう[53]。ただ、消費者法は、そもそも、契約の締結や契約締結の準備を前提とする側面をもち、L.441-1 条は商品の品質が適正に保証されることによって契約当事者を保護することで、美術市場を含めて商品の市場取引の適正な機能を保護することを目的としており、美術品そのものを保護しているわけではない[54]。したがって、商品の品質を偽る罪による保護も適切ではない。

　著作財産侵害罪について、知的財産法 L.335-2 条は、「文書、楽曲、素描、絵画またはその他のあらゆる製品の一切の制作は、作者の所有権に関する法律または規則に反して、その全部または一部が印刷されもしくは刻印されたときには、著作財産の侵害であり、著作財産の侵害は軽罪である。」と規定する[55]。法定刑は 3 年の拘禁刑及び30万ユーロの罰金である。著作権侵

52　Mayaud et Saenko, *op. cit.*, p. 5. Exposé des motifs *préc.*, p. 1.
53　この点については、Mayaud et Saenko, *op. cit.*, p. 6を参照。
54　Mayaud et Saenko, *op. cit.*, p. 6. Exposé des motifs *préc.*, p. 2.

害罪は、著作者の所有権を保護し、その侵害を処罰する一方、美術品に対する不正行為の規制は、すべてのジャンルにおける不誠実さ及び詐欺的行為に付随する契約上の不均衡への対応が最も配慮すべき目的である。著作財産侵害罪と美術品に対する不正行為を規制する立法とはそもそも追求する目的が大きく異なっている[56]。

1895年法では、芸術作品に対する不正行為を、限定された範囲で犯罪行為として処罰の対象としており、消費者法との関係では、一般法と特別法の関係にある。将来、芸術作品を入手するかもしれない者が、贋作を入手し財産的な損害を被ることを避けるためには、取引、交換及び契約に準拠して、何を犯罪とするかを考えることが重要である[57]。

1895年法第1条では、「絵画、彫刻、素描（デッサン）、版画または音楽の作品」を保護の対象としている。対象となる客体は従来から芸術に分類されてきたものであるが、本条も刑罰法規である以上は、本条に記載された客体は制限列挙されていると考えるべきであって、現在における様々な表現手段、例えば、デジタルアートや最新のテクノロジーを用いた芸術表現等は対象とはならないという解釈論上の問題点を指摘できる[58]。1895年法はその処罰範囲が非常に限定されており、そのために、刑法及び刑事規制による保護から芸術市場を遠ざけている結果になっている。民事的な対応に任せるだけでは、芸術作品に対する不正行為への対応としては不十分であり、芸術作品の贋作の制作それ自体を対象とする刑事規制を考える必要がある[59]。

改正法案では、芸術に対する不正行為を、買主の保護や契約的な側面というよりもむしろ、芸術作品そのものを保護法益として、芸術作品に対する侵害と捉えている[60]。1895年法が契約関係または契約締結準備段階での関係を

---

55 L.335-2条の翻訳については、公益財団法人著作権情報センターのwebサイト（著作権データベース）で公開されている『フランス知的所有権法典』の翻訳（2022・財田寛子訳）を参照し、執筆者が適宜修正を加えて訳出した。〈contrefaçon〉は、「偽造」という意味もあるが、本稿では、「著作財産の侵害」と訳出する。

56 この点については、Mayaud et Saenko, *op. cit.*, p. 6を参照。

57 同上。

58 この点については、Mayaud et Saenko, *op. cit.*, p. 7を参照。

59 この指摘については、Mayaud et Saenko, *op. cit.*, p. 8を参照。

60 Exposé des motifs *préc.*, p. 2.

保護していたのに対して、改正法案は、騙された被害者の経済的及び財政的な損害についても刑法的に保護する目的を有する。

　犯罪行為は、文化財法 L.112-28条1号から4号の4類型に分類される。すなわち、①方法が如何なるものであっても、他人に、著作者の同一性、その原産地、その製造年、その性質もしくはその組成を偽る意図で、芸術作品または蒐集対象物を制作しまたは変造すること、②贋作であることを知りながら、芸術作品または蒐集対象物を、無償もしくは有償で、展示し、頒布し、または譲渡すること、③方法が如何なるものであっても、著作者の同一性、その原産地、その製造年、その性質もしくはその組成について偽った、芸術作品または蒐集対象物を、無償でもしくは有償で、展示し、頒布し、または譲渡すること、④方法が如何なるものであれ、その来歴を偽った、芸術作品または蒐集対象物を、無料でもしくは有料で、展示し、頒布し、または譲渡すること、である。いずれの犯罪行為も故意犯であり、情を知って（贋作であることを認識して）行われることが必要である。

　客体は「芸術作品または蒐集対象物（une œuvre d'art ou un objet de collection）」である。1895年法は「絵画、彫刻、素描（デッサン）、版画または音楽の作品」といった伝統的な芸術分野に限定していたが、改正法案では、保護の対象となる客体を拡大している。したがって、デジタルアート等の新たな芸術作品についても当然、保護の対象となる。

　処罰の対象となる行為についても、贋作を制作する目的で、芸術作品または蒐集対象物を制作・変造する行為（1号）、贋作であることを知りながら、芸術作品または蒐集対象物を、無償・有償で、展示・頒布・譲渡する行為（2号）。贋作である芸術作品または蒐集対象物を、無償・有償で、展示・頒布・譲渡する行為（3号）、その来歴を偽った、芸術作品または蒐集対象物を、無償・有償で、展示・頒布・譲渡する行為（4号）を処罰し、贋作の制作のみならず、贋作を有償・無償で展示・頒布・譲渡する行為も処罰の対象としている。また、1号・3号・4号所定の行為については、方法が如何なるものであってもよい。

　加重事由としては、組織的集団ではない複数人で実行された場合、常習的な方法で行われる場合、職業活動の行使がもたらす便宜を用いる場合、国や

地方公共団体等に損害を与える場合、さらに組織的集団で実行された場合等を規定している。

また、付加刑としての没収や著作者等への作品の還付についても規定を設けている。

V　美術品に対する不正行為と刑事規制の必要性

美術品に対する不正行為をどのように規制すべきか、という点について、フランスの法改正の議論の検討から、わが国にどのような示唆を与えることができるであろうか。

西洋絵画の分野では、オールド・マスターズといわれる15世紀から18世紀の巨匠の作品や印象派以降の近現代の作品については、美術市場において高額で取引され、投資の対象ともなっている。中国美術や日本美術の世界でも、絵画、陶磁器、仏教美術等は高額で取引されている。海外オークションでは巨匠の作品は何百億という価格で落札されることもあり、美術品の財産・資産としての価値は大きな魅力となっている。そこで、美術品に対する不正行為を行ってでも、不正な利益を獲得する意味はますます増大するものと考えられる。

現代の美術品については、作品創作の時から著作者の死後70年間であれば、著作権法で保護されるため（著作権法51条２項）、著作権を侵害する行為については、刑事罰の対象となるが、著作権で保護される期間が経過した美術品については、著作権法の保護の対象とはされない。著作権法では保護されない美術品等については、別の方策を検討しなければならない。

美術品に対する不正行為については、贋作の制作等の美術品そのものに対する不正行為と、贋作であることを知りながら情を知らない第三者に売却するような不正行為が考えられる。

まず、贋作の制作等の美術品そのものに対する不正行為については、わが国でもフランスでも、著作権侵害罪のほか、文書偽造罪、私印偽造罪（フランスでは、公的機関の印章標章の偽造については刑法444-1条以下に規定されるが、私印の偽造に関する処罰規定は存在しない[61]）、製品の品質等を偽る行為

（わが国では、不正競争防止法2条1項14号に定める品質等誤認惹起行為に相当）の成立が検討されうるが、既に検討したように、著作権侵害罪を除いて、美術品の贋作の制作それ自体を処罰しているのではなく、箱書の偽造や署名の偽造等の贋作に付随する行為を文書偽造罪や印章偽造罪で処罰の対象としており、これらの犯罪が美術品に対する不正行為を規制する手段として適切であるとは必ずしもいえない状況にある。

　贋作であることを知りながら情を知らない第三者に売却するような不正行為については、詐欺罪の成立が検討されるべきである。前述した「春峯庵」事件では、大審院は贋作を売却した者及び贋作者には印章偽造罪及び詐欺罪と他の贋作者には印章偽造罪及び詐欺罪の幇助の成立を認めている。偽作版画事件においても、犯罪事実について詐欺罪の成立は可能であり、詐欺罪で訴追すべき事案であったと思われるが、現実には詐欺罪では訴追されなかった。贋作であることを知りながら真作であると偽って、事情を知らない者に贋作を売却する行為は、真贋という売買の基礎となる重要な事項を偽っており、代金相当額の財産的損害も生じていることから、詐欺罪が成立することには異論の余地はない。これに対して、フランスの詐欺罪の条文はわが国とは異なり非常に詳細に規定されているので、条文の解釈として、事情を知らない者に贋作を売却する行為について、必ずしも詐欺罪の成立が認められるわけではない。

　芸術作品、特に美術品に対する不正行為を規制する場合には、その保護法益を明確にする必要がある。美術品についても、資産や投資物件として取引される対象である以上は、作品そのものの真正を保障することが必要であり、真贋の判断が重要とであることは明らかである。しかし、そもそも、個別財産としての経済的価値の評価以前に、学術研究としての美術史の観点から、美術品の歴史的及び文化的な評価や作品の位置づけが重視されるべきであり、その観点からも美術品の真贋が重要な意味をもっている。「『偽物』はあくまでも『似せもの』でしかなく、『偽』を前提にスタートした研究がたとえどんな体裁の良い結論を導き出したとしても、その内容自体を「真」と

61　島岡まな・井上宜裕・末道康之・浦中千佳央『フランス刑事法入門』（2019）109頁〔島岡まな〕を参照。

認めるわけにはいかない、扱うべき作品の『優』『劣』や『巧』『拙』、さらに『真』『偽』に関する判別は、『美術史』の研究にあたっては根幹をなす最重要課題である。」[62]との指摘は正鵠を射ている。したがって、美術品・芸術作品にとっては、財産的価値以上に、作品の歴史的・文化的な価値や文化財としての価値が重要であるため、美術品には公共財としての国家的・社会的価値があることには異論の余地はない。贋作の制作等の不正行為はこのような法益を侵害する行為と位置づけることが可能であろう。

　美術品それ自体が保護すべき法益であると考えた場合、刑法的に保護すべき法益は、美術品の真正であろう。美術品が「真物（ほんもの）」であることが、美術史の研究にとって最も重要であって、時代や作者を語るにふさわしい「真物」であることが何よりも優先される条件である[63]。したがって、美術品の真贋の判断が重要な意味を持つことになる。美術品の真贋は、通常は、売買取引の記録、作者や関係者が残した書簡、展覧会やオークションのカタログ、作者に関する記録文書等によって、当該作品の出所来歴を順にたどることによって証明される[64]。芸術家に作品を依頼し購入した王侯貴族が作品を所持し続けている場合や、その王侯貴族から作品を購入したような場合には、作品が真作である可能性は高いといえるが、出所来歴を偽装することは可能であり、贋作とすり替えられている場合も考えられるので、このような鑑定方法がすべてに妥当するわけではない[65]。美術品の鑑定方法については、専門家による様式鑑定、技術的鑑定法、化学的鑑定法等があるが[66]、いずれの鑑定方法も完璧なものではないので、複数の鑑定人・鑑定機関に依頼することが必要となる[67]。最終的には、複数の鑑定を基に、裁判所が真贋の判断をすることになる。

　美術品の世界では、古来より、教育や訓練の一環として先人の作品の模写

62　杉本欣久『鑑定学への招待　「偽」の実態と「観察」による判別』（中央公論美術出版・2023）9頁。

63　杉本・前掲『鑑定学への招待』8頁を参照。

64　島田・前掲『アート・ロー入門』47頁を参照。

65　同上。

66　美術品の鑑定方法については、島田・前掲『アート・ロー入門』47頁以下を参照。なお、美術品の鑑定に関する入門書として、杉本・前掲『鑑定学への招待』がある。

67　島田・前掲『アート・ロー入門』48頁を参照。

V　美術品に対する不正行為と刑事規制の必要性　　*109*

や模倣作品が作られることがあり、工房を構えて注文に応えるべく作品を大量生産していることもあるので、模写・模倣作品や工房作品はそれが明示されている場合には贋作ではないことは明らかであり、法的に問題となるものではない。したがって、贋作を制作する意図で作品を制作・変造する行為や、贋作であることを知って、有償・無償で、贋作を展示、頒布または譲渡する行為を処罰の対象として規制するフランスの立法例は妥当な解決策を示していると考えられる。また、頒布や譲渡のみならず、展示する行為についても規制の対象となっている点に意義がある[68]。

　わが国では、美術品に対する不正行為を刑事的に規制するという意義が十分に認識されているとはいえない状況にあるが、美術市場の拡大に伴い、美術品が一部の特権階層の趣味趣向の対象物ではなくなり、一般人が美術市場に参入することが容易になった状況では、騙し騙されることが容認される特定の参加者に限定された閉鎖的な美術市場ではなく、公平性、公開性及び透明性が担保された美術市場を構築することが求められる。美術品は、資産としての経済的価値を有し、また文化財として保護の対象となるものであることが広く認識されるような状況においては、美術品の真正を保障することが美術市場の信頼性を高め、美術品取引の安全が確保されることにもつながることになる。したがって、美術品の真正を保護することは、社会的・経済的にも重要であると考えられる。わが国においても、美術品の真正を侵害する贋作の制作等の美術品に対する不正行為について、新たな犯罪類型として規定することも含めて、刑事規制の在り方を検討することには意義があると考える。

68　贋作を真作と偽って展示する行為が処罰の対象となるのであって、贋作を集めた展覧会のように、贋作を贋作として展示するような場合には、規制の対象とはならないと考えられる。

第5章 ベルギー刑法学における犯罪の主観的成立要素

I　はじめに

　わが国では、一般的に、犯罪を、構成要件に該当し、違法で、有責な行為と定義し、犯罪の成立要件としては、構成要件該当性、違法性、責任という三分体系をとっている。このような犯罪論体系はヨーロッパにおいてはドイツ語圏の刑法学において採用されているが、フランスを中心とするフランス語圏の刑法学においてはこのような三分体系がとられているわけではない[1]。フランスやベルギーの刑法学においては、犯罪成立要件として、客観的要素（élément matériel）と主観的要素（élément moral）に区別して分析する考え方が一般的であるといってもよい状況にあった[2]。フランスでは、客観的要素と主観的要素のほかに、法律的要素（élément légal）が必要であるという見解が従来から主張されており[3]、現在でも有力説として支持されているが、最近の学説では、法律的要素は罪刑法定主義のような犯罪論の基本概念に関係するものであって、犯罪成立要件の前提を構成するものであり、犯罪成立要件の一つではないとする見解が有力化しつつある[4]。ベルギーにおいても、法律的要素を犯罪の成立要件の一つとする見解も主張はされているが[5]、そこでは罪刑法定主義を反映して犯罪行為と刑罰は法律で定められ

1　この点については、末道康之『フランス刑法の現状と欧州刑法の展望』（成文堂・2012）14頁以下を参照。最近、フランスでも、犯罪論について、構成要件該当性（un fait typique）、違法性（un fait illicit）、責任（l'imputation de l'infraction）という体系を支持する見解も主張されている（X. Pin, *Droit pénal général 9ᵉ éd.*, 2018, pp. 160 et s.）。

2　末道・前掲書15頁以下を参照。

3　この点については、R. Bernardini, *Droit criminel, Vol. II -L'infraction et la responsabilité, 3ᵉ éd.*, 2017, pp. 53 et s. を参照。

4　このような見解に立つものとしては、Bernardini, *op. cit.*, pp. 58 et s.; B. Bouloc, *Droit pénal spécial, 24ᵉ éd.*, 2015, pp. 211 et s.

5　例えば、N. Colette-Basecqz et N. Blaise, *Manuel de droit pénal général 3ᵉ éd.*, 2016, pp. 221 et s. を参照。

なければならないことから法律的要素は犯罪の成立要件の一つであること
と、客観的正当化事由などが議論されており、法律上認められる客観的正当
化事由としての正当行為（刑法70条）及び正当防衛（刑法416条、417条）、判
例・学説上認められる客観的正当化事由としての緊急避難及び権限の濫用に
対する正当な抵抗等が認められれば、法律的要素は無効化すなわち阻却さ
れ、犯罪そのものが存在しなくなると説明されている[6]。客観的要素とし
て、作為と不作為、因果関係、未遂犯と既遂犯等が検討される。

　犯罪の主観的成立要件をめぐって、同じフランス語圏に属するフランスと
ベルギーでも、主観的要素（élément moral）の概念について、その内容には
差異がみられる。フランスでは、刑法121-3条が犯罪の主観的成立要件につ
いて規定する。刑法121-3条は、1項で故意犯処罰の原則を規定し、2項で
故意犯と過失犯の中間に位置するいわゆる未必的な故意の概念を規定する。
3項で法律に特別の規定がある場合には過失犯を処罰すること、4項で直接
損害を惹起していないが損害の実現を許すような事態を創設し創設に寄与し
た者が、法令上の慎重に行動すべき義務に違反し、他人を危険にさらす重大
な過失を犯した場合の刑事責任を規定する。5項で不可抗力の場合には違警
罪は成立しないことを規定する[7]。一方、ベルギーでは、犯罪の主観的要素
についての明文の規定は存在していないが、法律で処罰される行為について
行為者に責任を問いうるためには故意または過失が存在しなければならない
として、犯罪が成立するためには客観的要素のほかに主観的要素が必要であ
ることを判例・学説が認めている[8]。さらに、最近、ベルギー破毀院は、処
罰されている行為を客観的に犯したことのみを理由として犯罪行為について
有罪判決を下したことは違法であると判断し、犯罪が成立するためには主観
的要素が必要であることを明示した[9]。主観的責任の原則は責任主義から導

6　Colette-Basecqz et Blaise, *op. cit.*, p. 222 et s.

7　フランス刑法121-3条については、J.-Y. Maréchal, Elément moral de l'infraction, *Ju-ris-classeur pénal, Art. 121-3: fasc. 20*, 2015を参照。

8　F. Kuty, *Principes généraux du droit pénal belge T.2: l'infraction pénale*, Larcier, 2010, n° 855, pp. 66 et s.

9　Cass., 27 sept. 2005, *Pasicrise*, 2005, p. 1751, *R. C. J. B.*, 2009, p. 203, note F. Kuty, cité par Kuty, *op. cit.*, p. 67.

かれる大原則であり、判例においてその点が明示されたといえるであろう。

なお、ベルギー刑法典総則改正草案及び改正法案においては、これまでの判例・学説の見解を整理し、犯罪の成立には客観的要素と主観的要素が必要であることを規定し（法案5条、草案6条）、主観的要素に関する規定（法案7条、草案8条）では、犯罪の成立には行為者の主観的要素の存在が必要であるとし、主観的要素として、特別故意、処罰される行為を行ったことについての認識と意思、正当な理由なく処罰の対象となる行為を行うことが行為者の遵守すべき一般的秩序違反につながること、予見または注意の著しい欠如、の4種類を挙げている[10]。

本稿では、ベルギー刑法学における犯罪成立要件としての主観的要素（élément moral ou subjectif）の概念について検討し、フランス刑法学との比較法的な視点も踏まえ、刑法典総則改正法案における故意等の主観的要素にも焦点をあてて、犯罪論体系における主観的要素の位置づけやその内容について分析を加えたいと考える。

II 犯罪論における〈élément moral〉の概念

1 犯罪論体系における〈élément moral〉の概念

ベルギー刑法において、〈élément moral〉すなわち主観的要素は犯罪構成要素の一つであることは異論なく承認されている。ベルギー破毀院も、犯罪が成立するためには客観的要素と主観的要素が必要であることを認めており[11]、2017年の刑法典総則改正法案においても、この点が確認されている[12]。

〈élément moral〉が犯罪の主観的成立要件であることについて異論はないが、犯罪論体系において、〈élément moral〉をどのように位置づけるのかと

---

10 ベルギー刑法改正草案については、末道康之「ベルギー刑法改正の動向―刑法改正草案第1編の検討(1)」南山法学41巻1号（2017）121頁以下、157頁以下を参照。改正法案に関する解説書として、Ch. Guillain et D. Scalia, *La réforme du livre 1ᵉʳ du Code pénal belge*, Larcier, 2018がある。

11 Cass., 13 décembre 1994, RG n° 94. 0736. N, *Pas.*, 1994, n° 553.

12 末道・前掲「ベルギー刑法改正の動向―刑法改正草案第1編の検討(1)」121頁、156頁以下参照。改正草案では、〈élément fautif〉という文言が用いられている。

いうことについては、比較的最近公刊された代表的な刑法総論の体系書を参照しても、見解が対立している。犯罪論体系として、可罰的行為（le fait incriminé）と行為の行為者への帰責性（l'imputabilité du fait à l'agent）とに区別し、心理的帰責性（imputabilité psychique）の中で、責任阻却事由としての責任能力と主観的要素（élément moral）としての故意・過失を論じる見解[13]、犯罪体系論として、刑法の大原則である罪刑法定主義と責任主義に対応して、罪刑法定主義に対応する犯罪の客観面と、責任主義に対応する犯罪の主観面に分け、犯罪の客観的要素（élément matériel de l'infraction）と犯罪の主観的要素（élément moral de l'infraction）に区別する二分体系をとる見解[14]、フランス刑法学の伝統的な見解に従い、犯罪行為の成立要件として、法律的要素（正当化事由）、客観的要素、主観的要素を検討し、犯罪行為の物理的帰責性（正犯と共犯）、犯罪行為の心理的帰責性（責任能力、刑事未成年、強制、錯誤）に区別する見解[15]、等がある。犯罪体系論としてどのような立場に立つかにかかわりなく、〈élément moral〉の概念として、故意・過失という主観的要素が含まれること（狭義の〈élément moral〉の概念）には異論はないが、責任論全体を含んだ概念ととらえるかという点については、見解が対立しているといってよいであろう。責任主義に対応するものとして主観的要素（élément moral）を位置づける見解は、違法論と責任論とを合わせ

---

13 Ch. Hennau et J. Verhaegen, *Droit pénal général 3ᵉ éd.*, mise en jour avec le concours de D. Spielmann et A. Bruyndonckx, Bruylant, 2003, pp. 300 et s.
　Hennau et Verhaegen は、可罰的行為の部分では、危険犯の概念、予備と未遂犯、正当化事由、訴追及び公判への法律上の障害（時効や恩赦等）を論じる。この見解は、構成要件該当性と違法性に該当する部分を「可罰的行為」として検討していると考えてよいであろう。帰責性（責任）の部分では、物理的帰責性として、正犯、共犯、法人の刑事責任を論じ、心理的帰責として、責任能力と故意・過失を論じる。したがって、行為と責任との二分体系に相当する見解であると評価できる。

14 Kuty, *op. cit.*, pp. 63 et s. Kuty は、罪刑法定主義に対応するものが客観的要素であり、責任主義に対応するものが主観的要素であるとの説明を加えている。Kuty の見解では、主観的要素として、違法性と責任に該当する部分が論じられている。Kuty の見解の概要については、末道康之「フランス刑法と違法性の概念」南山法学39巻3・4号（2016）239頁以下を参照。

15 Colette-Basecqz et Blaise, *op. cit.*, pp. 191 et s.
　この見解は、構成要件該当性と違法性とを犯罪成立要件の部分で検討し、責任論の部分で責任阻却事由を検討する二分体系と分類してよいと思われる。

114 第5章 ベルギー刑法学における犯罪の主観的成立要素

た概念として主観的要素（élément moral）をとらえており、このような概念を広義の〈élément moral〉の概念と考えることができるであろう。

なお、フランス刑法学においてと同様に、フランス語圏のベルギー刑法学において、違法論に該当する部分を犯罪論の中で独立して論じているものは少なく、違法性を含めて違法行為として構成要件該当性に該当する部分（犯罪行為論）で論じられるか、違法性と責任とを合わせて責任論の部分で論じられるか、に大別できるように思われる。なお、ベルギーでもオランダ語圏の刑法学においては違法論が独立して論じられていることが指摘されているが[16]、ベルギーのフランス語圏の犯罪論においては、違法論は独立して論じられてはいない。法律が犯罪として処罰している行為は形式的には刑法が保護している法益を侵害する違法行為であり、犯罪成立要素を具備すれば違法性が推定されることになるので、形式的違法性を議論する意味はない。違法性が犯罪成立要件であるとすれば、行為の違法性を検討し、違法性が欠如した場合には、犯罪不成立として被告人を無罪としなければならないはずであるが、裁判実務において、違法性が欠如していることを理由として、裁判所が被告人を無罪とすることは行われてはいない[17]。

2 犯罪の主観的要素としての〈élément moral〉の概念

故意や過失といった犯罪の主観的成立要素としての〈élément moral〉の概念（狭義の〈élément moral〉の概念）については、学説は対立しており、大別すれば二つの見解が主張されている。具体的には、古典学派の見解とブリュッセル自由大学学派の見解である。

(1) 古典学派の〈élément moral〉概念

古典学派の主張は、Haus の学説及び1867年刑法典の注釈にその根拠が求められる。すなわち、「故意または犯罪の決意は、最も広く承認されているところによれば、犯罪であることを知っている行為を実行する決意または罪

---

16 この点については、Kuty, *op. cit.*, n°s 790 et s., pp. 25 et s. を参照。Kuty の見解については、末道康之「フランス刑法と違法性の概念」南山法学39巻3・4号（2016）240頁以下も参照。

17 この点については、Kuty, *op. cit.*, n°s 791 et s., pp. 26 et s. の分析、末道・前掲「フランス刑法と違法性の概念」241頁を参照。

Ⅱ　犯罪論における〈élément moral〉の概念　　*115*

を犯す意思である。このように、もっとも広い意味において、認識と意思が故意の構成要素である。」[18]、「故意または犯罪の決意は、重罪及び軽罪の構成要素である。この故意犯処罰の原則は、重罪については絶対的であるが、軽罪については例外も認められ、法律が明示的で特別な規定をもっていわゆる過失犯を処罰している場合も多くはないが存在している。しかし、違警罪が問題となるときには、法律は、行為者が事情を知ってまたは意図的に行動したのか、軽率にまたは不注意で行動したのか、を調査することなく、行為者に同一の刑を科しているという意味において、過失は故意と同視され」[19]、さらに、「法律が単なる過失を明示的で特別な規定をもって処罰している場合を除いて、犯罪意思はすべての重罪及びすべての軽罪の構成要素である」[20]。このような見解に従えば、法律が過失犯を処罰している場合を除いて、故意は刑法典で処罰されている重罪及び軽罪の成立要件である。現行刑法典では主観的要素に関する定義規定がないため、故意を要求していると解釈されることになるが、このことは、立法者が、故意による実行かまたは過失による実行かにしたがって同一の行為を異なる罪名で2回処罰することができることを排除しないことになることにもなりうる、と指摘されている[21]。

　古典学派による故意の定義に従えば、行為者は意識的かつ意図的に法律が禁止した行為を実現することである。意識的にとは、行為者が自らの行為の可罰性とすべての客観的要素が実現されたすなわち犯罪が実行されたという事実を認識しつつ行動することを求めることである。意図的にとは、犯罪の客観的要素すなわち禁止された作為または不作為を実現する意思があるということである。したがって、行為者が事情を知って禁止された作為または不作為を実現する意思と違法な結果を実現する意思が、故意と定義されることになる[22]。古典学派によれば、違警罪の場合は、犯罪の主観的要素として故

18　Haus, *op. cit.*, n° 298, p. 212.

19　Kuty, *op. cit.*, n° 1082, pp. 210 et s.

20　*ibid.*

21　Kuty, *op. cit.*, n° 1082, p. 211.

22　L. Kennes, Les éléments constitutifs et aggravants des infractions: un projet de loi plus pragmatique? *in* Ch. Guillain et D. Scalia, *La réforme du Livre 1er du code pénal*

意が常に要求されるわけではなく、犯罪事実についての認識さえあれば認容がない認識ある過失と分類されるような場合も故意とみなしてきた[23]。

(2) ブリュッセル自由大学学派の〈élément moral〉概念

ブリュッセル自由大学学派は、ルグロ（Legros）の教授請求論文「犯罪における主観的要素」[24]において展開された見解を基礎としている。ルグロの見解では、重罪、軽罪及び違警罪において主観的要素を区別することはなく、また、刑法典で処罰される犯罪か特別法で処罰される犯罪かで主観的要素を区別することもない。あらゆる犯罪行為は、法律上、明示的または黙示的に意図的要素または過失を求めている場合と行為者に正当化事由が認められる場合を除いて、客観的に実現されれば処罰が可能である。行為者が具体的に正当化できない、法律によって処罰される作為または不作為を、任意に実行しその認識があれば刑事責任を認めることができることになる[25]。ルグロは、古典学派が、重罪・軽罪と違警罪とを区別して、犯罪の主観的要素をとらえてきたことを批判し、重罪か軽罪か違警罪か、刑法犯か特別刑法犯かを問わず、主観的要件はすべてに共通する概念であることを明確にした。さらに、ルグロは、主観的要件は、故意犯に要求される故意、過失犯に要求される過失、法律が定める場合は特別な故意（いわゆる特殊的主観的構成要件要素に相当する概念）の3種類に区別されると主張し、この見解は現在でも支持されている[26]。

この点について、ベルギー刑法典制定当時の国会司法委員会の報告者であった Pirmez は、「犯罪行為は、一般的な法則として、行為者が認識と意欲をもって犯罪行為を実行しなければ、処罰されることはない。認識と意欲というこの二つの要素は有責性を基礎づける要素であり故意を構成するものである。法律が別に定めることがなければ、刑罰が適用されるために、故意は必要かつ十分な条件である。この原則が認められているので、法規において、犯罪行為は意図的に実行されなければならないという指示は、この射程

---

belge, Larcier, 2018, p. 31.

23 Kennes, *op. cit.*, p. 32.

24 R. Legros, *L'élément moral dans les infractions*, Desoer-Sirey, 1952.

25 Kuty, *op. cit.*, n° 1083, p. 212.

26 例えば、Kuty, *op. cit.*, n° 1083, pp. 211 et s.

範囲を変更しないという表明であり、それゆえに、意味のないものとして削除されなければならないことは明らかである。法律は、二つの異なった意味において、すなわち、認識と意欲のほかに特別な主観的要素（特別な故意）を要求していること、不注意または軽率といった過失による行為を処罰していることから、故意犯処罰の原則から離れたのである。」[27]と説明していることから、古典学派の故意の概念や犯罪の主観的要素に与えられた意味は、ブリュッセル自由大学学派の主観的要件を三分類する見解と非常に類似しているといっても過言ではなく、対立するものではなく、両立しうるものであるとの指摘がある[28]。

(3) 主観的要素に関する現在の理解

犯罪が成立するためには客観的要素が必要であり、破毀院は、客観的要素とは保護法益を明らかに侵害するまたはその危険をもたらすとされる行動であると定義する[29]。しかし、犯罪が成立するためには、客観的要素のみでは十分ではなく、故意または過失という主観的要素が存在しなければならない。破毀院は、主観的要素とは無関係に、客観的要素のみを理由として犯罪が成立することはないことを明示している[30]。犯罪処罰規定において主観的要素が明示的に規定されていなくとも、故意または過失という主観的要素の存在が必要である。すなわち、主観的責任の原則が維持されている[31]。行為主体が自然人であっても法人であっても、この原則が適用される。ベルギー刑法典において、主観的要素が不要な犯罪行為は存在せず、無過失責任を認めてはいない[32]。

20世紀初頭に、破毀院は、刑法典の一般的な原則として、行為者に客観的な行為を帰責するためには主観的な連関が必要であると判断していた[33]。1987年の David 事件判決で、破毀院は、法律上の定義において故意も過失

---

27 Kuty, *op. cit.*, n° 1083, p. 212

28 *ibid.*

29 Cass., 2 nov. 1993, *Pas.*, 1993. 1, p. 915 cité par.

30 Cass., 12 mai 1987, *R. D. P. C.*, 1988, p. 711.

31 Colette-Basecqz et Blaise, *op. cit.*, p. 258.

32 *ibid.*

33 Cass., 5 avril 1932, *Pas.*, 1932. 1, p. 237

118　第5章　ベルギー刑法学における犯罪の主観的成立要素

も問題とはなっていない犯罪は、処罰されている行為が客観的に実行された
という認識があれば処罰される、と裁判官が法律上決定することはできない
と判断した[34]。したがって、主観的要素の要否について法律がなにも触れて
いないことは、主観的要素が要求されていないことを意味するのではない。
さらに、破毀院は、刑罰の個別化という権利の一般原則は反証できない法律
上の有責性の推定に基づきまたは責任のない犯罪について行為者を処罰する
ことはできないことを示しており、故意・過失が存在しないときには、被告
人に有罪を言い渡すことを禁止することを明確に示している[35]。

　したがって、刑事責任は有責な行為の存在を前提としている。この原則は
刑法典には規定されていなくとも、破毀院はこの原則を刑法の一般原則とし
て認めるに至った[36]。行為者に有罪判決を言い渡すためには、行為者に犯罪
行為を帰責できることを証明することが必要であり、客観的に処罰されてい
る行為を行ったことのみを理由に責任を負わせることは違法となる。

3　〈élément moral〉としての故意・過失

　刑罰法規によって処罰される作為または不作為が行為者に帰せられるとし
ても、必ずしも刑事責任を問われるわけではない。刑事責任を問われるため
には、行為者の行動が故意または過失に基づくことが必要である。法律が犯
罪の成立に故意または過失を要求していないときには、行為者は正当化事由
等の恩恵を主張することができないので刑事責任を問われることになると考
えられる。法律上、故意または過失が犯罪成立要件と明示されていない（い
わゆる秩序違反犯とされる）犯罪の場合は、犯罪の客観的要素が充足されれば、
犯罪は可罰的となる。但し、ベルギー刑法においても、主観的要素を不要と
する純粋な実質犯（infraction purement matérielle）は存在しないと考えられ
ているので、犯罪を任意にかつ認識して実行し行為者が主張することのでき
る正当化事由が存在しなければ、主観的要素を充足していることになる[37]。

34　Cass., 12 mai 1987, *Pas.*, 1987, 1, p. 1056; Colette-Basecqz et Blaise, *op. cit.*, pp. 259 et
　　s.
35　Cass., 12 sept. 2006, *Pas.*, p. 1715.
36　Cass., 27 sept. 2005, *Pas.*, 2005, p. 1751.
37　Kuty, *op. cit.*, n° 1100, p. 224 et s. Kuty はこの主観的要素を〈faute infractionnelle〉

検察官は客観的要素を立証すれば主観的要素について立証責任は求められておらず、正当化事由を主張する行為者側に主観的要素が存在しないことを立証する責任がある[38]。後述する刑法典総則改正法案においては、犯罪の主観的要素として、故意、過失と並び秩序違反犯の主観的要素についても規定し、この問題を法律上解決している。

(1) 故意（dol général）

ベルギー刑法における故意に関する古典的な学説によれば、刑法典に規定されている重罪または軽罪は、法律が過失犯処罰を認めている場合を除き、原則として故意犯である。したがって、故意は犯罪の成立要件の一つである。違警罪については、法律が故意を要求している場合を除き、原則として故意は犯罪成立要件ではない。この見解は、ベルギー破毀院においても承認されている[39]。このような見解は、Haus によって主張されていたものであり[40]、「法律が明示的で特別な規定によって単なる過失を処罰するとしている場合を除き、故意はすべての重罪または軽罪の成立要件である。一方、違警罪においては、法律が明示的に故意犯であることを求めていないときは、過失が故意とみなされ、単なる懈怠または単なる不注意から結果が生じた場合でも処罰される」[41]ことになる。したがって、大部分の違警罪については、過失がその主観的成立要件とされることになる。

古典学派は、故意とは、事情を知って意図的に犯罪構成要素を実現すること、犯罪であることを知ってその行為を行うこと、犯罪の実現を意図するまたは認容することにあると説明する[42]。また、同様に、法益を侵害することについての認識も必要であるとする[43]。すなわち、故意とは、刑罰法規が禁止する行為を行いまたは刑罰法規が命令していることを行わないという意思であり、そのような態度から生じる結果を認識していることと定義すること

と定義している。Kuty は Legros の見解を継承し、主観的要素として、〈faute intentionnelle〉、〈faute antérieur〉、〈faute infractionnelle〉に区別する。

38 Guillain et Scalia, *op. cit.*, p. 34.

39 Cass., 13 mai 1946, *Pas.*, 1946, 1, p. 194.

40 J. J. Haus, *Principes généraux du droit pénal belge 3ᵉ éd.*, T. 1, 1879, pp. 212 et s.

41 Kuty, *op. cit.*, pp. 230 et s.

42 Kuty, *op. cit.*, p. 231.

43 J.-P. Doucet, *Précis de droit pénal général*, 1976, p. 77.

ができる。このような説明からは、故意の成立要件としては、犯罪事実を認識するという認識的・知的要素と犯罪実現への肯定的な態度という意図的要素が必要であることになろう[44]。

Haus は、故意の成立要件として、認識と意思が必要であるとし、犯罪行為を実行したいという意思が存在し（意思的要素）かつ犯罪事実を認識し犯罪行為が違法であるということの認識（認識的要素）がある場合が故意犯であるとしている[45]。したがって、故意とは、犯罪であることを認識している行為を実行する意思と定義される[46]。

判例では、必ずしも、犯罪行為を構成する行動を実現しようとする直接的または主たる意思によって故意が構成されると判断されているわけではなく、単純に、任意にかつ事情を知って、意図的に任意にかつ事情を知って、意図的に任意にかつ意識的に、法律で処罰される作為または不作為の犯罪行為を実現すること、と判断していた。犯罪行為とは、行為者の任意かつ意識的な意欲の産物である。判例では、行為者が自らの行為から違法な結果を実現する意思をもって行動しなかったとき、または、行為者が、犯罪行為を実行することによって起こりうることを受け入れたのであれば、自らの行動が犯罪を構成することを認識しまたは認識するべきであれば、犯罪行為を実行することを考慮していなときでも、故意が存在するとしている。このような故意の概念については、これでは事実上、正当化事情がない場合及び過失と混同しているのではないかという批判が加えられていた[47]。

破毀院は、近年の判例で、故意を定義しようと試みている。すなわち、法律によって禁止された行為を、事情を知って（sciemment）、意図的（volontairement）に実行すること[48]、違法な行為を実行する意欲（volonté）[49]、禁止された行為を事情を知って（sciemment）、意図的（volontairement）に遂行する意思（intention）または義務づけられた行為を事情を知ってかつ意図的に

44　Haus, *op. cit.*, p. 219.

45　Haus, *op. cit.*, p. 212.

46　Haus, *op. cit.*, p. 213.

47　Legros, *L' élément moral dans les infractions préc.*, n° 163 et n°ˢ 1141 et s.

48　Cass., 5 déc. 2006, *Pas.*, 2006, p. 2554.

49　Cass., 29 mars 1988, *Pas.*, 1999, 1, p. 909.

行う意思[50]、事情を知りつつ法律によって禁止された行為を実現する意欲[51]等と故意を定義している。破毀院1999年11月23日判決では、「事情を知ってかつ意図的に」という文言について定義しており、「事情を知って（sciemment）」とは、行為者が自らの行動の可罰性及びすべての客観的要素が実現されたこと、すなわち、犯罪が実行されたことを認識して行動することを求めていることであり、「意図的に（volontairement）」とは、行為者が犯罪の客観的要素、具体的には、禁止された行為または禁止された不作為を実現する意思を有することであると判断した[52]。ここから、故意とは、禁止された作為または不作為をその違法性とすべての客観的要素が実現されたことを認識しつつ実現する意思にあると理解することができる[53]。

　故意についてはその内容に応じて、直接的故意（dol direct）、間接的故意（dol indirect）及び未必の故意（dol éventuel）に分類される。直接的故意とは、行為者が自らの行為から生じる結果を直接的に追及する場合に認められ、間接的故意とは、行為者が自らの行為から生じる結果を直接的には追及しないが、生じる結果を受け入れる場合に認められる。未必の故意とは、行為者が自らの行為から生じる結果が蓋然的であるかもしれないがそれを受け入れる場合に認められる。フランス刑法では、未必の故意に分類される形態を故意犯と過失犯の中間の独立の形態として位置づけているが[54]、ベルギー刑法では、未必の故意を直接的故意とみなす取り扱いがなされている[55]。

(a)　故意の成立要件——事実の認識

　故意の成立要件として、行為者には、自由な意思に基づき行動するという認識のほかに、自分が行った行動が犯罪の客観的構成要素を実現するという認識すなわち法律で禁止されたことを遵守しないという認識が必要である。

50　Cass., 21 sep. 1999, *Pas.*, 1999, 1, p. 1174.

51　Cass., 11 mai 1999, *Pas.*, 1, 1999, 1, p. 672.

52　Cass., 23 nov. 1999, *Pas.*, 1999, 1, p. 1550.

53　Kuty, *op. cit.*, p. 244.

54　ベルギーの刑法学者も同様な指摘をしている。例えば、C. Hennau et J. Verhaegen, *Droit pénal général 3ᵉ éd.*, mise à jour avec le concours de D. Spielmann et A. Bruyndonckx, 2003, p. 323を参照。

55　Hennau et Verhaegen, *op. cit.*, p. 322.

換言すれば、客観的構成要件に該当する犯罪事実についての認識が必要であるということである[56]。この点については、現行刑法典の準備草案の段階で、「犯罪構成事実の認識がなければ、故意責任は問えない」ことが明確に認識されていた[57]。故意が認定されるためには、行為者が犯罪事実について認識していることが必要であり、行為者が、自ら行う行為が刑罰法規に違反していることを認識しながら、その行為を敢えて行うというということが、故意責任を問うための基礎となるのである[58]。

「認識」という文言については、刑罰法規を認識しているという意味と、犯罪事実、すなわち、その行為が犯罪となる事情を認識しているという意味が含まれている。破毀院は、行為者を故意犯に問うためには、行為者には、自らの行為が可罰性を有しているという認識と、客観的犯罪構成要素を実現するという認識が必要であると判断している[59]。この点について、憲法院も破毀院の判断を支持しているといってよい。刑法324条の3で処罰される犯罪組織への関与の罪は、犯罪の実現を隠蔽しまたは援助するために、犯罪組織が、脅迫、暴行、詐欺的行為などの手段を用いたときには、犯罪組織に意図的かつ自発的に関与した者を処罰しているが、憲法院は、「『意図的かつ自発的に』という文言は、訴追を行う者が被告人は事情を知りつつ積極的な態度であったことを証明しなければならない」と判断している[60]。したがって、意図的かつ自発的に行動するということは、事情を認識しつつ行動するということを意味することであり、犯罪事実を認識して行動することに他ならないのである。

(b) 故意の成立要件──結果を発生させる意欲 (volonté du résultat)

故意の成立要件として、犯罪事実の認識のほかに、結果を発生させる意欲が必要である。この点について、破毀院は、結果を発生させる意欲を「事実を成し遂げかつ結果を実現するという意欲」であると定義している[61]。結果

---

56 Futy, *op. cit.*, p. 252.

57 *ibid.*

58 Haus, *op. cit.*, p. 92.

59 Cass., 23 nov. 1999, *Pas.*, 1999, 1, p. 1550.

60 C. A., 11 mai 2005, n° 92/05, C. A.-A., 2005, p. 1179.

II　犯罪論における〈élément moral〉の概念　　*123*

を発生させる意欲とは、結果犯においても危険犯においても、事情を知りつつ、法律によって禁止されている行動とその行動から生じるかもしれない違法な結果を実現するという任意かつ認識ある意欲であるとされる。結果犯においては、法益を侵害するという意欲または法益を侵害することの認容が求められる。

　具体的には、他人に危害を加える罪（刑法392条）における「人に危害を加える意図（dessein d'attenter à la personne）」、強制わいせつ罪（刑法373条）における「羞恥心を害する意思（intention d'attenter à la pudeur）」、故殺罪（刑法392条）における「人を殺害する意思（intention de donner la mort）」、堕胎罪（348条）における「堕胎の意思」、放火罪（510条以下）における「放火して焼損する意思」、犯罪組織結成罪（322条以下）における「犯罪組織に関与する意思」などであり、条文上は、意図的に（volontairement ou intentionnellement）という文言が用いられている。

　結果を発生させる意欲は、確定的故意及び不確定的故意の概念と関連する。確定的故意と不確定的故意の定義については、わが国で用いられるそれぞれの概念の定義と変わるところはない。不確定的故意の概念は、行為者がその犯罪行為の違法な結果が生じることを確定的には認識していなかった場合に、行為者の故意責任を問うために用いられてきた。古典学派によれば、不確定的故意を確定的故意とみなすことは、立法によって認められた原則であった。

　故意と過失との境界は、古典学派の見解に従えば、未必の故意と認識ある過失との区別にあるといってよい。未必の故意とは、行為者が結果の発生を追及するまたはそれを望むということはなく、その行為から必然的に結果が生じるまたは単に結果が生じるかもしれないという意識状態であると定義できる。行為者は犯罪を実行する意図で犯罪を実行し、その行為から生じうる結果を予期し、生じうる結果の発生を受け入れている。したがって、その行為から通常であれば生じうる結果の発生については刑事責任を負うことになる。

61　Cass., 24 fév. 1976, *Pas.*, 1976, Ⅰ, p. 700.

124　第5章　ベルギー刑法学における犯罪の主観的成立要素

(2)　特別故意（dol spécial）

　特別故意とは、故意とは別の主観的要素であり、他者を害する意思（intention de nuire）、詐害の意思（intention frauduleuse）、悪意（intention méchante）などをいう。すなわち、主観的違法要素（主観的構成要件要素）に該当する概念であり、法律によって「不法に（frauduleusement）」、「悪意をもって（méchamment）」などと明示的に規定されているときに、特別故意があるとされる。

　法律上明確に規定されている場合として、窃盗罪（刑法461条1項「他人の物を不法に領得した者は窃盗罪で処罰する。」）における不法領得の意思、売却する商品の産地を偽る罪（刑法498条）における営利目的（esprit de lucre）、敵方を利するために戦時において国民の国王及び国家への忠誠心を敵方が操作することに参加する罪（刑法118条の2）における敵意（intention méchante）、害する意図（dessein de nuire　刑法121条の2）、司法を欺く意思（intention de tromper la justice）、計画的意思（intention réfléchie ou préméditée　刑法349条2項、394条、398条2項、399条2項、400条2項401条2項、518条）、テロ犯罪の意思（intention terroriste　刑法137条1項）、一時使用の目的で権利者を排除する意思（使用窃盗・刑法461条2項「一時使用の目的で他人の物を不法に領得する行為は窃盗とみなす」）、名誉を毀損または侮辱する意思（刑法275条・276条）、性別、性的趣向、民事的な身分、生まれ、財産、年齢、宗教的もしくは哲学的確信、健康状態、障害または身体的特徴を理由として差別、憎悪または暴力に向かわせる意思（差別との闘いに向けられた2003年2月25日法律6条1項1号）、危険を生ぜしめる方法で交通を妨害する意思、他人の情熱を満足させる意思（淫行または売春のために成人を雇う罪・刑法380条）、敵を支援する意思（刑法122条・敵を支援する意思で物を放火または損壊する罪）、政治的秩序または国家の政治体制を侵害する意思、不当な失業手当を獲得する意思、破産宣告を遅らせる意思、不正な利益をあげる意思、親書の秘密を暴露する意思、弁護士資格を有していると信じさせる意思、支払不能を企てる意思、役職、職業または栄誉を有していると信じさせる意思、国家的、民族的、種族的または宗教的集団を全部もしくは一部壊滅させる意思などが挙げられる。

II 犯罪論における〈élément moral〉の概念　*125*

　特別故意は故意すなわち結果実現への意欲と混同されてはいけない。いわゆる故意の内容としては、犯罪事実を認識し、最終結果が生じることについての認容が必要ではあるが、特別故意にはこのような結果への意欲は要求されていない。例えば、文書偽造罪（刑法193条）が成立するためには、法律によって保護されている文書の真正を偽造するという意思（すなわち犯罪結果を惹起する意欲）だけではなく、詐害の意思（intention frauduleuse）または害する意図（dessein de nuire）をもって行動する必要があり、このような意思が特別故意とされる。また、窃盗罪が成立するためには、窃盗犯人には、所有者の意思に反して他人の物を領得する意思だけではなく、盗んだ物を所有者として振る舞い自由に処分するという意思、それを自らが所有するという意思またはそれを所有者には返却しないという意思などによって特徴づけられる不法領得の意思（詐害の意思）が必要である。

　一般的に、故意の成否には動機は関係することはないとされており、動機はそれがいかなるものであれ、犯罪成立要件の一つではない。破毀院も、犯罪の成否について行為者の動機を考慮することはないとしており、動機は量刑判断において考慮されるに過ぎない。ただ、動機が犯罪成立要件の中に特別故意として規定されているような場合には、一般的な原則が適用されるわけではなく、動機をその内容として取り込んだ特別故意が犯罪の成否に影響することは明確である。

　行為者が結果を惹起させる意思すなわち故意とより特別な意思をもって行動することによってはじめて、法益に対する侵害または侵害の危険が認められる場合があることを法律が明確にしているのであって、特別故意は法益に対する侵害またはその危険性を高めるという意味において、行為の違法性に影響する要素としてとらえられていると考えてよいであろう[62]。

(3)　過失 (faute)

　過失（faute）[63]とは、非故意犯の主観的要素であり、一般的には違警罪及

62　Kuty. *op. cit.*, n° 1150, p. 273.

63　基本的にブリュッセル自由大学派の見解を継承し支持している Kuty は、〈faute antérieur〉という用語を用いて過失概念を表現している。この点については、Kuty. *op. cit.*, n°ˢ 1158 et s., pp. 281 et s. を参照。

び法律が明示的に定めているときに一定の軽罪、具体的には過失致死傷罪（刑法418条以下）等、について求められる要素である。過失は、懈怠、予見及び注意の欠如によって、結果を回避することができたにもかかわらず、結果回避措置をとらなかったため、刑法によって保護された利益の故意によらない侵害を惹起させたことと定義される。破毀院は、「過失犯は、行為者は自由に行動したが、意図的ではない結果を生ぜしめたという事実において認められる」[64]と判断している。

過失は、認識ある過失と認識なき過失に区別できる。認識ある過失と未必の故意は、結果発生の認識があるという点では共通しているが、結果発生を認容したか否かで区別される。認識ある過失においては、行為者は結果発生を認容していない。認識なき過失とは、行為者が危険を考慮に入れずに行動したが、より慎重に行動していたならば、危険を考慮にいれて行動すべきであり行動することも可能であった場合である。実務的には、認識ある過失と認識なき過失の区別は有責性の評価については意味をもたない。認識なき過失があれば、過失犯の主観的要件としては十分である。

刑法典制定当時、過失は個々の行為者ごとに評価されるという行為者基準説の考え方が主流であった。過失は、行為当時の一般人の立場から評価されるのではなく、行為当時の行為者を基準に評価されていた。ところが、1877年に破毀院が、刑事過失の民事過失の統一性の原則を肯定したために[65]、刑事過失においても、民事過失と同様に、行為当時に同じ状況に置かれた通常一般人により評価されることになり、その評価は抽象的に行われることが承認された[66]。

Ⅲ　刑法典改正法案における犯罪の主観的成立要件

刑法典改正法案・改正草案[67]では、犯罪の主観的成立要件を意味する文言

64　Ass., 25 novemble2008, *Pas.*, 2008, p. 2649; Kuty. *op. cit.*, p. 282.
65　Cass., 1er février 1877, *Pas.*, 1877, 1, p. 92.
66　Colette-Basecqz et Blaise, *op. cit.*, pp. 284 et s.
67　刑法典改正法案の解説については、Ch.Guillain et D.Scalia, *La réforme du livre 1er du Code pénal belge*, Larcier, 2018を参照。

Ⅲ　刑法典改正法案における犯罪の主観的成立要件　*127*

として、従来の〈élément moral〉ではなく、〈élément fautif〉が用いられている[68]。〈élément moral〉という概念については、前述したように、古典学派とブリュッセル自由大学学派との学派の対立があり、〈élément moral〉の概念を定義することには難しい問題があった。そこで、草案起草者は、従来の〈élément moral〉という文言を用いるのではなく、〈élément fautif〉という新たな文言を用いることによって、犯罪の主観的成立要件を定義しようと試みたと評価できる。

　あらゆる犯罪の成立要件として主観的要素（faute）は必要ではあるが、すべての犯罪に共通する主観的要素を定義することは有益ではない。犯罪の主観的要素は、個々の犯罪によって異なった形態をとることになるので、犯罪ごとに主観的要件を定義する必要がある。そこで、改正草案の起草者は、すべての犯罪に共通する主観的要素を定義するのではなく、犯罪に応じて4類型の主観的要素を設けることとした[69]。

　従来のベルギー刑法学説では、犯罪の主観的成立要件と責任阻却事由（無答責事由）との関係性について、様々な見解が主張されてきた。改正法案・改正草案では、この点を明確に位置づけ、故意・過失という主観的要件は犯罪構成要素論（わが国の構成要件該当性論に相当する要件）に位置づけ、責任論に相当する有責性阻却事由（法案22条、草案20条）―不可抗力による強制（法案23条、草案21条）、避けることのできない錯誤（法案24条、草案22条）―や無答責事由（法案25条、草案23条）―精神の障害（法案26条、草案24条）、刑事未成年（法案27条、草案25条）―とは区別している[70]。

　犯罪の主観的要素については改正法案7条に規定される[71]。主観的要素は

68　L. Kennes, Les éléments constitutifs et aggravants des infractions: un projet de loi plus pragmatique in Ch. Guillain et D. Scalia, *La réforme du livre 1ᵉʳ du Code pénal belge préc.*, pp27 et s.

69　Kennes, *op. cit.*, p. 37.

70　*ibid.*

71　当初の改正草案では、主観的要素は8条に規定されていたが（末道・前掲「ベルギー刑法改正の動向―刑法改正草案第1編の検討(1)」121頁以下を参照）、その後、修正が加えられ、条文の番号等も若干の変更が加えられている。最新版は2017年11月24日に公表されたものである（Guillain et Scalia, *op. cit.*, p. 8 注(1)を参照）。なお、2024年2月29日に成立した新刑法典7条（主観的要素）では、法案の規定から修正されている。詳細については、本書、第2部第1章で解説する。

次のように規定される。

改正法案7条　主観的要素
① すべての犯罪には、行為者において主観的要素の存在が必要である。
② 主観的要素は、次に掲げるものから構成されうる。
　1号　特別故意
　2号　処罰される行為を行ったことについての確固たる意思及び認識
　3号　予見または注意の著しい欠如
　4号　行為者の遵守すべき一般的秩序の違反につながることになる処罰の
　　　対象となる行為を正当な理由なく行うこと。

　刑法上の可罰的な行為は客観的要素と主観的要素から構成されることは改
正法案5条にも規定されるところであり[72]、その成立には客観的要素（élé-
ment matériel ou objectif）のみならず、主観的要素（élément moral ou subjec-
tif）が必要である。したがって、主観的要件を含まない純客観的な行為は
刑法上の可罰的行為には該当しない。犯罪が成立するためには主観的要素が
必要であり（1項）、主観的要素の種類として、故意及び過失に関する4類
型を挙げている（2項）。第1類型は特別故意である。第2類型は一般的故
意であり、いわゆる犯罪事実の認識・認容である。第3類型は予見義務・注
意義務違反（過失犯）の類型である。第4類型は一般的秩序違反の類型であ
る。

1　特別故意（intention spéciale）

　第1類型の特別故意とは、従来から dol spécial といわれていた主観的要
素であり、現行刑法典においても法律で規定されている主観的要素である。
特別故意とは、いわゆる一般的故意すなわち犯罪事実の認識・認容とは異
なった、一定の結果を追求する意思、行為者を支配する特別な精神状態等で
あり、具体的には、人道に対する罪における民族等の全部または一部を壊滅

---

[72] 当初は改正草案6条（犯罪の構成要素）、7条（客観的要素）として規定されていた。
改正法案5条（犯罪の構成要素）、6条（客観的要素）については、Guillain et Scalia,
op. cit., pp. 25 et s. を参照。

させる意思（136条の2）、テロ犯罪の意思（137条1項）、殺人罪における人の死を惹起させる意思（393条）、窃盗罪における不法領得の意思（461条）等である。特別故意は、条文に明記される必要があるが、例外として、隠匿罪（recel）について、違法な由来をもつ物の所持を開始した時点で、その物が違法な由来をもっていることを認識したという faute を犯したことになるので、犯罪に由来する物であることを認識すること（わが国でいう知情の認識）が必要であることになる[73]。

用語の問題は別として、ベルギー刑法における特別故意の概念は、わが国における主観的違法要素（主観的構成要件要素）に相当する概念であると理解してよいと思われる。

犯罪の立証の面では、行為者に特別故意が存在していることを訴追担当者が証明する必要がある。特別故意が立証できなければ、当該犯罪は成立しない。

2　一般的故意

第2類型は、いわゆる故意（dol général）を定義したものである。犯罪事実についての認識・認容であり、認識的要素と意思的要素から構成される。ベルギー破毀院は、故意とは、「法律によって禁止された行為を事情を知って（sciemment）かつ意図的（volontairement）に実行すること」と定義し[74]、破毀院1999年11月23日判決では、「事情を知ってかつ意図的に」という文言について定義しており、「事情を知って（sciemment）」とは、行為者が自らの行動の可罰性及びすべての客観的要素が実現されたこと、すなわち、犯罪が実行されたことを認識して行動することを求めていることであり、「意図的に（volontairement）」とは、行為者が犯罪の客観的要素、具体的には、禁止された行為または禁止された不作為を実現する意思を有することであると判断した[75]。

検察官は、行為者が事情を知って行動したことを証明することによって故

73　Kennes, *op. cit.*, p. 39.
74　Cass., 5 déc. 2006, *Pas.*, 2006, p. 2554.
75　Cass., 23 nov. 1999, *Pas.*, 1999, 1, p. 1550.

130 第5章 ベルギー刑法学における犯罪の主観的成立要素

意を立証することができる。

故意の成立要件としての認識の内容については、「処罰される行為を行っ
たことについての意思と認識」という概念は、犯罪事実の認識と認容という
故意における認識的要素と意図的要素を意味している。すなわち、犯罪行為
の客観的要素と行為の違法性を認識しながら（事情を知りつつ）行動したと
いう事実があれば故意が認められることになる。犯罪事実の認識・認容があ
り行為の違法性の認識ももちうる場合には、「法の不知は恕さず」という原
則は適用されないことになり[76]、違法性の意識不要説の立場はとらないこと
は明らかである。したがって、錯誤が避けられた場合でも、行為者が事情を
知らずに行動すれば、主観的要素が阻却され犯罪は成立しないことにな
る[77]。但し、法律の存在を知りながら、法律の適用について調査をせずに行
動した場合には、行為者は事情を知って行動したことにほかならないので、
故意は認定できることになる。立法理由書の説明では、刑罰法規の調査を意
図的に無視したような場合には、行為者には故意が認定されることになるの
で、主観的要素を充足することになる[78]。法律の内容を調査することを拒否
することは、違法であるかもしれない行動をとる危険を受け入れることにな
るので、事情を知って行動したこととなり、故意が認定されることにな
る[79]。

故意の認識内容について、犯罪事実の認識・認容のほか、違法性の認識そ
のものが必要なのかについては、法律の規定上は明確ではないが、立法理由
書の説明からは、行為の違法性について認識していない場合でも、刑罰法規
の調査をすれば違法であることを認識しえたとすれば（錯誤したことについ

---

[76] Kennes, *op. cit.*, p. 42.

[77] この点については、Kennes, *op. cit.*, p. 42を参照。なお、法案22条・草案20条（有責
性阻却事由）、法案24条・草案22条（避けることのできない錯誤）の規定に従えば、事
実の錯誤または法律の錯誤が避けられなかった場合には、有責性が阻却され、刑事責任
を負わないとされている。末道・前掲「ベルギー刑法改正の動向—刑法改正草案第1編
の検討(1)」171頁以下、N. Colette-Basecqz et F. Vansilette, Les causes de justifiation,
les causes d'exemption de culpabilité et les causes d'excuse selon le projet de Livre 1er
du Code pénal in Ch. Guillain et D. Scalia, *La réforme du livre 1er du Code pénal belge*
préc., pp. 59 et s を参照。

[78] Kennes, *op. cit.*, p. 42.

[79] *ibid.*

Ⅲ　刑法典改正法案における犯罪の主観的成立要件　*131*

て相当の理由が認められないような場合には）、故意が認められることになるので、少なくとも違法性の意識の可能性必要説の立場に立っていることは明らかであろう。

3　過　失

　第3類型の予見または注意の著しい欠如とは一般的な過失の形態であるが、従来の不注意または懈怠という形態の軽微な過失ではなく、予見義務・注意義務違反等が著しい場合に限定している。軽微な過失が問題となる場合、刑法の謙抑性の原則に従い、刑事制裁は最後の手段としてまずは民事責任を問うことが考えられる。刑事手続を選択することが正当化されるとすれば、過失行為者に刑罰を加えるという意思よりも、被害者への損害賠償のために証拠を収集するという配慮からであると考えられる[80]。ただ、周知の通り、刑事裁判における証明の程度は合理的な疑いを超える程度でなければならないが、民事裁判においては証拠の優越の程度で足りるということもあり、刑事手続を選択することは必ずしも被害者に有利になるとはいえない。このような事情を配慮して、改正草案では著しい予見義務・注意義務等の違反を過失ととらえていると考えられ[81]、法案においても同様の立場に立っている[82]。重大な過失のみを刑法上の過失ととらえることは、過失致死傷罪に関してこれまで判例によって承認されてきた刑事過失と民事過失の同一性の原則[83]を認めないことにつながる点で重要な意味をもつ。刑事過失と民事過失の同一性の原則に従えば、刑事裁判において過失の証明に失敗した場合には、民事裁判においても過失責任が認められないということになり、被害者にとっては不利な状態になることもある[84]。同一性原則を認めなければ、刑事過失が認定できない場合においても、民事過失が認定され損害賠償を負わ

---

[80]　Kennes, *op. cit.*, p. 46.

[81]　*Commission de réforme du droit pénal. Proposition d'avant-projet de Livre 1er du Code pénal préc.*, p. 48. 末道・前掲「ベルギー刑法改正の動向―刑法改正草案第1編の検討(1)」158頁参照。

[82]　Kennes, *op. cit.*, p. 46.

[83]　Cass., 1er février 1877, *Pas.*, 1877, 1, p. 92; *Commission de réforme du droit pénal. Proposition d'avant-projet de Livre 1er du Code pénal préc.*, p. 48.

[84]　Kennes, *op. cit.*, p. 47.

132　第5章　ベルギー刑法学における犯罪の主観的成立要素

せることは可能となる。学説でも、刑事過失と民事過失の二元性を主張し、刑事責任を認めるためには重大な過失が必要であり、民事責任を認めるためには軽度な過失で足りるとする見解が有力であり[85]、フランスやオランダでも刑事過失と民事過失の同一性の原則はもはや維持されているわけではない[86]。フランスでは、刑事裁判官が過失責任の存在を否定して被告人に無罪を言い渡したときには、民事責任におけるフォート（faute civile）の存在が立証されれば（民法1383条）、刑法上の過失責任が認められなくとも、民事裁判所に訴権を行使することができる（刑訴法4-1条）[87]。過失行為と損害結果との間に直接的な因果関係がある場合は単純な過失があればよいが、過失行為と損害結果との間に間接的な因果関係があり過失行為が危険を創出したような場合には、過失に一定の重大性が求められている（刑法121-3条4項）。オランダでも、懈怠や不注意が重大であるような、重大な過失が求められている[88]。改正草案及び法案では、比較法的な視点、判例・学説の進展が考慮されたと考えられる。

　予見義務や注意義務の違反が重大である場合には、重大な過失と認められる。過失の重大性は、関係する分野の規則や被告人の現実的な可能性に対応して決定されることになる。被告人の置かれた状況に応じて、同一の行為であっても、軽微な過失と認定されたり、重大な過失と認定されたりすることはありえる。

4　秩序違反犯の主観的要素

　第4類型は、いわゆる秩序違反犯（infration réglementaire）の主観的要素[89]

---

[85] *Commission de réforme du droit pénal. Proposition d'avant-projet de Livre 1ᵉʳ du Code pénal préc.*, p. 48. 末道・前掲「ベルギー刑法改正の動向—刑法改正草案第1編の検討(1)」159頁参照。

[86] *Commission de réforme du droit pénal. Proposition d'avant-projet de Livre 1ᵉʳ du Code pénal préc.*, p. 49. 末道・前掲「ベルギー刑法改正の動向—刑法改正草案第1編の検討(1)」159頁参照。

[87] Kennes, *op. cit.*, p. 48.

[88] *ibid.*

[89] 前述したように、Kuty は、この類型を〈faute infractionnelle〉と分類している。Kuty. *op. cit.*, nᵒˢ 1170 et s., pp. 292 et s.〈faute infractionnelle〉は、行為者が自由な意思と認識をもつこと、かつ、行為者に行動を正当化する事情がないことを前提としてい

Ⅲ　刑法典改正法案における犯罪の主観的成立要件　　*133*

の類型である。秩序違反犯は特別法に違反する犯罪類型であるが、犯罪構成要件として客観的成立要件のみ記述され、主観的成立要件については特別な言及はない。この犯罪類型においても主観的要件は犯罪の成立には必要である。主観的要件として求められることは法律要件（prescrit légal）を遵守しなかったことであり、正当な理由なく、法律要件（prescrit légal）を遵守しなかったことが証明されれば、主観的要件が存在することになる[90]。主観的要件の立証に関して、訴追側としては、法律要件（prescrit légal）を遵守しなかったことを証明すれば足りる。正当な理由があるかという点については行為者側が立証する責任を負うことになる。なお、不可抗力、避けられない錯誤、有責性を阻却するその他の事由が証明されたときには、行為者は無罪とされる[91]。

　具体的な例として、赤信号無視や制限速度違反等が挙げられる。検察官は、違反者が、赤信号を無視して行動したこと、制限速度を超えて運転したこと、という客観的な事実を立証すれば、有責性が認められ、主観的要素は存在していると認定される[92]。違反者が、信号または制限速度を遵守しなかったという認識をもつかもたないかという事実にかかわらず、合理的に、正当化事由または無答責事由の存在を提起した場合には、その限りではない。秩序違反犯については、故意に実行されるか、過失の結果実行されることがあるが、犯罪の成立要件として、故意や過失といった主観的要件の立証は求められていない[93]。

　秩序違反犯の主観的要件については、法律に明示的または黙示的に記述される必要はない。「法の不知は恕さず」という原則を厳格に適用することが問題となる。秩序違反犯という概念は古典学派によるものであるが、今回の改正法案では、秩序違反犯の主観的要素を明示した。なお、国務院（Conseil d'Etat）は、各犯罪がどの主観的要素を必要とするかを明示すべきであるとの意見を付したが[94]、法案制定者は、各犯罪の主観的成立要件については立

　る。

[90]　末道・前掲「ベルギー刑法改正の動向―刑法改正草案第 1 編の検討(1)」158頁参照。

[91]　Kennes, *op. cit.*, p. 49.

[92]　*ibid.*

[93]　*ibid.*

134 第5章　ベルギー刑法学における犯罪の主観的成立要素

法者に決定する責任があると回答している[95]。

IV　おわりに

　現行刑法典では、故意や過失という犯罪の主観的成立要件に関する一般的な定義規定が存在していないことから、学説や判例によって解釈が積み上げられてきた。刑法の大原則である罪刑法定主義に従えば、個々の概念について明確な定義規定が置かれることが望ましいと考えられる。欧米諸国の刑法典においては、刑罰法規は明確かつ詳細に規定されているので、今回の刑法典総則改正法案においても、犯罪成立の主観的要件に関する一般規定が設けられている。

　主観的要件としては、故意、特別故意、過失、秩序違反犯の主観的要件の4類型を規定しており、これまでの学説や判例を踏まえた規定内容になっている。各犯罪が、どの主観的要素を必要とするかという点については、法律に定めるとされていることから、刑法典各則の犯罪構成要件の規定に委ねられることになる。

　また、犯罪論における主観的犯罪要素の位置づけについては、改正法案・改正草案では犯罪構成要素として客観的要素（élément objectif）と主観的要素（élément fautif）が規定されていることから、犯罪構成要素論（いわゆる構成要件該当性）の中に位置づけられており、責任阻却事由を規定する責任論の中に位置づけられていないと考えられる。フランス語圏のベルギー刑法学では、構成要件該当性という概念を用いることは一般的ではないが、改正法案・改正草案では、犯罪論を、犯罪（行為）と犯罪行為者とに区別して、犯罪の客観的要素・主観的要件、正当化事由等は犯罪行為論の中に位置づけられ、責任阻却事由や無答責事由等は犯罪行為者論の中に位置づけられているので、故意や過失等の主観的要素はいわゆる主観的構成要件要素に該当するものと考えてよいであろう。ベルギーやフランスの刑法学では、構成要件概念が用いられていないので、犯罪体系論について単純に比較することはで

94　Avis Conseil d'Etat, n° 47. 1, Kennes, *op. cit.*, p. 50.

95　Kennes, *op. cit.*, p. 50.

きないが、ベルギー刑法典総則改正法案における犯罪体系論に関する起草者の見解を比較法的な視点で分析すれば、犯罪構成要素を充足すれば（構成要件該当性が認められれば）、行為の違法性と有責性が推定され、正当化事由や有責性阻却事由・無答責事由が認められれば、違法性・責任が阻却されるという犯罪体系論に類似する考え方に従っていると評価することも可能であろう。

第6章　ベルギー刑法における未必の故意（dol éventuel）の概念をめぐる最近の議論

I　はじめに

　判例実務・多数説によれば、故意の本質について意思説の立場に立ち、故意とは、犯罪事実を認識・予見（現在の犯罪事実に関する認識・将来起こるであろう犯罪事実に関する予見）し、かつ犯罪事実を認容することであると定義される[1]。換言すれば、故意の成立には、犯罪事実の認識・予見という知的要素のみならず、犯罪事実の認容すなわち犯罪事実が発生することを知りつつ、敢えてその危険を冒す心理状態という意欲的・情緒的要素が必要であることになり、認容説の立場がこれまで広く支持されてきた[2]。

　未必の故意の概念をめぐっては、学説では、犯罪事実の認識で足りるとする認識説（表象説）[3]、認識説を修正し、結果発生の蓋然性を認識すれば足りるとする蓋然性説[4]、犯罪事実を認識しながら、これを行為を思いとどまる動機としないで行為に出たかどうかを基準とする動機説[5]、故意を実現意思

1　団藤重光『刑法綱要総論（第3版・追補付）』（創文社・1991）295頁、大塚仁他編『大コンメンタール刑法（第3版）第3巻』（青林書院・2015）92頁、福田平『全訂刑法総論（第5版）』（有斐閣・2011）112頁以下、大塚仁『刑法概説（総論）（第3版）』（有斐閣・1997）199頁等を参照。なお、未必の故意に関する学説の整理については、佐伯仁志『刑法総論の考え方・楽しみ方』（有斐閣・2013）238頁以下を参照。

2　団藤・前掲書295頁、大塚他編・前掲『大コンメンタール刑法（第3版）第3巻』92頁、福田・前掲書112頁以下、大塚・前掲書199頁、香川達夫『刑法講義〔総論〕（第3版）』（成文堂・1995）232頁、日高義博『刑法総論』（成文堂・2015）290頁等。判例の動向については、大塚仁他編・前掲『大コンメンタール刑法（第3版）第3巻』141頁を参照。

3　大塚他編・前掲『大コンメンタール刑法（第3版）第3巻』137頁参照。

4　前田雅英『刑法総論講義（第7版）』（2019）164頁。

5　平野龍一『刑法総論I』（有斐閣・1972）185頁以下、内藤謙『刑法講義総論（下）I』（有斐閣・1991）1089頁以下、大谷実『刑法講義総論（第5版）』（成文堂・2019）155頁以下、西田典之・橋爪隆補訂『刑法総論（第7版）』（弘文堂・2019）231頁、山口厚『刑法総論（第3版）』（有斐閣・2016）215頁。

と解して、構成要件該当事実が全体として意思的実現の対象に取り込まれたかどうかを故意の統一的基準とする実現意思説[6]等が主張されており、最近では、動機説や実現意思説が有力説として支持されている。

　未必の故意と認定できるかの問題は、故意犯と過失犯との区別という観点からも重要であり、未必の故意も認識ある過失も、犯罪事実実現の可能性については認識があるが、認容説の立場に従えば、犯罪事実の実現について認容があれば故意犯が成立するが、その認容がなければ故意犯は成立せず、過失犯の成立の余地があるにすぎないことになる。

　比較法的な観点では、わが国と同様に、未必の故意を不確定的故意の一類型に分類している国もある。例えば、スイス刑法12条2項は「認識及び意思をもって重罪または軽罪を実行した者は故意で行動したものとする。行為者が犯罪の実現を可能と考え、犯罪が実現された場合にそれを認容するときには、行為者は既に故意で行動したものとする。」と規定し、未必の故意も故意と分類しているが[7]（その他の例として、ポルトガル刑法14条3項、ポーランド刑法9条§1等[8]）、未必の故意を故意には分類せず過失と理解する国もある。フランスでは、未必の故意（dol éventuel）とは、行為者が、「いかなる方法でも、発生した結果またはその他のいかなる結果も意欲することなく、結果の発生を可能であると単に予見した」[9]という心理状態と定義されており、未必の故意は故意（intention）ではなく、過失（faute nonintentionnelle）の一類型であると理解されている[10]。但し、経済刑法の分野において、消費

6　井田良『講義刑法学・総論（第2版）』（有斐閣・2018）178頁以下、高橋則夫『刑法総論（第4版）』（成文堂・2018）180頁以下、中義勝『講述犯罪総論』（有斐閣・1980）109頁以下。

7　R. Roth et L. Moreillon, *Commentaire romand Code pénal I*, Helbing Lichtenhahn, 2009, p. 131; Y. Jeanneret, A. Kuhn et B.Lapérou-Scheneider, *Droit pénal français et droit pénal suisse. Une mise en parallèle*, L'Harmattan, 2017, pp. 100〜102.

8　R. Bernardini et M. Dalloz, *Droit criminel volume II -L'infraction et la responsabilité 4ᵉ éd.*, Bruylant, 2020,p. 185. なお、ポルトガル刑法における故意と過失の概念について簡単に紹介したフランス語文献として、J. Pradel et A. Cadoppi, *Droit pénal général comparé*, Cujas, 2005, pp. 145〜148、未必の故意については pp. 145〜146を参照。

9　Bernaridini et Dalloz, *op. cit.*, n° 437, p. 184.

10　J.-Y. Maréchal, Elément moral de l'infraction, *Juris-classeur pénal, Art. 121-3: fasc. 20*, n° 51, p. 17, Bernaridini et Dalloz, *op. cit.*, n° 437, pp. 185 et s., Jeanneret, Kuhn et Lapérou-Scheneider, *op. cit.*, p. 92,pp. 94〜95.

者法 L.444-1 条及び L.454-1 条の解釈論として、判例では、商品の品質管理を組織的に行っていなかった製造者が、完全ではない商品を出荷させる危険性を認容した場合には、故意犯である商品の品質を偽る罪として処罰されており、未必の故意を故意と同視していることから、一部の例外は認められていた[11]。1994年に施行された刑法典では、刑法121-3条に、いわゆる未必の故意の場合に該当すると考えられる他人を意図的に危険にさらすという類型が、過失に並んで規定された。その後、1996年の刑法改正によって、刑法121-3条1項の故意犯処罰の原則の規定に続き、同条2項に、他人を意図的に危険にさらす場合に軽罪が成立することが明記され、同条3項の通常の過失とは区別された新たな類型が設けられた[12]。また、各則において、他人を危険にさらす罪（刑法223-1条）[13]という犯罪類型が設けられると同時に、他人の生命または身体を意図的に危険にさらすことが、過失傷害罪の加重類型と規定されている（刑法221-6条2項、222-20条）。このように、他人の生命・身体を意図的に危険にさらすことは、故意と過失との中間に位置する過失の加重類型に該当する主観的要素と位置づけられることになる[14]。ただ、未必の故意は一般的な故意の概念に含まれていないことに変わりはない[15]。

　これに対して、同じフランス語圏に属するベルギーでは、19世紀以来、未必の故意は故意の一類型であると理解されてきた[16]。ところが、最近、伝統

11　X. Pin, *Droit pénal général 10ᵉ éd.*, Dalloz, 2019, p. 209; J. Pradel. *Droit pénal général, 21ᵉ éd.*, Cujas, 2016, n° 570, pp. 468 et s.

12　この点については、F. Desportes et F. Le Gunehec, *Droit pénal général 6ᵉ éd.*, Economica, 2009, nᵒˢ 492 et s., pp. 461 et s. を参照。フランスの未必の故意の概念については、島岡まな・井上宜裕・末道康之・浦中千佳央『フランス刑事法入門』（法律文化社・2019）28頁以下〔井上宜裕〕を参照。なお、注10で引用されている刑法121-3条は、1996年刑法改正前の規定であり、現行の規定では、他人を危険にさらす類型は、独立して刑法121-3条2項として、通常の過失とは区別されて規定される。

13　刑法223-1条は、「法律または規則によって課せられる慎重もしくは安全の特別な義務に明らかに意図的に違反することで、他人を、その死またはその身体の一部損傷もしくは永続的な障害を惹起する可能性のある傷害の差し迫った危険に直接さらす行為は1年の拘禁刑及び15,000ユーロの罰金に処する。」と規定する。

14　Maréchal, *op. cit.*, n° 52, p. 17; Desportes et Le Gunehec, *op. cit.*, n° 493, p. 463.

15　Bernaridini et Dalloz, *op. cit.*, n° 437, p. 186; Pradel, *op. cit.*, n° 570, p. 468; Desportes et Le Gunehec, op. cit., n° 483, pp. 446 et s.

16　この点については、F. Kuty, *Principes généraux du droit pénal belge, T. II : l'infraction pénale 2ᵉ éd,* Larcier, 2020, n° 1139 et s., pp. 272 et s. を参照。

的な未必の故意の概念を支持する古典学派の見解に対して、学説において批判が加えられるようになり、裁判実務においても最近、伝統的な未必の故意概念に対して、疑問を提起する破毀院の判断が示されている。ベルギーでは、新刑法典の制定の審議も進められており[17]、未必の故意をめぐる議論は現代的な意義も有している。

　本稿では、ベルギーにおける未必の故意の概念について、最近の破毀院の判例や学説の議論を分析しながら、比較法的見地から、未必の故意を含む故意の概念について検討を加える。

Ⅱ　破毀院2019年11月6日判決の概要

　被告人に故殺未遂罪の成立を認めたリエージュ控訴院軽罪部2019年5月21日判決に対して、被告人から破毀申立がなされた。D. Vandermeersch 破毀院次長検事の論告[18]を受けて、破毀院は以下の理由を示して、破毀申立を棄却した[19]。

Vandermeersch 破毀院次長検事の論告
【破毀申立理由の検討】
A　公訴について言い渡された判決に対してなされた破毀申立に限定して
　原判決は、破毀申立人を、J. H. に対する故殺未遂罪で有罪であると宣告し、既に服した未決勾留の期間を超える期間について、5年の保護観察付執行猶予を付して、5年の拘禁刑を言い渡した。

---

[17] 　ベルギー刑法典改正法案・改正草案については、末道康之「ベルギー刑法典改正法案第1編・刑法総則の概要」南山法学44巻2号（2021）159頁以下、同「ベルギー刑法改正の動向－刑法改正草案第1編の検討(1)(2・完)」南山法学41巻1号（2017）115頁以下、41巻2号（2018）213頁以下を参照。ベルギー刑法典改正法案の詳細については、Ch. Guillain et D. Scalia, *La réforme du Livre 1ᵉʳ du Code pénal belge*, Larcier. 2018; J. Rozie, D. vandermeersch et J. De Herdt avec le concours de M. Debauche et M. Taeymans, *Un nouveau code pénal pour le future? La proposition de la commission de réforme du droit pénal*, La Charte, 2019を参照。

[18] 　*Conclusions de M. l'avocat général D. Vandermeersch, R. D. P. C.*, 2020, pp. 369～375. 本稿では、次長検事の論告をそのままの形で紹介する。

[19] 　Cass. 6 novembre 2019, p. 19. 0651. F., *R. D. P. C.*, 2020, pp. 375～377.

刑法51条及び393条並びに憲法149条違反を理由として破棄申立がなされた。

破棄申立人は、原判決が、未必の故意の理論は重罪または軽罪の未遂については適用されるものではないにもかかわらず、故殺未遂罪での公訴について有責であると宣告するために、未必の故意の概念を適用したことを批判している。

破棄申立理由は、意図的な行動をとったこと及び事情を知って（一般故意）、または特別故意からなる犯罪の主観的要素を特徴づけるために未必の故意の概念を援用する問題性を提起している。

刑法393条の文言では、故殺罪は殺害する意思をもって実行された殺人である。したがって、故殺罪の処罰規定は、死を惹起する意思の他に、特別故意を要求している。

可罰未遂が成立するためには、行為者自身に、重罪または軽罪の実行の着手を形成し、行為者の意思とは独立した事情によってのみ中断され、またはその結果を欠いた外部的な行為によって表明された重罪もしくは軽罪を実行する決意が求められる（51条）。

学説によれば、未必の故意は未遂犯については適用されえない。

Haus は、既に、未必の故意については、「いかなる場合でも、行為者が場合によっては意欲したが、現実には生じなかった重罪の未遂を認めることはできない。」と考えていた。Haus は、「なるほど、未必の故意は、行為者が特定の犯罪を実行する計画を有したが、結果として犯罪者の目的を超過した害悪を生じたことを想定している。したがって、行為者が明確に意欲したものとして、行為者を処罰することを可能にするために、この害悪が惹起されなければならない。」と説明を加えた。

同様に、Hennau et Verhaegen は、少なくとも実行の着手を構成する行為が、特定の犯罪を既遂に至らせる直接的な意思をもって遂行されたときでなければ、行為者に未遂犯の罪責を問うことはできない、この意味で、犯罪が実現されるかもしれないことを認容するだけでは、行為者の責任を基礎づけるには十分ではないと考えて、未遂犯については未必の故意の適用を排除している。

Ⅱ　破毀院 2019 年 11 月 6 日判決の概要　　*141*

　Kiganahe もまた、未遂犯の枠内では、犯罪の決意は特定され、具体的な犯罪に関係するものでなければならないことを強調している。未遂を、意欲したことが立証できない結果に結びつけることは不当であると評価している。

　Kuty もまた、場合によっては犯罪が実現するかもしれないことを認容しただけでは、未遂を特徴づけるには十分ではないと評価している。

　結局、前述した論者を含む多くの論者の見解に基づき、Delannay は、Haus 以降、可罰未遂の主観的要素として、未必の故意の排除を肯定する見解が一部で支持される見解ではなく、学説の多数説であると結論づけている。

　しかし、より根本的に、私は、未遂犯の枠内でも、既遂犯についてでも、刑法において未必の故意の概念を援用することの妥当性の問題を提起する。実際は、行為者が、その行為がこのような結果を惹起しえたことを認識した時点から、いかなる範囲で、犯罪を構成する結果が意図的であるとみなされうるかを検討することが問題となる。

　破毀院によれば、行為者が被害者の死を望んだこと、または行為者が被害者の死を可能なものもしくは自らが意図的に行った行為の避けることのできない結果であると認めたことが立証されたときには、人を殺す意思が存在する。最近の判例では、破毀院は、他人の死が、行使された暴力の通常のかつ予見可能な結果であるとして、望まれ、欲され、計画され、または認容されうる結果であると判示している。

　Delannay は、未必の故意または不確定的故意を、特定の犯罪の実行を意欲しながら、そのような結果発生を追求したのではないが、その結果が実現されうるかもしれない場合にはそれを認容する以外の、その行動が惹起しえたかもしれないその他の致命的な結果を思い描いている者の精神状態として位置づけている。Haus は、この点について、「この場合、害悪が必然的な結果であった、または少なくとも事実の通常の結果であったときには、及び、行為者が結果の生じる可能性のある事情を認識していたときには、この害悪を意図的な重罪とみなされなければならない。」と明示する。Haus はさらに進んで、「その原因となった重罪（犯罪）を直接的に及び主体的に意

欲したわけではなく、その重罪（犯罪）を望んでさえいなかったにもかかわらず、しかしながら、事実から帰結される事由については同意がある。したがって、その重罪（犯罪）は、行為者の意思の中には、間接的にまたは場合によっては含まれていたのである。」と説明する。

Kuty は、未必の故意を「不要な概念、（略）何故なら、現実には、この概念は、結果を発生させる意思・意欲の射程を明示したにすぎず、（略）意思において、望まれなかった結果を強調するという印象を与えることになり、また、反対に、行為者が追求せず、または認容もしていない結果を実現しないようにするために、行動を阻止しなければならなかったのであるから、認容された結果は必然的に望まれた結果でもあるという点で、混乱の原因でもある。」と解している。

私もまた、未必の故意の概念は必要ではなく、混乱の原因であると考えている。

なるほど、本件において控訴院判事が行ったように、直接的故意と同視できる未必の故意は「当初は望んではいなかった結果の発生の蓋然性の認容を含意している」、または、Hennau et Verhaegen が提示したように、未必の故意は「軽罪を構成する事件では、副次的な結果は、必然的な結果として現れるのではなく、単なる行動から発生しうる結果として現れ、行為主体が少なくとも結果が生じるかもしれない可能性について認容する結果である」事案を包含している。故意は、刑法の諸原則とは両立しえない拡張された認容を対象としているように思われる。

行為者を暴行・傷害罪または殺人罪の正犯として処罰するためには、その行動が他者の傷害または死を惹起する危険を有することを知りながら、行為者がその行動を、事情を知って及び自らの意思で行ったことで足りるのではなく、行為者が意図的に及び事情を知って、その行動の直接的な結果として、または通常の成り行きにおいて生じるであろう結果として、他者の身体の完全性または生命に侵害を加える計画で、行為を行ったことが求められる。

自動車運転者が、事情を知って及び自らの意思で、道路の他の利用者を危険に陥れる軽率な行動をとったが、但し、他の利用者に衝突するまたは傷害

するという意思は有してはおらず、自らの運転が原因で衝突・傷害の結果が発生する可能性が存在すること（例えば、自動車運転者が、坂の道路で、見通しがきかないのに、対向車線を無視して他の自動車を追い越したが、正面に自動車が進行してくれば、重傷さらには死の危険を伴う正面衝突を誘発することを認識していた場合）を認識していたときには、自動車運転者を故意の暴行・傷害罪で有責であると認めることはできない。反対に、反抗のつもりで、高速道路を意図的に逆走し、走行してくる他の高速道路利用者を避けるために何もしない自動車運転者の状況は異なる。この事例の場合、結果発生を避けるために、他の利用者の反応及び運転能力を単にあてにしていたのであるから、運転者は、意図的に及び事情を知って、他の利用者と衝突する及び傷害する（さらには殺害する）ことになる行動をとった。この二つの事例ではいずれも、行為者は、自らの行動が惹起しうる結果を認識しながら、意図的な行動をとったが、行為者の意思において根本的な差異がある。第1の事例では、実際に対向車線を走行する運転者がいることを認識したときに、運転者は見通しのよくない追い越しは避けたであろうが、一方で、第2の事例では、対向して走行する自動車があることを認識し、かつ運命または他の運転者の運転能力に自らの行動が惹起しうる致命的な結果の発生を決定する責任を委ねて、自動車運転を継続している。

　第1の事例の場合、当初には望まなかった結果が生じる可能性の認容が確かに存在するが、しかしながら、結果が生じることを望んで、または結果が通常の成り行きにおいて生じるであろうことを認識して、行動をとったことが問題ではない（むしろ、行為者はそのような事情は生じないであろうという事実を想定している）。

　第2の事例の場合、結果は通常の成り行きにおいて生じるであろうことを明確に認識して、行為者は意図的な行動を継続している。この場合、直接的故意が問題となる。

　上述したことから、私の考えとしては、故意の統一的な定義のみを採用するために、未必の故意の概念を援用することを排除することが適切である。この点で、国際刑事裁判所に関するローマ規程30条に条文化されたように、故意を構成する意思及び認識の定義に着想を得て、提案する。

〈第30条　主観的要素

1．いずれの者も、別段の定めがある場合を除くほか、故意に及び認識して犯罪の客観的な要素を実行する場合にのみ、裁判所の管轄権の範囲内にある犯罪について刑事上の責任を有し、かつ、刑罰を科される。

2．本条の規定の適用上、次の場合には、個人に故意があるものとする。

a）行為に関しては、当該個人がその行為を行うことを意図している場合

b）結果に関しては、当該個人がその結果を生じさせることを意図しており、また通常の成り行きにおいてその結果が生じることを意識している場合

3．本条の規定の適用上、「認識」とはある状況が存在し、または通常の成り行きにおいてある結果が生じることを意識していることをいう。「知っている」及び「知って」は、この意味に従って解釈するものとする。〉

　このように、犯罪を構成する結果については、行為者はその結果を惹起しようと意欲し、または通常の成り行きにおいて、その結果が生じるであろうことを認識していたと理解されるのであるから、故意（「事情を知って及び自らの意思で」）について求められる認識及び意思の要素は、法律が禁止する行為を自らの意思で及び事情を知って行うことから構成される。

　このような統一的な定義は、未遂犯の場合か、または既遂犯の場合かに対応して、主観的要素を異なるものと理解することを避けるためにも、理論的に一貫する点で優越性がある。

　したがって、控訴院判事は、破毀申立人について殺人の故意の存在を確認するために、未必の故意の概念を適用するときには、その判断を正当化することはできないと思われる。

　訴訟要件の中で、未必の故意の適用の問題を検討する前に、控訴院判事は、その立場では、殺人の故意を示唆する基準である次に掲げる要素を考慮することによって、既に、破毀申立人について殺人の故意の存在を結論づけていたことを確認しなければならない。

・凶器を携帯して降り立ち、最初に発砲したときには、破毀申立人は、通告することなく、空に向けてまたは腕に向けて発砲したのではなく、J.H. が傍にいる自動車の方向に発砲しているから、迅速かつ決意をもって、行動している。

・破毀申立人の心理状態は、レストラン／ブラッスリーから戻るとすぐに、行動に移そうとする危険なものであった。それは、破毀申立人の混乱、攻撃性及び暴力にショックを受けた J.H. がその個人の財産とともに即座に自宅を離れる決定をしたというその行動からも明らかである。

・使われた凶器の選択：破毀申立人は、明らかに致命傷を与えうる凶器である FN357 マグナムバラキュダを使った。破棄申立人は、自宅の中で、例えば、捜査官が客間で発見した空気銃のように潜在的に危険性の低いその他の種類の凶器を利用できたにもかかわらず、自ら当該拳銃を探しに行くという選択をした。

・発砲数：破毀申立人は 3 回拳銃を発砲した。

・事件当時者の立ち位置及び発砲の方向：第 1 発及び第 3 発の際には、破毀申立人は異論の余地なく J.H. を狙っていた。第 1 発については、弾痕から発砲が自動車に向けられて実行されたことが証明されたとき、たとえ、J.H. が運転座席で頭を傾けていたとしても、自動者内で座っていた人間の頭の高さに向けて発砲されていた。第 3 発については、J.H. の右耳に生じた被害は、頭の高さに人に向けて近くから発砲されたこと以外を証明するものではなく、それ以外は仮説にすぎない。

　以上の証拠に基づき、控訴審判事は、破毀申立人の行動は、その意思とは無関係な要素（特に、その行動を不正確なものとする酩酊状態、標的が興奮して動いていた）を理由としてしか避けることができなかった、人間の生命維持に必要な器官（頭部）のレベルで致死の結果を生じさせる危険性があると判断し、その結果、行為者の前方の至近距離にいる被害者に向けて、致命傷を与えうる凶器を用いて、意図的に発砲したのであるから、破毀申立人は殺意しかもちえなかったと結論づけた。

　結論として、私が議論を絞り込んだように、かつ、未必の故意の概念を用いる必要性がなく、控訴院判事が破毀申立人において殺意の存在を認定したことは正当であると思われる。

　未必の故意の概念を利用したことで破毀申立人から批判された判決理由によって、控訴院判事が刑法 51 条及び 393 条に違反したと仮定したとしても、破毀申立理由では、原判決を破棄する結論には至らない。

146　第6章　ベルギー刑法における未必の故意(dol éventuel)の概念をめぐる最近の議論

したがって、破毀申立は原判決の余分な判決理由に対して行われており、訴えの利益はなく受理することはできない。

さらに、重要なまたは瑕疵なく法律で定められた要式は遵守されており、裁判は適法であると思われる（上記で指摘した未必の故意の適用の問題については除く）。

【判決】
A　公訴について言い渡された判決に対する破毀申立について

憲法149条違反、刑法51条及び393条違反について[20]、破毀申立理由では、少なくとも、破毀申立人が被害者に拳銃を３発発砲することによって、被害者に惹起しうる非常に蓋然性の高い致死の危険を無視することはできないこと、破毀申立人が死の結果が生じるかもしれないことを必然的に認容した（受け入れた）こと、認容とは起訴状で言及された特別故意と同一であるとされることを考慮して、破毀申立人に故殺未遂罪の罪責を負わせた原判決には誤りがあると主張する。したがって、故殺未遂罪の主観的要素とは行為者が直接的にかつ確実に求めた結果を発生させる意思・意欲であることを控訴院判事は立証しなかった、と主張する。

破毀申立人は、原判決が憲法149条に違反するのかとの理由を示さず、同条違反を援用しているが、この破毀申立理由は正確性を欠き受理することはできない。

故殺未遂罪は、行為者が事情を知りながら殺意を有していたことを想定している。

法律が求める意思の要素と認識の要素は、禁止された行為の事情を知りつつ、その行為を意図的に行ったことからなり、犯罪を構成する結果については、行為者はその結果が惹起されることを意欲し、または通常の成り行きに

20　憲法149条は「判決にはすべて理由を付す。判決は公開の法廷で言い渡される。」と規定する。刑法51条は、未遂犯の処罰規定であり、「重罪または軽罪を実行する決意が、重罪または軽罪の実行の着手を形成し、行為者の意思とは独立した事情によってのみ中断され、またはその結果を欠いた外部的行為によって表明されたときには、可罰的な未遂が存在する。」と規定する。刑法393条は、殺害する意思をもって実行された殺人は故殺罪とされる、と規定し、故殺罪の法定刑を定める。

おいてその結果は発生するであろうことを認識していたことと理解される。

原判決は、本件において、口論の後で、破毀申立人は、潜在的に危険性のより低いその他の種類の凶器を自由に使うことができたにもかかわらず、明らかに致命傷を与える凶器を利用したこと、事件関係者の立ち位置及び銃口の向きは、第1発目と第3発目の際に、破毀申立人が異論の余地なく被害者に狙いをつけていたことを明らかにしていること、を考慮している。第1発は素早く決意をもって発砲された。何故なら、破毀申立人は、何も告げずに、空中にでも地面にでもなく、被害者がその中にいる自動車に向けて発砲し、被害者は開いたままになっていた運転席側のドアの後ろに隠れていた。控訴院判事に従えば、弾痕は、その発砲が自動車に向けられて実現され、助手席にまで被害が及んでおり、被害者が車内で身をかがめていても、座った人間の頭部の高さに到達していることを示している。第3発に関しては、判決は、被害者の右耳に生じた傷害が、被害者の頭部及び被害者に向けた、至近距離からの発砲以外の何物でもないことを証明していると説示している。

控訴院は、破毀申立人の行為は死の結果を惹起しうるものであり、その意思とは関係のない要素、とりわけその行動を不明確なものとする酩酊状態、標的が興奮状態にあった及び行動していたこと、を理由としてしか避けることができなかったと帰結している。控訴院判事は、さらに、（頭部のように）生命維持にとって枢要な器官に関して、致命傷を与える強力な凶器を利用して、至近距離で自分の前にいる被害者に向けて意図的に拳銃を発砲していることから、破毀申立人は殺意しかもちえなかったと判示した。

以上の考察によって、公訴事実の主観的要件に関する原判決の判断の妥当性を確認することができる。

未必の故意の概念を援用した、かつ破毀申立人によって批判された判決理由に基づいて、控訴院判事が刑法51条及び393条に違反したと仮定したとしても、破毀申立理由は原判決を破棄するに足りるものではない。

破毀申立が余分な判決理由に向けられている限りにおいて、破毀申立理由はその利益を失い、したがって、受理することはできない。

職権による判断

重要であり瑕疵のない法律に規定された要式は確認されたので、この判断

は法律にもかなうものである。

〔以下は私訴に対する破毀申立に関する判断となるので、本稿では省略する。〕

Ⅲ　主観的犯罪成立要素としての故意と未必の故意の概念

1　主観的犯罪成立要素としての故意の概念

　破毀院2019年11月6日判決については、Kuty リエージュ第1審裁判所判事の詳細な評釈論文がベルギー刑法雑誌上に公表されている[21]。Kuty はまた、ベルギー刑法総論の全4巻から構成される浩瀚な体系書の執筆者でもある[22]。Kuty の評釈論文や総論の体系書を参照しつつ、本判決の位置づけやベルギー刑法学における故意の概念について検討を加える。

　ベルギーの故意概念に大きな影響を及ぼした見解は、19世紀に Haus によって提唱された見解であり、現行刑法典の故意犯の規定にも影響を与えた。現行刑法典では、故意・過失という主観的要件に関する一般規定は置かれてはおらず、各則の犯罪構成要件において故意犯・過失犯が規定されている。重罪または軽罪については、法律に過失犯を処罰する特別の規定がない場合には、犯罪意思（故意）が犯罪の主観的成立要素である[23]。これに対して、違警罪については、犯罪の主観的成立要素として故意が常に要求されるわけではなく、犯罪事実の認識はあるが認容がないという認識ある過失の場合も故意とみなすという取扱いがなされてきた[24]。

　Haus は、故意（dol）を、一般的故意（dol général）、特別故意（dol spécial）、完全な特別故意（dol tout à fait spécial）、直接的故意（dol direct）、確定的故意（dol déterminé）、不確定的故意（dol indéterminé）、間接的または未

21　F. Kuty, Note L'élément fautif des infractions intentionnelles, *R. D. P. C.* 2020, pp. 377～394.

22　F. Kuty, *Principes généraux du droit pénal beige Tome I: la loi pénale 3ᵉ éd.*, Larcier, 2018, *Tome: l'infraction pénale 2ᵉ éd.*, Larcier, 2020, *Tome Ⅲ: l'auteur de l'infraction pénale 2ᵉ éd.*, Larcier, 2020, Tome Ⅳ: la peine, Larcier, 2017.

23　末道康之「ベルギー刑法学における犯罪の主観的成立要素」南山法学42巻・3・4号（2019）198頁。

24　同上、199頁。

必の故意（dol indirect ou éventuel）、予謀的故意（dol prémédité ）に分類している[25]。現在では、基本的には Haus の故意概念に依拠しながら、故意を、一般的故意と特別故意に区分し、その態様として、確定的直接故意、不確定的直接故意及び未必の故意、間接故意に区分する見解が主張されている[26]。

　古典学派は、故意とは、事情を知って意図的に犯罪構成要素を実現すること、犯罪であることを知ってその行為を行うこと、犯罪の実現を意図するまたは認容することにあり、同時に、法益を侵害することについての認識も必要であると説明する[27]。したがって、故意とは、犯罪であることを認識している行為を実行する意思と定義されることになる[28]。

　刑法典に故意の定義規定をもたないことを前提とすれば、Haus によって提示された多様で複雑かつ技巧的な故意概念については、教育上の観点からは意義を認めうるとしても、現実の裁判実務においては、必ずしもこのような故意の分類に従って故意の有無が認定されていたわけではない。現実の裁判実務においては、故意犯の成立を肯定するためには、古典学派のいう一般的故意（dol général）が認定されれば、犯罪の主観的要素を充足すると解されてきた。また、古典学派の故意の概念については、ブリュッセル自由大学の Legros 教授が1952年に発表した教授請求論文「犯罪における主観的要素」で批判を加え、犯罪の主観的要素は、重罪・軽罪・違警罪に共通するものであり、犯罪の主観的要素は、故意犯における故意、過失犯における過失、法律が定める場合には特別故意の３類型に区別できるとの見解が示された[29]。Legros は、法律上、犯罪の主観的要素について明示されていない場合は、faute（主観的要素）は、行為者が具体的に正当化することのできない禁

---

25 J. J. Haus, *Principes généraux du droit pénal belge, 3ᵉ éd.*, Hoste, 1879, nᵒˢ 298-315 et 357-358.

26 Kuty, Note L'élément fautif des infractions intentionnelles *préc.*, p. 379; *Principes généraux du droit pénal belge, T. Ⅱ: l'infraction pénale 2ᵉ éd., préc.*, nᵒ 1108, p. 236.

27 Kuty, *Principes généraux du droit pénal belge, T. Ⅱ: l'infraction pénale 2ᵉ éd., préc.*, nᵒ 1108, p. 237. 末道・前掲「ベルギー刑法学における犯罪の主観的成立要素」202頁。

28 末道・前掲「ベルギー刑法学における犯罪の主観的成立要件」203頁。

29 R. Legros, *L'élément moral dans les infractions*, Sirey/Desoer, 1952, nᵒ 368 bis, pp. 298 et s.

止された行為または有責な不作為を任意にかつ認識して実行することにあると主張する[30]。したがって、正当化されない禁止された行為または有責な不作為を任意にかつ認識して実行することだけが、犯罪の主観的要素であり、等しく故意または過失の形態をとりうることになる。判例を分析すれば、一般的故意（dol général）を構成する「事情を知って及び意図的に（sciemment et volontairement）」という文言は、行為者が正当化されることのない犯罪の客観的要素を任意にかつ認識して実行することが存在することを明確にするために一般的に利用されているのであるから、「dol（故意）」という概念を過度に重視する必要はない、むしろ、法律上、主観的要素が明示されていない場合には、客観的な行為が実行され、その行為が正当化されない限りにおいては、刑事責任を問いうるのであるから、犯罪の主観的要素として故意の概念は必ずしも必要はないと主張している[31]。ただ、犯罪の主観的要素として故意を不要とする見解には古典学派から厳しい批判が加えられた[32]。

　Legros の見解は故意の概念についてのある意味でのターニングポイントとなったことは事実であり[33]、その後、犯罪の主観的要素としての故意（dol général）の概念を基本的には維持していた判例実務においても、古典学派への批判的な考察は一定の影響を与え、破毀院も故意を定義しようと試みていた。破毀院は、故意を以下のように定義している。1976年2月24日判決では、行為を遂行しかつ結果を実現する意思[34]、1988年3月29日判決では、違法行為を実現する意思[35]、1998年1月6日判決では、法律で禁止された行為を、事情を知って及び意図的に実行するという事実[36]、1999年5月11日判決では、法律で禁止された行為を、事情を知って、実現する意思[37]、1999年9

30　Legros, *op. cit.*, n° 174, pp. 148 et s.

31　Kuty, *Principes généraux du droit pénal belge, T. II : l'infraction pénale 2ᵉ éd., préc.*, n° 1113, p. 241.

32　この点については、Kuty, *Principes généraux du droit pénal belge, T. II : l'infraction pénale 2ᵉ éd., préc.*, n° 1114, pp. 241 et s. を参照。

33　この点については、Kuty, *Principes généraux du droit pénal belge, T. II : l'infraction pénale 2ᵉ éd., préc.*, n° 1115, p. 242を参照。

34　Cass., 24 février 1976, *Pas.*, 1976, I, p. 700.

35　Cass., 29 mars 1988, *Pas.*, 1988, I p. 909.

36　Cass., 6 janvier 1998, *Pas.*, 1998, 1, p. 11.

37　Cass., 11 mai 1999, *Pas.*, 1999, I, p. 672.

月21日判決では、禁止された行為を、事情を知って及び意図的に遂行する意思または義務づけられた行為を、事情を知って及び意図的に怠る意思[38]、等と定義している。

故意の成立には、犯罪事実を認識し意欲することが必要であり、認識的（知的）要素と意思的（意欲的）要素が必要であることは、判例・学説が一致して認めている[39]。犯罪事実の認識とは、犯罪の客観的構成要素の実現を認識することである[40]。意思的（意欲的）要素に該当するものが、結果を発生させる意思・意欲（volonté de résultat）であり、破毀院は、故意の成立には、結果を発生させる意思・意欲（volonté de résultat）が必要であることを認めている。前述の破毀院1976年判決においても、故意とは行為を遂行しかつ結果を実現する意思であると定義している。

破毀院の故意の定義について、特に重要と評価されている判決が、破毀院1999年11月23日判決（以下、破毀院1999年判決とする。）と、本稿で検討している破毀院2019年11月6日判決（以下、破毀院2019年判決とする。）である。

破毀院1999年判決は、故意（dol général）とは、事情を知って及び意図的に（sciemment et volontairement）、法律によって禁止された行為を遂行することである、と判示した。さらに、「事情を知って（sciemment）」という文言は、行為者が自らの行動の可罰性及びすべての客観的要素が実現されたこと、すなわち、犯罪が実行されたことを認識して行動することを求めていることであり、「意図的に（volontairement）」という文言は、行為者が犯罪の客観的要素、具体的には、禁止された行為または禁止された不作為を実現する意思を有することであると定義した[41]。破毀院1999年判決の立場では、故意とは、行為者がその違法性を知りながらかつその行動が刑罰法規に反する犯罪を構成することを認識しながら、行為者が犯罪の客観的構成要素を実現

---

38 Cass., 21 septembre 1999, *Pas.*, 1999, Ⅰ, p. 1174.

39 Kuty, *Principes généraux du droit pénal belge, T. Ⅱ : l'infraction pénale 2ᵉ éd., préc.*, n° 1108, pp. 236 et s., Ch. Hennau et J. Verhaegen, *Droit pénal général 3ᵉédition mise en jour* avec le concours de D. Spielmann et A. Bruyndonckx, Bruylant, 2003, n° 349, p. 320.

40 Kuty, *Principes généraux du droit pénal belge, T. Ⅱ : l'infraction pénale 2ᵉ éd., préc.*, n° 1131, pp. 259 et s.

41 Cass., 23 novembre 1999, *Pas.*, Ⅰ p. 1550.

する意思であることを意味する[42]。

破毀院2019年判決では、故意の成立には、意思の要素と認識の要素が必要であることを前提に、故意を「禁止された行為の事情を知りつつ、かつその行為を意図的に行ったことからなり、犯罪を構成する結果については、行為者はその結果の惹起を意欲し、または通常の成り行きにおいてその結果は発生するであろうことを認識していたこと」と定義した。破毀院1999年判決では、犯罪の客観的構成要素を実現する意思が必要であることを明示したが、破毀院2019年判決では、犯罪行為から生じる結果の発生を意欲すること、通常の成り行きにおいてその結果が発生するであろうことを認識していたことが必要であることを明確にした点で重要な意義があると評価できる。故意は、禁止された行動（行態）の実現を対象としなければならない。禁止された行動（行態）が犯罪の構成要素とされた結果から構成されるときには、行為者がその結果を実現しようとしたことまたは少なくともその結果が通常の成り行きにおいて生じることになるであろうことが求められる。したがって、Kuty の理解では、結果を発生させる意思・意欲（volonté de résultat）は、特別な主観的要素または特別故意とともに、主観的要素である故意（faute intentionnelle）の一形態である。故意（intention）または結果（発生）の意欲は、行動（行態）の結果の追求のみならず、その実現を認容することも含んでおり、結果惹起が通常の成り行きにおいて避けることができないと思われるのであれは、犯罪実行の際に、その結果が明確に確定されていたか否かは問わない[43]。このような故意概念の理解に立てば、従来の古典学派による未必の故意の概念の必要性が問題となり、Kuty は未必の故意の概念は既遂犯においても未遂犯においても不要であるという見解を主張している。

2　未必の故意の概念

従来の故意の分類によれば、一般的に、直接的故意とは、行為者がその行為から特定の結果が発生するものとしてその結果を追求した場合に認められる。これに対して、間接的故意及び未必の故意は、行為者の意思を超過した

42　Kuty, Note L'élément fautif des infractions intentionnelles *préc.*, pp. 380 et s.

43　Kuty, Note L'élément fautif des infractions intentionnelles *préc.*, p. 381.

Ⅲ　主観的犯罪成立要素としての故意と未必の故意の概念　*153*

結果または副次的な結果に関係する。行為者は、特定の犯罪（例えば、暴行・傷害罪）を実行するつもりで、その行為から生じるかもしれない致命的な結果（殺人）が生じた場合であり、行為者は死の結果の発生を追求してはいないが、死の結果が実現されるかもしれないことを認容した場合である[44]。未必の故意は、副次的な結果の発生はありうるが、必然的ではないという点で、間接的故意と区別される。未必の故意は、行為者が、結果が実現されるかもしれない場合に、それでもなお、その不確定な結果の発生を認容した場合に認められる。換言すれば、未必の故意は、行為者が、その行為から副次的な結果が生じるかもしれないことを事前に引き受け、結果発生をあきらめないことを意図的に選択した場合に認められることになる[45]。

　古典学派は、次のような事例で未必の概念を説明している。行為者が、他者を殴打し、または傷害するだけのつもりではあったが、その行為が結果として被害者の死を惹起しうるかもしれないと予見しながら、被害者の死を惹起したときには、行為者は故殺罪の刑事責任を負うと説明する。行為者は、結果発生を予見したときには、結果を生じさせる行為の直接的かつ必然的な帰結であると思われる予見可能な事象に応答しなければならない。行為それ自体ではなく、行為の結果のみに接している未必の故意は、行為者が決意した犯罪を実行する計画を形成したが、結果として行為者の目的を超過した犯罪を生じたときに、存在する。この場合、生じた害悪は、行為の必然的なまたは通常の結果であり、行為者がその実害を生じる危険性があったという事情を知っていたとすれば、この実害は意図的なものと考えるべきである[46]。自らの行為によって、当初は想定していなかった結果が生じるかもしれないことは認識しつつ、その結果が生じないようにするための行動を意図的に放棄した場合には、その結果発生を認容したことになり、未必の故意が認められることになると思われる。但し、Haus は、故意（intention）の概念からは微妙に離れていることを十分に認識して、「本当のことをいえば、行為者は

44　A. Delannay, Note Tentative et dol éventuel: une occasion manquée de « déminer uncolis piégé », *R. D. P. C.*, 2018., p. 353.

45　Delannay, Note Tentative et dol éventuel *préc.*, p. 354.

46　Kuty, Note L'élément fautif des infractions intentionnelles *préc.*, p. 381 et s.

重罪を実行する目的はなかったが、しかし、あらゆる蓋然性に従って、その行為がより重大な害悪を生じるであろうことを知りつつ、行為者は、その害悪を場合によっては望み、実行しようとした計画を放棄するよりはむしろ、予見した結果が生じる危険を犯して、その行為の結果を受け入れることを優先したのである。」[47]と追記することを忘れてはいない。刑事責任を認めるためには、行為者の行為・行動をその結果及び行為者が有していた認識と結びつける必然的または通常の因果関係が認められなければならない[48]。

　Kuty は、古典学派の未必の故意の概念を次のように批判している。古典学派の未必の故意の射程範囲によれば、未必の故意の概念は、一般的故意の領域を、意図的な行為の予見可能で想定しえたが追求しなかった結果にまで拡張するために利用されている。このような思考方法は、明らかに行為者は結果発生を追求していなかった事例において、意図的な行動からの結果の発生を故意によるものとして考えるという印象を与えることになった。未必の故意は、行為者の真の意思について疑いがあるときには、法的制度として、一般的故意に代替しうる一般的故意の枠外にあるものと理解される。ある意味で、行為の結果を、その結果を追求したものではないが、故意によるものと考えることを認めるものであり、実行された行為の処罰が未必の故意によって決定されるという事例において、故意の存在に疑念を生じることになるから、残念である。未必の故意が認定されるほとんどの事案において、行為者は意図的に禁止された行為を実現したが、違法な結果を実現する意思を有していたことに異議を唱えているのである。このように、未必の故意は、検察官の故意の立証責任を軽減するために利用されているといっても過言ではない。意図的要素が、未必の故意の概念を利用することで、立証されるよりも、肯定されまたは推定されるという運用は、裁判所が、たとえそれ自体が危険であり、道義的には非難されうるものであるとしても、法律の規定に応答していない可能性がある行為・行動を是が非でも処罰しようとしているという不幸な印象を公衆に与えていることになると考えざるを得ない[49]。

47　Haus, *op. cit.*, n° 314.

48　Kuty, Note L'élément fautif des infractions intentionnelles *préc.*, p. 382.

49　*ibid.*

Ⅲ　主観的犯罪成立要素としての故意と未必の故意の概念　*155*

故意が明確ではない場合には、犯罪として処罰することはできない。立証の必要性から、確定的故意と不確定的または未必の故意とを区別し、不確定的または未必の故意を確定的故意と同視することになるとしても、現実に、主観的要素である故意（faute intentionnelle）を確定するには、故意（dol）または結果を発生させる意思・意欲（volonté de résultat）の概念で足りるというべきである。故意という主観的要素の証拠が報告されないときには、犯罪の主観的要素の立証を容易にするために未必の故意を利用することは、故意という主観的要素によって特徴づけられる犯罪処罰を確保することには決してつながらないことは事実である[50]。

破毀院2019年判決の事案では、リエージュ控訴院は、被告人の行動は被害者の死を惹起する危険なものであり、死の結果発生は行為者の意思とは独立した事情によってしか避けることができなかった、そして、至近距離で自分の前にいる被害者の頭部に向けて致命傷を与えうる強力な凶器を用いて意図的に発砲したのであるから、被告人は殺意しかもちえなかったと評価している。さらに、控訴院は、被害者に発砲することで行為者は必然的に潜在的な死の結果を認容している、その認容は特別故意と同視されるのであるから、行為者は被害者を危険にさらすという蓋然性の高い致命傷を与える危険を無視することはできない、と認めている。この点で、控訴院は、被告人には殺意という確定的故意があると評価しているのか、それとも、その行為の潜在的な結果を単に認容したという未必の故意があると評価しているのか、検討することが必要である。控訴院は、未遂犯の処罰においても、未必の故意を排除する必然性はないことを理由に、未必の故意の概念を用いて、本件において故意を認定している。既遂犯における未必の故意の判断基準が、当初は望んでいなかった結果発生の確実性・蓋然性を認容することであるとすれば、その概念自体には結果が発生しない可能性も含まれているのであって、同一の認識をもって実行された同一の行為を、意欲しなかったがそれでも認容した状況が、行為者の意思とは独立した事情によって発生しなかったことを唯一の理由として、処罰しないとすることはあまりにも技巧的であると控

50　Kuty, Note L'élément fautif des infractions intentionnelles *préc.*, pp. 382 et s.

訴院は判断している[51]。既遂犯の場合と未遂犯の場合とでは、結果が行為者の意思とは独立した事情によって生じなかったという違いがあるだけであり、主観的要件としての故意の認識内容について、区別する必然性はないと考えることは妥当であると思われる。

古典学派の故意の概念に従えば、行為者が被害者の殺害を追求した場合には直接的故意が問題となるが、行為者が、結果発生を望まず意欲しなかったとしても、自らの行為から死の結果が発生することを認容した場合には、死の結果発生の危険性を無視することができないことを理由に、未必の故意が問題となるが、このように考えなければならないのであろうか、という疑問が提起される[52]。このような見解では、殺人罪の場合、法律によって求められる被害者を殺害するという意思を認定することなく、死の結果発生の危険性を無視することができなかったことを理由に未必の故意を認定することになり、結局、認識ある過失と混同される危険性があるのではないかとの指摘がある[53]。

古典学派によれば、故意と過失との区別は、未必の故意と認識ある過失との区別に直結することになるので、この区別基準は重要であり、未必の故意は、犯罪の結果発生の可能性を認容することを前提としている[54]。したがって、未必の故意は、特定の犯罪の結果発生の可能性を予見したことを、結果発生を実現する意思と同視することを認めるものである。この理論に従えば、予見可能な結果を合理的には発生させうる行動をとったことのみで、行為者は事情を知って及び意図的に結果を発生させたと考えることが認められることになる。しかしながら、予見可能な結果を合理的には発生させうる行動をとったことのみで、結果が生じた場合でも、行為者は事情を知って及び意図的に結果を生じさせたと認めることはできない[55]。確かに、刑法における最近の傾向は、行為者が犯罪を実行したことを理由に処罰するというより

---

51 Kuty, Note L'élément fautif des infractions intentionnelles *préc.*, p. 383.

52 *ibid.*

53 *ibid.*

54 Kuty, Note L'élément fautif des infractions intentionnelles *préc.*, pp. 383 et s.

55 Kuty, *Principes généraux du droit pénal belge, T. Ⅱ: l'infraction pénale 2ᵉ éd., préc.*, n° 1161, p. 304.

Ⅲ　主観的犯罪成立要素としての故意と未必の故意の概念　　*157*

はむしろ、危険な行動をとったことを理由に処罰するということにあるとい
えるが、結果発生を追求もせず認容もしないで、認識しつつ危険を犯したと
いうだけでは、犯罪を故意に実行したとはいえない[56]。故意とは結果を発生
させる意思・意欲であり、単なる危険を創出する意思・意欲ではない。予想
は必ずしも認容と同義ではないし、結果を発生させる意思・意欲と同義でも
ない。故意とは結果を発生させる意思・意欲と理解されるべきであり、ただ
単に危険を創出する意思と理解されるものではない。結果発生の可能性を予
想することは、結果発生の追求または結果発生の可能性の認容と同視するこ
とはできない[57]。

　Kuty によれば、次のように説明される。行為者が、任意に及び事情を
知ってとった行動から通常であれば生じる可能性がある違法な結果について
は、行為者がその結果発生を望んでいて、通常の成り行きにおいてその結果
が発生することを認識していたとすれば、行為者は刑事責任を負う。通常の
成り行きにおいて生じるはずであった結果については、行為者が違法な行動
の実行を追求したのであれば、行為者が結果が生じるであろうと認識してい
たときには、行為者がその結果の実現を望まなかったことは重要ではない。
この場合、犯罪の実行を追求したことは、犯罪を実現する意思を証明してい
る。反対に、通常の成り行きにおいて、犯罪を構成する結果が発生すること
になることを認識していなかったとすれば、結果発生の認識がないので認識
なき過失となり、過失犯の責任を負うにとどまる。通常の成り行きにおいて
は、犯罪の結果が必ずしも発生することにならない場合には、問題は若干異
なる。この場合に、結果発生を望むか、少なくとも認容したときには、故意
を認定できるが、特定の結果の発生を認識はしたが、その結果発生の実現を
望むことも、認容することもなく、その実現を避けようとした場合には、認
識ある過失が認められる[58]。

56　Kuty, Note L'élément fautif des infractions intentionnelles *préc.*, p. 384

57　Kuty, *Principes généraux du droit pénal belge, T. Ⅱ : l'infraction pénale 2ᵉ éd., préc.*, nᵒ 1161, p. 304.

58　Kuty, Principes généraux du droit pénal belge, *T. Ⅱ : l'infraction pénale 2ᵉ éd., préc.*, nᵒ 1161, p. 305.

3 未遂犯の主観的要素と未必の故意

　ベルギー刑法学では、前述したように、未遂犯の場合には、主観的要素として確定的故意が必要であり、未必の故意では十分ではないという見解が通説であるといってよい状況にある[59]。未遂犯の主観的要素として未必の故意を排除するという見解は、19世紀に Haus によって展開され、現行刑法典の制定にも影響を及ぼしている。Haus は刑法典制定の準備作業の際に、「未遂犯の成立には、行為者が、窃盗、殺人、放火等の特定の重罪を実行する計画をもつことが必要である。当該行為を、行為者が実現しようとした特定の目的に帰属させることができなければ、当該行為をこれこれの犯罪の未遂として考慮することはできない。」と主張していた[60]。この見解は、刑法51条の未遂犯の規定の文言の解釈をその理論的な根拠としている。未遂犯の成立には、重罪または軽罪を実行する決意が、重罪または軽罪の実行の着手を構成する外部的行為によって表明され、行為者の意思とは独立した事情によって中断されまたは結果を欠いたことが必要であるので、未遂犯の成立要件は、実行の着手の存在、任意による中止の不存在、行為者が実行しようとした犯罪と直接的に関係がある明確な犯罪の決意、換言すれば、直接的故意が存在することであり、したがって、未遂犯の主観的要素としては未必の故意が排除されることになる。

　未遂犯の主観的要素として未必の故意を排除するという見解が学説・判例において一般的であるとされる一方で、判例実務においては、未遂犯の主観的要素として未必の故意を認定して犯罪の成立を肯定する裁判例も散見される状況にあり、未遂犯の主観的要素について、既遂犯の主観的要素との関係で、これまでにも議論が提起されてきた。

　破毀院2019年判決の原審であるリエージュ控訴審2019年5月21日判決では、未遂犯の主観的要素として未必の故意でよいと判断したが、未必の故意を未遂犯の主観的要素として認める見解は新しいものではなく、これまでも判例実務では認められてきた。リエージュ控訴院2017年3月13日判決[61]は、

---

59 Kuty, Note L'élément fautif des infractions intentionnelles *préc.*, p. 383; Hennau et Verhaegen, *op. cit.*, n° 353, p. 322.

60 Delannay, Note Tentative et dol éventuel *préc.*, p. 355; Haus, *op. cit.*, n° 432.

Ⅲ　主観的犯罪成立要素としての故意と未必の故意の概念　　*159*

銀行に依頼していた資産運用で損失が出たことに恨みをもった被告人が、銀行の資産運用担当者を殺害しようとして、爆発物を仕込んだ小包を被害者に送ったが、計画通りの結果が実現せず、殺害の対象者である資産運用担当者は手に怪我をしたにとどまったが、その配偶者が爆発で胸部に重大な傷害を負ったという事例において、被告人は殺害対象者ではない配偶者を侵害しようとしたわけではないと主張したが、被告人に謀殺について未必の故意を認定して、謀殺未遂罪の成立を認めた。控訴院は、既遂犯において、未必の故意を適用する基準は、当初は望まなかった結果が発生する可能性を認容したかであって、そこには結果不発生の可能性も包含されているのであるから、結果発生を望まなかったがその発生を認容した場合に、行為者の意思とは独立した事情によって結果が生じなかったことを理由に、同じ認識をもって実行された同一の行為を処罰しないことは技巧的にすぎるとして、未遂犯の主観的要素として未必の故意を排除するという見解を批判した[62]。控訴院は、さらに、未必の故意の概念を既遂犯にのみ適用することは、既遂犯と未遂犯という出発は同じではあるが、致死の結果が生じたか否かで区別されるにすぎない二つの犯罪類型に全く意味のない区別をしていることになると批判している[63]。

　破毀院2019年判決の事案では、被告人は、至近距離から目の前にいる被害者の頭部に向けて３発拳銃を発砲しており、殺意以外の故意を認定することができないということは明確であった。破毀院は2019年判決において、未必の故意を認めて故殺未遂罪の成立を認めた原審の判決理由について、破毀申立人からも批判されているが、控訴院判事が刑法51条、393条に違反していると仮定したとしても、判決を破棄するには至らないと判断した。すなわち、破毀院は、故殺未遂罪の成立を認めた原判決の結論自体は認めているので、未必の故意の概念を用いて故殺未遂罪の成立を認めたことは批判しつつも原判決を破棄する事由には該当しないと判断したものと思われる。この点について、行為者の現実の意思とは独立して、犯罪を構成する結果の発生が

61　Cour d'appel de Liège (18ᵉ ch. corr.), 13 mars 2017, *R. D. P. C.*, 2018, p. 344.

62　Delannay, Note Tentative et dol éventuel *préc.*, p. 347.

63　*ibid.*

ありうることを認容したことのみを理由に、未遂犯の可罰性を肯定しようとして、裁判官が未必の故意の概念を多用することを破毀院が恐れたのかもしれないとの指摘もある[64]。また、追求しなかった結果そのものではなく、結果発生の予見可能性があれば未必の故意を認めることにもなり、未遂犯における主観的要素の認定が緩和されすぎるのではないかという危険性も指摘されている[65]。

4　既遂犯の故意と未遂犯の故意との同一性

　破毀院2019年判決において、殺人の未必の故意を認めて故殺未遂罪の成立を肯定した原判決に対して、その結論自体は維持しつつも、破毀院が主観的要素の概念を再検討したという点において、重要な意義があり、本判決の射程は今後の判例に大きな影響力を有するものと評価されている[66]。Vandermeersch次長検事の論告にも示されているように、国際刑事裁判所に関するローマ規程30条に示された犯罪の主観的要素の定義を引用することで、次長検事は、既遂犯と未遂犯に共通する主観的要素の概念を提示しようとした。このような提案を受けて、破毀院は「法律が求める意思の要素と認識の要素は、禁止された行為の事情を知りつつ、その行為を意図的に行ったことからなり、犯罪を構成する結果については、行為者はその結果の惹起を意欲し、または通常の成り行きにおいてその結果は発生するであろうことを認識していた。」と判断した。破毀院はまた、故意犯が成立するためには、行為者が事情を知って、意図的に違法な行動をとったことが必要であり、故意の認識対象として、犯罪の客観的構成要素である結果がその範囲に含まれることを明確にした。刑罰法規で処罰するためには、行為者は事情を知って行動しなければならず、犯罪の客観的構成要素の一つである犯罪の結果の発生は、単に行為者にとって予見可能であっただけではなく、行為者が現実に予見・想定していなければならない。そのうえ、結果発生は単に場合によっては生じうるというだけでは十分ではない。結果発生は通常の成り行きにおい

64　Kuty, Note L'élément fautif des infractions intentionnelles *préc.*, p. 387.

65　*ibid*.

66　*ibid*.

Ⅲ　主観的犯罪成立要素としての故意と未必の故意の概念　*161*

て起こりうる、換言すれば、未遂犯の場合を除き、結果の実現は避けること
ができないことが明らかであると思われることが求められる。最後に、あら
ゆる確実性・蓋然性に従って、この結果が生じるはずであることを知ってい
ることが立証されたのに、行為者はその計画にこだわっているのであるか
ら、この結果は行為者の意思、この場合は、結果の意欲、換言すれば、結果
を実現する意欲から生じたものでなければならない[67]。

　Kuty は、通常の成り行きにおいて違法な結果が生じるという基準が重要
であると指摘して、次のように説明する。犯罪が既遂ではなく未遂である場
合には、行為者の意思とは独立した事情を除いて、単に結果の発生がありう
ることが問題ではなく、その実現が避けられないということが問題である。
例外的な事情を除いて、行為者は上記の結果が生じうることを認識していな
ければならない。事物の通常の成り行きにおいて、及び一般的経験則に従え
ば、結果発生が、意図的にとられた行動の論理的で、避けることができず、
かつ予見可能である帰結であるべきという意味においては、結果発生は不可
避であるといえる[68]。この基準を用いることによって、認識ある過失と故意
を区別することができるようになる。認識ある過失の場合、結果発生は可能
であるが、行為者は結果が実現しないことを期待して行動しているが、一
方、故意の場合は、結果の発生は、一般には、避けることはできず、行為者
はこの事情を認識しつつ、それにもかかわらず行動しており、このことか
ら、結果の実現を追求したことが証明される[69]。通常の成り行きにおいて
は、その結果は実現されることを知りながら、処罰される行動をとった者は
故意（faute intentionnelle）によって駆り立てられたのである。違法であると
知っている行動をとることを放棄するのは行為者自身である。事情を知って
行動を継続するのであれば、違法な結果を実現する意思を立証している。通
常の成り行きにおいては、死を惹起することになる手段を用いて他者を侵害
しようとする者は、殺意によって駆り立てられたと考えうることは一貫して
いる[70]。

67　Kuty, Note L'élément fautif des infractions intentionnelles *préc.*, p. 388.
68　*ibid.*
69　*ibid.*

Kuty は、故意の成立には、まず、犯罪を構成する行為についての認識が必要であり、次に、犯罪の客観的構成要素である結果については、通常の成り行きにおいては、その結果が発生することについての認識が必要であり、その結果発生が予見可能であるだけではなく、現実に予見していなければならない、と説明する[71]。客観的犯罪構成要素である行為と結果について認識し、通常の成り行きに従えば結果が生じることを予見して行動したのであれば、結果を阻止するような行動をとらない限りにおいては、結果発生を避けることはできず、結果の発生を意欲したと評価することができるのであって、故意を認定することは当然であろう[72]。

前述したように、2019年判決では、破毀院は、故殺未遂罪を肯定した控訴院の判断それ自体は認めてはいるが、未必の故意を認定した点については誤りがあるとして控訴院の判断を支持してはいない。この点で、破毀院が正面から未必の故意を否定したわけではないが、傍論として暗黙裡に未必の故意の概念を否定したとの評価が加えられている[73]。破毀院が提示した故意犯の主観的要件である故意の概念については、犯罪を構成する行動を実現する意思（意欲）と犯罪を構成する結果の発生を意欲したことまたは少なくともその結果発生が避けられなかったことの2要件から構成されることになる。この定義に従えば、破毀院は、故意の立証の面で、未必の故意概念を用いる利益は存在しないと最終的に判断したと考えられる。未必の故意が問題とされるような場合は、故意の一般的な定義を適用して故意を認定できる場合であり、敢えて未必の故意の概念を利用する意義がないと判断したものと考えられる。これまで、未必の故意の概念に頼っていた背景として、検察官による故意の立証責任を軽減するためであったという指摘もあり、被告人が結果を実現する意思を否定する場面では、立証には困難が生じることが多く、結果を実現する確定的な意思は立証できなくとも、結果の発生を認容しているこ

70　Kuty, Note L'élément fautif des infractions intentionnelles *préc.*, pp. 388 et s.

71　Kuty, Note L'élément fautif des infractions intentionnelles *préc.*, p. 389.

72　Kuty は、行為と結果をつなぐ因果関係の認識について直接言及はしていないが、通常の成り行きにおいて結果が生じたかを問題としている点から、因果関係についての認識も故意の認識対象には含まれていると理解しているのではないかと思われる。

73　Kuty, Note L'élément fautif des infractions intentionnelles *préc.*, p. 389.

とが証明できれば、未必の故意が認定できるため、故意犯の主観的要素を充足するという実務的な運用がなされてきたこともあると考えられる。今後は、行為者が意図的にとった行動の結果を追求していること、または、少なくとも、行為者が、通常の成り行きにおいて、結果発生が避けられなかったことを認識していたこと、を検察官は立証する責任を負うことになる[74]。

Ⅳ 若干の考察——故意概念をめぐる議論の整理と刑法典改正法案における故意の概念

現行のベルギー刑法典総則には、故意・過失という犯罪の主観的要素に関する定義規定は設けられておらず、各則の個々の犯罪の処罰規定において、故意犯であれば「事情を知って（sciemment）」、「意図的に（volontairement）」、「事情を知っていること・悪意（mauvaise foi）」、「故意に（délibéré）」、「故意に（intentionnellement）」などという文言によって故意犯の主観的要素が規定されてきた[75]。刑法典の制定後、判例実務において故意に関する解釈が集積されてきたが、故意の成立には、認識的要素と意思的要素が必要であることは、判例・学説も一致して認めてきており、後述するように刑法典改正法案の故意の定義にも反映されている。破毀院2019年判決において、法律によって求められる意思及び認識の要素は、禁止された行為の事情を知りつつ、その行為を意図的に行うことから構成され、行為と結果を含む犯罪の客観的構成要素を認識しつつ、犯罪構成要素としての結果惹起の意欲または通常の成り行きにおいては結果が発生するであろうことの認識が必要であることが明確にされた。それゆえ、これまで故意をめぐる議論を複雑化していた既遂犯と未遂犯の主観的要素に関して統一的な故意概念が提示されたという点で、破毀院2019年判決には大きな意義があったと評価できるであろう。2019年判決が提示した故意の概念は、Kuty が主張する故意とは犯罪を実現する意思であるとする見解と基本的には同一であると評価するこ

---

[74] Kuty, Note L'élément fautif des infractions intentionnelles *préc.*, p. 390.

[75] Rozie et Vandermeersch avec le concours de De Herdt, Debauche et Taeymans, *Commission de réforme de droit pénal. Proposition d'avant-projet de Livre 1ᵉʳ du code pénal préc.*, p. 51.

164 第6章 ベルギー刑法における未必の故意（dol éventuel）の概念をめぐる最近の議論

とも可能であろう。破毀院2019年判決では、公訴事実を前提とすれば、至近距離から被害者の頭部に向けて拳銃を３発発砲しているのであるから、未必の故意（殺意）ではなく、殺意すなわち死の結果発生を実現する意思は当然に認定できるのであるから、破毀院が、控訴院の未必の故意（殺意）の認定を否定していることは妥当な結論であったといえよう。

　故意に関するこれまでの議論は、刑法典改正にも反映されている。刑法典改正法案７条は、犯罪の主観的要素としての故意については、「特別故意（intention spéciale）」と「処罰される行為を行うことの意思及び（その事情の）認識（volonté délibérée et en connaissance de cause d'adopter le comportement incriminé）」の２類型を規定している[76]。この２類型は、従来の特別故意（dol spécial）と一般的故意（dol général）に対応するものとされる。「特別故意」とは、通常の故意とは区別して、特定の結果を追求する意思または行為者を駆り立てる心理状態のように、法律で特別に規定される主観的要素である。具体的には、人道に対する罪における民族等の全部または一部を壊滅させる意思、テロ犯罪の意思、窃盗罪における不法領得の意思等である[77]。通常の故意について、「volonté délibérée」を直訳すれば「確固たる意思」となりうるが、「délibéré(e)」という文言は、拷問を規定する刑法第417条の２第１号の「故意による非人間的な取扱い（tout traitement inhumain délibéré）」に用いられており、犯罪の成立には、一般的故意を特徴づける認識と意思の要素が必要であることを確認する以外の特別な意味はないと解されている[78]ので、「確固たる」という点には大きな意義はないと理解してよいと思われる。通常の故意については、従来の一般的故意の概念を基本的には踏襲している。すなわち、処罰される行為を行うことの意思及び認識から構成される主観的要素（一般的故意）とは、行った行為・とった行動の違法性を認識して行動することで、法律上の規定に意図的に違反したことを含意している[79]。この点について、Kuty が主張する故意とは「結果を発生させる意

---

76 末道・前掲「ベルギー刑法典改正法案第１編・刑法総則の概要」163頁、192頁以下を参照。

77 Guillain et Scalia, *op. cit.*, p. 38.

78 Rozie et Vandermeersch, *op. cit.*, p. 51.

79 Rozie et Vandermeersch, *op. cit.*, p. 49.

Ⅳ　若干の考察——故意概念をめぐる議論の整理と刑法典改正法案における故意の概念　　*165*

思・意欲」または「犯罪を実現する意思」であるとする故意の概念とは基本的には同視することはできるが、その概念が多義的であることも考慮され、従来の故意の定義が刑法典改正法案においても採用されたと評価されている[80]。意思と認識の対象は、処罰される行為を行うことになるが、客観的犯罪構成要素として行為から生じた結果が含まれる場合には、当然、行為とその結果を含む客観的犯罪構成要素に該当する事実の認識が必要とされることになる。さらに、犯罪を実現する意思という点では、結果の発生を確定的に意欲した場合ではなくても、結果の発生を不確定的に認識したものの、その結果が発生することを積極的にまたは消極的に認容したという場合、わが国における認容説の立場では未必の故意が認められることになるが、一般的にはベルギーの刑法学においても結果発生の認容（acceptation）が認められ故意を認定できるように思われる。ベルギーの判例実務や通説によれば、犯罪事実の認識と犯罪事実を実現する意思（意欲）という認識的要素と意思的要素とが故意の成立要素として必要であるとされるのであるから、犯罪事実の認識のみで足りるとする認識説（表象説）の立場が支持されておらず、意思説の立場に立っていることは明らかであり、未必の故意に関して認識説（表象説）や蓋然性説は支持されていないように思われる。Kuty は、故意とは犯罪を実現する意思であると理解して、犯罪の客観的構成要素に該当する事実を認識し、通常の成り行きにおいて結果が発生することが予見され、結果発生が避けられない状況にあれば、結果を実現する意思が認められるとする見解を展開しているが、この見解に従った場合の故意の認定は、判例実務の立場と大きく異なるものではない。判例実務が認容説に従っているか否かについては明確ではないが、2019年判決において、破毀院が、立証の容易さを理由に、安易に未必の故意の概念を多用することを批判したことは、今後の判例実務に大きな影響を与えることは事実であろう。Kuty は、通常の故意概念から区別された未必の故意の概念は不要であり、通常の故意概念の解釈に収斂されるものであると主張するが、認識ある過失との区別という点において、未必の故意の概念が不要であるとまではいえないと思われる。いずれ

80　Guillain et Scalia, *op. cit.*, pp. 39 et s.

にしても、未必の故意の概念を明確化しようとする Kuty の指摘は重要であると思われる。

なお、死の結果の発生が犯罪の加重事由と規定されている犯罪、例えば、暴行・傷害罪によって死の結果が生じた場合（傷害致死罪の類型）、重い結果の発生についての認識が問題となりうる。この点について、判例・通説では、加重事由としての死の結果について認識は不要であり、基本犯の犯罪事実についての認識があれば足りると解している[81]。判例では、加重結果と基本犯との間に因果関係が認められれば足りると解し、その他、加重事由についての予見可能性等の主観的要件は不要であるとする[82]。しかしながら、この点については、学説では、責任主義の原則を徹底すれば、行為者に重い結果を帰責するためには、故意・過失という主観的要素が必要であるため、加重結果については因果関係だけではなく、その予見可能性も必要であるとする見解が有力である[83]。

未遂犯と既遂犯の主観的要素の同一性については、刑法典改正法案10条がこの点を明確に規定しており、立法的な解決が図られると考えてよいであろう。同10条では、未遂犯の主観的要素も既遂犯と同一であること、未遂犯は故意犯についてのみ処罰され過失の未遂は不可罰であることが明示されているが、未遂犯の法定刑は既遂犯の法定刑よりも一級軽減される[84]。したがって、未遂犯については未必の故意が排除されるというこれまで有力であった見解は、2019年判決において破毀院によっても否定されたが、未遂犯規定の文言上、とりえないことが明らかにされた。既遂犯と未遂犯は、最終的に結果が発生したか否かで区別されるのであって、未遂犯の場合も既遂犯と同様に、行為者は最終結果発生について認識することが必要であり、未遂犯の場合は結果の発生を前提とはしていないとしても、単なる危険性の認識では足りない。

ベルギー刑法典改正法案において、スイス刑法のように未必の故意に関す

---

81 Kuty. Note L'élément fautif des infractions intentionnelles *préc.*, p. 390.

82 Kuty. Note L'élément fautif des infractions intentionnelles *préc.*, p. 391.

83 Kuty. Note L'élément fautif des infractions intentionnelles *préc.*, p. 392.

84 末道・前掲「ベルギー刑法典改正法案第1編・刑法総則の概要」164頁、195頁を参照。

IV　若干の考察——故意概念をめぐる議論の整理と刑法典改正法案における故意の概念　*167*

る明文の規定は置かれていないため、今後も故意の解釈論の中で、未必の故意の問題は議論されることになると思われるが、故意に関する一般規定が整備されたことで、未必の故意に関する議論は、これまでの判例・学説を踏まえて、認識的要素と意思的要素とを相関的に考慮した故意の判断枠組に収斂されると考えられる。したがって、犯罪事実を認識しながら、通常の成り行きにおいて結果の発生を予見し、結果の発生が避けられなかった、それを否定する行動をとらなかったという場合には、故意が認定できると思われる。

第7章　ベルギーにおける感染症対策と刑事法の対応

I　はじめに

　新型コロナウイルス（SARS-CoV-2）感染症（COVID-19)[1]は、全世界に拡大し、社会経済や市民生活に深刻な影響をおよぼしている。ヨーロッパ諸国では、感染拡大の状況はより深刻であり、市民の行動の自由を大幅に制限する措置が実行された。ウイルス感染という点では、1980年代以降ヨーロッパで問題となった人免疫不全ウイルス（HIV）感染をめぐって、刑事法上の対応が問題となり、特に、血友病患者への非加熱製剤投与による HIV 感染の問題については、フランスにおいて、非加熱製剤を投与した医師や、非加熱製剤の使用を禁止しなかったことについて当時の政府高官の刑事責任が問われ[2]、重大な社会的問題として注目された。

　新型コロナウイルス感染症の伝播様式の主たる経路は飛沫感染であり、多くの場合、病原体保有者からの咳やくしゃみ等の飛沫感染（換気の悪い場所では、咳やくしゃみがなくても感染すると考えられている）ではあるが、接触感染の形態でも人から人へ感染する。その他、エアロゾル感染の可能性も指摘されており、感染防止のためには、マスクを着用し、人と人とが接触を避け、社会的距離をとることが重要であることが科学的な見地から推奨される。新型ウイルスであるため、現時点で、全世界の人々が新型ウイルスの抗体を有しておらず、ワクチン接種は一部の国で開始されてはいるが、特効薬等の開発も進んではいない状況にあり[3]、1918年から1919年にかけて流行し

1　国立感染症センターが web 上で公開している『新型コロナウイルス感染症 COVID-19 診療の手引き（第2版）』（2020）の定義を参照。

2　フランスにおける HIV 感染と刑事責任については、末道康之『フランス刑法の現状と欧州刑法の展望』（成文堂・2012）30頁以下、同「HIV 感染をめぐる刑法上の諸問題―フランスの議論を素材として」南山法学36巻2号（2013）49頁以下を参照。

3　2024年現在、何種類かの経口薬（「ラゲブリオ（モルヌピラビル）」、「パキロビッド

たスペイン風邪（インフルエンザウイルス感染症）以来の世界的な感染流行に直面して、全世界的に、感染拡大を防止するために、各国の状況に応じて、種々の法的な措置がとられている[4]。このような新型コロナウイルス感染症の特色を踏まえて、刑事法上問題となる行為を行った者について、刑事法的にどのような対応が可能かという点については、各国で議論が開始されている[5]。

　本稿では、感染拡大が現在も深刻な状況にあるベルギーにおける刑事法的な対応について、ベルギー刑法雑誌に掲載された A.Delannay ナミュール検察庁検事の論文[6]に基づき、その実態を紹介し、検討する。

Ⅱ　ベルギーにおける感染症対策の現状

　新型コロナウイルス感染症対策として、ベルギー連邦政府は、2020年3月13日に、新型コロナウイルス危機の連絡調整及び管理に関する連邦段階での開始に関する省令、新型コロナウイルス感染拡大を抑制するための緊急措置に関する省令の2件の省令を公布し、省令は同日施行された。この段階で、連邦政府は、レストランや学校の閉鎖という感染防止策をとった[7]。この時点では、個人の市民意識や連帯性を求めていた。その後、感染状況の悪化に伴い、3月18日及び3月23日の省令改正によって、密閉空間における人の集合の禁止、屋外においては、食料品店や薬局を除いて、小売店等の閉鎖が命じられた[8]。また、可能な限りテレワークが一般化され、個人には1.5メート

　　パック（ニルマトレルビル・リトナビル）」、「ゾコーバ（エンシトレルビルフマル酸）」
　　等）は一般的に流通しているが、特効薬と評価されるまでの効果は認められていない。
　　薬剤の詳細については、厚生労働省のホームページを参照。
4　フランスでは、*Actualité Juridique Pénal*, 2020 n° 4は、新型コロナウイルス
　　（COVID-19）の特集号として公刊されている。
5　井田良他「（特集）感染症対策と刑事法」刑事法ジャーナル66号（2020）4頁以下を参
　　照。この特集では、総論（井田良）の他、アメリカ合衆国（小西暁和）、ドイツ（天田
　　悠）、フランス（岡上雅美）、韓国（李定玟）の状況が紹介されている。
6　A. Delannay, Transmission volontaire et menace du coror.avirus SARS-CoV-2: les
　　ressources et les limites du droit pénal commun, *R. D. P. C.*, 2020, pp. 781 et s.
7　Delannay, *op. cit.*, p. 783.
8　Delannay, *op. cit.*, p. 784.

170 第 7 章　ベルギーにおける感染症対策と刑事法の対応

ルの社会的距離をとることが求められた。また、生活に必要不可欠な外出を除いて、公道や公共の場所に外出することが禁止された。外出禁止に違反した場合には、8日以上3月以下の拘禁刑及び26ユーロ以上500ユーロ以下の罰金、またはそのうちの一つの刑が科されることになった。

　感染拡大を抑制するための緊急措置に関する省令は、その後、度々改正された。2021年6月21日に公布された改正版が最新版である[9]。

　また、この省令についての運用の詳細を定めた控訴院検事長幹事会通達（Circulaire N° 06 06/2020 collège des procureux généraux près des cours d'appels)[10]が制定されている。通達について詳細な説明は省くが、簡潔な概略は以下の通りである。通達第1章は、省令を遵守しなかった場合の刑事制裁の適用を定める。省令では、生活に必要な物を販売する商店・薬局等を除き商業施設の原則的な閉鎖、大規模施設における社会的間隔の指定、店舗での客の滞在時間制限・人数制限、マスク着用義務、店舗・施設内を消毒するために必要な措置をとること、施設・店舗内の換気に努めること、公共の場所での集会や活動の原則的な禁止、移動の禁止、不要不急の旅行の禁止等の詳細が定められる。省令に違反した場合、初回の違反については、刑事和解の手続がとられ、商店主・経営者等には750ユーロ、その他の違反者については250ユーロの支払いが命じられる。この金額については、省令遵守義務違反によって得られた利益に応じて加重することもできる。再度の違反が確認された場合には、直接召喚の手続がとられる。禁止された集会が行われた場合には、刑事和解として主催者には4.000ユーロ、参加者には750ユーロの支払いが命じられるか、あるいは、裁判所に直接召喚されるかのどちらかの対応がとられる。なお、感染症拡大の鎮静化とともに、2022年2月以降、順次、制限措置等は解除されている。

　また、省令違反以外に、刑法犯の成立可能性についても検討されている。刑法328条、328条の2、454条、563条3号、455条、456条、457条の成否が

9　省令については、Belgiquelex で公開されている *Moniteur Belge*（ベルギー官報）web ページで閲覧が可能である。

10　ベルギー検察庁（Ministère publique）の web ページで閲覧が可能である。通達の最新版は2020年12月23日改正版である。

検討される。その他、労働者の健康福祉のための措置が検討されている。第2章では、省令に違反した場合に適用される行政罰について検討されている。本稿では、刑法上の問題に重点を置き、上記通達で検討された刑法犯の成否について、以下でその詳細を検討する。なお、現行刑法典の条文については、Belgiquelex で公表されている刑法典を参照した[11]。

III 刑法典処罰規定の適用可能性

1 ウイルスを感染させると脅す行為

ウイルスを感染させると脅す行為についても諸類型が想定できる。

(1) 無害ではあるが危険性があるとの印象を与える物質の拡散罪 (la diffusion de substances inoffensives mais donnant l'impression d'être dangereuses) の適用可能性

刑法328条の2は、「いかなる方法であれ、それ自体としては全く危険ではないが、危険であるとの印象を与える物質を、2年以上の拘禁刑を科されうる人または財産に対する侵害の恐れを生ぜしめうることを知ってまたは知るはずであるのに、拡散した者は、3月以上2年以下の拘禁刑及び50ユーロ以上300ユーロ以下の罰金に処する。」と規定する。この規定は、アメリカ合衆国での2011年9月11日テロ事件後に発生した炭疽菌拡散事件を模倣して全く無害な白い物質を拡散する行為を処罰するために、2003年4月4日の刑法改正によって導入された[12]。

本罪の客観的成立要件として、まず、「それ自体としては全く危険ではないが、危険であるとの印象を与える物質を拡散する」ことが必要である。「物質 (substances)」という文言は、従来から毒殺罪等の規定においても用いられており、できる限り幅広く解釈するために用いられた文言である[13]。立法当初から、炭疽菌の拡散という現実の事例だけではなく、バクテリアや

---

11 http://www.ejustice.just.fgov.be/eli/loi/1867/06/08/1867060850/justel

12 Delannay, *op. cit.*, p. 789; I.De la Serna, les menaces, *in Les infractions Volume 2 Les infractions contre les personnes*, Larcier, 2010, pp. 60 et s.

13 Delannay, *op. cit.*, p. 789; De la Serna, *op. cit.*, p. 61.

172 第7章 ベルギーにおける感染症対策と刑事法の対応

ウイルス等の拡散という類型も想定されていた。一見すると炭疽菌だと信じるに足りるような白い粉が、検査の結果、実は砂糖の粉であったというような事案に本条が適用される[14]。「拡散（diffusion）」という文言についても同様であり、郵送であっても、それ以外の方法であっても、拡散の方法は限定されていない[15]。

　したがって、新型コロナウイルス未感染者（病原体非保有者）が保有者（感染者）のようにふるまい、他者に飛沫感染させるつもりで咳込む行為を行う場合には、新型コロナウイルス感染症に罹患すれば人の生命や生理的機能を害する危険性を有することが科学的に明らかにされていることを考えれば、本罪の適用が可能となる[16]。本罪が成立するためには、客観的にはウイルスに感染していない病原体非保有者が、無害な物質を拡散することが処罰の対象となるので、PCR検査等を行ってウイルスに感染していないことを証明する必要がある。もし、現実に行為者がウイルスに感染している場合には、本罪の成立は認められず、別罪（有害物質等投与罪等）の成立を検討することになる。

　第2の客観的要件として、「2年以上の拘禁刑を科されうる人または財産に対する侵害の恐れを生ぜしめうる」ことが必要である。この要件については、被害者の深刻な不安感を含意するものと理解されている[17]。新型コロナウイルス感染症の現状を考えると、ウイルスに感染させると脅された者は誰でも、高齢者や一定の持病にある患者についてはより深刻な症状をもたらすとしても、年齢や健康状態にかかわらず、深刻な不安感を感じることは明らかである。対象となる侵害については、当初は重罪刑を科される犯罪を想定していたが、審議の過程で2年以上の拘禁刑を科される侵害の罪とされた[18]。死の不安を感じるだけではなく、病気になる不安をも考慮の対象としたためである。また、本罪の成立には、害悪の告知等の脅迫的な言動の存在は不要である。ウイルス等を拡散させる行為が行われればそれで足りる。

14　*ibid.*

15　Delannay, *op. cit.*, p. 790; De la Serna, *op. cit.*, p. 61.

16　Delannay, *op. cit.*, pp. 789 et s.

17　Delannay, *op. cit.*, pp. 790 et s.

18　Delannay, *op. cit.*, p. 791.

Ⅲ　刑法典処罰規定の適用可能性　　*173*

　本罪の主観的要件は、行為者が、2年以上の拘禁刑を科されうる人または財産に対する侵害の恐れを生ぜしめうることを知っていた、または知るはずであったということである。すなわち、行為者が2年以上の拘禁刑を科しうる人または財産に対する侵害の罪に該当することを認識していること、合理的に考えれば上記の罪に該当することを認識しえたこと、と理解できる。

⑵　重大な危害を加えるとの虚偽の脅迫（la fausse menace d'un attentat grave）の適用

　刑法328条は「口頭で、匿名もしくは署名入りの書面によって、または何らかの行動によって、重罪刑を科されうる人または財産に対する危害の危険の存在に関して、意図的に虚偽の情報を与えた者は、3月以上2年以下の拘禁刑及び50ユーロ以上300ユーロ以下の罰金に処する。」と規定する。前述した検事長幹事会通達によれば、公衆の面前で、自分は新型コロナウイルスに感染していると叫ぶ行為は、本条の対象となると解されるが[19]、同通達が想定している事例について、刑法328条を適用することに理由があるかという点では批判が加えられ、刑法328条の2や後述する刑法402条の適用で対応が可能ではないかと指摘されている[20]。

⑶　加重事由が存在する場合の対応

　年齢、妊娠、病気または肉体的もしくは精神的な障害等の影響で脆弱な状態にある者に対して犯罪行為が行われた場合、法定刑が2倍に加重される（刑法330条の2）。世界保健機関によれば、60歳以上の者の重症化が指摘されるが、65歳以上とする見解もあり、フランスの高等保健衛生委員会は70歳以上としている[21]。年齢基準がどうであれ、行為者が、脅迫行為の相手方が年齢等によって脆弱な状態にあるということを認識することは困難であり、事案ごとに具体的に判断せざるを得ず、被害者の外見年齢を行為者が合理的には無視することはできないことになる。したがって、裁判官は年齢の基準に従って判断すれば十分であり、被害者が感染した場合にはどのような症状が出るかを判断することは困難であるから、年齢を理由に具体的に脆弱性の兆

19　Delannay, *op. cit.*, pp. 792 et s.
20　Delannay, *op. cit.*, p. 793.
21　*ibid.*

174　第 7 章　ベルギーにおける感染症対策と刑事法の対応

候を示していることを検討する必要はない[22]。年齢以外の要件についても同様であり、その状態が明らかであるか、または行為者が認識していた場合には、新型コロナウイルス感染症の場合でも同様に、加重事由として考慮される。

⑷　生物兵器等による危害を加える脅迫 (la menace d'un attentat biologique)

刑法331条の 2 第 3 号は、「人、財産、法人、国際機関または国に対して危害を加えるために、生物的もしくは科学的な兵器または生成物を用いて脅迫した者は、 5 年以上10年以下の懲役に処する。」と規定する。刑法331条の 2 は、生物兵器等による人に対する危害を加える脅迫を処罰するために、1986年 4 月17日法律によって新設された規定であり、その後、国際的なテロ行為等に対応するための2003年 4 月 4 日法律による改正で、生物・化学兵器・生成物を用いた脅迫にまで処罰の範囲を拡大した[23]。具体的には、新型コロナウイルス感染症を流行させる目的で、確実な方法で新型コロナウイルスに感染させる危険にさらす者、公共の場所で咳をする、唾を吐きかけると告知する者等が想定され、この場合には、人に対して危害を加えるために生物的生成物を用いるという脅迫が問題となる。核物質を用いた脅迫の事案について、脅迫の態様には何らの制限もなく、命令等の補足的な条件もなく、脅迫が本気でなされること、すなわち、実現されうると誰もが信じるような態様でなされることが必要であるとされた[24]。そのような態様でなされた脅迫によって畏怖の念を抱かせることになる。立法当初に想定されていた事例は、炭疽菌やエボラウイルス拡散等によるテロの脅迫であったが[25]、新型コロナウイルス感染症が世界的に拡大流行する状況では、新型コロナウイルスに感染させると脅迫する行為についても、脅迫によって感染の危険にさらされるという畏怖の念を生じることはありうることを考えると、本罪を適用することは可能であろう。

22　Delannay, *op. cit.*, pp. 793 et s.
23　この点については、De La Serna, *op. cit.*, pp. 57 et s. を参照。
24　Delannay, *op. cit.*, p. 795.
25　Delannay, *op. cit.*, p. 794.

2 ウイルスを意図的に感染させる・感染させようとする行為

(1) 人の健康を著しく害しうる物質の意図的な投与罪 (l'administration de substances de nature à altérer gravement la santé) の成否

ウイルスに感染していることを認識している者（病原体保有者）が、意図的に他人にウイルスを感染させる、または感染させようとする場合が想定される。この場合、人の健康を著しく害しうる物質の意図的な投与罪（刑法402条。以下、有害物質等投与罪とする。）の適用が問題となる。

刑法402条は、「人を殺す意図はないが、人の死の結果を惹起しうる物質または死の結果は惹起することはないが人の健康を著しく悪化させうる物質を意図的に投与することで、他人に対して疾病または労働不能を惹起した者は、3月以上5年以下の拘禁刑及び50ユーロ以上500ユーロ以下の罰金に処する。」と規定する。

フランス刑法やベルギー刑法では、毒殺罪や有害物質等投与罪等の犯罪類型が存在し、これらの犯罪で処罰の対象となる行為は、死を惹起しうる物質や健康に有害な物質を「投与（administration）」することである。「投与」という概念は広い概念であって、行為態様に何らかの限定が付されているわけではない[26]。フランスでもベルギーでも、HIV 感染者が、感染防止の手段をとらずに HIV 感染者であることを知らない被害者と同意のある性交渉を行った場合、HIV が相手方の体内に性交渉を通じて伝播することになるので、意図的に「投与」したことに該当すると判断されている[27]。この破毀院の判断に従えば、新型コロナウイルス保有者（感染者）が、他者に向けて意図的に咳をしたり唾を吐きかけたりする行為は、飛沫感染によってウイルスを他者の体内に伝播させることになるので、投与に該当することは明らかである。

また、医学的に確認されている事実を前提とすれば、新型コロナウイルス

---

[26]　Delannay, *op. cit.*, p. 798; A.Delannay, Les homicides et lésions corporelles volontaires, *in Les infractions Volume 2 Les infractions contre les personnes préc.*, pp. 314 et s.

[27]　末道・前掲書30頁以下を参照。ベルギーにおける類似事案については、破毀院は、性交渉によって HIV 感染者の分泌物を相手方に伝播させる行為は、投与に該当すると判断した（Cass., 24 avril 2019, P. 19. 0018. F, *R. D. P. C.*, 2019, p. 1263を参照）。

176　第7章　ベルギーにおける感染症対策と刑事法の対応

に感染すれば、発熱、咳、喉の痛み、疲労感、肺炎その他の呼吸器の疾患を発症することもあり、新型コロナウイルスそれ自体が、「人の健康を著しく害しうる物質」に該当すると解する見解[28]は妥当である。

　本罪の成立には、ウイルスに感染した結果として、疾病または労働不能が生じることが必要である。HIV 感染に関する前述の2019年破毀院判決では、疾病とは人の健康を不良に変更することであり、エイズの症状が現れていなくても、HIV に感染することは人の健康を不良に変更すること、換言すれば、あるべき通常の状態を変質させる変化であると判断している[29]。したがって、症状が今後進行する可能性があったとしても、健康が不良に変更されれば、疾病に該当する[30]。新型コロナウイルス感染症の症状が発症すれば、疾病に該当することは明らかであるが、無症状感染の場合については、新型コロナウイルス感染症について科学的に完全に検証されるに至っておらず、未知の領域も存在することを考えれば、上記破毀院の判断枠組に従って、人の健康を不良に変更したとして疾病に該当するかは残された課題であるとの指摘もある[31]。しかしながら、破毀院の判断枠組を適用すれば、ウイルスに感染したこと自体が、通常の健康状態から不良に変更したことになるはずであり、症状の有無は疾病に該当するかの判断には影響しないと解するのが論理的な結論であると考えられる。労働不能については、ウイルスに感染した者が入院治療を受ける、または自宅で療養するという場合、疾病の結果として労働不能がもたらされたことになり、解釈論上、どちらに該当するか混乱が生じる場合もある。破毀院の判断に従えば、労働不能に該当しうるのは、感染の症状はないがウイルスに感染した可能性がある結果、2週間の自宅待機措置に置かれた場合であると解することができる[32]。

　本罪の主観的要件は、いわゆる一般的故意（dol général）すなわち故意であり、その成立には認識的要素と意図的要素が必要であるとされる[33]。有害

28　Delannay, *op. cit.*, p. 799.
29　Cass., 24 avril 2019, *préc.*, p. 1263.
30　Delannay, *op. cit.*, p. 799.
31　*ibid*.
32　Delannay, *op. cit.*, p. 800.
33　故意の概念については、末道康之「ベルギー刑法学における犯罪の主観的成立要素」

Ⅲ　刑法典処罰規定の適用可能性　　*177*

物質を投与することを認識しかつ意図的に行うことが必要であるが、動機は故意の成否には影響せず、被害者を侵害するという意思も不要である。すなわち、行為者が新型コロナウイルスに感染し他者に感染させうることを認識し、かつ動機の如何にかかわらず、他者の健康を害する意図を有していることである。問題は、行為当時、行為者が検査を受けておらずウイルスに感染しているかどうか不明である場合、故意が認定できるかである。新型コロナウイルス感染症の流行拡大が継続し潜在的なウイルス感染者が多数存在する現状においては、人に向けて、または公共の場所で、意図的に咳をしたり唾を吐いたりすれば、他者に対してウイルスを感染させる恐れがあり、行為当時、検査をしておらず、行為者がウイルス感染者か否かが不明であったとしても、行為者に故意を認定できないということにはならない[34]。自分が感染者の濃厚接触者である、あるいは感染症の症状が出ていることから、感染している可能性があると考えるに至る合理的な理由がある場合も、同様に、故意を排除することにはならない[35]。行為者が意図的に他者を感染させる行動をとったときには、刑事責任を免れるために自分の感染を知らなかったと主張することはできない。したがって、事後的な検査で感染が判明した場合であっても、意図的に他者を感染させる行動をとったときには、行為者には故意を認めることができる[36]。

　未必の故意を故意概念には含めず認識ある過失に属する概念として理解してきたフランスとは異なり[37]、ベルギーでは、未遂犯を除いて、未必の故意は直接的故意とみなされてきた[38]。ただ、未必の故意の概念や故意概念の中

　　南山法学42巻3・4号（2019）202頁以下を参照。

34　Delannay, *op. cit.*, p. 800.

35　Delannay, *op. cit.*, p. 801.

36　*ibid.*

37　フランスの未必の故意の概念については、島岡まな・井上宜裕・末道康之・浦中千佳男『フランス刑事法入門』（法律文化社・2019）29頁以下を参照。フランスでも、他人を意図的に危険に陥れるときに成立する犯罪の主観的要件として、故意と過失の中間的な概念を刑法121-3条2項に定めており、実質的には未必の故意の概念を立法化したと評価できる。

38　Ch. Hennau et J. Verhaegen, *Droit pénal général 3ᵉ édition mise à jour avec le concours de* D. Spielmann et A. Bruyndonckx, Bruylant, 2003, nᵒ 353, p. 322. この点については、末道・前掲「ベルギー刑法学における犯罪の主観的成立要素」204頁を参照。このよ

の位置づけについては、見解の対立があった[39]。これまでの判例・通説の見解では、行為者が、感染拡大状況に照らして他者を感染させることは可能であると思い、他者を感染させるかもしれないと認識しつつ、非難される行動を遂行し他者を感染させることを受け入れたときには、本罪の未必の故意を認めることができると解される。従来の見解では、結果発生の可能性を認識しつつ、それを認容した場合には、未必の故意が認められるとする、いわゆる認容説の立場に立っていた[40]。しかしながら、破毀院は、殺人未遂罪の故意の認定が問題となった2019年11月6日判決において、既遂犯・未遂犯に共通する犯罪の主観的要素について新たに定義し、故意犯の主観的要素は意思的要素と認識的要素から構成され、「法律が求める意思的要素と認識的要素は、禁止された行為を意図的に行うこと、かつその事情を知っていることから構成され、犯罪を構成する結果については、行為者がその結果を惹起したいと思う、または事象の通常の経過においては、その結果が生じうることを認識していたことと理解されている。」と解した[41]。破毀院は、一般的故意とは別概念としての未必の故意の概念には個別的な意味がないことを示しており、未必の故意についても、通常の故意の定義の中で理解すればよいことになる。故意の認定において重要な点は、犯罪の結果の発生を意欲することと、犯罪事象の通常の経過において結果発生の蓋然性を認識していることであり、他者にウイルスを感染させる行為を行った場合、ウイルスを感染させようと意図し、通常の経過をたどればウイルス感染が生じる可能性があることを認識していれば、故意を認定できることになる。この新たな判断枠組に

うな見解に従えば、重罪の未遂犯について、場合によっては結果が生じてほしいと思ったが、結果が生じない場合には、重罪の未遂犯を認めることができないことになる。

39 ベルギー刑法学においても、古典学派の刑法理論では、故意と過失との区別は、未必の故意と認識ある過失との区別であると理解されてきたが、古典学派の未必の故意概念を批判する立場も有力である。例えば、Kuty は、故意には結果の発生を意欲することが必要であるので、未必の故意の概念とは両立しえないのではないかと批判する（F. Kuty, *Principes généraux du droit pénal belge Tome II : l'infraction pénale, 2ᵉ édition*, Larcier, 2010, nᵒˢ 1141, pp. 272 et s.）を参照。

40 Delannay, *op. cit.*, p. 801, 末道・前掲「ベルギー刑法学における犯罪の主観的成立要素」206頁を参照。

41 Crim. 6 novembre, P. 19. 0651. F, *R. D. P. C.*, 2020, pp. 369 et s., avec note, F. Kuty（L'élément fautif des infractions intentionnelles, pp. 377 et s.）

Ⅲ　刑法典処罰規定の適用可能性　　*179*

従えば、従来では未必の故意が認められてきた、感染させるかもしれないこ
とは認識したが、意図的に感染させるというのではなく、感染させることを
認容したにすぎない場合にまで、故意を認定できるかについては、検討が必
要となると思われる[42]。また、未遂犯の場合には既遂結果は発生していなく
とも、結果発生を認識し意図することが必要であって、結果発生の危険性を
認識しているだけでは足りないことになる[43]。破毀院は、本判決において、
従来の学説において議論されてきた様々な故意概念の定義を整合的に統一す
る故意概念を提示したことになり、今後は判例としての先例拘束力をもつと
考えられる[44]。

　行為者が、検査の結果陰性であったためにウイルス感染者ではないことを
知っていた場合や、ウイルスに感染して発症した後であり、抗体があるため
もはや感染させることはないと知っていた場合には、刑法402条の適用はな
く、既に検討した同法328条の 2 の適用が問題となる[45]。

　有害物質等投与罪には未遂処罰規定（刑法405条）も存在するので、ウイル
ス保有者（感染者）である行為者が意図的に他者にウイルスを感染させる行
為を行ったが、被害者がウイルスに感染しなかった場合や、被害者にウイル
スを感染させることができなかった場合、行為者に有害物質投与未遂罪が成
立するかを検討する必要がある。未遂の場合には、 3 年以下の拘禁刑及び26
ユーロ以上300ユーロ以下の罰金に処せられる。この点については、HIV 感
染の事案で未遂犯の成立を認めた事例が参考にはなるが、実務的な視点で
は、新型コロナウイルス感染の事案では、被害者が感染すれば既遂犯として
刑法402条の適用を認めることになり、被害者が感染しなければ、未遂犯
（同法405条）の成立を考えるというよりは、同法328条が適用されるとの指
摘がある[46]。被害者がウイルス感染しなかった場合には、刑法328条の 2 に

42　この点について、Delannay は否定的な見解を示している（Delannay, *op. cit.*, p. 801を
　　参照）。
43　未遂犯の故意と既遂犯の故意とを区別する必然性はなく、未遂犯においても最終結果
　　発生の認識がなければ、故意の認定はできないことは明らかであろう。
44　この点については、Kuty の判例評釈（注13 、377頁以下）を参照。
45　Delannay, *op. cit.*, p. 801.
46　Delannay, *op. cit.*, p. 803.

180 第 7 章　ベルギーにおける感染症対策と刑事法の対応

も該当し、同時に同法405条にも該当することになるので、法定刑の重い刑法328条の2が成立すると解することになると考えられる。

(2)　加重事由がある場合の諸問題

　有害物質等投与罪に加重事由がある場合の対応も問題となる。まず、被害者が未成年者である、または年齢や病気等の影響で被害者が脆弱な状態にある場合には、刑法405条の2第9号が適用され、5年以上10年以下の懲役（重罪刑）が科される。未成年者は無症状にとどまる場合が多いとされているが、小児喘息や小児糖尿病の病歴がある場合には重症化する可能性も排除することはできない[47]。また、感染症によって完治しない疾患になった場合、または4月以上の労働不能になった場合には、法定刑は10年以上15年以下の懲役が科される。感染症によって死亡すれば、17年以上20年以下の懲役が科される。

　加重事由の一つとして差別（刑法405条の4）がある。新型コロナウイルス感染症の起源が中国の武漢であるという報道によって、アジア系の人々が差別を受けることが頻出している[48]。刑法405条の4は、重罪または軽罪の動機として「人種、肌の色、祖先、出生国もしくは民族的出自、国籍、性別、性別の変更、性的指向、戸籍、出生、年齢、財産、宗教的もしくは倫理的な信条、現在もしくは将来の健康状態、障害、言語、政治的信条、組合的信条、肉体的もしくは遺伝的な特性、または社会的出自を理由とする人に対する憎悪、軽蔑または敵意」を挙げている。差別を理由として有害物質等投与罪が実行された場合、法定刑は5年以上10年以下の懲役となる。

　公共交通の運転手、刑事施設の刑務官、郵便配達人、消防士、社会保護担当者、医師、薬剤師、看護師、運動療法士、社会福祉士、治療施設の救急サービスの受付担当者、公役務部門の心理学者等のエッセンシャルワーカーに対して犯罪行為が行われた場合も、法定刑が加重される（刑法410条の2第1項）。

47　Delannay, *op. cit.*, p. 804.
48　Delannay, *op. cit.*, p. 805.

(3) 食料品への有害物質混入罪 (le mélange à des denrées alimentaires de substances nuisibles)

　刑法454条は、「販売もしくは小売りの対象である、食物もしくは飲料または何らかの食料品に、死を惹起しうるようなもしくは健康を著しく悪化させるような成分（物質）を混入した、または混入させた者は、6月以上5年以下の拘禁刑及び200ユーロ以上2,000ユーロ以下の罰金に処する。」と規定する。本罪の成否が問題となる事例は、感染していることを認識している者が、スーパーで販売されている食料品に向けて直接、咳をするまたは唾を吐くような場合である。本罪は危険犯とされ、上記の成分（物質）が食料品等に混入されれば、すなわち、ウイルス感染者が販売されている食料品に唾を吐きかければ、犯罪は成立することになり、検事長幹事会の通達も本条の適用は可能であるとしている[49]。このような見解に対して、そもそも刑法454条の主体は、食品製造者等であり、食品製造者等が毒物を販売する商品に混入する・混入させることを想定しており、商品を購入する立場の者が犯罪の主体として毒物を混入する・混入させることは想定していないし、刑法455条が、毒物等が混入された食料品等をそれと知って販売する行為を処罰し、刑法456条が、毒物等が混入された商品を販売目的で、商店において保有する行為を処罰していることからも、刑法455条の主体に商品を購入する立場の者は含まれないと解すべきであるとの批判がある[50]。また、食料品店で食品に唾をかける行為（刑法454条が適用されれば法定刑は6月以上5年以下の拘禁刑及び罰金である）が、本屋で本に唾をかける行為（法定刑は1月以上3年以下の拘禁刑及び罰金である）よりも重く処罰されることになるが、行為の客体が食品か否かで法定刑が異なる点を説明できないのではないかとの批判もある[51]。したがって、想定される事例において、刑法454条の適用は妥当ではなく、既に検討したように、被害者が感染しなければ刑法405条を、被害者が感染すれば刑法402条を適用するとの解釈が妥当であろう[52]。

---

[49]　Delannay, *op. cit.*, pp. 808 et s.
[50]　Delannay, *op. cit.*, p. 809.
[51]　*ibid.*
[52]　*ibid.*

182　第 7 章　ベルギーにおける感染症対策と刑事法の対応

3　警察官等への反抗及び暴行行為（公務執行妨害行為 la rébellion et les coups portés aux agents de la force publique）

　新型コロナウイルス感染拡大を抑制するための緊急措置に関する2020年 3 月23日の省令の規定を遵守させるために、警察官には強制力を行使することが許される。新型コロナウイルス感染症対策としての特別規定だけではなく、その他の法令を遵守することで、警察官等の職務の執行を保護し、それを妨害する行為に対応する必要がある。

　反抗の罪を規定する刑法269条は、「法律、公権力の命令もしくはオルドナンス、または司法もしくは判決の委任を執行するために行動する裁判所職員、田園監視員もしくは森林監視員、公権力執行者もしくは官憲、税務署職員、執行吏、税関職員、寄託係争物保管者、行政警察員もしくは行政警察職員または司法警察員もしくは司法警察職員に対する暴行もしくは脅迫を伴うあらゆる攻撃または抵抗は、反抗とされる。」と規定する。反抗が単独で武器を携帯して行われれば 3 月以上 2 年以下の拘禁刑を、武器を携帯せずに単独で行われれば 8 日以上 6 月以下の拘禁刑を科される（刑法271条）。反抗が事前の共謀に基づき複数で行われれば、武器を携帯する反抗者は 5 年以上10年以下の懲役、その他の者は 1 年以上 5 年以下の拘禁刑を科される（刑法272条 1 項）。反抗が事前の共謀に基づかない場合は、武器携帯者は 1 年以上 5 年以下の拘禁刑、その他の者は 3 月以上 2 年以下の拘禁刑に科せられる（同条 2 項）。反抗が集団または多衆で行われた場合、集団内で何の役割や職責をもたず、公権力による最初の警告を受けて集団を離れた者には、新たな抵抗もせず、または武器の所持もなく、反抗の現場外で拘束されたときには、刑法134条が適用されて刑事責任は問われない（刑法273条）。

　新型コロナウイルス感染拡大の状況下では、行為者が警察官らに対して唾を吐くという形態をとって反抗するということが想定される。この場合、唾を吐く行為が暴行・脅迫に該当するかが問われることになる。暴行とは、人に対して行われた物理的に強制する行為、傷害または軽微な暴行をいう[53]。脅迫とは、切迫した害悪の恐れによって心理的に強制する手段をいう[54]。警

53　R. Dezeure, Rebellion, *Qualifications et jurisprudence pénal, I A,* 2012, pp. 1 et s.
54　Dezeure, *op. cit.,* p. 2.

察官等に向けて唾を吐く行為は、新型コロナウイルスが飛沫感染するという状況を踏まえて、軽微な暴行に該当すると考えられる[55]。

集団暴行の場合（刑法272条）、省令（5条1項1号）では、特別に許可された場合を除き、公の場所で複数の者が集合することは認められていない。したがって、警察官は集合を解散するように呼びかけ、必要があれば強制力を行使することも認められる。法令に従って強制力を行使する警察官に軽微な暴行に該当する唾を吐きかける行為は、反抗に該当する。

上記の反抗行為の結果、警察官に対して傷害結果が生じた場合、警察官に対する傷害罪（刑法280条）の成否が問題となる。警察官らが行為者等の攻撃を阻止するために衝突した結果、感染が疑われ2週間の隔離措置に置かれた場合、現実には感染していなければ傷害や労働不能には該当しない[56]。この場合には、民事法上損害賠償の請求を行うことが可能であるため、民事責任を問うことができる[57]。現実に感染した場合には、本罪の他に有害物質等投与罪の適用も可能となる[58]。

4　テロ犯罪（les infractions terrorists）

ベルギーでは、テロ犯罪について刑法137条から141条の3に規定が置かれている。刑法137条§1は、「§2及び§3に定める犯罪が、その性質または状況から、国または国際機関を著しく侵害し、かつ、国民を著しく威嚇する、公権力もしくは国際機関に行為を行わせ、もしくは行わないようにすることを不法に強制する、または国もしくは国際機関の政治的、憲法的、経済的または社会的な統治機構を著しく混乱させ、もしくは壊乱する目的で、意図的に行われたときには、テロ犯罪となる。」と規定する。同条§2は、同条§1に定める条件で、同条§2第1号から第11号に定める通常の犯罪が行われたときには、テロ犯罪とすることを定める。同条§3は、独立したテロ犯罪を定める。新型コロナウイルス感染症との関係では、137条§1に定める条件

55　Delannay, *op. cit.*, p. 811.
56　Delannay, *op. cit.*, pp. 812 et s.
57　Delannay, *op. cit.*, p. 813.
58　*ibid.*

の下で、人々の生命を危険に陥れる効果のある危険な物質を放出する行為を
テロ犯罪として定める刑法137条§3第4号の適用が問題となる。人々の生
命を危険に陥れる効果のある危険な物質が放出されれば、通常の犯罪が刑法
137条§1の条件下で行われて加重犯罪となることはもはや意味を失うから
である。刑法137条§3第4号は、テロ対策に関する2002年6月13日のEU
理事会枠組決定[59]を受けて、国内法整備の一環として行われたテロ犯罪に関
する2003年12月19日の刑法改正で導入された規定である[60]。新型コロナウイ
ルスが、人々の生命に対する危険な物質であるかという点について、新型コ
ロナウイルスの感染力は非常に強く、多くの感染者が既に死亡している状況
に照らせば、新型コロナウイルスが人々の生命に対する危険な物質であるこ
とに異論はないであろう。また、処罰の対象となる行為は「放出（libéra-
tion）」であるが、多数の者が存在する公共の場所で、咳込む・唾を吐く等
の飛沫感染をさせる行為を意図的に行うことは、放出に該当することも異論
はないであろう[61]。したがって、テロ犯罪の目的で、公共の場所でウイルス
に感染したテロリストが、飛沫感染をさせる行為を意図的に行えば、犯罪が
成立すると解することができる。但し、本罪の法定刑は無期懲役であり、犯
罪行為と比較して法定刑が重すぎるのではないかという指摘も可能であろ
う。同様の生物テロ行為を処罰するフランス（刑法421-2条）では、法定刑は
20年の懲役及び350.000ユーロの罰金であるが、死の結果が生じた場合に
は、法定刑は無期懲役及び750.000ユーロの罰金に加重されるので、法定刑
について、ベルギーの規定が、フランスと比較して重罰であるとはいえな
い[62]。

　その他、人々の生命を危険に陥れる効果をもつ危険な物質を放出すると脅
迫する行為も処罰の対象となり（刑法137条§3第6号）、生物テロ犯罪の実行
を教唆する行為も処罰される（刑法140条の2）。

59　テロ対策に関する2002年理事会枠組決定については、末道康之・前掲書298頁以下を
　　参照。

60　Delannay, *op. cit.*, p. 817.

61　*ibid.*

62　Delannay, *op. cit.*, pp. 819 et s.

5 刑法典改正法案の処罰規定

　現在ベルギーでは刑法典の全面改正の作業が進められており、2019年3月13日に刑法典改正法案（正確には法律提案であるが、便宜上、以下、法案とする。）が議員立法として連邦議会に提出されたが[63]、その後、2019年9月24日に刑法典改正法案が議員立法として再提出された[64]。2019年3月13日に提出された法案については、刑法等改正委員会の委員であった研究者や実務家から、委員会で準備されていた法案の内容とは異なると批判され、刑法等改正委員会は、2019年4月、刑法典改正法案及び立法理由書を公表した[65]。なお、2024年2月29日にベルギー刑法典の改正が実現し、同年4月8日に官報に公布された[66]。以下に検討する刑法典改正法案の規定は、議会に提出された改正法案の規定を基本としながら、刑法等改正委員会が公表した改正法案（以下、委員会法案とする。）の規定も必要に応じて参照する。

(1)　脅迫の罪（les menaces）

　改正法案では、脅迫の罪については現行の規定（刑法328条の2）が継承されているが、現行の規定を明確化、単純化している。「外見的に危険な物質の拡散」罪を定める改正法案213条（新刑法典235条）は、「外見的に危険な物質の拡散とは、意図的にかつ事情を知って、いかなる方法であれ、それ自体としては全く危険ではないが、危険であるとの印象を与える物質を、少なくとも第2級の刑を科されうる人または財産に対する侵害の恐れを生ぜしめることを知ってまたは知るはずであるのに、拡散する行為をいう。」と規定する[67]。改正法案213条は現行の328条の2の内容をそのまま継承しており、刑法328条の2の解釈論が当てはまることになる。

　また、改正法案212条は、現行の328条の規定を基本的には継承している

63　*Doc. parl.*, ch., n° 54-3651/001 (proposition déposée le 13 mars 2019)

64　*Doc. parl.*, ch., n° 55-0417/001 (proposition déposée le 24 septembre 2019)

65　J. Rosie, D. Vandermeersch avec le concours de M. Debauche et M. Taeymans, *Un nouveau code pénal pour le futur? La proposition de la commission de réforme du droit pénal*, La Charte, 2019. この点については、末道康之「ベルギー刑法典改正法案第1編・刑法総則の概要」南山法学44巻2号（2021）160頁を参照。

66　新刑法典第1巻・総則の概要については、本書第2部第1章を参照。

67　*Doc. parl.*, ch., n° 55-0417/001 (proposition déposée le 24 septembre 2019)p. 924. なお、本条は、委員会法案221条に該当する。

186 第7章 ベルギーにおける感染症対策と刑事法の対応

が、「重罪刑を科しうる」という点には修正が加えられている。改正法案212条1項（新刑法典234条1項）は「虚偽の情報の伝達とは、いかなる方法であっても、人または財産に対する侵害の危険の存在に関して、意図的にかつ事情を知って、虚偽の情報を与えることをいう。」、同2項は「第4級から第8級の刑を科しうる侵害の脅迫が問題となるときには、第2級の刑を科す。第2級または第3級の刑を科しうる侵害が問題となるときには、第1級の刑を科す。」と規定する[68]。改正法案では、テロ犯罪以外の生物兵器等による脅迫も改正法案211条3号（新刑法典233条）に規定される[69]。

(2) **暴行行為** (les actes de violence)

　人の死を惹起しうる物質または有害な物質の投与行為については、改正法案174条の暴行行為の規定に包含されて規定される。従来の〈coups et blessures volontaires（故意による暴行・傷害）〉という概念では、人の身体の完全性を意図的に侵害する行為を正確に把握できず、特に〈blessures〉概念については、判例実務において解釈が拡大され、身体の外部的障害だけではなく、身体の内部的障害や肉体的な疾患等も含まれると解釈されており、文言の元来の意味にはそぐわないことになってきていた[70]。そこで、改正法案では、暴行・傷害を包括的に理解する概念として「暴行行為（actes de violences）」という表現が用いられている。フランス刑法でも〈violences（暴行）〉という文言が用いられている（フランス刑法222-7条）。

　改正法案174条（新刑法典193条）は、「暴行行為とは、意図的にかつ事情を知って行われた次の各号からなる一切の行動をいう。

第1号　他者に対して、有形力または強制を用いること、及び、その性質によって、肉体的な障害もしくは苦痛を惹起することのできる行動、または、

第2号　いかなる方法であっても、他者に対して肉体的な障害を与える、またはその健康を害すること。」と規定する[71]。

　暴行行為の結果、生じた傷害の程度（第1級から第3級）に応じて、法定

---

68 *Doc. parl., ch.*, n° 55-0417/001, pp. 923 et s.

69 *Doc. parl., ch.*, n° 55-0417/001, p. 923.

70 この点については、Rosie, Vandermeersch avec le concours de Debauche et Taeymans, *op. cit.*, p. 264を参照。

71 *Doc. parl., ch.*, n° 55-0417/001, p. 914. なお、本条は委員会法案180条に該当する。

刑が定められ（改正法案175条から177条、新刑法典194条から196条）、死の結果が生じた場合には、第４級の刑が科される（改正法案178条、新刑法典197条）[72]。

有害物質等投与罪（刑法402条）については、破毀院が、「傷害（blessures）」の概念を拡大し、身体の内部的障害や疾病は刑法398条が定める「傷害」とみなされうることを認めているため[73]、刑法402条の存在意義がもはやなくなっていることを踏まえて、刑法等改正委員会では、有害物質等の投与行為を独立して規定するのではなく、改正法案174条２号の適用の対象とした[74]。改正法案174条２号（新刑法典193条２号）は、手段を限定しておらず、したがって、有害物質を投与することで、他者に対して、肉体的な障害を与える、またはその健康を害するという結果が生じた場合には、傷害罪が成立することになる。暴行・傷害罪には様々な加重類型が定められており、社会的な職務を担う者に対する場合（改正法案183条：社会的な職務を担う者とは、刑法410条の２に定める身分を有する者を総称する概念である。）、未成年者や年齢等による脆弱な者に対する場合（改正法案181条）、差別的な目的で行われる場合（改正法案180条）等の規定も定められている[75]。

(3) 病因の悪意のある拡散 (la dissémination malveillante d agents pathogènes)

現行刑法では処罰規定が置かれている有害物質等投与未遂罪（刑法405条）については、改正法案では、処罰規定は置かれず、新たに、病因の悪意のある拡散罪（改正法案276条）として規定される。改正法案276条（新刑法典326条）は「病因の悪意のある拡散とは、悪意をもって、人の健康に否定的な影響を及ぼしうるウイルス、バクテリア、寄生虫またはその他の物質を拡散させることにある。この犯罪には第３級の刑を科す。」と規定する[76]。刑法等

---

72 *Doc. parl., ch.,* n° 55-0417/001, pp. 914 et s. なお、委員会法案では、182条から184条に該当する。

73 Delannay, *op. cit.,* p. 823.

74 ibid.

75 *Doc. parl., ch.,* n° 55-0417/001, pp. 915 et s. なお、委員会法案では、186条、187条、189条に該当する。

76 *Doc. parl., ch.,* n° 55-0417/001, p. 945. なお、委員会法案では、297条に該当する。

改正委員会は、重く処罰できない暴行行為の未遂類型として規定するのではなく、危険犯として特別な処罰規定を設けた[77]。本罪の成立には、ウイルス等の健康を害する物質を拡散させることで十分であり、拡散の結果、被害者がウイルスに感染したという結果の発生は不要である。なお、本罪には加重事由が規定されており、病因の悪意ある拡散が、未成年者または脆弱な者に対して行われた場合、差別的な動機で行われた場合に、裁判官は刑を加重することができる（改正法案277条（新刑法典327条)[78]。病因の悪意のある拡散の結果、被害者が病気になった場合、その病気が治療可能か、治療不可能か、病気の結果死亡したかで、法定刑は異なるが、傷害罪・傷害致死罪が適用されることになる。

(4)　**反抗の罪**（la révellion）

　反抗の罪については、改正法案591条は刑法269条の規定を基本的に継承している。改正法案591条（新刑法典644条）は、「①反抗とは、法律、公権力の命令もしくはオルドナンス、または司法もしくは判決の委任を執行するために行動する公務執行者に対する暴行もしくは脅迫を用いたあらゆる攻撃または抵抗をいう。②本罪は第２級の刑に処する。」と規定する[79]。改正法案では、反抗の罪には加重類型として集団反抗の罪（改正法案592条）が定められ、「反抗が、事前であろうがなかろうが共謀の後で、この目的に加わる２人以上の者によって実行されたときは、本罪は第３級の刑に処する。」と規定する[80]。本罪の成立には、２人以上の者が共謀に基づいて行動することが必要であり、共謀がなく偶然に複数の者によって実行された場合には、本罪は成立しない[81]。新型コロナウイルス感染拡大の状況下にあって、一定の集会を禁止する目的で対策がとられているなか、複数の者が距離をとることなく一塊になる集会は違法であり偶然に集合したとは認められず、たとえ集会

77　Delannay, *op. cit.*, p. 824. 同様の処罰規定として、スイス刑法231条やオーストリア刑法178–189条がある（Rosie, Vandermeersch avec le concours de Debauche et Taeymans, *op. cit.*, p. 333を参照）。

78　*Doc. parl., ch.*, n° 55-0417/001, p. 945.

79　*Doc. parl., ch.*, n° 55-0417/001, p. 1042. なお、委員会法案では、619条に該当する。

80　*Doc. parl., ch.*, n° 55-0417/001, p. 1042.

81　Delannay, *op. cit.*, p. 825.

が警察の統制への反応として自発的に形成されたとしても、法案の規定では事前共謀がない場合も含まれているので、この事実から共謀の存在が推定できる[82]。

(5) テロ犯罪 (les infractions terroristes)

テロ犯罪については、改正法案では現行法の規定をそのまま継承している。人々の生命を危険に陥れる効果のある危険な物質を放出する罪は、改正法案324条§3第1項4号（新刑法典371条§3第1項4号）に規定され、法定刑は第8級の拘禁刑である（改正法案324条§3第2項3号（新刑法典371条§3第2項c)))[83]。改正法案における人々の生命を危険に陥れる効果のある危険な物質を放出する罪の成否については、既に検討したことが当てはまる。

Ⅳ　おわりに

ベルギー刑法では、わが国の刑法では処罰規定がない犯罪類型が設けられているため、単純に比較することはできないが、新型コロナウイルス感染について刑法上問題となる行為、具体的には、ウイルス感染者が他者に感染させる行為やウイルスを拡散する行為について、多様な対応が想定できる。なお、検事長幹事会通達においては、意図的にウイルスを拡散する行為について、刑法上の犯罪の成立可能性が検討されており、過失犯の成否については検討がなされていない。

わが国においても、ウイルス感染者が故意または過失で他者にウイルスを感染させるような行為を行った場合、刑法解釈論上どのように対応するか、傷害罪や過失傷害罪の成否の検討が同様に問題となる。わが国では、HIV感染の問題について、血友病者に対する非加熱製剤の投与に基づく薬害エイズの一連の事件について、過失責任の有無が問われたが[84]、フランスでは、血友病患者への非加熱製剤の投与に関する薬害の事案に始まり、HIVを意

82　*ibid.*

83　*Doc. parl., ch.*, n° 55-0417/001, p. 961. なお、委員会法案では345条に該当する。

84　最決平成20・3・3刑集62・4・567（薬害エイズ厚生省事件）、最決平成17・6・29公刊物未登載（ミドリ十字事件判決）、東京地判平成13・3・28判時1763・17（薬害エイズ帝京大学病院事件）等を参照。

190　第 7 章　ベルギーにおける感染症対策と刑事法の対応

図的に感染させた者の刑事責任が問題となる事案も発生し、毒殺罪の適用の可否、有害物質等投与罪の適用の可否が刑事裁判で争われた。特に、フランスでは、毒殺罪は死の結果を惹起しうる物質の投与があれば犯罪は既遂に達し、被害者の死の結果の発生は不要であるため、事件当時の医学では、HIVに感染しエイズを発症すれば死亡する可能性が極めて高いという状況もあり、毒殺罪の適用が可能かという点が争点となった[85]。最終的には、破毀院は、毒殺罪の故意の成立には、殺意が必要であるとの見解に立って、薬害エイズ事件においては、被告人らに毒殺罪の故意を認めず、毒殺罪の適用を否定した[86]。その後、HIV 感染者が意図的に性的行為を介して被害者に HIVを感染させた事例において、破毀院は人の身体の完全性を害する物質の投与罪（フランス刑法222-15条）の成立を認めた[87]。既に検討したように、ベルギーでも HIV を意図的に他者に感染させた場合に、有害物質等投与罪の成立が認められた。新型コロナウイルスが、人の健康を害する有害な物質であることは明らかであり、新型コロナウイルス感染者が意図的に飛沫を飛ばすなどしてウイルスを他者に感染させる行為については、有害物質等投与罪の適用は問題なく認められる。有害物質等投与罪は暴行・傷害罪の特別類型のような規定であるが、改正法案では、有害物質の投与行為は、暴行行為として処罰されることになり、傷害や死の結果が生じれば、傷害罪・傷害致死罪の成否が問題となるので、わが国の解釈論との比較検討には意味があると思われる。

　改正法案174条は、①人に障害、肉体的な苦痛、健康への侵害を与えうる人に対する有形力や強制の行使を暴行行為として規定し、さらに、②有形力や強制の行使以外の方法による人に対する肉体的な障害や健康への侵害も暴行行為として規定する。したがって、人を殴打するという有形力を行使する

---

[85]　フランスの状況については、末道・前掲「HIV 感染をめぐる刑法上の諸問題―フランスの議論を素材として」49頁以下、末道・前掲書30頁以下を参照。

[86]　破毀院1994年 6 月22日判決、破毀院2003年 6 月18日判決を参照。破毀院の判断の詳細については、末道・前掲「HIV 感染をめぐる刑法上の諸問題―フランスの議論を素材として」50頁、末道・前掲書30頁以下を参照。

[87]　破毀院2006年 1 月10日判決、破毀院2010年10月 5 日判決等がある。詳細は、末道・前掲「HIV 感染をめぐる刑法上の諸問題―フランスの議論を素材として」55頁以下を参照。

ことで人を傷害した場合の他、有形力を行使せず方法の如何は問わずに人を傷害した場合も傷害罪に該当するので、わが国で議論される「暴行によらない傷害」の類型も含む概念として規定される。ウイルス感染者が意図的に他者にウイルスを感染させる行為を行うことは、暴行行為に該当し、傷害結果が生ずれば傷害罪が成立する。

　ウイルス感染者でない者が感染者であると偽り他者にウイルスを感染させると脅す行為については、上述したように刑法328条の２（改正法案213条）が適用されるが、実際にウイルスに感染していないかどうかという点については、検査をした後でなければ判明せず、感染が拡大している状況では、一般に誰もが感染者であるかもしれず、行為者が感染していないと思っていても、実際には無症状感染者ということもある状況では、行為者の主観面の認定について、脅迫の故意なのか、暴行・傷害の故意なのか、その判断が難しいことは想定できる。感染者かもしれないと思われる場合には、公衆の面前で、大声で飛沫を飛ばして脅迫すれば、他者に感染させることを受け入れているとも考えられ、有害物質等投与罪（改正法案では傷害罪）の未必の故意が認定できると思われる。刑法328条の２が適用される場面は、行為者がウイルス感染者ではないことを信じているので拡散しようとする物質（例えば飛沫等）は無害であると確信している場合であって、その確信がない場合には、有害物質等投与罪の未必の故意が認定できると思われる。

　ウイルス感染者がウイルスを拡散する行為を行ったが、被害者が感染しなかった場合には、有害物質等投与未遂罪（改正法案では、病因の悪意のある拡散罪）の成否が問題となるが、既に検討したように、本罪の成立を認めることは可能である。改正法案に規定される病因の悪意のある拡散罪はウイルス感染や感染症の発症という結果の発生を必要とはしない危険犯であるため、この犯罪類型も感染拡大が続く状況では感染拡大を阻止するために重要な機能を果たすと考えられる。

　なお、わが国では、新型コロナウイルス感染症に罹患していない者が、感染者であると偽り、業務を妨害した事例について、偽計または威力業務妨害罪の適用が実際に問題となったが[88]、同様の事例について、ベルギーでは、無害ではあるが危険性があるとの印象を与える物質の拡散罪（刑法328条の

192　第7章　ベルギーにおける感染症対策と刑事法の対応

２）、刑法328条（重大な危害を加えるとの虚偽の脅迫）、外見的に危険な物質の拡散罪（改正法案213条）が適用されることになろう。ベルギーでは、特別法上、外出制限等に反した場合には、短期自由刑や罰金等を科すことが可能ではあるが、短期自由刑の有効性についてはこれまでも疑問が提起されており、改正法案では、１年以下の短期自由刑は廃止され、最も軽い第１級の刑については、自由刑（拘禁刑）以外の種々の代替刑が規定されている[89]。自由刑は第２級の刑から第８級の刑として定められ、１年以上３年以下の自由刑（拘禁刑）については、第２級の刑として定められる。新刑法典が今後制定された場合には、特別法において定められる短期自由刑についても代替刑が適用されることになる[90]。わが国においても、新型コロナウイルス感染症対策の一環として感染症法の改正議論（2021年１月時点）において、入院措置の違反や積極的疫学調査・検査の拒否に対して刑事罰の導入が検討されたが、刑事罰の導入は見送られ、行政罰が科せられることになった。刑事罰の導入が見送られた点は評価できるが、行政罰を科すことの妥当性については慎重な検討が必要であろう。

88　この点については、井田良「感染症対策と刑事法（総論）―問題状況の素描」前掲・刑事法ジャーナル５頁以下を参照。

89　末道・前掲「ベルギー刑法典改正法案第１編・刑法総則の概要」171頁、208頁を参照。なお、新刑法典では６月未満の自由刑が廃止された。

90　末道・前掲「ベルギー刑法典改正法案第１編・刑法総則の概要」189頁以下（委員会法案78条§1第1項8号）を参照。特別法が１年以下の拘禁刑を定めている場合には、第１級の刑に代替されることになる。

第2部　ベルギー刑法改正の動向

第1章　ベルギー刑法典第1巻・総則の概要

I　はじめに

　ベルギーでは、刑法典の全面改正作業が進行中しており、2019年3月13日に改正法案（Projet de Code pénal）が国会に提出された。

　1867年に制定された現行刑法典は、1810年のフランス刑法典を継承し、現在に至るまで150年間命脈を保ち存在し続けていた。制定当初はフランス刑法典の影響を受けた新古典主義　自由主義的色彩の強いものであったが、次第に犯罪の増加等の社会の実情に適切に対応することができないところも生じ、その後の社会防衛的立法により改正がなされたりしたが、基本的な法典の考え方については大きな改正はなされず、時代の要請に合わせて、判例実務等の解釈によって、対応が図られてきた。

　これまでも、刑法の全面改正については、Châtel教授及びD'haenens教授が指揮した刑法改正委員会の業績（1970年の刑法改正の主要な方針に関する報告書）[1]、Legros教授の1985年刑法改正草案[2]、「行刑裁判所、受刑者の施設外（社会内）での法的地位及び刑の決定」委員会（Holsters委員会）の業績等[3]の貴重な研究が存在していたが、現在まで刑法典の全面的な改正は実現

1　Commission pour la révision du Code pénal, *Rapport sur les principales orientations de la réforme*, ministère de la Justice, 1979.

2　R. Legros, *Avant-projet de Code pénal*, ministère de la Justice, 1985.

3　3年間の委員会での検討の結果、2003年5月に最終報告書が提出され、その後、この報告書を基に、刑罰の執行形態における自由刑を宣告された者の刑事施設外（社会内）における法的地位及び被害者に認められた権利に関する2006年5月17日法が制定された。この法律については、末道康之「ベルギーにおける刑罰制度の改正—電子監視刑と保護観察刑について」南山法学38巻3・4号（2015）163頁以下を参照。

194　第1章　ベルギー刑法典第1巻・総則の概要

することはなかった。しかしながら、現行刑法典は、現時点では、もはや時代遅れの理解しにくい道具と化し、一貫性を欠いたものになってしまったとの指摘もなされている[4]。多くの条文は刑法典制定当時から改正されることなく存在し続けている一方で、国内的及び国際的な社会の進展に対応するために新たな規定が次々と設けられ、その整合性という点において、刑法典それ自体においても矛盾を内包していた。刑法典の全面改正については喫緊の課題とされていた。そこで、2015年10月30日の司法省令によって、刑法及び刑事訴訟法改正委員会が創設され、司法大臣は、J.Rozie アントワープ大学教授と D.Vandermeersch 破毀院次長検事・ルーバンカトリック大学教授・ブリュッセルサンルイ大学教授の2名の専門家に、刑法改正の方向性の策定と刑法改正提案の準備を委任した。刑法及び刑事訴訟法改正委員会において1年程度の検討の結果、2016年、刑法典第1巻[5]・総則の改正草案[6]が提示された。この改正草案は2017年1月20日の閣議で承認された。刑法典総則の改正草案はその後、審議を経て修正が加えられた。同時に、刑法等改正委員会は、第2巻となる刑法各則の改正案作成作業を進めていた。ただ、2018年12月にベルギー連邦内閣が崩壊し、その後現在に至るまで2年近くにわたり本格的な内閣が不在の状況にあるという政治的な混乱状況等もあるなか、2人の国会議員により（その内の1名は司法大臣が国会議員として）、2019年3月13日に刑法典改正法律提案が議員立法として国会に提出された。この法律提案は刑法等改正委員会によって準備されていた刑法典改正法案とは、重要な点において異なっている部分もあり、刑法等改正委員会は、2019年4月、575頁におよぶ刑法典改正法案・立法理由書を公刊した[7]。新刑法典の成立・施

4　J. Rosie et D. Vandermeersch avec le concours de J. De Herbet, M. Debauche et M. Taeymans, *Commission de réforme du droit pénal. proposition d'avant-projet de Livre 1er du code pénal*, La Charte, 2016, p. Ⅶ.

5　フランス語の原文では「Livre 1er」であるが、「Livre」には「巻」「部」「編」という訳語が用いられる。法務省大臣官房司法法制調査部編『フランス刑法典』（1991）・『刑事訴訟法典』（1999）の日本語訳では、「Livre」は「部」、「Titre」は「編」と訳出されているが、本稿では「Livre」は「巻」と訳出する。

6　Rozie et Vandermeersch avec le concours de De Herdt, Debauche et Taeymans, *Commission de réforme du droit pénal. Proposition d'avant projet de Livre 1er du Code pénal préc.*

7　J. Rozie, D. Vandermeersch et J. De Hebert avec le concours de M.Debauche et M.

行については不確定な状況にあったが、その後の長期間にわたる審議を経て、ようやく2024年2月29日に新刑法典が成立し、4月8日にベルギー官報に公布された[8]。2年後の2026年4月8日に施行される。

　ベルギー連邦政府が完全に機能しておらず（ようやく2020年9月30日に連立政権が発足し、1年9か月にわたる連邦政府の不在が解消されたが）、新型コロナウイルス感染拡大という混乱の状況にあったが、ほぼ5年の審議を経て、ようやく刑法典の全面改正が実現することになった。ベルギー刑法典の改正作業について検討しておくことは、フランス刑法、オランダ刑法、ドイツ刑法と歴史的にもつながりの深いベルギー刑法学の現状を把握することにもつながり、比較法的な視点からも意義があると考えられる。刑法典第1巻・総則の改正草案については、既にその全容を紹介し、立法理由書に基づき解説を加えた[9]。改正草案の内容については、その後、修正が加えられた部分もある。本稿では、ベルギー刑法典第1巻・総則を紹介し、改正草案及び法案の段階から修正が加えられた点にも配慮して、必要に応じて解説を加える。第2巻・各則の概要については、今後、適宜、紹介する予定である。

II　刑法典第1巻・総則

第1章　前置条項
第1条　本法は憲法第74条が定める分野を規定する。

第2章　刑法典
第1部
第2条　以下の諸規定は刑法典を構成する。

Taeymans, *Un nouveau code pénal futur? La proposition de la commission de réforme, du droit pénal*, La Charte, 2019.

8　ベルギーの新刑法典については、ベルギー連邦司法省 web 頁で紹介されている。新刑法典は、刑法総則を定める第1巻と刑法各則を定める第2巻から構成される。https://www.ejustice.just.fgov.be/mopdf/2024/04/08_1.pdf#page=26

9　末道康之「ベルギー刑法改正の動向─刑法改正草案第1編の検討(1)(2・完)」南山法学41巻1号（2017）115頁、42巻2号（2018）213頁を参照。

第1章　刑罰法規

第1条　罪刑法定主義

① 何人も、その構成要素が法律で定められていない犯罪によって処罰され何ることはない。

② 何人も、法律で定められていない刑罰を科せられることはない。

③ 本条は、国民の総意によって承認された一般原則によれば、実行されたときには犯罪であった作為または不作為を犯した者の裁判及び処罰を妨げるものではない。

第2条　刑罰法規の時間的適用

① 何人も、実行されたときには法律で処罰されていなかった作為または不作為で処罰されることはない。

② 同様に、何人も、犯罪が実行されたときに法律が定める刑罰よりも重い主刑または付加刑で処罰されることはない。

③ 犯罪後に刑罰法規が変更されたときは、最も有利な規定が犯罪行為者に適用される。

第3条　刑罰法規の場所的適用

① 法律が定める例外を除いて、ベルギー国民または外国人によってベルギー国内で実行された犯罪は、ベルギー法の規定に従って処罰される。

② ベルギー国民または外国人によってベルギー国外で実行された犯罪は、法律で定める場合に限り、ベルギーにおいて処罰される。

③ 犯罪構成要素または加重要素の一つがベルギー国内で客観的に生じていれば、犯罪はベルギー王国内で実行される。

第4条　刑罰法規の解釈

① 刑罰法規は厳格に解釈される。訴追された者に不利になるように、刑罰法規を類推によって適用することはできない。

② 刑罰法規は、犯罪となる可能性のある行為を犯罪とするという立法

者の意思が確実であることを条件に、その公布時において、立法者が規定することが絶対的に不可能であり、かつ、その行為が犯罪の法律的な定義に含まれうる行為に、これを適用する。

第2章　犯罪
第1節　犯罪の構成要素
第5条　犯罪の構成要素
① 犯罪の成立には、客観的要素及び主観的要素が必要である。
② 客観的要素及び主観的要素が充足されたときに、行為は違法とみなされる。
③ 法律によってまた、加重要素を定めることができる。

第6条　客観的要素
すべての犯罪には客観的要素の存在が必要である。客観的要素は、作為または不作為から構成される。

第7条　主観的要素
§1
① すべての犯罪には、行為者において主観的要素の存在が必要である。この主観的要素は、すべての犯罪について、行動の認識及び自由意思を含む。
② 第21条に定める有責性を免除する事由の存在が認められない限り、行為者の行動の認識及び自由意思は推定される。
③ 第1項に定める要件以外に、法律は、特定の犯罪について、主観的要素の存在を充足するために、補足的な要件を定めることができる。
　　1　故意犯については故意。
　　2　過失犯については重大な過失。
§2　故意は、一般的故意または特別故意から構成される。
① 一般的故意は、事情を知って、法律が処罰する行動をとる意思である。事物の通常の状態において、事情が存在するもしくは存在しう

198 第1章 ベルギー刑法典第1巻・総則の概要

　　　ることを人が認識するとき、または事象の通常の経過において、結
　　　果が生じる、もしくは生じうるときには、事情を知って行動をとっ
　　　たことになる。
　②　特別故意は、一般的故意に必要な要請の他に、法律が定める結果を
　　　追求する意思または法律が定めるように、行為者を駆り立てる特別
　　　な精神状態から構成される。特別故意が特定の結果を追求する意思
　　　にあるときには、行為者がその行動を目的としていても、事象の通
　　　常の経過において結果が生じる前に行為者が結果を受け入れたとし
　　　ても、行為者が特定の結果を欲したとみなされる。
§3　重大な過失とは、予見または注意の著しい欠如である。

第8条　加重要素
法律によって、犯罪を一階級または数階級高い刑罰で処罰する効力をもつ加
重要素とされる要素を定めることができる。

第2節　可罰的未遂
第9条　可罰的未遂
§1
　①　犯罪の未遂は、行為者の犯罪の決意が実行の着手によって表明され
　　　たときに、これを罰する。
　②　その意思に基づく事情によって、犯罪を中止した者は処罰されな
　　　い。任意の中止は、自らに適用の要件が充足されたときでなけれ
　　　ば、これを共犯には適用しない。
　③　故意犯については、未遂は常に処罰される。
　④　可罰的な未遂犯は、これを既遂犯に定める刑より一級下の刑で罰す
　　　る。
　⑤　法律の文言上、第1級の刑で処罰される犯罪の可罰的な未遂犯は、
　　　既遂犯と同一の刑で、または法律が付加刑を規定し、かつ裁判官が
　　　適切な刑であると判断したときには、主刑の代わりに言い渡された
　　　付加刑で罰する。

§2 確固たるかつ確実な方法で、法文上、第5級以上の刑で処罰される犯罪の実行を提案した者もしくは申し込んだ者または同犯罪の実行を教唆した者、及び、この提案、申込または教唆を受け入れた者は、この提案、申込または教唆が、行為者の意思とは独立した事情によって結果を生じなかったときは、既遂犯の法定刑より二級低い刑に処する。

第3節　正当化事由

第10条　正当化事由

① 正当化事由は、法律によって定められた事情であり、行為を許可しまたは正当化することで、行為の違法性を阻却する。

② 正当化事由とは、次に掲げる事由である。

1　法律の命令または許可

2　権限機関の命令

3　緊急避難

4　正当防衛

5　権限の濫用に対する正当な抵抗

第11条　法律の命令または許可

行為が法律によって命令または許可されたときには、犯罪とはならない。

第12条　権限機関の命令

法律に従って権限機関が行為を命令したときには、犯罪とはならない。

第13条　緊急避難

① 犯罪とされる行為を実行する以外の方法では、重大かつ急迫な危険にさらされた権利または利益を守ることができないときには、その利益が犯罪とされる行為によって犠牲となった利益より優越する場合に限り、緊急避難となり、したがって犯罪とはならない。

② 当事者自身が意図的に緊急避難とされる状況を作り出したときには、行為は正当化されない。

200　第 1 章　ベルギー刑法典第 1 巻・総則の概要

第14条　正当防衛

① 何人も、罪を犯すことによって正義を実現する（復讐する）ことはできない。

② 但し、罪を犯すこと以外の方法では、自己または第三者に対する不正で、重大なかつ切迫した侵害を避けることができなかった者は、この侵害を妨げる意図で、相当な方法で防衛したときには、正当防衛として罰しない。

第15条　権利の濫用に対する正当な抵抗

作為または不作為による個人的な抵抗が、違法性が明白な権限機関の行為に対してなされ、回復不可能な害悪を予防するために即時に行動することが必要であり、その違法性の本質及び重大性に相当した方法で行われたときには、犯罪とはならない。

第 3 章　犯罪行為者

第 1 節　正犯の身分及び共犯

第16条　個人行為責任の原則

何人も、自らの行為についてのみ刑事責任を負う。

第17条　正犯の身分の定義

正犯とは自然人及び法人であり、次に掲げるように、犯罪のすべての構成要素を充足する者または第10条に定める場合を行おうと試みる者である。

1　自ら

2　他人を単なる道具として利用することによって

3　事情を知ってかつ意図的に他人と共同して

第18条　法人の刑事責任

① あらゆる法人は、その目的の実現もしくはその利益の防衛と本質的に関連する犯罪または具体的な事実が法人の利益のために実行されたことを証明している犯罪について刑事責任を負う。

② 次に掲げるものは、法人とみなされる。
　　1　〔法人格を有しない〕単純組合（les sociétés simples）
　　2　設立中の商事会社
③ 法人の刑事責任は、同一事実についての正犯または共犯の刑事責任を排除しない。

第19条　可罰的な共犯（加担犯）
① 事情を知ってかつ意図的に、次に掲げる方法かつ範囲内（枠内）において、重要な方法で犯罪に寄与する者は、犯罪の正犯として処罰する。
　　1　犯罪の実行に直接的に協力した者
　　2　犯罪の準備または実行を容易にした者
　　3　犯罪の実行を直接的に教唆した者
　　4　その不作為によって、犯罪の実行を直接的に促進し、または容易にした者
　　5　犯罪の目的について事前に協議して、犯行後に行為者を援助しまたは幇助した者
② 本法において、正犯の概念は、別に定める場合を除いて、犯罪に関与した者（共犯）を含む。

第2節　加重要素及び加重要因の帰責
第20条　加重要素及び加重要因の帰責
① 犯罪の客観的加重要素もしくは客観的加重要因の存在を認識していた、もしくは認識すべきであった、もしくは客観的加重要素もしくは客観的加重事由の実現が事象の通常のもしくは予見可能な経過の一貫として生じたことを知っていた、もしくは知るべきであった、及び事情を知って犯罪の実行に関与する意思をもち続けた第17条第3号にいう正犯または共犯（加担犯）は、加重犯罪の正犯または共犯（加担犯）として処罰される。
② 犯罪の主体が適用条件を備えたときには、主観的加重要素及び主観

202　第1章　ベルギー刑法典第1巻・総則の概要

的加重要因は犯罪の正犯または共犯（加担犯）の刑のみに影響する。

第3節　有責性阻却事由（免責事由）

第21条　有責性阻却事由（免責事由）

① 有責性阻却事由（免責事由）とは、第2項に記載される事由であり、犯罪行為を行った具体的な事情に照らして、たとえその行為が違法であっても、当該事由を理由に、犯罪行為を行為者に帰責できない。

② 有責性阻却事由（免責事由）は、次に掲げる。

　　1　抗拒不能の力（不可抗力）

　　2　避けることのできない錯誤

第22条　抗拒不能の力（不可抗力）

抵抗することのできない力の強制の下で行動した者は、刑事責任を負わない。

第23条　避けることのできない錯誤

法律または事実の避けることのできない錯誤に基づき行動した者は刑事責任を負わない。

第4節　無答責事由

第24条　無答責事由

① 無答責事由とは、第2項に記載する事由であり、処罰される行為の遂行が違法でありかつ非難可能であったとしても、当該事由により犯罪行為者に責任を問うことはできない。

② 無答責事由は、次に掲げる。

　　1　精神の障害

　　2　刑事未成年

Ⅱ　刑法典第1巻・総則　　*203*

第25条　精神障害

行為のときに、是非弁別能力または行動制御能力を失わせる精神障害に冒されていた者は、刑事責任を負わない。

第26条　刑事未成年

法律に定める場合を除き、行為の時に、18歳に達していない者は、刑事責任を負わない。

第4章　刑罰

第1節　総則

第27条　刑罰の目的

① 刑の選択及びその水準の決定に際して、次に掲げる目的を追求する。

　1　刑罰法規の違反に対する社会の非難を示すこと。

　2　社会的均衡の回復及び犯罪から生じた損害の賠償を促進すること。

　3　犯罪行為者の社会復帰及び社会への同化を支援すること。

　4　社会を保護すること。

② 法律に定める範囲内で、裁判官は犯罪と科せられる刑との間の適正な均衡を追求しなければならない。

③ 刑を言い渡す前に、裁判官は上記目的のみならず直接的な関係者、その周囲の者及び社会に対する好ましくない副次的効果をも考慮しなければならない。

④ 拘禁刑は最後の手段であり、刑罰の目的が、法律が定める他の刑または処分によっては達成しえないときにのみ、拘禁刑を言い渡すことができる。

⑤ 裁判官は、犯罪を処罰するため、第2級の刑を科す理由があり、かつ、第2級の刑の中で、拘禁刑を選択すると判断する場合、刑罰の目的がその他の第2級の刑によっては達せられないという理由を示す。

204 第1章 ベルギー刑法典第1巻・総則の概要

第28条 加重要因
より重い階級の刑を科すことができずに、裁判官が刑を選択し、刑罰または処分の程度を決定するときに、裁判官が考慮しなければならない加重要因を法律によって定めることができる。

第29条 差別的動機
　① 行為者の差別的動機は、すべての犯罪についての加重要因である。但し、法律が事実上加重要素としている場合は除く。
　② 行為者の動機の一つが、いわゆる人種、肌の色、祖先、国のもしくは民族的な出自、国籍、性別、妊娠、分娩、授乳、医学的に補助された生殖、母性、家族としての責任、医学的もしくは社会的な性転換、性自認、性表現、性的特色、性的傾向、民事的身分、出生、年齢、財産、宗教的もしくは哲学的信条、健康状態、障害、言語、政治的信条、組合的信条、身体的もしくは遺伝的な特性、出身または社会的な状況を理由とする、人に対する憎悪、軽蔑または敵意から構成され、上記の基準が、現実的なまたは行為者が唯一想定した方法で現在するときには、犯罪は差別的な動機を伴って実行されたとみなされる。
　③ 行為者の動機の一つが、被害者と第2項で示された現実のもしくは想定される一もしくは複数の基準に対する憎悪、軽蔑もしくは敵意を生み出す対象となった者との間の関係または想定される関係にあるときにも、同様である。

第30条 軽減事由
裁判官が軽減事由を適用することができると評価したときは、裁判官は、本章に定める範囲及び条件内で、刑を減軽し、または変更する。

第31条 調査報告書
最も適切な刑を決定するために、訴訟を受理した検察官または裁判官は、想定される刑または処分の適切性を判断するための的確な情報を提供する目的

で、被告人の居住地の司法管区の管轄部局に調査報告書の作成を依頼することができる。国王は、調査報告書の実施の内容及び方式を決定する。

第32条　性犯罪者もしくはテロリストの指導もしくは治療における専門家または専門部局の意見
　　① 被告人が、テロ犯罪または性的完全性もしくは性的自己決定権を侵害する犯罪で訴追されるときには、訴訟を受理した検察官または裁判官は、最も適切な刑を決定するために、性犯罪者もしくはテロリストの指導もしくは治療を行う専門家または専門部局の理由を付した意見を求めることができる。
　　② 第1項の例外として、検察官または裁判官は、理由を付した意見が厳密には必要ではない場合、この意見を記録することを義務づけられることはない。

第2節　宥恕事由
第33条　定義
宥恕事由とは、刑の免除または刑の減軽をもたらす法律が定める事由である。

第34条　過剰防衛
　　① 自己または第三者に対する不正で、重大なかつ現在の侵害に対して、不相当または不必要な方法で防衛し、その防衛が侵害からもたらされた激情の直接的な結果であったときには、過剰防衛となる。
　　② 過剰防衛の場合には、実行された犯罪に対して定められた刑が第8級または第7級の刑であったときには第3級の刑に、実行された犯罪に対して定められた刑が第6級、第5級または第4級の刑であったときには第2級の刑に、実行された犯罪に対して定められた刑が第3級または第2級の刑であったときには第1級の刑にこれを代替する。
　　③ 実行された犯罪に対して定められた刑が第1級の刑であったときに

206 第1章 ベルギー刑法典第1巻・総則の概要

は、裁判官は、刑の量定において、この宥恕事由を考慮しなければ
ならず、実行された犯罪に対して定められた付加刑によってこれを
代替する。

第35条 刑事未成年
行為者が、犯罪行為を行った時点で、未成年であったときには、法律で定め
る刑は一階級軽い刑によってこれを代替する。法律上、第1級の刑で処罰さ
れる犯罪が問題となるときには、裁判官は当該刑を言い渡す、または法律が
付加刑を定めているときには、裁判官は、適切であると判断したときには、
主刑の代わりに付加刑を言い渡すことができる。

第3節 自然人に適用される刑罰
第36条 主刑
① 第8級の刑は、無期拘禁刑または18年以上20年以下の自由剥奪下の
治療で構成される。軽減事由が認められた場合、この刑は、第7
級、第6級、第5級、第4級または第3級の刑の一つでこれを代替
する。

② 第7級の刑は20年以上30年以下の拘禁刑または16年以上18年以下の
自由剥奪下の治療で構成される。軽減事由が認められた場合、第7
級刑は、第6級、第5級、第4級または第3級の刑の一つでこれを
代替する。

③ 第6級の刑は、15年以上20年以下の拘禁刑または11年以上16年以下
の自由剥奪下の治療で構成される。軽減事由が認められた場合、第
6級の刑は、第5級、第4級、第3級または第2級の刑の一つでこ
れを代替する。

④ 第5級の刑は、10年以上15年以下の拘禁刑または6年以上11年以下
の自由剥奪下の治療で構成される。軽減事由が認められた場合、第
5級の刑は、第4級、第3級または第2級の刑の一つでこれを代替
する。

⑤ 第4級の刑は、5年以上10年以下の拘禁刑または4年以上6年以下

の自由剥奪下の治療で構成される。軽減事由が認められた場合、第3級または第2級の刑の一つでこれを代替する。

⑥ 第3級の刑は、3年以上5年以下の拘禁刑または2年以上4年以下の自由剥奪下の治療で構成される。軽減事由が認められた場合、第第2級または第1級の刑でこれを代替する。

⑦ 第2級の刑は、次に掲げる刑の一つで構成される。

　　1　6月以上3年以下の拘禁刑
　　2　6月以上2年以下の自由剥奪下の治療
　　3　1月以上1年以下の電子監視刑
　　4　120時間以上300時間以下の労働刑
　　5　12月以上2年以下の保護観察刑
　　6　有責性を宣告する刑の言渡し

軽減事由が認められた場合、第2級の刑は第1級の刑の一つによってこれを代替する。

⑧ 第1級の刑は、次に掲げる刑の一つで構成される。

　　1　200ユーロ以上20.000ユーロ以下の罰金
　　2　20時間以上120時間以下の労働刑
　　3　6月以上12月以下の保護観察刑
　　4　没収、拡大没収も含む。
　　5　犯罪から期待されまたは得られた利益に応じて定められた財産刑
　　6　有責性を宣告する刑の言渡し

法律が第1級の刑で処罰される犯罪について付加刑を定めているときは、裁判官は、軽減事由が認められる場合には、主刑の代わりに付加刑を言い渡すことができる。

第37条　付加刑

法律が定める場合、かつ特別法によって定められた刑を損なうことなく、重罪及び軽罪に適用される付加刑は、これを次に定める。

　　1　延長された追跡調査

208　第 1 章　ベルギー刑法典第 1 巻・総則の概要

2　罰金

3　没収

4　拡大没収

5　犯罪から期待されまたは得られた利益に応じて定められた財産刑

6　民事的及び政治的権利の剥奪

7　職業の禁止

8　有罪判決の公示

9　施設の閉鎖

10　運転する権利の剥奪

11　居住、場所への立入または接触の禁止

第 4 節　法人に適用される刑罰

第38条　主刑

① 第 8 級の刑は、4.000.000ユーロ以上5.760.000ユーロの罰金から構成される。軽減事由が認められる場合、第 8 級の刑は、第 7 級、第 6 級、第 5 級、第 4 級または第 3 級の刑の一つによってこれを代替する。

② 第 7 級の刑は、1.600.000ユーロ以上4.000.000ユーロの罰金から構成される。軽減事由が認められる場合、第 7 級の刑は、第 6 級、第 5 級、第 4 級または第 3 級の刑の一つによってこれを代替する。

③ 第 6 級の刑は、1.200.000ユーロ以上1.600.000ユーロの罰金から構成される。軽減事由が認められる場合、第 5 級、第 4 級、第 3 級または第 2 級の刑の一つによってこれを代替する。

④ 第 5 級の刑は、800.000ユーロ以上1.200.000ユーロの罰金から構成される。軽減事由が認められる場合、第 4 級、第 3 級または第 2 級の刑の一つによってこれを代替する。

⑤ 第 4 級の刑は、600.000ユーロ以上800.000ユーロの罰金から構成される。軽減事由が認められる場合、第 3 級または第 2 級の刑の一つによってこれを代替する。

⑥　第3級の刑は、360.000ユーロ以上600.000ユーロの罰金から構成される。軽減事由が認められる場合、第2級または第1級の刑の一つによってこれを代替する。

⑦　第2級の刑は、次に掲げる刑の一つから構成される。

1　20.000ユーロ以上360.000ユーロ以下の罰金

2　20.000ユーロ以上360.000ユーロ以下と算定された予算の共同体のための給付

3　12月以上2年以下の保護観察刑

4　二つの第1級の刑の併合

5　有責性を宣告する刑の言渡し

軽減事由が認められる場合、第2級の刑は第1級の刑の一つによってこれを代替する。

⑧　第1級の刑は、次の各号に掲げる刑の一つからなる。

1　200ユーロ以上20.000ユーロ以下の罰金

2　200ユーロ以上20.000ユーロ以下と算定された予算の共同体のための給付

3　6月以上12月以下の期間の保護観察刑

4　1年以上10年以下の期間、社会的目的に関連する活動の実行の禁止

5　没収、拡大没収を含む

6　犯罪から期待されまたは得られた利益に応じて定められた財産刑

7　施設の閉鎖

8　有責性を宣告する刑の言渡し

法律が第1級の刑で処罰される犯罪に対して付加刑を定めているときには、裁判官は、軽減事由が認められる場合、主刑の代わりに付加刑を言い渡すことができる。

第39条　付加刑

特別法によって定められた刑を損なうことなく、法律が定める場合には、重

罪及び軽罪に適用される付加刑は、次に掲げる。

1　罰金

2　没収

3　拡大没収

4　犯罪から期待されまたは得られた利益に応じて定められた財産刑

5　1年以上10年以下の期間、社会的目的に関連する活動の実行の禁止

6　施設の閉鎖

7　有罪判決の公示

第40条　公法上の法人に適用される刑罰

連邦国家、地域圏、共同体、州[10]、消防管区（zones de secours）、優先消防管区（prézones）、ブリュッセル都市圏、基礎自治体（コミューン）、複合基礎自治体区域、基礎自治体内地方組織、フランス語共同体委員会、フラマン語共同体委員会、共通共同体委員会及び公的社会福祉センターについては、その他の刑を除いて、有責性の宣告のみを言い渡すことができる。

第5節　自由剥奪刑

第41条　拘禁刑の期間

§1　拘禁刑は、裁判官が定めた期間において、かつ、法律が定める態様に従って、人の自由を剥奪することからなる。

§2　主刑としての拘禁刑は、適用される刑の階級に従い、6月以上無期までの期間、これを言い渡す。

①　1日の拘禁刑の期間は24時間とする。

②　1月の拘禁刑の期間は30日とする。

10　一般的には、〈province〉には「州」という訳語があてられる。フランスの行政区域である「県（département）」と区別する意味でも「州」と訳出する。ただ、「県」と翻訳する文献もある（佐藤竜『ベルギーの連邦化と地域主義―連邦・共同体・地域圏の併存と地方自治の変貌』（敬文堂・2016）まえおきi頁参照）。

③ 1年の拘禁刑の期間は365日とする。

§3　判決の原因となった犯罪の結果、判決が確定する前に服した拘禁は、拘禁刑の期間に算入される。犯罪とされる行為を犯した未成年者を閉鎖施設に置く仮処分は、当該行為を理由として最終的に言い渡された拘禁刑の期間に算入される。

§4　拘禁刑を言渡された者は、国王によって指定された施設において、その刑の執行を受ける。

第42条　自由剥奪下の治療

§1

① 犯罪行為が拘禁刑をもたらす性質のものであるときには、裁判官は、被告人が是非弁別能力または行動制御能力を喪失するほど深刻ではない精神的な障害を示し、社会に対する危険がある場合には、被告人に、適切な治療に従うことを義務づけることができる。

② 治療が義務づけられる犯罪は、被告人が冒されている障害から導かれたものでなければならない。十分な治療を提供し、及び社会を保護するために、より強制的ではないその他の刑または処分を命じることができるときには、この刑を科すことができない。

§2

① 治療を義務づける決定をする前に、裁判官は、法医学の知識をもつ精神科医の資格を有する専門家または国王が公認した専門施設の専門家の理由を付した意見を求めることができる。

② この意見には、被告人が冒されている潜在的な障害の性質の説明、その障害と犯罪との関係性並びに治療の性質及び期間に関する提案が含まれる。

③ 被告人は、自らが選んだ医師による診断を受け、その医師の意見を提出することができる。医師は、刑の言渡しを受けた者に関する訴訟記録の内容を知ることができる。

§3

① 自由剥奪下の治療の期間は、適用される刑の階級に応じて、6月以

212　第1章　ベルギー刑法典第1巻・総則の概要

上20年以下である。第41条§2第2項から第4項に定める期間に従い、期間は計算される。

② 裁判官は、その決定において、専門施設の理由を付した意見に基づき、治療の性質及びその期間を示す。

③ 裁判官は、犯罪に対してかつ法律で定められた範囲内で、自由剥奪下の治療が執行されなかった場合に適用されうる拘禁刑を予め定める。その期間は、自由剥奪下の治療の期間を下回ることができない。

④ 行刑裁判所は、新たな重大な罪を犯す危険性が合理的にはもはやないといえる程に受刑者の状態が十分に安定していること、及び自由刑を言い渡された受刑者の刑事施設外（社会内）における地位及び刑の執行方式において被害者に認められる権利に関する2006年5月17日法律が、仮釈放もしくは同じ期間の拘禁刑に対する電子監視の付与に従わせる条件を充足していることを判断するときには、行刑裁判所は、その方式の一つを受刑者に付与することによって、自由剥奪下の治療を期間満了前に終了させる決定をする。

⑤ 自由刑を言い渡された受刑者の刑事施設外（社会内）における地位及び刑の執行方式において被害者に認められる権利に関する2006年5月17日法律が、仮釈放もしくは同じ期間の拘禁刑に対する電子監視の付与に従わせる条件を充足していないときには、行刑裁判所は、第41条§4に示された施設に対象者を移送するか、または、治療の積極的な効果が施設への収容によって消滅するかもしれないときには、本条§4で示されているような施設で拘禁を続けるかを判断する。

§4　自由剥奪下の治療は、行刑裁判所が指定した施設において行われ、自由刑を言い渡された受刑者の刑事施設外（社会内）における地位及び刑の執行方式において被害者に認められる権利に関する2006年5月17日法律によって、その執行を管理する。但し、行刑裁判所は、自由剥奪下の治療の執行が刑事施設において行われることを命じることはできない。

§5　受刑者が、自由剥奪下の治療の執行の枠内で、義務づけられた治療を受けない、もしくは、もはや受けるつもりがないことを示した場合、治療の

執行がもはや不可能になった場合、または適切な治療の執行を行うことを許容する条件を遵守しない場合、行刑裁判所は、検察官の請求に基づき、刑の言渡しを受けた者を聴取した後で、受刑者が既に行った義務づけられた治療の一部を考慮して、予備的拘禁刑またはその一部が執行されるかを決定することができる。

第6節　自由制限刑
第43条　電子監視刑
§1

① 裁判官は、第2級の刑を言い渡すべきであると判断したときには、主刑として1月以上1年以下の期間の電子監視刑を言い渡すことができる。

② 決定された刑の執行プログラムに従い、外出、活動及び不在が許可された場合を除き、電子監視刑の言渡しを受けた者は決定された住所に現在（滞在）しなければならない。受刑者が現在（滞在）するかの監督は特に電子的手段を用いることによって保障される。受刑者の住所に現在（滞在）する義務は条件を伴う。

③ 裁判官は、電子監視刑が執行されない場合に適用される電子監視刑と同一期間の予備的拘禁刑を予め定める。

④ 裁判官は、被告人が、自らまたは弁護人を介して、明示的な同意を与えなければ、電子監視刑を言い渡すことはできない。被告人と同居する者はすべて、電子監視刑に関する義務について、裁判官から聴取されうる。

§2

① 裁判官は、電子監視刑の具体的執行方式に関して、特に、許可された外出、活動及び不在に関して、指示を与えることができる。

② 電子監視刑は、常に、次に掲げる一般的条件を伴う。
1　犯罪を実行しない。
2　現在する義務を執行するための定まった住所を有すること及び住所を変更する前には、検察官の許可、それがない場合には、行

214 第1章 ベルギー刑法典第1巻・総則の概要

刑裁判所の許可を得ること。

　　　3　電子監視刑を監督する権限をもつ部局の召喚に応じること及び当該部局が決定した具体的方式を尊重すること。

③　裁判官は、その他、個別化された特定の条件が再犯の危険を制限するために絶対に必要であるとき、または、被害者の利益のためもしくは受刑者の社会復帰のために必要であるときには、受刑者に個別化された特定の条件を課すことができる。

§3　被告人が、住居を共有している者に対する性的、身体的または精神的な完全性を侵害することによって成立する犯罪について訴追された場合、訴訟を受理した検察官または裁判官は、被告人の居住地の司法管轄部局に、情報報告書の作成を担当させる。検察官または裁判官は、情報報告書が厳密には必要ではない場合に、当該報告書を要求することを義務づけられない。

§4　国王は、電子監視刑の執行及び監督の方式を定める。

§5　電子監視刑の全部もしくは一部が執行されないとき、または一般的もしくは特別な条件の著しい遵守違反がある場合、行刑裁判所は、検察官の請求に基づき、既に執行された電子監視の期間を減じた後、電子監視刑の1日は拘禁刑の1日に相当すると評価して、言い渡された予備的拘禁刑またはその残刑期の執行手続をとることを決定することができる。

第44条　保護観察刑

§1

①　裁判官は、第2級または第1級の刑を言い渡さなければならないと判断したときは、主刑として保護観察刑を言い渡すことができる。

②　裁判官は、被告人が、個人としてまたは弁護人を介して、明示的な同意を与えた場合でなければ、保護観察刑を言い渡すことができない。

§2

①　保護観察刑は、裁判官が定めた期間、一般的及び特別な条件を遵守する義務からなる。

②　第2級の保護観察刑の期間は12月以上であり、かつ2年を超えるこ

とはできない。第1級の保護観察刑の期間は6月以上であり、かつ12月を超えることはできない。

③ 裁判官は、第1級の保護観察刑を言い渡すときには、犯罪に対してかつ法律によって定められた範囲内において、200ユーロ以上20,000ユーロ以下の罰金または1月以上6月以下の拘禁刑を（予め）定める。

④ 裁判官は、第2級の保護観察刑を言い渡すときには、犯罪に対してかつ法律によって定められた範囲内において、200ユーロ以上20,000ユーロ以下の罰金または1月以上1年以下の拘禁刑を（予め）定める。保護観察刑が執行されなかった場合、この予備的刑を適用することができる。

⑤ 保護観察刑が科せられる自然人は、その他、共同体の管轄部局によって行われる社会的ガイダンスを受けなければならない。

§3

① 裁判官は、保護観察刑の期間を決定し、受刑者が従うべき特別の条件を定める。

② 保護観察刑は、常に次に掲げる一般的条件を伴う。

　　1　犯罪を実行しないこと。

　　2　自然人については、定まった住所を有すること、住所を変更する場合、直ちに、ガイダンスを担当する共同体の管轄部局に新しい自宅住所を通知すること。

　　3　自然人については、行刑裁判所の召喚及びガイダンスを担当する共同体の管轄部局の召喚に応じること。

③ 特別な条件は、特に、教育、職業訓練または通院治療を受けることにある。

④ 保護観察刑は、裁判が規範事項の確定力を有した日から起算して進行する。

§4

① 必要な場合、行刑裁判所は、受刑者の意見聴取の後で、保護観察刑の具体的な執行方式を定める。

216 第1章 ベルギー刑法典第1巻・総則の概要

② 行刑裁判所は、職権により、検察官の請求に基づき、あるいは、受刑者の要求に応じて、特別な義務の全部または一部を中断し、特別な義務を明示し、または特別な義務を状況に適応させることができる。保護観察刑が執行されたと判断したときには、行刑裁判所は、裁判官が定めた期間が満了していなくとも、保護観察刑を終了させることができる。

③ 国王は、さらに、保護観察刑の執行及び監督の方式を定める。国王は、管轄機関と共に、保護観察刑の適用に関する情報の普及及び協議を組織する。

§5 保護観察刑の全部または一部が執行されなかった場合、行刑裁判所は、検察官の請求に基づき、かつ受刑者の意見聴取の後で、受刑者が既に執行した保護観察刑の一部を考慮して、予備的刑またはその一部が執行されるかを決定することができる。

第45条 労働刑

§1

① 第2級または第1級の刑を言い渡すべきであると判断したときは、裁判官は主刑として労働刑を言い渡すことができる。

② 裁判官は、被告人が、自らまたは弁護人を介して、明示的な同意を与えなければ、労働刑を言い渡すことはできない。

§2

① 第2級の労働刑は、120時間以上300時間以下でなければならない。第1級の労働刑は、20時間以上120時間である。労働刑は、潜在的な学業活動または職業活動からは自由とされている時間において、刑の言渡しを受けた者によって無償で執行される。労働刑は、国、共同体、地域圏、州、基礎自治体（コミューン）及び公的社会福祉センターの公役務の利益のために、または非営利目的の団体もしくは社会的、科学的もしくは文化的目的で設立された財団においてのみ、これを執行することができる。労働刑は、公役務または指定された団体において、報酬を得た労働者によって一般的に執行された労働

ではない。

② 裁判官は、労働刑の期間を決定し、その具体的な内容に関して指示を与えることができる。裁判官は、労働刑に、労働刑の適切な執行を促進することに向けられた特別な条件を遵守する義務を組み合わせることができる。

③ 国王は、労働刑が執行されるその他の場所を決定することができる。

④ 裁判官は、労働刑の期間を決定し、かつその具体的な内容に関して指示を与えることができる。

⑤ 裁判官は、第1級の労働刑を言い渡すときには、犯罪に対してかつ法律によって定められた範囲内において、200ユーロ以上20,000ユーロ以下の罰金または1月以上6月以下の拘禁刑を（予め）定める。

⑥ 裁判官は、第2級の労働刑を言い渡すときには、犯罪に対してかつ法律によって定められた範囲内において、200ユーロ以上20,000ユーロ以下の罰金または1月以上1年以下の拘禁刑を（予め）定める。労働刑が執行されなかった場合、この予備的刑を適用することができる。

§3

① 労働刑の執行は行刑裁判所によって監督される。

② 国王は労働刑の執行及び監督の方式を定める。国王は、権限を有する機関とともに、労働刑の適用に関する情報の普及及び協議を組織する。

§4　労働刑の全部または一部が執行されなかった場合、行刑裁判所は、検察官の請求に基づき、かつ受刑者の意見聴取の後で、受刑者が既に執行した労働刑の一部を考慮して、予備的刑またはその一部が執行されるかを決定する。

第46条　延長された追跡調査

§1

① 裁判官は、第3級の刑または被害者の生命、身体的、性的もしくは精神的完全性への著しい侵害を惹起した犯罪もしくは公共の安全に

218 第1章 ベルギー刑法典第1巻・総則の概要

対する著しい危険を構成する犯罪についてより上位の階級の刑を言い渡すときには、付加刑として延長された追跡調査を科すことができる。

② 裁判官は、被告人に第7級または第8級の刑を言い渡すとき、かつ法律が第7級もしくは第8級の刑を定めている犯罪について、被告人が既に以前に刑の言渡しを受けていたときには、この刑を言い渡さなければならない。

③ 裁判官は、被告人に第4級の刑またはそれ以上の階級の刑を言い渡すとき、かつ、その他の犯罪と競合する、またはしない場合であっても、次に掲げる犯罪に基づいて刑が言い渡されたときには、延長された追跡調査をまた言い渡さなければならない。

1　118条に定める死を惹起した拷問

2　143-5条、144-5条または145-5条に定める未成年者に対する不同意性交（強姦）

3　139条に定める死を惹起した不同意性的行為

4　225条に定める死を惹起した略取誘拐

5　371条に定めるテロ犯罪で、死を惹起した場合

④ 延長された追跡調査を科す決定をする前に、裁判官は、鑑定人または国王が公認した特別部局の理由を付した意見を記録する。

⑤ この意見は、被告人が苦しんでいる潜在的な諸問題の本質の記述及びガイダンス、治療または追跡の可能性を含む。

⑥ 第5項の例外として、裁判官は、義務的性格を有する延長された追跡調査を科す場合、理由を付した意見を記録することを義務づけられない。

§2

① 延長された追跡調査は、拘禁刑または自由剥奪下の治療の執行の後で、定められた期間、条件を遵守する義務からなる。この条件は、被告人の刑の言渡しに寄与した潜在的な問題と向き合い、新たな犯罪の実行を妨げることを目的とする。

② 受刑者が、課せられた条件を遵守しない場合、延長された追跡調査

の実行を不可能にする場合、または条件を遵守するつもりがないことを伝えている場合、受刑者は、延長された追跡調査の期間、行刑裁判所によって指定された施設に収容されうる。この施設は、いかなる場合でも、刑事施設であることはできない。

§3

① 延長された追跡調査の期間は、第3級の刑が言い渡された場合は最長5年、第4級の刑が言渡された場合は最長10年、第5級、第6級、第7級または第8級の刑が言渡された場合は最長15年である。§I第2項または第3項に従って、延長された追跡調査が義務である場合、延長された追跡調査の下限は5年である。

② 行刑裁判所が、§2第2項に列挙された理由の一つについて、受刑者は自由を剥奪されるべきであり、そのときには、いかなる延長された追跡調査も受刑者に対して言い渡されなかった場合、領域からの隔離もしくは受刑者に適用される減刑を目的とした仮釈放または暫定的な釈放についての保護観察の期間が、経過したと決定したときには、行刑裁判所は、科されるべき残りの延長された追跡調査の期間を決定するために、この期間の満了後、条件が遵守されていた既に経過した期間を考慮する。

§4 自由刑を言い渡された受刑者の刑事施設外（社会内）における地位及び刑の執行方式において被害者に認められる権利に関する2006年5月17日法律第71条に定める保護観察の期間を成功裏に遂行したことなくして、延長された追跡調査は、受刑者が拘禁刑または自由剥奪下の治療を執行したときでなければ、これを執行することはできない。

§5

① この刑を執行するために、行刑裁判所は、受刑者を聴取した後で、予定される刑の終了日の6か月前に、拘禁刑または自由剥奪下の治療の期間において、受刑者が遵守しなければならない具体的な条件を決定する。尋問のために、検察官は、行刑施設もしくは機関の長の意見及び、必要な場合には、受刑者が向き合う問題に関する、§1第4項に定める専門家の意見を含んだ書面を作成する。

220 第1章 ベルギー刑法典第1巻・総則の概要

② 課せられる条件は、次に掲げる一般的な条件を含む。

1 罪を犯さないこと。

2 定まった住所を有すること、住所を変更する場合は、直ちに、同伴を担当する共同体の部局に新たな自宅住所を通知すること。

3 行刑裁判所の召喚に応じること、必要な場合には、同伴を担当する共同体の管轄部局の召喚に応じること。

③ 行刑裁判所は、常時、職権により、検察官の請求に基づき、あるいは、受刑者の要求に応じて、課せられた義務の全部もしくは一部を中断し、その義務を明示し、または義務を状況に適応させることができる。行刑裁判所は、延長された追跡調査によって再犯の危険性が決定的な方法で減少したと判断した場合、判決裁判所が定めた期間が満了していなくとも、延長された追跡調査を終了させることができる。

第47条 民事的及び政治的な諸権利の剥奪

① 全部または一部の剥奪は、次の権利の行使に関係する。

1 公務、公職または官職に就く権利または対象者に与えられた称号及び等級を名乗る権利

2 被選挙権

3 勲章を佩用する権利または貴族の称号を名乗る権利

4 陪審員または鑑定人になる権利、証書の立会人または公正証書作成の保証人として行動すること、単に情報を与えるため以外に裁判所において証言する権利

5 自分の子供ではない場合、後見人、後見監督人もしくは保佐人に選任される権利、または推定不在者の財産の裁判所選任の管理人もしくは民法492/1条にいう要保護者の財産管理人の職務を行う権利

6 武器を携帯する、または武器の使用と関係のある何らかの活動を行う権利

7 軍務に就く権利

② 第8級の刑が言い渡された場合、前項が定める権利の生涯の剥奪が言い渡される。裁判官は、その他、無期または20年以上30年以下の期間の投票権の剥奪を言い渡すことができる。

③ 第7級の刑が言い渡された場合、裁判官は、20年間、第1項が定める権利の実行の全部または一部の停止が言い渡される。裁判官は、その他、20年の期間の投票権の剥奪を言い渡すことができる。

④ 第2級から第6級の刑が言い渡された場合、裁判官は、5年以上10年以下の期間、第1項が定める権利の実行の全部または一部の禁止を言い渡すことができる。

⑤ 判決において定められた剥奪期間は、判決が既判事項の確定力を有した日から進行する。但し、電子監視の方式の下で刑が執行された期間及び仮釈放もしくは暫定的な釈放の期間を除いて、この期間は、拘禁刑または自由剥奪下の治療が執行されている期間、これを延長する。

⑥ 必要があれば、行刑裁判所は、剥奪の期間もしくは範囲を削減し、剥奪を中断しまたは剥奪を終了させることで、権利の剥奪について既判事項の確定力を有する判決を変更する決定をすることができる。

第48条　職業の禁止

① 裁判官は、刑の言渡しを受けた者が犯罪を実行するためにその職業を著しく濫用したときには、刑の言渡しを受けた者に職業を行うことを禁止することができる。

② 職業の禁止は1年以上5年以下の期間である。

③ 職業の禁止は、有罪判決が既判事項の確定力を有した日から進行する。但し、電子監視の方式の下で刑が執行された期間及び仮釈放もしくは暫定的な釈放の期間を除いて、拘禁刑または自由剥奪下の治療が執行されていた期間、禁止の期間が延長される。

④ 必要があれば、行刑裁判所は、禁止の期間を削減し、禁止を中断しまたは終了させることで、職業の禁止についての既判事項の確定力を有した判決の変更を決定することができる。

222　第1章　ベルギー刑法典第1巻・総則の概要

第49条　運転する権利の剥奪

① 裁判官は、自動車が犯罪の実行もしくは逃走を確保するために利用されまたは準備されたときには、行為者に運転する権利の剥奪を命令することができる。

② 運転する権利の剥奪は6月以上5年以下である。

③ 裁判官は、職業活動を除いて、その執行において、権利の剥奪を限定することができる。

④ 権利の剥奪は、判決が既判事項の確定力を有した日から進行する。但し、電子監視の方式の下で刑が執行された期間及び仮釈放もしくは暫定的な釈放の期間を除いて、拘禁刑または自由剥奪下の治療が執行されていた期間、禁止の期間が延長される。

⑤ 道路交通警察に関する1968年3月16日法律第40条第2項から第4項は、これを適用する。

⑥ 必要があれば、行刑裁判所は、剥奪の期間を削減し、剥奪を中断しまたは終了させるような、運転する権利の剥奪について既判事項の確定力を有した判決の変更を決定することができる。

⑦ 国王は、運転する権利の剥奪の執行に関して遂行しなければならない手続を定める。

第50条　居住、場所への立入または接触の禁止

① 法律が定める場合、裁判官は、刑の言渡しを受けた者に、1年以上20年以下の期間、裁判官が決定した地区に居住、在住もしくは滞在する権利の禁止または裁判官が指定した者と個人的に接触することの禁止を命じることができる。

② 居住、場所への立入または接触の禁止は、判決が既判事項の確定力を有した日から進行する。但し、電子監視の方式の下で刑が執行された期間及び仮釈放もしくは暫定的な釈放の期間を除いて、拘禁刑または自由剥奪下の治療が執行されていた期間、禁止の期間が延長される。

③ 必要があれば、行刑裁判所は、禁止の期間を削減もしくは延長し、

禁止の方式もしくは条件を適用し、禁止を中断しまたは終了させるような、居住、場所への立入または接触の禁止について既判事項の確定力を有した判決の変更を決定することができる。

第7節　有責性を宣告する刑の言渡し
第51条　有責性を宣告する刑の言渡し
① 裁判官は、第2級または第1級の刑を言い渡すべきと判断した場合、訴訟の具体的な事情に照らして、裁判の対象となった行為の重大性は限定的である、または時間の経過によって時宜を得ないその他の刑の宣告が言い渡されることを確認したときには、有責性を宣告する刑の言渡しを言い渡すことができる。
② 裁判官が有責性を宣告する刑の言渡しを言い渡すときには、被告人に、費用の負担、必要があれば、原状回復が言い渡される。
③ 没収及び拡大没収を除き、有責性を宣告する刑の言渡しは他の刑と併科して言い渡すことはできない。

第8節　財産刑
第52条　罰金
§1
① 罰金は、主刑として、または付加刑として科すことができる。
② 第2級から第8級の刑を言い渡す場合、裁判所は、付加刑として、次に定める罰金を科すことができる。
　1　主刑が第8級の刑である場合、200ユーロ以上35.000ユーロ以下の罰金
　2　主刑が第7級の刑である場合、200ユーロ以上30.000ユーロ以下の罰金
　3　主刑が第6級の刑である場合、200ユーロ以上25.000ユーロ以下の罰金
　4　主刑が第5級の刑である場合、200ユーロ以上20.000ユーロ以下の罰金

224 第1章　ベルギー刑法典第1巻・総則の概要

　　　5　主刑が第4級の刑である場合、200ユーロ以上15,000ユーロ以下
　　　　の罰金

　　　6　主刑が第3級の刑である場合、200ユーロ以上10,000ユーロ以下
　　　　の罰金

　　　7　主刑が第2級の刑である場合、200ユーロ以上5,000ユーロ以下
　　　　の罰金

§2

　①　裁判官は、罰金刑を言い渡すときには、罰金額の決定に際して、被
　　　告人の資産力及び社会的地位に応じて、被告人が持ち出した判断材
　　　料を考慮する。

　②　裁判官は、刑の言渡しを受けた者がその不安定な資産状況を証明す
　　　る証拠を提示したときは、法律上の下限を下回る罰金を言い渡すこ
　　　とができる。

　③　裁判官は、訴訟の状況からそれが許されるときには、罰金の支払い
　　　の分割を認めることができる。

第53条　没収

§1　没収は、裁判官が、事実が立証されたと表明したときには、言い渡さ
なければならない付加刑である。裁判官は、第1級の刑を言い渡すことがで
きると判断したときには、主刑として没収を言い渡すことができる。

§2

　①　裁判官は次に掲げる没収を言い渡す。

　　　1　刑の言渡しを受けた者に所有権があるときには、犯罪の対象と
　　　　なった物

　　　2　刑の言渡しを受けた者に所有権があるときには、犯罪の実行に
　　　　使用されたまたは準備された物

　　　3　犯罪から生成された物

　　　4　犯罪から生じた金融利益、金融利益が代替された財産及び有価
　　　　証券並びに投資された利益からの収益

　②　第1項第1号、第2号及び第4号に定める没収物が刑の言渡しを受

けた者の財産の中で発見されなかった場合、裁判官は、検察官の書面による請求または職権により、被告人を聴取した後で、金銭的評価の手続をとり、価額相当の金額についての追徴を言い渡す。行為者が複数の場合、没収の対象となる物を司法当局の手の届かないところに置いた者のみが価額相当の金額の支払いを言渡される。該当者を特定できない場合は、行為者各人に、価額相当の金額を判明している行為者の人数で割った割当額の支払いが言い渡される。

§3 犯罪の実行に使用され、または犯罪の実行を目的とした不動産の没収は、法律が定める場合においてのみ、これを命令することができる。

§4 犯罪の実行に使用されたまたは準備された不動産の没収は、法律が定める場合に、かつ検察官の書面による請求に基づいてのみ、これを命令する。請求が物件の刑事法上の不動産差押より前に行われたときは、この請求は無償で資産状況登記所に登録される。

§5 犯罪から直接生じた金融資産の総額を決定するため、裁判官は、合法的に委ねられた、及び、一方では、犯罪の実行期間において、検察官が証拠を提示した、受刑者の資産の一時的または恒常的な増加と支出との不均衡、他方では、同一期間において、受刑者の資産の一時的または恒常的な増加と、判決の対象となった事実に由来するものではないと合理的に思わせるような支出との不均衡を示す、すべての要素を根拠にすることができる。

§6 裁判官は、刑の言渡しを受けた者に不合理に重い刑を科さないために、必要に応じて、§2第1項第1号及び第2号で定める犯罪の実行に使われたまたはその実現を目的とした物の没収、§2第1項第4号に定める財産的利益の総額または§2第2項に定める価額を減じる。

§7

① §1第1項第1号及び第2号に定める物の没収は、物がベルギーの領域外で発見されたときにもまた、これを言渡すことができる。

② 公法人に対して言渡された§2第1項1第1号及び第2号に定める物の没収は、民事的に差押が可能な財産でなければ対象とすることはできない。

§8 第67条が適用される場合を除き、没収された物は国庫に帰属する。

226 第1章 ベルギー刑法典第1巻・総則の概要

§9 没収された物に権利を有すると主張する第三者は、ある期間内において、国王が決定した方式に従って、この権利を行使することができる。

第54条 拡大没収

§1 転換された財産的利益、財産及び有価証券並びに財産の中で発見されたまたは人が所持する投資による収益に由来する収入は、それらがベルギーの領域外に現在する場合も含めて、検察官の書面による請求に基づき、これを没収することができる、または、その人が次に掲げる犯罪で有責であるとされた場合は、裁判官が、当該者に、その物の価値に相当すると評価する金額の支払を言い渡すことができる。

1 以下の条文で定められた一または複数の犯罪。

a）第151条から第168条、第170条から第174条

b）第258条から第261条、第290条及び第291条

c）第342条から第346条

d）第371条、当該犯罪が第3級から第8級の刑の一つで処罰され、かつ犯罪が財産的利益を生み出す性質がある限りにおいて、第373条から第375条、当該犯罪が財産的利益を生み出す性質がある限りにおいて、第376条から第382条、当該犯罪が財産的利益を生み出す性質がある限りにおいて、第383条、当該犯罪が第383条§1-2及び第383条§I-3に規定される刑の一つで処罰され、かつ当該犯罪が財産的利益を生み出す性質がある限りにおいて、及び第384条から第386条、当該犯罪が財産的利益を生み出す性質がある限りにおいて。

e）第407条から第409条

f）第427条、第439条及び第441条

g）第487条

h）第501条及び第502条、第53条§2第1項第1号に含まれる物を除く。

i）第488条、第524条、第525条、第527条、第528条及び第531条から第533条

j）第638条

k）有毒な、催眠性の、麻薬性の、向精神性の、細菌性のまたは殺菌性の物質及び麻薬性及び向精神性の物質の違法な製造に用いられる物質の取引に関する1921年2月24日法律第2条の2§1、事実が、同条で定める物質の輸入、輸出、製造、販売または売却にかかわる限りにおいて、または同法律第2条の2§3 b）もしくは§4 b）。

l）同法律第2条の4項第4号

2　裁判所が、犯罪の重大性及び目的から、当該犯罪が組織的であるか否かにかかわらず、著しい脱税の枠内で実行されたと決定することを認めた犯罪。

§2　刑の言渡しを受けた者が、刑の言渡しを受けた犯罪または、直接的もしくは間接的に、犯罪が§1で定められた同一項目に記述される限りにおいて、経済的な利益を生み出す可能性のある犯罪から生じたことが確実及び具体的な要素が存在しているのに、関連する期間、追加の財産的利益を受け取った場合、拡大没収は、本条及び§1で定める条件に列挙される一または複数の犯罪について刑の言渡しを受けた正犯及び共犯に対して言い渡すことができる。

§3

① 刑の言渡しを受けた者に立証された最初の犯罪の実現から起算して5年が始まり、かつ判決の言渡し日に終了する期間は、適切であるとみなされる。

② 確実及び具体的な要素は、裁判所で対審による方法に服する真実と思われる要素の中で汲み取られる。

③ 検察官は、適切な期間において、適法な原因によっては正当化されない蓄財の存在を示す。

④ 蓄財とは、刑の言渡しを受けた者が享受し、かつ、適法な原因によっては正当化されない、一時的または一時的ではない、資産の増加及び支出の減少をいう。

§4　裁判官は、刑の言渡しを受けた者に不合理に重い刑を科さないため

228　第1章　ベルギー刑法典第1巻・総則の概要

に、必要に応じて、財産的利益またはその価額を減じる。

§5　没収された物に権利を有すると主張する第三者は、ある期間内におい
て、国王が決定した方式に従って、この権利を行使することができる。この
場合、第三者は、物の適法な由来を確かなものにすることができる。

§6　第67条が適用される場合を除き、没収された物は国庫に帰属する。

55条　犯罪から期待されまたは得られた利益に応じて定められた財産刑

　　① 犯罪の実行が直接的または間接的に財産的利益を獲得することを目
　　　的としていたとき、かつ裁判官が付加刑として法律が定める罰金が
　　　公正な処罰を確保するためには不十分であると判断したときは、裁
　　　判官は、付加刑としての罰金の代わりに、行為者それぞれに、行為
　　　者が犯罪から直接的または間接的に導かれたまたは導かれることが
　　　期待された財産的価値の価額の最大3倍に相当する金額の支払いを
　　　言い渡すことができる。この金額は罰金として徴収される。この刑
　　　は第1級の主刑として言い渡すことができる。

　　② この刑を言い渡すときには、裁判官は、金額の決定に際して、被告
　　　人の資産力及びその社会的地位に応じて、被告人が持ち出した判断
　　　材料を考慮する。

第9節　法人に適用される特別な刑

第56条　共同体のための給付刑

§1

　　① 裁判官は、第1級または第2級の刑を言い渡さなければならないと
　　　判断したときは、法人に、主刑として、共同体のための給付刑を言
　　　い渡すことができる。

　　② 裁判官は、法人が自らまたはその弁護人を介して明示的な同意を与
　　　えなければ、共同体のための給付刑を言い渡すことはできない。

§2

　　① 刑の言渡しを受けた法人が、第2級の共同体のための給付刑に充て
　　　なければならない予算額は、20,000ユーロ以上360,000ユーロ以下で

ある。第1級の共同体のための給付刑を言い渡された場合は、その予算額は200ユーロ以上20,000ユーロ以下である。

② 共同体のための給付刑は、国家、共同体、地域圏、州、基礎自治体（コミューン）及び公的社会福祉センターの公役務の利益のために、または非営利目的の団体もしくは社会的、科学的もしくは文化的目的で設立された財団のために限り、これを執行することができる。

③ 裁判官は、有罪判決を受けた法人が共同体のための給付刑に充てなければならない予算額を決定し、その具体的な内容及びその執行方法に関する指示を与えることができる。

④ 裁判官は、犯罪に対してかつ法律によって定められた範囲内で、共同体のための給付刑が執行されない場合に適用できる罰金を定める。

§3　共同体のための給付刑の執行は、行刑裁判所によって監督される。

§4　共同体のための給付刑の全部または一部が執行されない場合は、行刑裁判所は、検察官の請求に基づき、かつ受刑者を聴取した後で、受刑者が既に執行した共同体のための給付刑の一部を考慮して、予備的罰金刑またはその一部が執行されるかを決定することができる。

第57条　社会的目的に関連する活動の実行の禁止

① 法人が犯罪の主体として刑の言渡しを受けたときには、裁判官は、公役務職務と関連する活動を除き、1年以上10年以下の期間、社会的目的に関連する活動の実行の禁止を言い渡すことができる。

② 判決は商事裁判所の書記官に伝達され、判決が既判事項の確定力を有するに至った日から起算して3月以内に、受刑者の負担により官報において公示される。

③ 必要があれば、行刑裁判所は、禁止の期間や範囲を削減し、禁止を停止し、または禁止を終了させることで、既判事項の確定力を有する社会的目的に関連する活動の実行の禁止を言い渡した判決を修正する決定をすることができる。

230　第1章　ベルギー刑法典第1巻・総則の概要

第10節　その他の刑

第58条　有罪判決の公示

法律が定める場合、裁判官は、刑の言渡しを受けた者の負担で、判決の全文または抜粋が、官報、裁判官が指定した新聞雑誌もしくはその他の伝達手段によって公表され、または裁判官が指定した場所に定められた期間、掲示されることを命じることができる。

第59条　施設の閉鎖

法律が定める場合、裁判官は、公役務職務と関連する活動を行っている施設を除き、刑の言渡しを受けた者の施設の完全または部分的な閉鎖を命令することができる。施設の閉鎖は、その場所で犯罪の実行に導いた活動と類似した活動を施設で行うことの禁止を含む。施設の閉鎖は、判決が既判事項の確定力を有した日から開始される。任意の閉鎖がない場合、検察官の指導のもとで刑の言渡しを受けた者が費用を負担して閉鎖が執行される。

第11節　量刑

第60条　累犯

法律が定める場合、犯罪に対して定められる第1級、第2級、第3級、第4級または第5級の刑は、犯罪の実行時において、判決が既判事項の確定力を有した日から起算して5年が経過していないときには、1階級上の刑に加重することができる。但し、5年の期間は、仮釈放の期間を除き、拘禁刑が執行されていた期間、これを延長する。

第61条　科刑上一罪

一個の行為が複数の犯罪を構成するときには、主刑は最も重い刑の階級に応じて決定される。付加刑は法律が定める範囲内で併科される。

第62条　犯罪競合

§1　それぞれ異なった行為から生じた複数の犯罪について、かつ複数の犯罪行為がいずれも確定判決の対象とはなっていないときに実行された犯罪に

ついて有責であると認められたときには、犯罪競合とする。

§2　裁判官が、犯罪競合となる複数の犯罪が第7級または第8級の刑で処罰されるべきと判断したときには、最も重い刑のみを科す。その他の刑は最も重い刑に吸収される。付加刑は、法律が定める範囲内で、併科する。

§3

① その他の場合、複数の行為が一体として裁判されたときは、主刑として最も重い階級の刑を科す。但し、主刑については、一つ重い階級の主刑へと加重することもできる。第6級の刑または第1級の刑の場合には、刑の加重をすることはできない。適用できる刑の階級が第1級であったときには、異なった主刑を併科することができる。

② 同時に判決が言い渡されない場合、最後に裁判に関与した下級審裁判官は最初に言い渡された刑を考慮する。裁判官が言い渡す刑は、現在の刑の階級において最も重い主刑を超えることはできない。いかなる場合も、最初に言い渡された刑と後で言い渡された刑の全体は、同時的に裁判が行われた場合に定める刑の上限を超えることはできない。

③ 付加刑は、法律が定める範囲内で、併科する。

§4　最後に訴訟を受理した裁判官が犯罪競合の関係を知らずに裁判を行ったときには、行刑裁判所は、先行の諸規定に従って、刑の全体を軽減する。

第63条　確定判決前の拘禁期間の参入

裁判官は、刑の選択及び刑の量定に際して、拘禁刑以外の刑を言い渡すときには、有罪判決が確定する前に執行した拘禁期間または犯罪とみなされる行為を犯した未成年者に対して閉鎖体制での一時的な収容処分の期間を考慮する。

第12節　刑の停止及び執行猶予

第64条　有罪判決言渡しの停止

§1

① 裁判官は、第1級、第2級、第3級、第4級、第5級または第6級

の刑が定められる犯罪について被告人に罪責を負わせることが立証
できたと宣告するときには、被告人の同意を得て、判決の言渡しの
停止を命じることができる。

② 停止には、判決が既判事項の確定力を有した日から起算して 1 年以
上 5 年以下の保護観察期間を伴う。

③ 判決の停止は、訴追が取り消されなかった場合、訴追を終了させる。

§2 停止が命じられたときには、被告人に訴訟費用の支払いと、必要があ
れば、原状回復及び没収が命じられる。場合によっては、付帯私訴について
もまた裁定される。

§3 審理の公開が予審対象者の分類変更を惹起するかもしれない、または
再分類の危険にさらすと判断されたときには、予審裁判機関は、§1 及び
§2 に定める条件において、その視点から、有事判決の言渡しの停止を命じ
ることができる。

§4

① 検察官の請求に基づき、以下に掲げる場合には、軽罪裁判所が、ま
た、その管轄に属しているときには、停止を言い渡した違警罪裁判
所が、停止を撤回することができる。

1 既判事項の確定力を有する判決から、結果として、保護観察期
間に実行された新たな犯罪が、主刑として 6 月以上の拘禁刑をも
たらしたとき。

2 道路交通警察及び執行命令に関する1968年 3 月16日法律違反の
罪の正犯としてこの処分の対象となっている者が、保護観察の期
間に新たな犯罪を実行し、同法に従って、刑が言い渡されたとき。

② 停止が撤回された場合、第 3 級までの刑を原因となった犯罪に対し
て言い渡すことができる。

③ 撤回する訴権及び停止の原因となった犯罪について刑を言い渡す訴
権は、新たな犯罪に対する刑の言渡しが既判事項の確定力を有した
日から起算して満 3 年後に時効を迎える。

第65条 刑の執行猶予

§1

① 裁判官は、第3級の刑を超えることのない刑を言い渡すとき、言い渡す主刑または付加刑の全部または一部の執行を猶予することを命じることができる。

② 但し、没収、電子監視刑、労働刑、保護観察刑、自由剥奪下の治療、延長された追跡調査または副次的な刑の執行は猶予することできない。

③ 執行猶予の期間は、判決が既判事項の確定力を有した日から起算して1年以上5年以下である。

④ 裁判官は、単純執行猶予を言い渡す、または執行猶予が保護観察を伴うことを予め定めることができる。

§2

① 保護観察付き執行猶予の場合、裁判官は、被告人が条件を遵守するという約束と引換に、執行猶予に、その決定において定める保護観察の条件を付す。

② 保護観察付き執行猶予は常に次に掲げる一般的条件を伴う。

　1　犯罪を実行しない。

　2　定まった住所を有すること、住所を変更する場合、直ちに、ガイダンスを担当する共同体の管轄部局に新しい自宅住所を通知すること。

　3　行刑裁判所の召喚、場合によっては、ガイダンスを担当する共同体の管轄部局の召喚に応じること。

③ 保護観察の特別な条件には、特に、職教育、職業訓練または通院治療を受けることにある。

§3

① 行刑裁判所は、職権により、検察官の請求に基づき、あるいは、受刑者の要求に応じて、保護観察の条件の全部または一部を停止し、その条件を明示し、またはその条件を状況に適応させることができる。

234 第1章　ベルギー刑法典第1巻・総則の概要

　② 国王は、さらに、保護観察処分の執行及び監督の方式を定める。

§4

　① 執行猶予は、既判事項の確定力を有した判決において、保護観察期間中に、新たに実行された犯罪が、執行猶予が付かない18月以上の拘禁刑であることが確認されたときには、これを取り消す。

　② 執行猶予は、既判事項の確定力を有した判決において、保護観察期間中に、新たに実行された犯罪が、執行猶予が付かない18月を超えない拘禁刑であることが確認されたときには、これを取り消すことができる。

　③ 保護観察付き執行猶予は、保護観察の一般的または特別な条件の著しい遵守違反がある場合、これを取り消すことができる。

　④ 執行猶予を取り消す場合、行刑裁判所は、検察官から求められた取消の請求を裁定する。保護観察の条件の著しい遵守違反を理由とする取消の請求は、遅くとも執行猶予期間の満了した年のうちに、提起されなければならない。行刑裁判所が事件を受理した日から起算して1年が経過した後で、請求は時効により消滅する。

第5章　民事的諸規定及び保安処分

第66条　財産刑支払の民事責任

何人も、他の者が言渡しを受けた財産刑について民事責任を負わない。

第67条　原状回復及び損害賠償

　① 法定刑の宣告は、当事者に支払われることになる原状回復及び損害賠償を損なうことなく、これを言い渡す。

　② 私訴原告人に対する損害賠償の支払いは、司法判決によって犯罪の主犯として有罪とされた者、場合によっては、民事責任を負う当事者に命令される。法律では損害賠償を決定できないときには、裁判所がその額を決定する。

　③ 私訴原告人が没収された物を所有するときには、その物は私訴原告人に返還される。裁判官が、没収された物が、刑の言渡しを受けた

者が、私訴原告人の所有する物を代替した財産または有価証券となったことを理由に、没収を言い渡すときには、没収された物はまた、私訴原告人に帰属する。同様に、没収が、没収物に相当する価額を対象とするときには、裁判官は、その価額の支払いを命じ、その支払いは没収物が与えられる私訴原告人に付与される損害賠償に充当される。

④ 没収に関する規定を損なうことなく、裁判所は、職権で、所有権のない財産の返還を命令することができる。その他、原状回復によって、その犯罪の実行以前の状況を回復する目的で、立証された犯罪の客観的帰結を無効とすることもある。

⑤ 被害者が、自分が所有する物に相当する価額を対象とする没収の言渡しの前に、私訴原告人となっていなかった場合、被害者は、この刑の執行によって刑の言渡しを受けた者が支払った金額で、事後的に、損害賠償に充当されるものについて、競合して、国に対する債権を有する。

第68条　連帯責任

① 同一の犯罪について刑の言渡しを受けた者はすべて、連帯して、原状回復及び損害賠償にあたらなければならない。

② 同一の判決によって刑の言渡しを受けたときは、連帯して費用を支払わなければならない。但し、裁判官は、免除の理由を示すこと及び各人が個人的に支払うことができる費用の割合を決定することによって、刑の言渡しを受けた者の全部または一部について連帯責任を免除することができる。別々の判決によって刑の言渡しを受けた者は、訴追の対象となった行為は共通ではないため、連帯して費用を支払う義務はない。

第69条　優先制

刑の言渡しを受けた者の財産が、罰金、犯罪から期待されまたは得られた利益に応じて定められた財産刑、没収、訴訟費用、原状回復及び損害賠償の判

決を履行するには不十分であるときには、原状回復及び損害賠償が優先される。罰金、犯罪から期待されまたは得られた利益に応じて定められた財産刑または没収が国家に支払われるべき訴訟費用と競合する場合、刑の言渡しを受けた者はまず訴訟費用を支払わなければならない。この支払いは、訴訟費用の時効の期間も、罰金、犯罪から期待されまたは得られた利益に応じて定められた財産刑及び没収の時効の期間も中断する。

第70条　保安処分としての没収
① 実際に裁判をした裁判官は、職権で、その所持が、公序、公共の安全、公衆衛生もしくは良俗に反する物の破壊または没収を命じる。
② 破壊または没収は、その所有権が刑の言渡しを受けた者に帰属していない場合、被告人が無罪となったもしくは死亡した場合、犯罪行為者が特定されていない場合または公訴が消滅したもしくは受理されなかった場合であっても、これを言い渡す。

第71条　法人の解散
① 法人が刑の言渡しを受ける原因となった可罰的な活動を実行するために法人が意図的に設立されたとき、または、可罰的な活動を実行するために法人の目的が意図的に変更されたときには、裁判官は解散を決定することができる。公法上の法人に対して、解散を言い渡すことはできない。
② 裁判官は、解散を決定するときには、法人の清算を審理する管轄裁判所に訴訟を移送する。

第72条　相続欠格
法律が定める場合には、裁判所はまた、被害者の相続人となることを排除する行為者の相続欠格を言い渡すことができる。

第6章　刑及び民事判決の消滅並びに時効
第73条　刑の言渡しを受けた者の死亡

確定判決によって言い渡された刑は、受刑者の死によって消滅する。刑の言渡しを受けた法人がその法人格を喪失しても、刑は消滅しない。

第74条　刑の時効
§1
① 集団殺害罪（ジェノサイドの罪）、人道に対する罪及び戦争犯罪に対して言い渡された刑を除き、第７級及び第８級の刑の時効は、判決が既判事項の確定力を有した日から起算して、20年である。

② 集団殺害罪（ジェノサイドの罪）、人道に対する罪及び戦争犯罪に対して言い渡された刑を除き、第６級、第５級及び第４級の刑の時効は、有罪判決が既判事項の確定力を有した日から起算して、10年である。第３級、第２級及び第１級の刑の時効は、有罪判決が既判事項の確定力を有した日から起算して、５年である。いかなる場合にも時効の期間は科せられた刑の期間を下回ることはできない。

③ 付加刑は、併科して言い渡された主刑の階級に応じて、前二項に定める期間で時効となる。

④ 刑の時効は、刑の実質的執行の開始をもたらす法律行為によって中断する。

⑤ 刑の時効は、法律が定めるとき、または、刑の執行の法律上の障害事由が存在するときには、停止する。

§2　財産刑については、時効はまた、刑の執行を担当する当局によって行われた法律行為によって中断する。

第75条　民事判決の時効
① 重罪事件、軽罪事件または違警罪事件について言い渡された民事判決は、それが確定した日から起算して、民法の規定に従い時効となる。

② 第72条に基づき裁判官が言い渡した相続欠格は、消滅時効にはかからない。民法第728条に従って被害者が与えた許しによって、消滅時効にかからないことは解除される。

238 第1章 ベルギー刑法典第1巻・総則の概要

第7章 諸規定

第76条 他のEU構成国（加盟国）において宣告された判決の効力

EUの他の構成国（加盟国）の刑事裁判所によって言い渡された判決は、ベルギーの刑事裁判所が言い渡した判決と同じ条件のもとで考慮され、かつベルギーの刑事裁判所が言い渡した判決と同じ効果を有する。

第77条 特別法への第1巻及び第2巻の規定の適用

第2巻及び特別法令において別に定める規定がない場合、第1巻の規定は第2巻及び特別法令に定める犯罪にこれを適用する。

第78条 刑の階級を定めていない特別法における刑の階級の転換及び決定

§1

① 特別法において、主刑が第1級から第8級の刑として定められていない場合、特別法において定められる刑は次に掲げるように読み替える。

1 主刑の長期が無期懲役または無期禁錮から構成される場合、第8級の刑にこれを読みかえる。

2 主刑の長期が20年以上30年以下の懲役または禁錮から構成される場合、第7級の刑にこれを読みかえる。

3 主刑の長期が15年以上20年以下の懲役または禁錮から構成される場合、第6級の刑にこれを読みかえる。

4 主刑の長期が10年以上15年以下の懲役または禁錮から構成される場合、第5級の刑にこれを読みかえる。

5 主刑の長期が5年以上10年以下の懲役または禁錮から構成される場合、第4級の刑にこれを読みかえる。

6 主刑の長期が3年以上5年以下の懲役または禁錮から構成される場合、第3級の刑にこれを読みかえる。

7 主刑の長期が1年以上3年以下の懲役または禁錮から構成される場合、第2級の刑にこれを読みかえる。

8 主刑の長期が8日以上12月以下の懲役または禁錮から構成され

II 刑法典第1巻・総則　*239*

る場合、第1級の刑にこれを読みかえる。

　　9　主刑の多額が25ユーロ以上の罰金から構成される場合、第1級の刑にこれを読みかえる。

② 第37条第8項第1号及び第40条第8項第1号を除き、罰金の寡額及び多額は、特別法においてそれぞれ定められる罰金額の8倍となる。犯罪事実が本法典の施行日以前に行われた場合はこの限りではない。本法典の適用がない場合、罰金額は、刑事罰金についての付加税額に関する1952年3月5日法律第1条に定めるように犯罪時に適用可能な付加税額に従って、加算される。

③ 主刑の最高刑が7日以上の拘禁刑または25ユーロ以上の罰金から構成される場合、犯罪処罰は廃止されたものとみなされる。

§2　§1第1号から第8号に定める主刑の他、特別法が付加刑として罰金を定めている場合、罰金の寡額及び多額は、第53条§1を除いて、特別法においてそれぞれ定められる罰金額の8倍となる。犯罪事実が本法典の施行日以前に行われた場合はこの限りではない。本法典の適用がない場合、罰金額は、刑事罰金についての付加税額に関する1952年3月5日法律律1条に定めるように犯罪時に適用可能な付加税額に従って、加算される。

§3　別に定める場合を除き、§1第6号から第9号に定める犯罪の未遂は、処罰されない。

§4　特別刑法が、1867年6月8日刑法典第7章が適用されると明言する規定を含んでいるのでない限り、第20条は、§1第1号から第8号に定める刑で処罰される犯罪には適用されない。

§5　特別刑法が、1867年6月8日刑法典第85条が適用されると明言する規定を含んでいるのでない限り、§1第6号から第9号に定める刑で処罰される犯罪について、いかなる軽減事由も認めることはできない。

§6　本条を適用した後で確定される刑の階級における刑及び刑の量定の選択について、裁判官は、特別刑法において定められる刑を超えるいかなる刑も適用することはできない。

§7

① 特別刑法が、具体的な刑に言及することなく、「重罪」という文言を

示しているときには、第４級、第５級、第６級、第７級または第８級の刑が規定される犯罪と読み替える。

② 特別刑法が、具体的な刑に言及することなく、「軽罪」という文言を示しているときには、第１級、第２級または第３級の刑が規定される犯罪と読み替える。

§8 法律が別に定めている場合を除き、刑の適用について、最低１年の拘禁刑を刑の限定として言及する法律規定において、この言及は、第36条に定める場合のように、第２級の拘禁刑を対象とすると読み替えることになる。

なお、第３章・改正諸規定については省略する。

Ⅲ 犯罪に関する諸規定の概要

新刑法典における刑法総則の諸規定については、基本的には刑法典改正草案及び改正法案の総則規定を承継している。ただ、刑法典改正草案が公表された後で、関係部署で見直された結果、細かな修正が加えられている規定も少なくない。

第１巻・刑法総則は、第１章・刑罰法規、第２章・犯罪（犯罪行為）、第３章・犯罪行為者、第４章・刑罰、第５章・民事的諸規定、第６章・刑の消滅及び時効並びに民事有罪判決の消滅及び時効、第７章・諸規定、の全７章から構成される。立法理由書や公刊されている刑法改正に関する文献を参考にしながら、刑法総則の犯罪に関する諸規定について、重要と思われる部分を中心に、その概要を検討する。

1 刑法の基本原則

第１章には、罪刑法定主義（1条）、刑罰法規の時間的適用（2条）、刑罰法規の場所的適用（3条）、刑罰法規の解釈（4条）が定められる。第１章には、刑法の基本原則に関する規定を置く。規定の内容については、改正草案及び改正法案の条文から大幅な変更はない[11]。

(1) 罪刑法定主義

　罪刑法定主義は、ベルギー憲法及び国際条約によって承認された刑法の大原則である。ベルギー憲法12条2項は「何人も、法律が定める場合及び法律が規定する形式以外で訴追されることはない。」[12]と規定し、憲法14条は「いかなる刑罰も法律に従って定められ適用されなければならない。」[13]と規定する。周知の通り、罪刑法定主義は、欧州人権条約、市民的及び政治的権利に関する国際規約、EU基本権憲章等において承認されている。

　罪刑法定主義を定めた1条の規定は、フランス刑法111-3条の影響を受けて単純化され、犯罪の構成要素は法律で定めなければならないこと（1項）、刑罰は法律で定めなければならないこと（2項）を規定している[14]。改正草案・改正法案では、「重罪」と「軽罪」とされていた部分が、「犯罪（infraction）」とされている。なお、1条3項は、欧州基本権憲章49条2項[15]の規定をそのまま継承している[16]。すなわち、戦争犯罪、ジェノサイド犯罪、人道に対する罪等については法律主義の原則を緩和し、行為当時に国際慣習法等で犯罪とされていた場合については、処罰を妨げないことを明示している。

(2) 刑法の時間的適用及び場所的適用

　2条は刑法の時間的適用を定めているが、この規定は現行刑法2条の規定[17]を継承している。1項及び2項は刑罰法規不遡及の原則を定めたもので

11　改正草案第1章の概要については、末道・前掲「ベルギー刑法改正の動向─刑法改正草案第1編の検討(1)」153頁以下を参照。

12　Art. 12 al. 2 de la Constitution belge, Service juridique du Sénat, D/2022/3427/1, p. 12.

13　Art. 14 de la Constitution belge *préc.*, p. 12.

14　フランス刑法111-3条は、罪刑法定主義の原則を規定し、同条1項は、何人も構成要素が法律によって定められていない重罪または軽罪で処罰されないこと、何人も構成要素が規則によって定められていない違警罪によって処断されないこと明示する。同条2項は、何人も、犯罪が重罪または軽罪であるときには法律によって、犯罪が違警罪の場合は命令によって、定められていない刑罰で処断されないことを明示する。改正草案2条1項及び2項は、法律主義の原則を定めている。

15　Art. 49 al. 2 de la Charte des droits fondamentaux de l'Union européenne.

16　欧州人権条約7条2項、市民的及び政治的権利に関する国際条約15条2項も同じ内容の規定である。

17　現行刑法2条は、いかなる犯罪も、実行される前に法律で定められていない刑で処断

ある。3項は刑罰法規不遡及の例外を定め、犯罪後に法律の変更があった場合には、被告人に最も有利となる法律が適用されることを明示している。最も有利になるという点では、犯罪行為（犯罪とされていた行為が新法では犯罪ではなくなるような場合）及び刑（新法で軽い刑が定められた場合）の双方に関連することになるので、被告人に有利になるかの判断は裁判官が行うことになる[18]。

　新刑法典3条は刑法の場所的適用を定めているが、この規定は現行刑法3条・4条の規定を継承している。第1項は属地主義の原則を規定している。第2項は属地主義の例外については、法律で定める場合にベルギー法が適用されるとし、現行刑法4条の規定を継承している。例外が認められる場合は、刑事訴訟法6条から14条で規定されており、法案においても同様の規定方式がとられている。第3項は犯罪地の確定に関する規定であり、遍在説（théorie de l'ubiquité）に従った規定である。

(3)　法律の解釈

　罪刑法定主義の原則から、法的安定性を保ち、国民に不意打ちを与えることなく法に違反しない適切な行動をとることを保障するため、刑罰法規はわかりやすく明確に規定されることが求められる。刑罰法規の文言解釈が裁判官に求められたときには、罪刑法定主義の原則に照らして、刑罰法規は厳格に解釈されることが求められる。さらに、厳格解釈の原則から、類推解釈が禁止される。4条は、刑罰法規の厳格解釈の原則と類推解釈の禁止を明示している。

　但し、刑罰法規の厳格解釈の原則及び類推解釈の禁止の原則は、裁判官が刑罰法規を発展的に解釈することまで禁止するものではない。破毀院も、立法者が法規を公布した時点では、問題となる行為を犯罪と規定することは絶

　　されることはないこと（1項）、裁判時に現行する刑と犯罪実行時に定められていた刑とが異なるときには、最も軽い刑が適用されること（2項）を定めている。なお、現行のベルギー刑法典は2016年1月29日法によって改正された部分もあるので、最新版については、ベルギー政府のweb上で公表されている2022年12月21日現在の刑法典の条文を参照した（http://www.ejustice.just.fgov.be/eli/loi/1867/06/08/1867060850/justel）。

18　Rozie et Vandermeersch avec le concours de De Herdt, Debauche et Taeymans, *Commission de réforme du droit pénal. Proposition d'avant projet de Livre 1er du Code pénal préc.*, p. 41.

対的に不可能ではあっても、問題となる行為を犯罪として規定する立法者の意思は明確であり、問題となる行為が犯罪の法律上の定義に含まれうるという二重の条件を充たせば、問題となる行為に刑罰法規を適用することは認められるとしている[19]。したがって、裁判官は、刑罰法規の文理解釈にとどまらず、刑罰法規の目的・趣旨、条文を解釈するための諸規定の一貫性等を考慮して解釈を行うことが認められている。

2 犯罪論

　第2章は犯罪（犯罪行為）、第3章は犯罪行為者を定める。第2章には、犯罪（犯罪行為）の定義（5条から8条）、未遂犯（9条）、正当化事由（10条から15条）、第3章には、総則（個人行為責任の原則（16条）、正犯の身分の定義（17条）、法人の刑事責任（18条）、犯罪の共犯（19条）、加重要素及び加重要因の帰責（20条）、有責性阻却事由（21条から23条）、無答責事由（24条から26条）が定められる。

(1) 犯罪（犯罪構成要素）の概念

　犯罪（犯罪構成要素）については、5条から8条に規定される。犯罪の成立要件として、客観的要素（élément matériel）と主観的要素（élément moral）が明示され、客観的要素は、作為または不作為から構成されると規定される。今回の新刑法典においても、ドイツ刑法やスイス刑法において規定される不真正不作為犯に関係する規定は置かれていない。改正法案の段階では、主観的要素を表現する文言として、〈élément moral〉というフランスやベルギーで従来から用いられてきた文言ではなく〈élément fautif〉という文言が用いられていることも特色であった。いずれも〈主観的要素〉と訳出することができ、内容的には同一の概念ではあるが、〈élément fautif〉という文言が採用されていることには意味があるという指摘があった[20]。この点については、〈élément moral〉の概念をめぐる古典学派とブリュッセル自由

19　Cass., 2 octobre 2002, RG P. 02. 0635. F, *Pas.*, 2002, n° 497; Cass., 10 novembre 2004, RG P. 04. 0974, F, *Pas.*, 2004, n° 540.

20　例えば、P. Mandoux, Introduction, *in* Ch. Guillain et D. Scalia, *La réforme du Livre 1er du Code pénal belge*, Larcier, 2018, p. 10. を参照。

244 第1章 ベルギー刑法典第1巻・総則の概要

大学学派の学説の対立に配慮したためであるという解説があるが[21]、新刑法典では、従来からの一般的に用いられてきた〈élément moral〉という用語が用いられている。

主観的要素を規定する7条§I第1項は、犯罪の成立には主観的要素が必要であり、主観的要素の成立には、行動の認識（conscience d'agir）と自由意思（libre arbitre）が必要である。刑事責任を問う前提として、行為者が、処罰の対象となる事実を、自由にかつ認識して行動することが求められる。これは、認識的要素と意思的要素が主観的要素の成立要件であると解する従来の学説・判例実務の主観的要素の概念を明文化したものである[22]。21条に定める有責性阻却事由が認められない限り、行動の認識と自由意思は推定される。

主観的要素については、故意として一般的故意と特別故意、重大な過失として予見または注意の著しい欠如、を定める。

一般的故意（dol général）については、犯罪成立要件の客観的要素の認識と犯罪実行の意思・意欲という、認識的要素と意思的要素が必要であることを明示したと考えられる。改正案の規定では、「確固たる意思（volonté délibérée）」という文言が用いられていたが、削除されている。ベルギーでは、故意について、直接的故意（dol direct）、間接的故意（dol indirect）、未必の故意（dol éventuel）が区別され、判例実務・学説においても未必の故意は故意に分類されているので[23]、この文言によっても未必の故意が故意の概念から排斥されるものではない。故意の認識対象として、行為を可罰的とする法律自体の認識までは不要であり、犯罪事実の認識・犯罪実行の意思があれば、可罰性の認識（違法性の意識）は推定されることになる[24]。したがっ

---

21 Mandoux, *op. cit.*, p. 10. 古典学派とブリュッセル自由大学学派の élément moral の概念については、L.Kennes, Les éléments constitutifs et aggravants des infractions: un projet de la loi plus pragmatique? *in* Guillain et Scalia, *La réforme du Livre 1ᵉʳ du Code pénal belge préc.*, pp. 30 et s., 末道康之「ベルギー刑法学における犯罪の主観的成立要素」南山法学42巻3・4号（2019）198頁以下を参照。

22 Kennes, *op. cit.*, pp. 31 et s; F. Kuty, *Principes généraux du droit pénal belge Tome II l'infraction pénale*, Larcier, 2010, pp. 221 et s.

23 N. Coletto-Basecqz et N. Blaise, *Manuel de droit pénal général 3ᵉ éd.*, Anthemis, 2016, p. 282. 末道・前掲「ベルギー刑法学における犯罪の主観的成立要素」204頁参照。

て、検察官は、行為主体に、可罰性の認識があったことを立証する証拠を提示する必要はないことになる。故意の成立要件として、違法性の意識が必要であるという立場に立っていないことは明確であるが、違法性の意識不要説をとっていないことは、21条が有責性阻却事由（行為は違法ではあっても、責任を阻却する事由）として、避けることのできない錯誤を挙げ、23条が法律または事実の錯誤が避けることができない場合には、責任を問えない、と規定していることからも明らかである。立法理由書では、行為の違法性について認識していない場合でも、刑罰法規の調査をすれば違法であることを認識しえた、すなわち、錯誤したことについて相当な理由がない場合、故意が認められることになるので、少なくとも、違法性の意識の可能性必要説の立場を支持していることは明らかであろう[25]。

特別故意（dol spécial）とは、犯罪事実の認識・認容という一般的故意とは別の主観的要素であり、法律が定める結果発生を追究する意思や行為者を犯罪へと駆り立てる特別な精神状態と定義される。窃盗罪における不法領得の意思、テロ犯罪の意思、人道に対する罪における民族等の全部または一部を壊滅させる意思等がその例として挙げられる[26]。

重大な過失の概念については、予見または注意の著しい欠如と定義されているが、過失の概念について詳細規定が設けられているわけではない。この点については、軽微な過失を対象とするのではなく、刑法の謙抑性の原則に従い、予見義務違反または注意義務違反が著しい場合に限定していることが重要である。すなわち、刑事過失と民事過失の同一性の原則[27]には従わず、二元的にとらえることを明確にしたものと考えられる。刑事過失と民事過失の同一性の原則に従えば、刑事裁判において過失の証明に失敗した場合には、民事裁判においても過失責任が認められないということになり、被害

---

24 Rozie, Vandermeersch et De Hebert, *Un nouveau code pénal futur? La proposition de la commission de réforme du droit pénal, préc.*, p. 2（注13）を参照。

25 末道・前掲「ベルギー刑法学における犯罪の主観的成立要素」215頁参照。

26 末道・前掲「ベルギー刑法改正の動向―刑法改正草案第1編の検討(1)」157頁、末道・前掲「ベルギー刑法学における犯罪の主観的成立要素」206頁以下を参照。

27 Cass., 1er février 1877, pas., 1877, 1, p. 92; *Rozie et Vandermeersch avec le concours de De Herdt, Debauche et Taeymans, Commission de réforme du droit pénal. Proposition d'avant projet de Livre 1er du Code pénal préc.*, p. 48.

246 第1章 ベルギー刑法典第1巻・総則の概要

者にとっては不利な状態になることもあるからである。したがって、刑事裁判では合理的な疑いを超える程度には過失を証明できなかった場合、刑事過失責任は問えなくても、民事裁判で証拠の優越の程度に過失を証明できた場合、民事過失責任を問うことは可能となる。刑事過失と民事過失との二元性を認める見解では、刑事過失責任を問うためには重大な過失が必要であるが、民事過失責任を問うためには軽微な過失でよいと主張されており[28]、この見解に従って立法が行われたと考えられる。フランスやオランダでも刑事過失と民事過失の同一性の原則はもはや維持されているわけではないので[29]、比較法的な視点、判例・学説の進展が考慮されたと考えられる。

　犯罪の成立要件として、客観的要素（作為・不作為）と主観的要素（特別故意・故意・過失）が必要であると規定しており、わが国における構成要件該当性の段階での客観的構成要件要素と主観的構成要件要素に対応するものと理解することができる。したがって、故意・過失は主観的構成要件要素に位置づけられると考えられる。客観的要素と主観的要素が充足されれば、行為の違法性が推定されると規定されている（5条2項）。

(2)　未遂犯

　未遂犯の成立要件として、実行の着手が存在すること、行為者が任意に中止しなかったこと、という2要件が提示されている。実行の着手に関する規定については大きな変更はないが、中止犯については、従来の規定では、行為者の意思とは独立した事情によって結果が生じなかったことを未遂犯の第2の要件としていたが、新刑法典9条では、行為者が任意に中止した場合は罰しないとして、中止犯を積極的に位置づけている。現行の規定では、中止犯は消極的な成立要件とされているため、検察官は中止犯の不存在を立証する必要性がない。これを積極的な成立要件とすることで、検察官が中止犯の

---

[28] Rozie et Vandermeersch avec le concours de De Herdt, Debauche et Taeymans, *Commission de réforme du droit pénal. Proposition d'avant projet de Livre 1ᵉʳ du Code pénal préc.*, p. 48.

[29] Rozie et Vandermeersch avec le concours de De Herdt, Debauche et Taeymans, *Commission de réforme du droit pénal. Proposition d'avant projet de Livre 1ᵉʳ du Code pénal préc.*, p. 49.

成否を立証する義務を負うことになる。

既に、オランダでは、刑法改正によって中止犯を刑の免除事由として積極的な要件として位置づけている（オランダ刑法46条b[30]）。今回の改正では、行為者自らが犯罪を中止し結果が生じなかった場合は、可罰的未遂犯は成立しないとしている。新刑法典では、中止犯を、未遂犯の消極的成立要件としてではなく、オランダやドイツと同様に絶対的宥恕事由としてとらえていると理解することができる。

なお、共犯と中止犯の適用について、共犯自らが中止犯の要件を充足した場合に限り、共犯にも中止犯の効果が及ぶことが明示されている。従来から議論のあった論点について、立法による解決が図られた[31]。また、未遂犯の法定刑について、第1級の刑を科せられる犯罪を除いて、第2級から第8級の刑を科す犯罪の未遂の法定刑は、既遂犯より一級低い刑を科すと規定されている。改正刑法草案では、フランス刑法の規定にならい、未遂犯と既遂犯の法定刑は同一であるとしていたが[32]、ベルギー国務院の判断に従い、未遂犯の刑については軽減主義を採用した[33]。

(3) 犯罪阻却事由——正当化事由、有責性阻却事由及び無答責事由

新刑法典では、犯罪を阻却する事由として、正当化事由、有責性阻却事由、無答責事由を規定する。正当化事由については違法性阻却事由として「第2章・犯罪（犯罪行為）」の部分に規定を置き、有責性阻却事由と無答責事由については、「第3章・犯罪行為者」の部分に規定を置く。従来、正当化事由については、いわゆる違法性阻却事由を意味する客観的正当化事由と、責任阻却事由を意味する主観的正当化事由に区別して理解するという見解が19世紀以降ベルギーでは一般的であったが、正当化事由の名称のもとで、違法性阻却事由と責任阻却事由が混在する不明確性を是正するため、法

---

30 「犯罪が行為者の意思に支配された（関係のある）事情によって既遂に至らなかったときは、予備も未遂も成立しない。」と規定する。

31 Kennes, *op. cit.*, p. 12.

32 この点については、末道・前掲「ベルギー刑法改正の動向—刑法改正草案第1編の検討(1)」122頁、160頁を参照。

33 P. Mandoux, Introduction, *in La réforme du Livre 1ᵉʳ du Code pénal belge préc.*, pp. 11 et s.

案では違法性阻却事由としての正当化事由と、責任阻却事由としての有責性阻却事由と無答責事由を明確に区別している[34]。責任阻却事由であることを明確にするため、現行法のように「犯罪とはならない」と規定するのではなく、「刑事責任を負わない」と規定する。正当化事由と責任阻却事由の法律効果として、正当化事由の場合は行為の違法性が阻却され正当化される効果は共犯者にも連帯的に作用するが、責任阻却事由の場合は違法ではあるが行為者に対する非難可能性が阻却されることになるため、その効果は個別的に作用されることも認識されている[35]。

A　正当化事由

　正当化事由として、法案では、法律の命令または許可、権限機関の命令、緊急避難、正当防衛、権限の濫用に対する正当な抵抗、の5類型を規定する（10条）[36]。

　正当行為として、法律の命令または許可（11条）及び権限機関の命令（12条）を規定する。現行刑法70条の規定に若干の修正が加えられている。現行刑法の規定では、国際人道法の著しい違反（刑法136条の2から136条の8）については法律の命令及び権限機関の命令という正当化事由の適用が除外されているが[37]、11条は一般原則を定めたものであるので、各則に定める個々の犯罪については別途定めることになる。また、現行の規定では、法律の命令と権限機関の命令のみが定められているが[38]、新刑法典では、法律の許可が追加されている。スポーツの際の暴行・傷害、外科医の手術による傷害等の行為については、法律が命令しているわけではなく、法律上認められている

34　N. Colette-Basecqz et F. Vansiliette, Les causes de justification, les causes d'exemption de la culpabilité, les causes de non-imputabilité et causes d'excuse selon le projet de Livre 1er du Code pénal *in La réforme du Livre 1er du Code pénal belge préc.*, pp. 61 et s.

35　Colette-Basecqz et Vansiliette, *op. cit.*, p. 62.

36　草案における正当化事由の概要については、末道・前掲「ベルギー刑法改正の動向―刑法改正草案第1編の検討(1)」160頁を参照。

37　Art136 bis à Art. 136 octies du Code pénal, http://www.ejustice.just.fgov.be/eli/loi/1867/06/08/1867060850/justel

38　Art. 70 du Code pénal; Ch. Hennau et J. Verhaegen, *Droit pénal général, 3e éd.*, Bruylant, pp. 221 et s.; Kuty, *op. cit.*, pp. 430 et s., pp. 493 et s.

という実体を正確に把握するために、法律の許可を正当化事由と位置づけている。

　正当防衛（14条）については、当然のこととして、復讐によって正義を実現することは禁止されているので、その大原則が1項で明示されている。現行刑法では、刑法総則において正当防衛に関する一般規定はなく、刑法各則において殺人罪、傷害罪及び暴行罪についてのみ正当防衛が認められるという規定（416条）となっているため、正当防衛は特別な正当化事由と位置づけられてきた[39]。判例・学説では、正当防衛の適用範囲を拡大してきたが、法案で正当防衛を一般的正当化事由と位置づけたことは、当然の帰結であろう。

　現行刑法417条は夜間における住居不法侵入等を撃退する行為及び強盗に対する防衛行為は正当防衛と推定すると規定しているが[40]、新刑法典では、正当防衛の推定規定は削除されている。フランス刑法の正当防衛に関する規定では、122-6条でベルギー刑法417条と同様の場合に正当防衛が推定されるとするが[41]、ベルギーの現在の正当防衛に関する議論では、正当防衛の一般規定があれば十分であり、重ねて正当防衛の推定規定を置く必要がないと判断されたと考えられる[42]。

　正当防衛の成立要件については、①自己または第三者に向けられた侵害が不正で、切迫しており、重大であること、②防衛行為以外に他にとるべき手段がなかったこと、③防衛の意思、④防衛行為の相当性を挙げている。

　侵害の不正性については、侵害行為が法律によって許可されていないということであり、法が許可した職務行為等は不正ではないため、その行為に対

---

[39]　Rozie et Vandermeersch avec le concours de De Herdt, Debauche et Taeymans, *Commission de réforme du droit pénal. Proposition d'avant projet de Livre 1er du Code pénal préc.*, pp. 64 et s; Kuty, *op. cit.*, no1393, pp. 440 et s. 刑法典制定後の議論の進展を受けて、ベルギーにおいても、正当防衛を一般的な正当化事情と位置づけることについて異論はない（Kuty, *op. cit.*, n° 1395, p. 442）。

[40]　Art. 417 du Code pénal, http://www.ejustice.just.fgov.be/eli/loi/1867/06/08/1867060850/justel

[41]　Art. 122-6 du Code pénal français, *Code pénal annoté*, Dalloz, 2023, p. 261.

[42]　Rozie et Vandermeersch avec le concours de De Herdt, Debauche et Taeymans, *Commission de réforme du droit pénal. Proposition d'avant projet de Livre 1er du Code pénal préc.*, p. 66.

して正当防衛は認められない[43]。侵害の重大性という要件は、侵害が向けられた法益が生命、身体、健康、移動の自由、性的自由等の法益を侵害する重大なものであるということを意味する[44]。急迫性の要件は、法益に対する侵害が切迫しており、法益を保全するためには即時に防衛行為をとる必要性があったということである。したがって、侵害の急迫性が既に終了している状況では、正当防衛は認められないことになる[45]。また、急迫不正で重大な侵害が自己または他人に向けられていることが必要であり、侵害の対象が人に向けられていることが要件とされている。したがって、財産に対する正当防衛は、原則として認められない。欧州人権条約2条は、生きる権利を保障しているが、同条第2パラグラフでは、人の生命に対する不正な侵害に対して必要な防衛措置を講じることは許されている。人の生命を保護するための防衛行為によって侵害者が死亡したとしても、正当化が認められる。したがって、財産を守るために、財産への侵害者を殺害することは、同条の趣旨からは認められないことになる。ただ、欧州人権条約も、暴行罪・傷害罪という殺人罪よりも軽い犯罪については、特段の制約を設けていないので、財産に対する正当防衛によって暴行・傷害の結果が生じたとしても、正当化を認めることは禁止されていない。既に、オランダ刑法（41条）やフランス刑法（122-5条2項）には、財産に対する正当防衛を認める規定が整備されている[46]。しかしながら、今回の改正においても、立法政策として、財産に対する正当防衛を正当化することは認めなかった。

　罪を犯す以外に防衛行為として他にとるべき手段がなかったという要件も必要である[47]。防衛行為の相当性も必要であり、被害者に向けられた侵害の重大性と侵害を阻止するために実行された防衛行為の重大性とが比例してい

---

43 Rozie et Vandermeersch avec le concours de De Herdt, Debauche et Taeymans, *Commission de réforme du droit pénal. Proposition d'avant projet de Livre 1ᵉʳ du Code pénal préc.*, p. 67.

44 *ibid.*

45 *ibid.*

46 Colette-Basecqz et Vansiliette, *op. cit.*, pp. 76 et s.

47 Rozie et Vandermeersch avec le concours de De Herdt, Debauche et Taeymans, *Commission de réforme du droit pénal. Proposition d'avant projet de Livre 1ᵉʳ du Code pénal préc.*, p. 67.

なければならない[48]。防衛行為は防衛の意思を伴って行われることが必要である[49]。新刑法典の正当防衛規定では、防衛の意思が成立要件として明示されている。これまでの正当防衛の規定には防衛の意思は明示されていなかったが、学説では防衛の意思の必要性が指摘されていたことや、ドイツ、オランダ等の諸外国の正当防衛の規定では防衛の意思の必要性が明示されていたこと等の影響を受けているといえる[50]。

　過剰防衛（34条）については、宥恕事由として規定が置かれている。過剰防衛は必要的減刑事由であり、34条2項に従って刑が減軽される。現行刑法では、過剰防衛に関する一般規定は存在していないが、刑法411条が「殺人、傷害及び暴行が、人に対する重大な攻撃によって惹起されたときには、宥恕される。」と規定して、殺傷罪について、過剰防衛に類似する事案について刑の軽減を認めている。ただ、現行法では、殺傷罪に限定して刑の軽減を認めているにすぎず、殺傷罪以外の犯罪について過剰防衛による刑の軽減を認めることができない。今回の法案では、この状況を改め、過剰防衛を、ドイツ刑法33条のような刑の免除事由としてではなく、オランダ刑法41条§2[51]をモデルに、刑の減軽事由として位置づけている。過剰防衛の場合には、有責性が完全に阻却・消滅するのではないので、刑を免除するのではなく、軽減された刑を科すことが適切であるという思考があると考えられる。したがって、刑の軽減の根拠として責任減少説に立脚しているといってよいであろう。

　過剰防衛の要件としては、正当防衛の状況にあったこと、すなわち、①侵害者からの自己または第三者に対する不正、重大かつ現在の侵害が存在すること、②侵害行為が惹起した激情の影響下で防衛行為を行ったこと、③防衛

48　Rozie et Vandermeersch avec le concours de De Herdt, Debauche et Taeymans, *Commission de réforme du droit pénal. Proposition d'avant projet de Livre 1ᵉʳ du Code pénal préc.*, p. 68.

49　*ibid.*

50　Rozie et Vandermeersch avec le concours de De Herdt, Debauche et Taeymans, *Commission de réforme du droit pénal. Proposition d'avant projet de Livre 1ᵉʳ du Code pénal préc.*, pp. 68 et s.

51　41条§2：正当防衛の限界の超過が、侵害によって惹起された激情の直接的な結果であるときには、罰しない。

行為が侵害行為により惹起された激情に基づくものであるという因果性とこの激情が防衛行為の相当性を逸脱する原因となったこと、という三要件が必要である。①の要件については正当防衛の場合と同様である。②の要件については、合理的な一般人が、同様の状況において、同じように行動したかということが考慮され、ドイツ刑法33条のように、「錯乱、恐怖または驚愕」という激情の性質について制限的に列挙しているわけではなく、激情の性質がどのようなものかという点は裁判官の判断に委ねられる[52]。③の要件については、侵害行為が惹起した激情の影響下で直接的に防衛行為が行われることが必要であって、復讐のために行動した場合は、侵害行為が惹起した激情に基づく行動ではないので防衛行為とは認められない。また、侵害行為と防衛行為との間に時間的な間隔があるような場合には、過剰防衛も認められない。激情に基づいて行動したことで防衛行為の相当性を逸脱したことが必要である。

　オランダでは、過剰防衛と認められるためには、防衛行為が避けられなかったこと、具体的には、退避可能性がなく、他にとるべき手段がなかったという要件が必要であるとされているが[53]、この要件が必要か否かという点では議論があった。激情に支配されている場合には、退避可能であったか、他にとりうる手段があったか、ということを認識できない場合もあるので、退避可能性等の要件は不要とされた[54]。退避可能性があっても、激情に支配された防衛行為の場合には、過剰防衛を認める余地はある。

　緊急避難（13条）は判例によって承認されてきた正当化事由である[55]。緊急避難の成立要件（1項）としては、保全すべき法益に対する切迫した重大な危険が存在すること、罪を犯す以外の方法では法益を保全することができなかったこと、保全される利益（法益）が侵害される利益（法益）よりも優

---

52 Rozie et Vandermeersch avec le concours de De Herdt, Debauche et Taeymans, *Commission de réforme du droit pénal. Proposition d'avant projet de Livre 1er du Code pénal préc.*, p. 107

53 Rozie et Vandermeersch avec le concours de De Herdt, Debauche et Taeymans, *Commission de réforme du droit pénal. Proposition d'avant projet de Livre 1er du Code pénal préc.*, p. 108.

54 *ibid.*

55 Kuty, *op. cit.*, pp. 465 et s.

越していること、である。判例では、保全される利益（法益）と侵害される利益（法益）とが同価値の場合にも、緊急避難を認め正当化してきたが[56]、新刑法典13条では、同価値の場合の緊急避難は排除されている。利益（法益）が同価値の場合、一方の利益を保全するため他の利益を犠牲にすることを選択することは論理的ではないことも指摘されている。法益同価値の場合の緊急避難は正当化されないが、責任論において、成立要件を充たせば有責性阻却事由（免責事由）としての抗拒不能の力による強制を適用して責任を阻却することは可能である。

　同2項は自招危難の場合を規定する。破毀院も2014年3月4日判決で、自招危難の場合には緊急避難を否定していた[57]。法案では、意図的に緊急避難の状況を作り出した行為者には緊急避難を認めず、正当化されないことが明示されている。但し、意図的な自招危難の場合のみが緊急避難には該当しないとされているので、過失によって危難状況が惹起されたような場合、例えば、目覚まし時計でも目が覚めなかったため、病院からの患者の急変を知らせる緊急連絡で救命措置を直ぐに行わなければ患者が死亡するかもしれないような状況で病院に向かう途中、制限速度違反を犯した場合は、緊急避難が認められることもありうる。

　現行刑法には、正当化事由としての緊急避難を認める一般的な規定はないが、不可抗力の場合と対比するためには、緊急避難を正当化事由として位置づける必然性は指摘されてきた[58]。新刑法典では緊急避難を正当化事由として位置づける一方で、抗拒不能の力（不可抗力）は責任阻却事由と位置づけ、両者の関係性を明確にしている。

　権利の濫用に対する正当な抵抗（15条）については、違法性が明白な権限濫用行為に対して、即時に対応しなければ法益を保全できなかった場合には、権限機関の権利濫用行為に対して正当に抵抗することを正当化事由として位置づけている。本条の正当化事由は過去の改正草案においてもとりあげ

56　Cass., 24 janvier 2007, *Pas.*, 2007, Ⅰ, 167; Cass., 5 avril 1996, *Pas.*, 1996, Ⅰ, 283.

57　Cass., 4 mars 2014, RG P. 13. 1775, N.

58　Rozie et Vandermeersch avec le concours de De Herdt, Debauche et Taeymans, *Commission de réforme du droit pénal. Proposition d'avant projet de Livre 1ᵉʳ du Code pénal préc.*, p. 64.

254 第1章　ベルギー刑法典第1巻・総則の概要

られてきた事由であり、今回の新刑法典では、明示的に正当化事由として規定している[59]。現行刑法において、権利の濫用に対する正当な抵抗を規定する条文は存在していないが、刑法269条の反抗の罪（rébellion）が公務を執行する者のその職務行為に対する暴行・脅迫による攻撃・抵抗を処罰していることから[60]、職務行為が適法であることを暗黙の前提としているので、違法な職務行為に対する抵抗は許容されると解することができるとその法的根拠については説明されることもある[61]。ただ、この正当化事由の適用範囲は限定されており、違法性の立証が裁判時においても困難である場合や、行為者が濫用行為の違法性を認識していない場合には、認められることはない[62]。なお、形式的瑕疵や権限がないという違法性の本質については、正当化事由の成否には影響しない[63]。また、違法行為に対して即時に抵抗しなければ、回復できないような被害が生じる可能性があったという要件が必要である[64]。具体的には、権限機関の違法な権利濫用行為によって、身体の完全性、移動の自由または住居の不可侵性等に対する著しい侵害がある場合への抵抗等が想定される。抵抗行為は、違法行為の性質及びその重大性に対して相当なものである必要がある[65]。

　なお、現行刑法では、大量虐殺の罪（136条の2）、人道に対する罪（136条の3）、戦争犯罪（136条の4）、テロ犯罪（137条以下）、強姦罪（375条）、嬰児殺（396条）及び堕胎罪（348条以下）、拷問の罪（417条の3）については正当化事由の適用が排除される[66]。改正法案の各則においても、国際人道法違

---

59 最近の刑法総論の体系書では、正当化事情の一つとして明確に位置づけられている。例えば、Kuty, *op. cit.*, pp. 481 et s. を参照。

60 Art. 269 du Code pénal, http://www.ejustice.just.fgov.be/eli/loi/1867/06/08/1867060850/justel

61 Kuty, *op. cit.*, pp. 483 et s.

62 Rozie et Vandermeersch avec le concours de De Herdt, Debauche et Taeymans, *Commission de réforme du droit pénal. Proposition d'avant projet de Livre 1ᵉʳ du Code pénal préc.*, p. 70.

63 *ibid.*

64 *ibid.*

65 *ibid.*

66 Rozie et Vandermeersch avec le concours de De Herdt, Debauche et Taeymans, *Commission de réforme du droit pénal. Proposition d'avant projet de Livre 1ᵉʳ du Code pénal préc.*, p. 65.

反の罪（大量虐殺の罪、人道に対する罪、戦争犯罪）（新刑法典93条）[67]、拷問の罪（新刑法典119条）[68]については、正当化事由の適用は排除されている。

B 責任阻却事由

責任阻却事由として、法案では、有責性阻却事由（21条）と無答責事由（24条）の２類型を規定する。有責性阻却事由として抗拒不能の力による強制（22条）と避けることのできない錯誤（24条）を、無答責事由として精神の障害（25条）と刑事未成年（26条）を定める。ただ、有責性阻却事由と無答責事由との区別について明確な根拠があるかという点については疑問も提起され、上記の４事由をまとめて、無答責事由として規定したほうが論理的であるという批判もある[69]。

有責性阻却事由と位置づけられている抗拒不能の力（不可抗力）による強制について、「抗拒不能の力」について定義はされていない。現行の不可抗力の規定では、フランス旧刑法典における不可抗力の規定と同じように、被告人が抗拒することのできない力によって強制されたときは、犯罪は存在しない、と規定する[70]。しかし、この規定は、犯罪成立要件の観点からは正確ではなく、不可抗力は有責性阻却事由（免責事由）であるため、行為の違法性には影響しないことから、犯罪は存在しないという表現には問題があるとの指摘もある[71]。法案では、抵抗することのできない力（不可抗力）による強制のもとで行動した者は刑事責任を負わないと規定し、従来の規定を修正している[72]。これまでの判例実務によれば、人間の意思とは独立した外部的

---

67 Rozie, Vandermeersch et De Hebert, *Un nouveau code pénal futur? La proposition de la commission de réforme du droit pénal, préc.*, p. 35.

68 Rozie, Vandermeersch et De Hebert, *Un nouveau code pénal futur? La proposition de la commission de réforme du droit pénal, préc.*, p. 38.

69 Colette-Basecqz et Vansiliette, *op. cit.*, p. 63.

70 Rozie et Vandermeersch avec le concours de De Herdt, Debauche et Taeymans, *Commission de réforme du droit pénal. Proposition d'avant projet de Livre 1ᵉʳ du Code pénal préc.*, p. 86. なお、フランス現行刑法の規定では、刑法121-3条３項は「不可抗力の場合、違警罪は存在しない。」と規定し、刑法122-2条は「自らが抵抗することのできない力または強制の影響下で行動した者は、刑事責任を負わない。」と規定する。

71 2010年５月５日破毀院判決における次長検事の主張を参照（Cass., 5 mai 2010, RG P. 09. 1576, F.）。

256　第1章　ベルギー刑法典第1巻・総則の概要

な事象から生じていること、自由意思が完全に抑圧されていること、という
2要件が必要であるとされる[73]。さらに、行為者が不可抗力の状況で結果発
生に寄与していなかった場合に限り、不可抗力の主張ができるという限定が
追加される[74]。破毀院2014年9月16日判決も、刑法71条は、強制または不可
抗力が予見することも回避することもできなかったこと、強制または不可抗
力が行為者に課せられていたこと、行為者が結果発生に積極的にも消極的に
も寄与していないことを示していること、を要求していると明示してい
る[75]。

　また、強制については物理的強制であっても心理的強制であってもかまわ
ないとされる。したがって、抗拒不能の力による物理的強制または心理的強
制によって、自由意思が抑圧された状態で、犯罪行為を実行せざるを得ない
状況に追い込まれ、合理的な一般人の立場から、その強制に抵抗できない状
況であった場合には、有責性が阻却されると判断される[76]。なお、強制の場
合は自由意思が失われていた場合であり、自由意思が限定された状態でも存
在していた場合には強制は問題とはならず、緊急避難が適用できる場合には
違法性阻却が問題となる[77]。抗拒不能の力（不可抗力）による強制と緊急避
難について、当初はそれほど厳格に区別されていないこともあったが、破毀
院1987年3月13日判決[78]は、強制と緊急避難を明確に区別し、自由意思が失
われた場合に強制が問題となる場合であり、自由意思が限定されても存在し

72　フランス刑法122-2条も、「自らが抵抗することのできない力または強制の影響下で行
動した者は、刑事責任を負わない。」と規定する。

73　Cass., 28 novembre 1984, Arr. cass., 1984-1985, p. 436; Rozie et Vandermeersch avec
le concours de De Herdt, Debauche et Taeymans, *Commission de réforme du droit
pénal. Proposition d'avant projet de Livre 1ᵉʳ du Code pénal préc.*, p. 87. 末道・前掲「ベ
ルギー刑法改正の動向―刑法改正草案第1編の検討(1)」172頁参照。

74　Cass., 6 mars 1934, *Pas.*, Ⅰ, 1934, p. 207; Cass., 25 juin 1956, *Pas.*, Ⅰ, 1956, p. 1176;
Cass., 28 novembre 1984, Arr. cass., 1984-1985, p. 436; Rozie et Vandermeersch avec le
concours de De Herdt, Debauche et Taeymans, *Commission de réforme du droit pénal.
Proposition d'avant projet de Livre 1ᵉʳ du Code pénal préc.*, p. 88; Cass., 16 septembre
2014, RG P. 13. 1847N.

75　Cass., 16 septembre 2014, RG P. 13. 1847N.

76　*ibid.*

77　末道・前掲「ベルギー刑法改正の動向―刑法改正草案第1編の検討(1)」173頁参照。

78　Cass., 13 mai 1987, *Pas.*, 1987, 1, p. 1061.

ていた場合には緊急避難が問題となることを明確にした。前述したように、緊急避難は正当化事由として違法性の段階で問題となり、不可抗力による強制は責任段階で問題となることが明確にされた点で意義がある。

避けることのできない錯誤（23条）は、判例によって承認された有責性阻却事由（免責事由）である。避けることのできない錯誤は、事実の錯誤及び法律の錯誤において問題となる。ベルギーでは、法律の錯誤については、「法の不知は恕さず」という格言に従って、故意の成否には影響しないとされてきたが、破毀院1946年7月10日判決以降は、事実の錯誤でも法律の錯誤でも、錯誤が避けられなかったときには、有責性を阻却するとされている[79]。破毀院の判断によれば、事実の評価の場面においても、行為の違法性の評価の場面でも、慎重で合理的な通常人が同様の状況において同じ行為を行った場合には、錯誤は避けられなかったと判断されることになる。したがって、誤想防衛のような違法性阻却事由に関する錯誤についても、その錯誤が避けることができなかった場合には、有責性が阻却されることになると考えてよい[80]。

無答責事由として、精神の障害と刑事未成年が規定される（25条）。有責性阻却事由（免責事由）も無答責事由も行為者の責任を問いうるかという場面で問題とされることになるが、無答責事由については、正当化事由も有責性阻却事由（免責事由）も存在しない場面で問題とされると理解されている[81]。行為者が、精神の障害に冒されているため、あるいは、未成年者であるために、是非善悪の判断ができないような場合には、行為者に責任を問えない以上、通常の刑罰を科すことはできず、特別な処分を適用することで行為者を処遇することが妥当だと考えられる。

精神の障害については、行為時に、精神の障害によって是非弁別能力と行

---

[79]　Rozie et Vandermeersch avec le concours de De Herdt, Debauche et Taeymans, *Commission de réforme du droit pénal. Proposition d'avant projet de Livre 1er du Code pénal préc.*, p. 90.

[80]　このような解釈については、Hennau et Verhaegen, op. cit., pp. 212 et s. を参照。

[81]　Rozie et Vandermeersch avec le concours de De Herdt, Debauche et Taeymans, *Commission de réforme du droit pénal. Proposition d'avant projet de Livre 1er du Code pénal préc.*, p. 91.

258 第1章 ベルギー刑法典第1巻・総則の概要

動制御能力が喪失される状態を責任無能力としてとらえ、刑事責任を阻却する（26条）。現行刑法71条は、「被告人が、行為のときに、是非弁別能力もしくは行動制御能力を失わせまたは著しく変質させる精神障害に冒されていたときは、犯罪は存在しない。」と規定する[82]。不可抗力による強制の場合と同じように、精神障害は責任阻却事由として理解され、行為の違法性を阻却するものではないため、犯罪は存在しないとすることは正確ではないと批判されてきた。また、精神障害が犯罪の主観的要件の存否に影響を与えることもない。精神障害が故意犯を過失犯に変質させるということもない。破毀院2008年2月12日判決において、精神障害に冒されていた行為者が、自殺するつもりであり、行為時に深刻な精神的不安定の状態にあって行動を制御することができなかったことが明らかであるとしても、爆発物を用いて建造物を損壊する罪（刑法520条）の主観的要件を完全に実現していることを認めている[83]。このような議論を踏まえて、是非弁別能力または行動制御能力を失わせる精神障害を、責任を阻却する無答責事由と位置づけている。フランスでも、かつては、心神喪失の場合には犯罪が存在しないと規定していたが、現行の刑法122-1条1項は、行為時に、精神障害に冒されていた者には刑事責任がないと規定している[84]。法案の精神障害の規定もフランス刑法の規定をモデルにしているといってよい。

　なお、精神の障害によって責任無能力と判断されたが、自傷他害の恐れがあり、社会に対する危険性がある場合には、期限を定めず保安処分（保安拘禁）を命じることの可能である。ベルギーでは、1930年の社会防衛法によって保安拘禁が導入されており保安処分については長い歴史がある。ただ、保安拘禁については批判も加えられてきたが、近年、保安拘禁に関する2014年5月5日法律によって、保安拘禁について処遇面での現代化と被拘禁者の人権保障を図るために、保安処分の制度については改正がなされた[85]。また、

82　Art. 71 du Code pénal, http://www.ejustice.just.fgov.be/eli/loi/1867/06/08/1867060850/justel

83　Cass., 12 février 2008, RG. P. 07. 1185, N.

84　Art. 122-1 al. 1 du Code pénal français, *Code pénal annoté*, Dalloz, 2023, p. 224.

85　この法律については、Sous la direction de O. Nederlandt, N. Colette-Basecqz, F. Vansiliette et Y. Cartuyvels, *La loi du 5 mai 2014 relative à l'internement Nouvelle*

精神の障害の規定は責任無能力について定めており、限定責任能力について
は対象とはしていない。限定責任能力については、自由剝奪下の治療（治療
処分）を科すことによって、医学的な治療を義務づけることが可能となる。

　刑事未成年については、行為時に18歳未満の者には原則として刑事責任を
問うことはできないが、例外的に法律が定める場合には、刑事責任を問うこ
とも可能である（26条）。その場合には、宥恕事由として未成年者に適用さ
れる規定が整備され、刑が減免される（35条）。

(4)　犯罪行為者——正犯と共犯

　犯罪行為者の概念については、改正草案から修正が加えられている。個人
行為責任の原則を規定し（16条）、正犯について17条に新たに規定を設け
た。正犯には自然人と法人が含まれ、正犯とは、直接正犯、間接正犯、共同
正犯であると定義する。正犯と位置づけられる共同正犯とは、実行共同正犯
であると理解することができる。

　共犯とは、事情を知ってかつ意図的に、重要な方法で犯罪に寄与する者で
あり、具体的には、犯罪の実行に直接的に協力した者、幇助犯、教唆犯、不
作為による幇助犯、事後従犯と定義する。なお、正犯の概念には共犯も含ま
れ、共犯は正犯と同様に処罰される。

　現行刑法の共犯に関する規定においては、正犯と共犯とは区別され規定さ
れてきた。刑法第66条は正犯を規定し、正犯とは、直接正犯及び共同正犯の
ほか、犯罪の実行を直接幇助した者、犯罪の実行を直接教唆した者、犯罪の
実行を直接扇動した者で、犯罪の実行に直接関与しその幇助行為・教唆行為
がなければ犯罪の実行ができなかった場合をいう[86]。刑法67条は共犯を規定
し、犯罪の実行に指示を与えた者、犯罪に用いられることを認識しながら犯
罪に用いられる武器、道具またはその他すべての手段を得させた者、刑法66
条３項（犯罪の実行を直接幇助した者）の他に、認識しながら、犯罪を準備し
または容易にした事実または犯罪を完成させた行為において正犯を幇助また

---

　loi, nouveaux défis vers une véritable politique de soins pour les internés? La Charte, 2018を参照。

[86]　Art. 66 du Code pénal, http://www.ejustice.just.fgov.be/eli/loi /1867/06/08/1867060850/justel

260   第1章　ベルギー刑法典第1巻・総則の概要

は援助した者、を共犯と定義する[87]。ベルギーの正犯の定義では、教唆者、幇助者についても、犯罪の実行と直接因果関係があり必要不可欠であった場合は正犯とされる一方、犯罪の実行とその結果に直接因果性がなく有益であった場合が共犯とされることになる。ただ、この区別の基準は明確ではなく、裁判実務においても、犯罪の実行に直接関与した者なのか共犯にとどまるのかの区別については明確な基準を示すことは困難であった[88]。フランス刑法の共犯規定（121-6条、121-7条）においては、共同正犯と共犯を区別せず共犯は正犯として処断され、共犯行為が必要であったのか有益であったにすぎないかということも問われず、法律で定められた方法で犯罪に寄与した者を共犯としている[89]。これまでの刑法改正の議論においても、現行刑法の正犯と共犯の区別については削除する方向で議論が尽くされてきた。例えば、1985年改正草案では、共同正犯、教唆犯、幇助犯の3類型を定め、犯罪の正犯として処断するとしていた[90]。

　新刑法典では、法案の規定を維持し、正犯と共犯の概念を整理した上で、教唆・幇助の形態は共犯に分類しているが、共犯も正犯として処罰されることになる。犯罪の実行に直接的に協力した者とは、狭義の共犯（教唆犯・幇助犯）には該当しない犯罪実行に直接関与する形態の関与者であり、共謀共同正犯に該当するような共謀関与者が含まれると理解できる。立法政策的に、共謀関与者と狭義の共犯とを区別するのではなく、全て共犯として位置づけているが、両者を区別することが困難であるという認識があったためであり[91]、共犯も正犯として処罰されることから、厳密に区別する意義はない

---

[87]　Art. 67 du Code pénal, http://www.ejustice.just.fgov.be/eli/loi/1867/06/08/1867060850/justel

[88]　Rozie et Vandermeersch avec le concours de De Herdt, Debauche et Taeymans, *Commission de réforme du droit pénal. Proposition d'avant projet de Livre 1ᵉʳ du Code pénal préc.*, p. 77.

[89]　フランスの共犯規定については、121-7条で、意図的に援助もしくは支援によって犯罪の準備または実行を容易にした者（1項）、贈与、約束、脅迫、命令、権威もしくは権限の濫用によって、犯罪をそそのかしまたは犯罪の実行を指示した者（2項）を共犯とし、共犯は正犯として処断する（121-6条）とする。

[90]　Rozie et Vandermeersch avec le concours de De Herdt, Debauche et Taeymans, *Commission de réforme du droit pénal. Proposition d'avant projet de Livre 1ᵉʳ du Code pénal préc.*, p. 80.

Ⅲ　犯罪に関する諸規定の概要　　*261*

と考えられる。

　新刑法典では、法案の規定を維持し、不作為による共犯（19条1項4号）及び事後従犯（19条1項5号）についても規定する。不作為による共犯については、破毀院は、不作為による犯罪への関与が、意図的に行われ、犯罪の実行を明確に促進するような場合には、不作為による関与を作為による関与とみなして処断することを認めている[92]。破毀院判例を踏まえて、不作為による関与が犯罪の実行に直接的に寄与した認められる場合を処罰の対象として規定している。共犯が処罰されるためには、共犯行為が正犯の実行行為の以前あるいは同時に行われていなければならない[93]。したがって、事後従犯は原則的には可罰的ではない。但し、事後従犯が全く認められないというわけではなく、正犯と共犯が事前に共謀していた結果、正犯の犯罪実行後に共犯が関与した場合には、共犯を処罰することが可能となる[94]。

　20条は共犯への加重要素及び加重要因の帰責について定める。この規定は、共犯と身分を定めた規定である。ベルギー刑法では、伝統的に、客観的加重要素・客観的加重事由と主観的加重要素・主観的加重事由とに区別してきた。客観的加重事由は犯罪を構成する行為に固有の事由であり、正犯と共犯に連帯的に作用することになる。一方、主観的加重事由は行為者固有の事由であり、主観的加重事由は個別的に作用することになる[95]。客観的加重事由の連帯性については、これまでに批判が加えられてきたが、欧州人権裁判所が加重事由の連帯性についてベルギー政府を有罪とする判決を下した[96]。

　欧州人権裁判所は、客観的加重事由が存在する場合、犯罪行為者すべてに

91　Colette-Basecqz et Vansiliette, *op. cit.*, pp. 14 et s.

92　Cass., 2 septembre 2009, R. W., 2011-2012, 1029; Cass., 15 décembre 2009, Arr. cass., 2009, n° 744; Cass., 27 octobre 2015, RG P. 10. 0776, N.

93　Rozie et Vandermeersch avec le concours de De Herdt, Debauche et Taeymans, *Commission de réforme du droit pénal. Proposition d'avant projet de Livre 1ᵉʳ du Code pénal préc.*, p. 81.

94　*ibid.*

95　Rozie et Vandermeersch avec le concours de De Herdt, Debauche et Taeymans, *Commission de réforme du droit pénal. Proposition d'avant projet de Livre 1ᵉʳ du Code pénal préc.*, p. 82; Kuty, *op. cit.*, n°ˢ 2113 et s, pp. 357 et s.

96　C. E. D. H., Goktepte c. Belgique, 2 juin 2005; C. E. D. H., Delespesse c. Belgique, 27 mars 2008.

262 第1章 ベルギー刑法典第1巻・総則の概要

連帯して作用するため、自分が関与していないことを証明する機会を奪うことで客観的加重事由には関与していない者の弁護権を侵害し、陪審員も刑の確定の場面で大きな影響を有する犯罪の共犯個々人の責任の程度を審理することができない等の問題点を指摘している[97]。

　この判決を踏まえて、20条1項では、客観的加重要素・要因の連帯的作用について主観的な限定を加えている。すなわち、共犯に客観的加重要素・要因の存在の認識または客観的加重要素・要因が実現することについての認識という認識的要素と犯罪に関与するという意思という意思的要素が認められることが、客観的加重要素・要因が連帯的に作用するための条件となる。したがって、被告人が客観的加重要素・要因を認識しその実現を意図したという主観的要素を充足したかを立証する責任は訴追する当事者にある。これに対して、同条2項は主観的加重要素・要因の個別的作用について、主観的加重要素・要因がある者の刑にのみ影響することを明示する。具体的には、公務員という身分を有する者や被害者の両親等被害者との特別な関係を有する者のみに加重された刑が科せられることになる。両親等の直系尊属に対する暴行・傷害罪（刑法410条・新刑法典201条）について、身分関係にない共犯については加重された刑ではなく通常の刑が科せられることになる[98]。なお、正犯・共犯を問わず、犯罪の主体がその適用条件を備えたときには、主観的加重要素・要因が個別的に適用されることになる[99]。

IV　刑罰に関する諸規定の概要

　今回の新刑法典の総則において、刑罰に関する規定が重要な位置を占めることは、その条文数からも明らかである。近年では、刑法典の全面改正以前

---

97 Rozie et Vandermeersch avec le concours de De Herdt, Debauche et Taeymans, *Commission de réforme du droit pénal. Proposition d'avant projet de Livre 1ᵉʳ du Code pénal préc.*, p. 82.

98 Rozie et Vandermeersch avec le concours de De Herdt, Debauche et Taeymans, *Commission de réforme du droit pénal. Proposition d'avant projet de Livre 1ᵉʳ du Code pénal préc.*, p. 84.

99 *ibid.*

IV　刑罰に関する諸規定の概要　*263*

にも、電子監視刑、労働刑及び保護観察刑の導入等の刑罰に関する重要な改正が実施されていたが[100]、今回の新刑法典では、これまでの改正を踏まえて、刑罰に関して全面的な見直しがなされている。

1　刑罰の目的

　刑罰の目的を定めた27条は、刑罰の補充性の原則を示し、刑罰から生じる弊害を避けることを明示している。刑罰は最後の手段であって、刑罰以外の他の刑事的制裁では対応できない場合に刑罰の適用が認められる。

　1項では、刑の選択及びその量定の決定に際して、5種類の目的、すなわち、刑罰法規の違反に対する社会の非難を示すこと（1号）、社会的均衡の回復及び犯罪から生じた損害の賠償を促進すること（2号）、犯罪行為者の社会復帰及び社会への同化を支援すること（3号）、社会を保護すること（4号）、が挙げられている。

　1号所定の目的は、刑罰権の発動には、社会が犯罪行為に対して非難を示すことが必要であることを明示したものである[101]。2号所定の社会的均衡の回復という視点、3号及び4号所定の目的は、2014年8月15日法律によって改正されたフランス刑法130-1条にもみられる[102]。同条は、刑罰の機能を「被害者の利益を尊重しながら、社会の保護を確保し、新たな犯罪の実行を予防し、社会の均衡を修復するためには、刑罰は次の機能を有する。第1号・犯罪行為者の処罰。第2号・犯罪行為者の更生、同化及び社会復帰の促進。」と規定する[103]。Holster 委員会においても、フランス刑法の改正と同様に、刑罰の目的に関して犯罪行為者の社会への同化・社会復帰という考え方が示されており[104]、今回の改正法案においては、Holster 委員会の考え方や

100　この改正の概要については、末道康之「ベルギーにおける刑罰制度の改正─電子監視刑と保護観察刑について」南山法学38巻3・4号（2015）153頁を参照。

101　Rozie et Vandermeersch avec le concours de De Herdt, Debauche et Taeymans, *Commission de réforme du droit pénal. Proposition d'avant-projet de Livre 1ᵉʳ du Code pénal préc.*, p. 97.

102　*ibid.*

103　Art. 130-1 du Code pénal français, *Code pénal annoté 2024*, Dalloz, p. 283.

104　Rozie et Vandermeersch avec le concours de De Herdt, Debauche et Taeymans, *Commission de réforme du droit pénal. Proposition d'avant-projet de Livre 1ᵉʳ du*

フランスの刑罰の機能に関する基本的な考え方が採用されているといえる。4号所定の社会の保護という目的は、犯罪を実行する能力を減少させるために行為者を社会から隔離するということを許容することになるが、自由を剥奪することなく他の刑罰を科すことによって行為者の社会への同化・社会復帰を促すことによっても社会を保護するという目的を実現することができる[105]。なお、改正法案では、5号として犯罪と刑罰の均衡に関する規定が置かれていた[106]。改正草案には規定されていなかったが[107]、改正法案では追加され、新刑法典では27条2項に罪刑の均衡に関する規定が置かれた。

27条3項は、「刑を言い渡す前に、裁判官は上記目的のみならず直接的な関係者、その周囲の者及び社会に対する好ましくない副次的効果をも考慮しなければならない。」と規定する。刑罰が受刑者のみならずその周辺者にも苦痛やその他の影響を与えることを裁判官が考慮し、刑罰目的を達成するために、裁判官には最も悪影響の少ない刑罰を選択することが求められる。したがって、2種類の刑罰が同一の効果をもたらす場合には、受刑者にとって苦痛の少ない刑罰を選択しなければならない。但し、この規定が、刑罰適用に関する一般的な原則（刑罰の法定性・個別性・適正）の適用を除外することはない[108]。

27条4項では、自由刑である拘禁刑は最後の手段であり、刑罰の目的が他の刑や処分では実現できない場合に適用されることが明記される。本条は、受刑者や社会に対する刑罰の悪影響を避けることが重視されることの帰結として、受刑者に最も苦痛を与える拘禁刑の適用は最後の手段として用いられることを確認したものである[109]。

Code pénal préc., p. 98.

105 Rozie et Vandermeersch avec le concours de De Herdt, Debauche et Taeymans, *Commission de réforme du droit pénal. Proposition d'avant-projet de Livre 1ᵉʳ du Code pénal préc.*, pp. 98 et s.

106 末道康之「ベルギー刑法典改正法案第1編・刑法総則の概要」南山法学44巻2号（2021）168頁を参照。

107 末道・前掲「ベルギー刑法改正の動向—刑法改正草案第1編の検討(1)」127頁を参照。

108 Rozie et Vandermeersch avec le concours de De Herdt, Debauche et Taeymans, *Commission de réforme du droit pénal. Proposition d'avant-projet de Livre 1ᵉʳ du Code pénal préc.*, p. 99.

改正草案・改正法案の段階では規定は置かれていなかったが、新刑法典29条に、法律で加重要素とする場合は除き、差別的動機を加重要因と規定している。刑法各則にも人間の尊厳に対する罪として差別犯罪を規定しており（249条以下）、総則においても、差別的動機に関する規定を設けたことになる。

　現行刑法では、電子監視刑の適用を判断する際に、簡潔な情報報告（rapport d'information succinct）及び社会的調査（enquête sociale）を求めることができるが[110]、簡潔な情報報告と社会的調査の区別を廃止すべきであるという意見も Holsters 委員会報告書で示されていた[111]。新刑法典では、区別を廃止し、調査報告書（31条）に一本化している。調査報告書に求められることは、下級審判事が刑の選択において早計な判断をすることなく最も適切な刑を言い渡すための的確な情報を収集することにある。修復的司法の視点からは、行為者自身が、非難されるべき行為に与えられる刑事的制裁の策定に関与することが重要である[112]。

　最も適切な刑または処分、具体的には、労働刑、保護観察刑、電子監視刑、執行猶予の付与等、を決定するために、訴訟を受理した検察官または裁判官は、想定される刑または処分の適切性を判断するための的確な情報を提供する目的で、被告人の居住地の司法管区の管轄部局に調査報告書の作成を依頼することができる。現行刑法と同様に、国王が、調査報告書の実施の内容及び態様を決定する[113]。

　性犯罪者もしくはテロリストの指導または治療における専門家または特別な部局の意見（32条）については、現行法においても、保護観察付きの刑の

109　*ibid.*

110　末道・前掲「ベルギーにおける刑罰制度の改正─電子監視刑と保護観察刑について」173頁参照。詳細については、Kuty, *Principes généraux du droit pénal belge Tome Ⅳ préc.*, pp. 991 et s. を参照。

111　Rozie et Vandermeersch avec le concours de De Herdt, Debauche et Taeymans, *Commission de réforme du droit pénal. Proposition d'avant-projet de Livre 1ᵉʳ du Code pénal préc.*, p. 101.

112　*ibid.*

113　Rozie et Vandermeersch avec le concours de De Herdt, Debauche et Taeymans, *Commission de réforme du droit pénal. Proposition d'avant-projet de Livre 1ᵉʳ du Code pénal préc.*, p. 102.

266 第1章 ベルギー刑法典第1巻・総則の概要

宣告の停止や保護観察付きの執行猶予のように一定の刑罰や処分を言い渡す場合には、性犯罪者の指導または治療を行う専門部局の意見の聴取は行われている[114]。未成年者に対する性的虐待に関する1995年4月13日法律においても、未成年者に対して実行された性犯罪の行為者に対する特別でかつ事前の意見聴取に関する規定が置かれている[115]。前掲1995年4月13日法の規定の執行を担保するため、1998年10月8日に、連邦政府とフラマン語共同体間、連邦政府とワロン地域間において、それぞれ性犯罪者の指導及び治療に関する協力合意が締結され、1999年4月13日には、連邦政府、共通共同体委員会、フランス語共同体委員会の間で、性犯罪者の指導及び治療に関する協力合意が締結された[116]。協力合意において、支援センター（centre d'appui)[117]及び専門家チーム（équipes spécialisées）が規定されており、権限機関の支援のもとで、性犯罪者の指導・治療に関する意見を提出する役割を担っている。支援センターにおける実務については積極的に評価されている[118]。

　新刑法典では、被告人が性的完全性または性的自己決定を侵害する犯罪（性犯罪）で訴追されるときには、訴訟を係属した検察官または裁判官は、最も適切な刑を決定するために、性犯罪者の指導または治療を行う専門部局

---

[114] 停止、執行猶予及び保護観察に関する1964年6月29日法律9条の2（art. 9 bis de la loi du 29 juin 1964 concernant la suspension, le sursis et la probation, *Les codes La Charte T. 3, Droit pénal 2014/15,* p. 1029; http://www.ejustice.just.fgov.be/eli/loi/1964/06/29/1964062906/justel）を参照。性犯罪者への治療等の対応については、Kuty, *Principes généraux du droit pénal belge Tome IV préc.,* p. 993; Rozie et Vandermeersch avec le concours de De Herdt, Debauche et Taeymans, *Commission de réforme du droit pénal. Proposition d'avant-projet de Livre 1ᵉʳ du Code pénal préc.,* p. 102 を参照。

[115] この点については、Rozie et Vandermeersch avec le concours de De Herdt, Debauche et Taeymans, *Commission de réforme du droit pénal. Proposition d'avant-projet de Livre 1ᵉʳ du Code pénal préc.,* p. 102を参照。なお、1995年法は http://www.ejustice.just.fgov.be/eli/loi/1995/04/13/1995009399/justel において参照可能である。

[116] この点については、Rozie et Vandermeersch avec le concours de De Herdt, Debauche et Taeymans, *Commission de réforme du droit pénal. Proposition d'avant-projet de Livre 1ᵉʳ du Code pénal préc.,* p. 102を参照。

[117] 支援センターは、ブリュッセル、アントワープ、リエージュに設置されている。

[118] この点については、Rozie et Vandermeersch avec le concours de De Herdt, Debauche et Taeymans, *Commission de réforme du droit pénal. Proposition d'avant-projet de Livre 1ᵉʳ du Code pénal préc.,* p. 103を参照。

の理由を付した意見を求めることができる、と規定するので、現行刑法の制度を継承している。

2 刑罰の概要

　新刑法典では、自由刑である拘禁刑を代替する多様な種類の刑が定められている。改正草案では、重罪刑として第7級・第6級の刑、軽罪刑として第5級から第1級の刑が予定されていたが[119]、改正法案では、変更が加えられ、重罪刑（2階級）と軽罪刑（6階級）として、第8級から第1級の刑が定められた。新刑法典では、重罪刑、軽罪刑の区別はなくなり、主刑として第8級から第1級の刑が規定される。なお、刑事実務において多用されてきた軽罪化（重罪の軽罪化、軽罪の違警罪化）の手続きは放棄された[120]。新刑法典では、軽減事由が適用されることで、軽い階級の刑を適用することは可能ではあるが、この場合、犯罪の本質が変化することはない。

⑴ 自然人に適用される刑罰

　第3節・自然人に適用される刑罰として、主刑として、第8級から第1級の刑が定められる（36条）。改正法案では、重罪刑と軽罪刑という区別がなされていたが、新刑法典ではこの区別はなくなり、統一して主刑として規定された。改正草案では、重罪刑については、懲役（réclusion）という現行刑法典で用いられている文言が採用されていたが[121]、改正法案では、重罪刑に適用される自由刑について、懲役ではなく、拘禁刑（emprisonnement）と定められ、重罪・軽罪を問わず、自由刑については拘禁刑という文言で統一され、新刑法典においても、拘禁刑で統一されている。自由刑としては、拘禁刑（41条）と自由剥奪下の治療（42条）が規定されている。

　有期拘禁刑の期間は、その階級によって6月以上20年以下の範囲で定められている。なお、改正草案・改正法案では1年未満の短期自由刑は廃止され

---

[119]　末道・前掲「ベルギー刑法改正の動向─刑法改正草案第1編の検討⑴」128頁以下を参照。

[120]　Guillain et Scalia, Une réforme en profondeur de l'arsenal pénal à l'encontre des personnes physiques, *in La réforme du Livre 1ᵉʳ du Code pénal belge préc.*, pp. 126 et s.

[121]　末道・前掲「ベルギー刑法改正の動向─刑法改正草案第1編の検討⑴」128頁以下、前掲「ベルギー刑法改正の動向─刑法改正草案第1編の検討⑵」219頁参照。

268 第1章　ベルギー刑法典第1巻・総則の概要

ていたが、新刑法典では拘禁刑の下限は6月とされた。短期自由刑は、刑罰
の目的を実現するためにも、再犯防止という観点からも悪影響しかないと判
断され、6月未満の短期自由刑以外の刑罰が主刑として適用される。

　自然人が実行した犯罪に適用される付加刑（37条）については、延長され
た追跡調査、罰金、没収、拡大没収、犯罪から期待されまたは得られた利益
に応じて定められた財産刑、権利の剥奪、職業の禁止、有罪判決の公示、施
設の閉鎖、運転する権利の禁止、居住、場所への立入または接触の禁止、が
定められた。

　自由剥奪下の治療（traitement sous privation de liberté）は、改正草案・改
正法案では「義務づけられた治療」とされていたが、保安処分ではなく、限
定責任能力者に対して言い渡すことができる自由制限刑である。対象となる
者は、精神障害の影響で罪を犯した者であり、責任無能力とされるほどの深
刻な状況にはないが、社会に対する危険を示している者である（42条
§1)[122]。精神障害が犯罪実行に重大な影響を有することに照らして、再犯を
避けるために自由剥奪下の治療が必要不可欠となる。重要な点は、精神障害
が責任無能力を導くようなものではないことである。すなわち、精神障害に
よって是非弁別能力または行動制御能力がないという責任無能力の状況で
は、自由剥奪下の治療は適用することはできない。適用の要件として、精神
障害のほかに、自由剥奪下の治療を適用するためには、対象者が社会に対す
る危険を示していることが必要である。また、自由剥奪下の治療が適用され
るためには、精神障害と犯罪との間に因果関係がなければならない[123]。新刑
法典の責任能力に関する規定（25条）では、責任無能力についてのみ定めて
おり、限定責任能力については定めがない。是非弁別能力・行動制御能力が
減退しているという場合、指定された施設において、指定された期間、治療
を受ける。自由剥奪下の治療の執行の追跡や治療が行われる施設の指定等は
行刑裁判所が行う（42条§4）。

---

[122] Rozie et Vandermeersch avec le concours de De Herdt, Debauche et Taeymans, *Commission de réforme du droit pénal. Proposition d'avant-projet de Livre 1ᵉʳ du Code pénal préc.*, p. 123を参照。なお、本条および46条の施行は2035年1月1日とされている。刑法典第1巻を導入する2024年2月29日法律第38条を参照。

[123] *ibid.*

第6節として自由制限刑を定める。自然人に対する刑罰について、自由刑としての拘禁刑は最後の手段として適用には慎重であることを明記しているため、軽罪に該当する犯罪については、多様な刑罰を予定している。特に、第2級・第1級という比較的軽微な刑については、拘禁刑以外の自由を制限する刑を含む多様な刑罰を予定し、拘禁刑の下限は6月とされ、6月未満の短期自由刑は廃止されたため、第1級の刑については、拘禁刑は法定刑として定められてはいない。拘禁刑の代替刑としての機能する電子監視刑（43条 peine de surveillance électronique)、労働刑（45条 peine de travaille）及び保護観察刑（44条 peine de probation autonome）は、自由を制限する刑罰であり、既に現行刑法に導入されている。電子監視刑については、2014年2月7日の刑法改正によって導入され、その後2016年2月5日の刑法改正で見直しがなされた[124]。電子監視刑の概要については、大きな変化はないが、決定されたプログラムに従い、外出等が許可された場合を除き、定められた期間、指定された住居に現在（滞在）することが求められる。保護観察刑については、短期自由刑に代替し受刑者の社会復帰を目的として、2014年4月10日の刑法改正によって導入された[125]。従来から存在していた保護観察について、これを独立の刑罰として位置づけた。労働刑については、2002年4月17日の刑法改正によって導入され、他国では公益奉仕労働とされている刑罰である[126]。労働刑及び保護観察刑は、第2級・第1級の刑として定められ、軽減事由が認められる場合、第6級から第3級の軽罪刑の代替刑として、第2級の労働刑・保護観察刑を適用することが可能となる。第8級・第7級の刑に軽減事由が認められる場合でも、原則として労働刑・保護観察刑を適用することはできない。

改正法案には規定が設けられていなかったが、新刑法典では、延長された

---

124 この点については、末道・前掲「ベルギー刑法改正の動向―刑法改正草案第1編の検討(2)」228頁以下、末道・前掲「ベルギーにおける刑罰制度の改正―電子監視刑と保護観察刑について」170頁以下を参照。

125 末道・前掲「ベルギーにおける刑罰制度の改正―電子監視刑と保護観察刑について」155頁、177頁以下を参照。

126 末道・前掲「ベルギーにおける刑罰制度の改正―電子監視刑と保護観察刑について」159頁以下を参照。

270　第1章　ベルギー刑法典第1巻・総則の概要

追跡調査（suivi prolongé）が付加刑として設けられている（46条）。延長された追跡調査は、重大な罪を犯した行為者に対して、拘禁刑の執行が終了した後も、一定の期間、再犯を防止するために対象者を監督する処分である。対象は、被害者の生命、身体、性的自由、精神的自由に対して著しい侵害を与えた犯罪や公共の安全に対して著しい危険を構成する犯罪について第3級以上の刑が言渡された場合である。この追跡調査は義務的に言い渡される場合もある。この刑の執行は刑事施設以外の閉鎖施設において行われる。

　民事的及び政治的権利の剥奪（47条）は、社会秩序を維持するために、1810年フランス刑法典によって導入されたものであり、ベルギー刑法典にも導入された刑罰である[127]。権利の剥奪は、刑の言渡しを受けた者の新たな犯罪を防止することで社会秩序を維持すると同時に、刑の言渡しを受けた者の個人的な名誉・評判に影響を与え市民としての社会的な地位を著しく侵害することにその目的があるとされてきた[128]。ただ、最近では、権利の剥奪の従来の刑罰目的については、その現代的意義が問題とされるようになってきた。欧州司法裁判所2005年10月6日判決は、選挙権の強制的な剥奪は一定の重大な犯罪の場合にしか認められないと判断した。したがって、法案56条では、言い渡される刑の重さに応じて、権利剥奪の期間を区別している。

　職業の禁止（48条）について、現行刑法では、刑法総則において、法人に適用される規定（刑法7条の2、刑法36条）を除き、職業の禁止に関する一般規定は置かれていない。既に、オランダやフランスでは、職業の禁止を刑罰の一種として位置づけており、職業の禁止に関する一般規定を刑法総則に置くことによって、職業的権利または一定の職業もしくは職務を行う権利を禁止することを独立した刑事制裁と位置づけることが可能となること、刑事裁判官が、犯罪に対する処罰を考慮する際に、犯罪の性質上、職業の禁止という刑罰を検討することができること等の利点がある[129]。

127　Rozie et Vandermeersch avec le concours de De Herdt, Debauche et Taeymans, *Commission de réforme du droit pénal. Proposition d'avant-projet de Livre 1ᵉʳ du Code pénal préc.*, p. 142.

128　*ibid.*

129　Rozie et Vandermeersch avec le concours de De Herdt, Debauche et Taeymans, *Commission de réforme du droit pénal. Proposition d'avant-projet de Livre 1ᵉʳ du*

運転する権利の剥奪（49条）については、現行刑法では付加刑として規定されているが、新刑法典では、運転する権利の剥奪を選択的刑または義務的刑として位置づけている。運転する権利の剥奪は、自動車が犯罪の実行もしくは逃走を確保するために利用されまたは準備されたときには、行為者にこれを命令することができる。禁止の期間は、6月以上5年以下である。自動車の運転が仕事を行う上で必要である者の場合には、運転の権利の剥奪は不相当であるとの批判があることから、必要な場合には、裁判官は職業活動を除いてその剥奪を限定することができる。

居住、場所への立入または接触の禁止（50条）については、現行刑法では、刑法総則に居住または接触の禁止に関する規定は置かれておらず、刑法各則の性犯罪に関する犯罪に関連して規定が置かれている（刑法382条の2）[130]。50条は、刑法382条の2から影響を受けた規定であり、フランス刑法にも総則に同様の規定が置かれており、ベルギーでも刑法総則の中で居住または接触の禁止に関する規定を置く必要があると考えられた。裁判官は、刑の言渡しを受けた者に、1年以上20年以下の期間、裁判官が決定した地区に居住、在住もしくは滞在する権利の禁止または裁判官が指定した者と個人的に接触することの禁止を命じることができる。したがって、特定の場所に居住することや特定の個人と接触することが禁止される以外に、一定の場所に現在することも禁止される。

また、刑罰の多様化を図るために、第7節で有責性を宣告する刑の言渡し（51条）が独自の刑として導入された。有責性を宣告する刑の言渡しは、第2級または第1級の刑として規定されている。没収及び拡大没収を除いて、有責性を宣告する刑の言渡しは他の刑と併科して言い渡すことはできない。

(2) 法人に適用される刑罰

法人に対して予定される刑罰については、第8級から第1級の8階級の刑が定められ、その内実は罰金である。第8級から第3級までの刑は罰金、第2級の刑は罰金、共同体のための給付、保護観察刑及び有責性を宣告する刑の言渡し、第1級の刑は罰金、共同体のための給付、保護観察刑、社会的目

Code pénal préc., p. 144.

272　第1章　ベルギー刑法典第1巻・総則の概要

的に関連する活動の禁止、没収、犯罪から期待されまたは得られた利益に応じて定められた財産刑、施設の閉鎖及び有責性を宣告する刑の言渡し、が定められる。法人に適用される付加刑については、罰金、没収、犯罪から期待されまたは得られた利益に応じて定められた財産刑、社会的目的に関連する活動の実行の禁止、施設の閉鎖、有罪判決の公示、が定められる。共同体のための給付とは、条文で明示された団体のために、法人が一定の給付を行うものであり、法人に対する一種の労働刑に類似する刑と評価することができる。

　法人に適用される特別刑として、共同体のための給付（56条）と社会的目的に関連する活動の実行の禁止（57条）が規定される。

　共同体のための給付（56条）とは、法人に対して定められた刑罰であって、自然人に対する労働刑に類似するものとして考えられたものである。法人が、その同意を得て、共同体のために一定の給付を行う義務を負うことになる[131]。法人が罪を犯すことによって法人のイメージが深刻に毀損されるため、法人が共同体の利益になるような積極的な給付をすることによって、悪化した法人のイメージを回復させることにもつながる。したがって、この刑罰は、法人が給付に同意したときにのみその効果を発するといえる[132]。

　労働刑と同様に、共同体のための給付は、国家、地域、州及びコミューンの公役務の利益のために、または営利目的のない団体もしくは社会的、科学的もしくは文化的目的で設立された財団のために限定して、執行される。

　共同体のための給付の執行は、行刑裁判所に委ねられている。故意　過失による共同体のための給付の全部または一部の不執行の場合は、行刑裁判所は、検察官の請求に基づき、刑の言渡しを受けた者を聴取した後で、刑の言渡しを受けた者が既に執行した共同体のための給付刑の一部を考慮して、予備的罰金刑またはその一部が執行されるかを決定することができる。

130　Art. 382 bis du Code pénal, http://www.ejustice.just.fgov.be/eli/loi/1867/06/08/1867060850/justel

131　Rozie et Vandermeersch avec le concours de De Herdt, Debauche et Taeymans, *Commission de réforme du droit pénal. Proposition d'avant-projet de Livre 1er du Code pénal préc.*, p. 118.

132　*ibid.*

IV　刑罰に関する諸規定の概要　*273*

社会的目的に関連する活動の実行の禁止（57条）について、現行刑法36条は、裁判官が、法人の社会的目的と関連した活動の実行の一時的または終局的な禁止を言い渡すことができる、と規定しているが[133]、57条は現行刑法36条の適用範囲を拡張している。禁止を言い渡す条件は、法人が重罪または軽罪の主体として有罪判決を受けたときであって、公役務の委任と関連する活動は除外されている。

(3)　財産刑の概要

改正法案では、財産刑として、罰金、没収、犯罪から期待されまたは得られた利益に応じて定められた財産刑の3種類の刑が定められる。

罰金については、主刑または付加刑として言い渡すことができる。自然人については、第1級の刑については主刑として、第2級の刑については、軽減事由が認められ第1級の刑が適用される場合には、主刑として罰金を言い渡すことも可能である。また、第8級から第2級の刑については、付加刑として罰金を併科して言い渡すこともできる。罰金額の算定については、自然人についてはその資産力・社会的地位に応じて、法人についてはその資産力・売上高・規模に応じて算定される。罰金額は、刑の階級に応じて定められているが、自然人に対して言い渡すことのできる主刑については200ユーロ以上2万ユーロ以下、付加刑については200ユーロ以上3万5千ユーロ以下である。法人については、第8級から第1級の刑まで、主刑として200ユーロ以上576万ユーロ以下が定められる。なお、付加刑として罰金を言い渡すこともできる。

没収（53条）及び拡大没収（confiscation élargie 54条）については、詳細な規定が設けられている。没収は、事実が立証された場合には、第2級から第8級の刑について言い渡さなければならない付加刑であり、第1級の刑については、主刑としてこれを言い渡すことができる。没収対象物は、第53条§2第1項に、犯罪対象物（1号）、犯罪供用物（2号）、犯罪生成物（3号）、犯罪から生じた財産的利益、財産的利益が代替された財産及び有価証券並びに投資された利益からの収益（4号）、と規定される。不動産の没収

133　Art. 36 du Code pénal, http://www.ejustice.just.fgov.be/eli/loi/1867/06/08/1867060850/justel

についても規定が置かれている。没収できない場合の追徴についても規定が置かれるが、行為者が複数の場合には、没収対象物を自由に処分できる者または司法当局の手が届かないところに置いた者のみが追徴を言い渡される。該当者を確定できない場合には、行為者全員に均等に割り当てた金額が追徴される。また、拡大没収（54条）によって、法律で定める犯罪に由来する物から転換された財産的利益、財産及び有価証券や犯罪から得られた収益等について、それがベルギー国外に現在する場合であっても、一定の手続きを経て、それを金銭的に評価して相当する価額の支払いを言い渡すことができる。

　犯罪から期待されまたは得られた利益に応じて定められた財産刑（55条）は、刑の言渡しを受けた者に、犯罪の実行によって得られた利益または得ることが期待される利益に応じて定められた金額の支払いを命じるために新たに導入された刑罰である。没収においては原状回復が優先されるが、この刑罰については犯罪の収益の剥奪という面に加えて、営利目的での犯罪実行について、獲得した利益の最大3倍の金額の支払いを命じることができる点で、犯罪行為者に経済的打撃を与えるという利点がある。支払うべき金額については、自然人については、その資産力及びその社会的地位に応じて決定され、法人については、その資産力、売上高及びその規模に応じて決定される。

(4)　その他の刑

　その他の刑（第10節）としては、有罪判決の公示、施設の閉鎖、が規定されている。

　有罪判決の公示（58条）については、現行刑法では、法人に対して適用される場合を除き、有罪判決の公示は付加刑として刑法総則の中で規定されていないが[134]、オランダやフランスにならい、新刑法典では刑法総則にこの刑罰を規定することで、法律上の根拠を明示することになった[135]。

134　Rozie et Vandermeersch avec le concours de De Herdt, Debauche et Taeymans, *Commission de réforme du droit pénal. Proposition d'avant-projet de Livre 1ᵉʳ du Code pénal préc.*, p. 145.

135　*ibid.*

施設の閉鎖（59条）については、現行刑法典において、法人に対して科せられる施設の閉鎖（刑法7条の2及び37条）を除いて、刑法総則において施設の閉鎖について一般規定は置かれていない。但し、刑法各則や特別法において施設の閉鎖が刑罰として規定されているところから、明確性を担保するために、フランス等の諸外国に習い刑法総則の中で刑罰として明確に位置づけることになった。施設の閉鎖によって、犯罪の実行を導く行動に類似する行動を禁止することになる。所有権を必要以上に制限しないために、施設の閉鎖に導いた犯罪とは完全に無関係な行動を行うために当該不動産を使用することは許可される。例えば、閉鎖されたカフェを倉庫として利用することは認められる。刑の言渡しを受けた者が自発的に施設を閉鎖しないときには、刑の言渡しを受けた者の費用負担において、検察官が強制的に施設を閉鎖することができる。

⑸　量　刑

第11節・量刑では、累犯（60条）と罪数（61条・62条）が規定される。量刑に関する規定についても、改正草案から大幅な変更はない。

A　累　犯

現行刑法では、累犯に関する規定は刑法54条から57条の2までに置かれている。現行刑法においては累犯の定義は存在しないが、判例・学説では、累犯と認められるための条件として、有罪の確定判決の対象となった犯罪を実行した者であること（他のEU構成国において宣告された有罪判決も同様に取り扱う）、新たな犯罪が存在すること、累犯の状態にあることが法律で定められていること、の3要件が必要とされる[136]。現行刑法の累犯の規定では、重罪刑の後の重罪の累犯（54条）、重罪刑の後の政治犯罪（55条）、重罪刑の後の軽罪（56条1項）、軽罪刑の後の軽罪（56条2項）に区別し、刑法57条は軍事犯罪に関する特別な制度を定めている[137]。また、刑法565条は違警罪の後

---

[136] *Commission de réforme du droit pénal. Proposition d'avant-projet de Livre 1ᵉʳ du Code pénal préc.*, p. 150; Colette-Basecqz et Blaise, op. cit., pp. 497 et s.; Kuty, *Principes généraux du droit pénal belge Tome IV préc.*, pp. 547 et s.

[137] *Commission de réforme du droit pénal. Proposition d'avant-projet de Livre 1ᵉʳ du Code pénal préc.*, p. 150; Colette-Basecqz et Blaise, op. cit., p. 509. Colette-Basecqz et

276 第1章 ベルギー刑法典第1巻・総則の概要

の違警罪の累犯について定めている[138]。多くの場合、累犯加重は選択的なものにとどまり、例外的に義務的な累犯加重を認めている。

現行刑法では、一般的な累犯と特別な累犯を区別している。一般的な累犯とは犯罪の性質を問わず法定の条件を充足すれば累犯とされるが、特別な累犯とは各則において規定され同一の犯罪や同じ性質の罪を犯したときに認められるものである[139]。また、現行刑法では、期間を問わず常に累犯とされる場合（例えば、刑法54条では、重罪を犯した後で再度重罪を犯した場合には常に累犯とされる）と、一定の期間内に新たな犯罪が実行された場合に累犯とされる場合（例えば、刑法56条2項では、先の犯罪から5年経過する前に1年以上の拘禁刑を言い渡された場合に累犯とされる）とが区別されている[140]。

現行刑法の累犯に関する規定には統一性や整合性がなく、従来から累犯加重の正当性をめぐり問題が指摘されてきた[141]。新刑法典では、犯罪の種類によって区別するという立法形式をとらず、累犯の要件として、有罪判決が確定した日から5年を経過せず新たな犯罪が実行されたときには、第1級から第5級の刑については、累犯として1階級上の刑に加重することができるとしている。累犯の要件としては、判決確定の日から5年という期間内を設定して、5年経過前に新たな犯罪が実行された場合に累犯とすること、累犯には1階級重い刑罰を加えることができるとして、累犯加重は選択的に行うことができるとしている。

B 罪 数

罪数については、61条に科刑上一罪が、62条に犯罪競合が規定される。現行刑法では、罪数に関して刑法58条から刑法65条までの規定が置かれてい

Blaise, *op. cit.*, p. 509.

138 Colette-Basecqz et Blaise, *op. cit.*, p. 509.

139 例えば、刑法391条の2（家族の遺棄罪）については、累犯に関する特別な規定が置かれている。この点については、*Commission de réforme du droit pénal. Proposition d'avant-projet de Livre 1ᵉʳ du Code pénal préc.*, p. 151; Colette-Basecqz et Blaise, *op. cit.*, p. 509を参照。

140 *Commission de réforme du droit pénal. Proposition d'avant-projet de Livre 1ᵉʳ du Code pénal préc.*, p. 151.

141 *ibid.*

る[142]。犯罪の競合については、従来から、観念的競合と実在的競合とが区別されてきた[143]。ただ、犯罪競合に関する規定については、裁判が同時に行われた場合とそうでない場合とに応じて、細かく規定され、実務的にも複雑になっている点が、これまでの刑法改正議論において指摘されてきた[144]。今回の改正では、特に、犯罪の実質的競合と連続犯・集合犯に関する諸規定はもはや意味がないことを考慮して、罪数処理の単純化を図っている。

現行刑法65条1項は、「一つの行為が複数の犯罪を構成するとき、または、同一裁判官に同時に委ねられた異なる犯罪が同一の犯罪意思の連続しかつ継続した外部的な表明であるときには、最も重い刑のみが言い渡される。」と規定している[145]。この規定は観念的競合[146]及び連続犯・集合犯の場合には、一罪として最も重い刑を科すことを示しており、いわゆる科刑上一罪を定義している[147]。また、連続犯・集合犯については65条2項に定めがある[148]。連続犯・集合犯の刑の決定においては、当該犯罪に対して過去に言い渡された刑を考慮しなければならないとしている。過去に言い渡された刑が犯罪全体の制裁として相当であると思われる場合には、裁判官は新たな刑を言い渡すことはせず、有責性の宣告のみを行う。既に言い渡された刑では不相当であると判断されたときには、補充的に新たな刑を言い渡すが、言い渡された刑の合計が、最も重い刑の上限を超えることはできない[149]。

---

[142]　Art. 58 à art. 65 du Code pénal, http://www.ejustice.just.fgov.be/eli/loi/1867/06/08/1867060850/juste. 詳細については、Kuty, *Principes généraux du droit pénal belge Tome IV préc.*, pp. 889 et s.

[143]　Colette-Basecqz et Blaise, *op. cit.*, pp. 513 et s.

[144]　この点については、Rozie et Vandermeersch avec le concours de De Herdt, Debauche et Taeymans, *Commission de réforme du droit pénal. Proposition d'avant-projet de Livre 1er du Code pénal préc.*, p. 156を参照。

[145]　Art. 65 al. 1 du Code pénal, http://www.ejustice.just.fgov.be/eli/loi/1867/06/08/1867060850/justel

[146]　観念的競合の概念については、Kuty, *Principes généraux du droit pénal belge Tome IV préc.*, pp. 934 et s. を参照。

[147]　Rozie et Vandermeersch avec le concours de De Herdt, Debauche et Taeymans, *Commission de réforme du droit pénal. Proposition d'avant-projet de Livre 1er du Code pénal préc.*, p. 156; Colette-Basecqz et Blaise, *op. cit.*, pp. 390 et s. を参照。

[148]　この点については、Kuty, *Principes généraux du droit pénal belge Tome IV préc.*, pp. 941 et s. を参照。

[149]　Art. 65 al. 2 du Code pénal, http://www.ejustice.just.fgov.be/eli/loi

278　第1章　ベルギー刑法典第1巻・総則の概要

　新刑法典61条は、「一個の行為が複数の犯罪を構成するときには、主刑は最も重い刑の階級に応じて決定される。付加刑は法律が定める範囲内で併科される。」と規定し、同時的に裁判を受ける連続犯・集合犯を除き、科刑上一罪のうちいわゆる観念的競合（concours idéal）について定めている[150]。同条は、〈concours constitué d'un seul fait〉という文言で表されており、直訳すれば「一罪を構成する競合」となるが、その意味するところをとらえて、「科刑上一罪」と訳出しておく。観念的競合の場合には、最も重い刑を科すが、付加刑については併科も可能である。例えば、第3級の刑で処罰される犯罪と第2級の犯罪で処罰される犯罪とが一罪となると評価された場合、最も重い第3級の刑が科されることになる[151]。

　現行刑法では、実質的競合（concours matériel）[152]の場合は次のように処理されている。第1級の刑の場合は、労働刑の場合（上限は300時間とされるので）を除き、併科に制限はない（刑法62条）。一または複数の第6級から第2級と一または複数の第1級の競合の場合、併科は可能であるが、長期の2倍を超えることはできず、かつ、禁錮刑の場合は20年を超えることはできず、または、労働刑の場合は300時間を超えることができないという制限がある（刑法45条）。複数の第6級から第2級の刑の競合の場合も、併科は可能であるが、長期の2倍を超えることはできず、かつ、禁錮刑の場合は20年を超えることはできず、または、労働刑の場合は300時間を超えることができないという制限がある（刑法60条）。

　第8級・第7級の刑と一もしくは複数の第6級から第2級の刑または一もしくは複数の第1級の刑の競合の場合、吸収主義をとり重罪刑のみが言い渡される（刑法61条）。複数の第8級・第7級の刑の競合の場合、吸収主義をとり最も重い刑のみが宣告されるが、有期懲役または15年以上20年以下の禁

/1867/06/08/1867060850/justel

150　Rozie et Vandermeersch avec le concours de De Herdt, Debauche et Taeymans, *Commission de réforme du droit pénal. Proposition d'avant-projet de Livre 1ᵉʳ du Code pénal préc.*, p. 158を参照。

151　*ibid.*

152　実質的競合の概念については、Kuty, *Principes généraux du droit pénal belge Tome IV préc.*, pp. 901 et s. を参照。

IV　刑罰に関する諸規定の概要　　*279*

錮もしくはその期間以下の場合には、刑の長期に５年加重することができる（刑法62条）。没収は併科が可能である（刑法64条）[153]。

　改正草案では、連続犯、集合犯、実質的競合（concours matériel）の場合には、通常の処理がなされていた。すなわち、１つの主刑に付加刑を併科することが可能という処理が基本的であるが、軽罪刑の階級の中で加重することも可能であった。但し、自由刑の選択は最後の手段であるという新刑法典の原則に照らして、自由刑のみを加重することはできない。したがって、この場合には、累犯の場合と同様に、一つ重い階級の刑を科すことが現実的に可能な選択であった[154]。

　一罪として処理されない犯罪競合（concours constitué de plusieurs faits）については62条に規定される。62条§１は、確定判決を経ていない複数の犯罪行為から生じた複数の犯罪を犯罪競合と定義する。犯罪競合の場合の刑の処断については62条§２以下に規定される。

　犯罪競合となる犯罪の一つが第７級または第８級の刑で処断されるときには、付加刑を除き、最も重い刑を科し、その他の刑は最も重い刑に吸収される（62条§２）。第８級及び第７級の刑の場合については、吸収主義をとり、付加刑を除き、最も重い刑を科すことになる。その他の場合、複数の行為が一体として裁判されるときは、主刑として最も重いレベルの刑を科す。但し、主刑として一つ重い階級の主刑を加重することもできるが、第６級または第１級の場合には、刑の加重はできない。適用できる刑が第１級の刑であったときには、異なった主刑を併科して科すことができる（65条§３第１項）。第６級の刑について階級を一段階加重すれば、重罪刑と軽罪刑との区別はなくなったとはいえ、本質的には第６級の刑（軽罪刑）から第７級以上の刑（重罪刑）に刑の性格が変更されてしまうことになるので、第６級の刑の加重はできないことになる。また、自由刑（拘禁刑）は最後の手段であることが原則であるので、自由刑（拘禁刑）がそもそも選択可能な刑として規

153　Colette-Basecqz et Blaise, *op. cit.*, pp. 522 et s.

154　Rozie et Vandermeersch avec le concours de De Herdt, Debauche et Taeymans, *Commission de réforme du droit pénal. Proposition d'avant-projet de Livre 1ᵉʳ du Code pénal préc.*, pp. 158 et s. を参照。

280 第1章 ベルギー刑法典第1巻・総則の概要

定されていない第1級の刑を自由刑（拘禁刑）が選択可能な第2級の刑に1階級加重することはできないことが説明できる[155]。

　複数の犯罪が同時に裁判されない場合の処理についても問題となる。現行刑法では、言い渡された刑の合計が最も重い刑の上限を超えることができないとする原則があるが、新刑法典では、刑の各階級において多種多様な刑が規定されているので、最も重い量刑について難しい問題が生じることになる。そこで、新刑法典では、最後に裁判に関与した下級審裁判官は、量刑に際して、最初に言い渡された刑を考慮する、また、言い渡した刑は、現在の刑の階級において最も重い主刑を超えることはできない、とする。例えば、同時に裁判されない2つの犯罪がそれぞれ第2級の刑（拘禁刑を選択すれば、6月以上3年以下となる）で処断される場合、第2の裁判官は量刑に際して、第1の裁判官が3年の拘禁刑を言い渡していたことを考慮しても、2年の拘禁刑を言い渡すことは可能である。この場合、合計すれば5年の拘禁刑となり第3級の刑（3年以上5年以下の拘禁刑）となる。しかしながら、この場合、2つの犯罪が同時に裁判されていた場合（原則的には、最も重い主刑が選択されることになる場合）よりも重く処罰されてしまうとすれば、量刑において不均衡が生じることになるので、これを避けるために、新刑法典では、「いかなる場合も、最初に言い渡された刑と後で言い渡された刑の全体は、同時的に裁判が行われた場合に定める刑の上限を超えることはできない。」との制限を設けている（62条§3第2項）[156]。

　具体的には以下のように処理される。なお、以下の事例は改正草案の解説において示されていた事例であるが、改正法案・新刑法典では、拘禁刑の階級（レベル）について修正が加えられているので、それに対応させている。

〔事例1〕第2級の刑で処罰される2つの犯罪が競合し同時的に裁判された場合、長期5年の拘禁刑を言い渡すことができる（第2級の拘禁刑（6月以上

---

155 Rozie et Vandermeersch avec le concours de De Herdt, Debauche et Taeymans, *Commission de réforme du droit pénal. Proposition d'avant-projet de Livre 1er du Code pénal préc.*, p. 159.

156 Rozie et Vandermeersch avec le concours de De Herdt, Debauche et Taeymans, *Commission de réforme du droit pénal. Proposition d'avant-projet de Livre 1er du Code pénal préc.*, p. 159.

IV　刑罰に関する諸規定の概要　　*281*

3年以下）を1階級上（第3級）の拘禁刑（3年以上5年以下））に加重する）。
同時的に裁判されない場合を想定し、第1の裁判官が300時間の労働刑を言い渡していた場合、第2の裁判官は長期3年の拘禁刑を言い渡すことができる。第1の裁判官が長期3年の拘禁刑を言い渡していた場合、第2の裁判官は300時間の労働刑または長期2年の拘禁刑を言い渡すことができる[157]。

〔事例2〕第3級の刑で処罰される2つの犯罪が競合し同時的に裁判された場合、長期10年の拘禁刑を言い渡すことができる（第3級の拘禁刑（3年以上5年以下）を1階級上の第4級の拘禁刑（5年以上10年以下）に加重する）。同時的に裁判されない場合を想定し、第1の裁判官が5年の拘禁刑を言い渡していた場合、同時的に裁判された場合の拘禁刑の長期10年を超えることはできないので、第2の裁判官は長期5年の拘禁刑または300時間の労働刑を言い渡すことができる[158]。

〔事例3〕第1級の刑で処罰される2つの犯罪が競合し同時的に裁判された場合、1階級上の刑に加重することはできないが、第1級の主刑を併科することはできる。同時的に裁判されない場合、最後に裁判に関与した下級審裁判官は、量刑に際して、最初に言い渡された刑を考慮しなければならない。第1の裁判官がある主刑の上限を言い渡していた場合、同時的に裁判された場合の刑の上限より重くならないように考慮して、第2の裁判官はその他の主刑を選択して併科することになる[159]。

〔事例4〕第6級の軽罪の競合に関係する場合、裁判官は最初に言い渡された刑を考慮しなければならないという原則を想起することが重要である。同時的に裁判されない事案で、第6級の主刑には加重できないことから、第1の裁判官が長期20年の拘禁刑を言い渡していた場合、第2の裁判官は付加刑を言い渡すことしかできない。第1の裁判官が20年を少しだけ下回る拘禁刑を言い渡していた場合、第2の裁判官は最初に言い渡された判決を考慮しなければならないので、労働刑を選択したとしても長期300時間の労働刑を言

---

157 Rozie et Vandermeersch avec le concours de De Herdt, Debauche et Taeymans, *Commission de réforme du droit pénal. Proposition d'avant-projet de Livre 1er du Code pénal préc.*, p. 161.

158 *ibid.*

159 *ibid.*

い渡すことはできない[160]。

　最後に訴訟を受理した裁判官が犯罪競合の関係を知らずに裁判を行ったときには、行刑裁判所は、犯罪の競合に関する規定に従って、刑の全体を減軽する（62条§4）。

　犯罪の競合について、付加刑については併科主義が原則である。重要な点は、付加刑について併科主義をとっていることが、付加刑の選択について影響しないということである。付加刑が選択可能であるときには、裁判官が付加刑を選択するか否かを判断する。付加刑が義務的である場合には、付加刑を併科して宣告することになる。付加刑の併科については法律で定める制限を遵守する必要がある。49条が定める運転する権利の剥奪という付加刑について、禁止期間の上限は5年である。したがって、複数の付加刑である運転する権利の剥奪が言い渡され併科される場合には、5年の上限を超えることはできない[161]。

(6)　刑の執行猶予

　第11節・刑の量定では刑の執行猶予を規定する（65条）。現行刑法では、有罪の宣告の停止及び通常の執行猶予または保護観察付き執行猶予の処分は、停止、執行猶予及び保護観察に関する1964年6月29日法律等の特別法によって定められている[162]。保護観察については、既に2014年の刑法改正において保護観察刑が導入されたことで強化が実現され、前述したように、法案においても、保護観察刑は維持されている。有罪宣告の停止という処分については、その必要性が議論されてきた。そこで、改正草案では、有罪の宣告の停止処分は採用されなかった。この処分の機能は、保護観察刑と有責性を宣告する有罪判決で代替されると考えられたからである[163]。

160　*ibid.*

161　Rozie et Vandermeersch avec le concours de De Herdt, Debauche et Taeymans, *Commission de réforme du droit pénal. Proposition d'avant-projet de Livre 1er du Code pénal préc.*, p. 162.

162　Rozie et Vandermeersch avec le concours de De Herdt, Debauche et Taeymans, *Commission de réforme du droit pénal. Proposition d'avant-projet de Livre 1er du Code pénal préc.*, p. 162; 1964年6月29日法律については、Kuty, *Principes généraux du droit pénal belge Tome IV préc.*, pp. 989 et s. を参照。

163　Rozie et Vandermeersch avec le concours de De Herdt, Debauche et Taeymans,

IV　刑罰に関する諸規定の概要　*283*

　新刑法典65条では、第３級の刑すなわち５年以下の拘禁刑に対して、裁判官は、その全部または一部の期間の執行を猶予することができるとする。執行猶予の対象とはならない刑罰は、没収、電子監視刑、保護観察刑、労働刑、自由剥奪下の治療、延長された追跡調査等である。執行猶予の対象は５年以下の拘禁刑であるので、論理的に付加刑も対象とはならない。

　現行刑法では、電子監視刑、労働刑、保護観察刑の適用とは異なり、執行猶予を付与するのか否かの判断に際して、対象者の前科、具体的にはベルギー及び他のEU構成国で３年以上の有罪判決を受けていないこと、が考慮されてきた[164]。しかしながら、対象者の前科を執行猶予の付与に際して考慮することは、現状では必ずしも正当化されるものではない[165]。例えば、未成年のときに３年６月の拘禁刑を言い渡された者が、その後は全く犯罪とは無関係に生活していたが、15年後に道交法違反で訴追された場合、現行の規定では執行猶予を付すことができないことになる。あるいは、同一人物が2015年に軽罪で訴追された場合、裁判官は、３年の拘禁刑でその一部（例えば１年６月）の執行を猶予するという判決を言い渡すことができず、同一の犯罪事実に対して、保護観察刑、電子監視刑、労働刑であれば言い渡すことができることになる。過去の前科が執行猶予付与の障害とされれば、裁判官は、厳しすぎる実刑を選択するか、軽すぎる保護観察刑等の他の刑を選択するか、ということになり、このような状況は、刑法改正の目的にも反することになる。したがって、新刑法典65条では、対象者の過去の前科に関係なく執行猶予を付すことができようにしている[166]。

　執行猶予の期間についても統一が図られ、新刑法典では、１年以上５年以下とされる（65条§1第３項）。

　保護観察付きの執行猶予の制度も維持され、遵守する条件として、①犯罪

　　Commission de réforme du droit pénal. Proposition d'avant-projet de Livre 1er du Code pénal préc., p. 163.

164　*ibid.*

165　*ibid.*

166　この点については、Rozie et Vandermeersch avec le concours de De Herdt, Debauche et Taeymans, *Commission de réforme du droit pénal. Proposition d'avant-projet de Livre 1er du Code pénal préc.*, p. 164-165を参照。

284　第1章　ベルギー刑法典第1巻・総則の概要

を実行しないこと、②定まった住所を有すること、住所を変更する場合、直ちに、ガイダンスを担当する共同体の管轄部局に新しい自宅住所を通知すること、③行刑裁判所の召喚、場合によっては、ガイダンスを担当する共同体の管轄部局の召喚に応じること、の3条件が提示されている（65条§2第2項）[167]。また、保護観察の条件に、教育、職業訓練または通院治療を受けるという条件を含むことができる（65条§2第3項）。保護観察の態様の変更等については行刑裁判所が決定する。さらに、保護観察処分の執行方式及び保護観察処分の監督については、各共同体と協議の上、王令によって決定される[168]。

執行猶予の取消事由については、①既判事項の確定力を有した判決において、保護観察期間中に、新たに実行された犯罪が、執行猶予が付かない18月以上の拘禁刑で処断されることが確認されたとき、②既判事項の確定力を有した判決において、保護観察期間中に、新たに実行された犯罪が、執行猶予が付かない18月未満の拘禁刑で処断されることが確認されたとき、③課せられた保護観察の条件の著しい遵守違反がある場合、が挙げられる（65条§4）。

執行猶予の取消の判断は、行刑裁判所が行う。行刑裁判所は、検察官から求められた取消の請求を裁定する。保護観察の条件の著しい遵守違反を理由とする取消の請求は、遅くとも行猶予期間の満了した年のうちに、提起されなければならない。管轄裁判所が事件を受理した日から起算して1年が経過した後で、請求は時効にかかる[169]。

(7)　その他の諸規定

第5章・民事的諸規定及び保安処分、第6章・刑の消滅及び時効並びに民事判決の消滅及び時効、第7章・諸規定を定める。

167　Rozie et Vandermeersch avec le concours de De Herdt, Debauche et Taeymans, *Commission de réforme du droit pénal. Proposition d'avant-projet de Livre 1er du Code pénal préc.*, p. 165.

168　Rozie et Vandermeersch avec le concours de De Herdt, Debauche et Taeymans, *Commission de réforme du droit pénal. Proposition d'avant-projet de Livre 1er du Code pénal préc.*, p. 166.

169　Rozie et Vandermeersch avec le concours de De Herdt, Debauche et Taeymans, *Commission de réforme du droit pénal. Proposition d'avant-projet de Livre 1er du Code pénal préc.*, p. 166.

Ⅳ　刑罰に関する諸規定の概要　*285*

　第5章・民事的諸規定及び保安処分について、財産刑支払いの民事責任（66条）については、草案では例外を認める余地が残されていたが[170]、法案の規定では、例外が削除され、他者に対する財産刑の支払いについて民事責任を負うことはないことが確認された。

　原状回復及び損害賠償（67条）にいては、現行刑法に規定が存在せず、判例によって認められてきたが、明確な規定が設けられた[171]。

　連帯責任（68条）については、同一の犯罪事実刑の言渡しを受けた者は連帯して原状回復及び損害賠償の責任を負う。この規定は、現行刑法第50条とその解釈に関する判例実務を踏まえたものである。同一の判決によって刑の言渡しを受けた者もまた連帯して原状回復及び損害賠償の責任を負うが、免除が認められる場合もある。

　原状回復及び損害賠償がまず優先され、次に訴訟費用の支払いが優先され、罰金・その他の財産刑の支払いの順序で優先されることが明記される（69条）。

　保安処分としての没収（70条）は、改正草案・改正法案では没収の規定の中で定められていたが、物の所持が公序、公共の安全、公衆衛生、良俗に反する場合には、対象物を破壊し、または没収することを定める。物の所有権の有無、被告人が無罪となるかまたは死亡する場合、行為者が不明の場合、公訴が消滅した場合であっても、破壊・没収を命じることができる。

　法人の解散（71条）については、可罰的な活動の実行を目的として、法人の設立目的が意図的に変更されたときには、法人に対して解散を言い渡すことができるが、公法人に対しては解散を言い渡すことはできない。

　第6章・刑及び民事判決の消滅並びに時効については、刑の消滅事由として、刑の言渡しを受けた者の死を明示する。なお、法人の場合には、法人の解散は刑の消滅事由とはならない（73条）[172]。また、刑の時効に関する現行

170　改正草案の概要については、末道・前掲「ベルギー刑法改正の動向―刑法改正草案第1編の検討（2）」251頁以下参照。

171　末道・前掲「ベルギー刑法改正の動向―刑法改正草案第1編の検討（2）」252頁参照。

172　改正草案69条について、法人が解散した場合も同様であると訳出していたが、これは誤りであり、法人の解散は刑の消滅事由にはならないとされていた。この点は訂正する。末道・前掲「ベルギー刑法改正の動向―刑法改正草案第1編の検討（1）」152頁参照。

286　第1章　ベルギー刑法典第1巻・総則の概要

【自然人に適用される主刑一覧（Ch. Guillant et D. Scalia, *La réforme du Livre 1ᵉʳ du Code pénal belge préc.*, p. 166の図表を参照し、新刑法典の規定に合わせて修正を加えた。）】

刑の階級	自由刑	代替刑	軽減事由が認められる場合
第8級	無期拘禁刑または18年以上20年以下の自由剥奪下の治療		第7級・第6級・第5級・第4級・第3級の刑を適用
第7級	20年以上30年以下の拘禁刑または16年以上18年以下の自由拘束下の治療		第6級・第5級・第4級・第3級の刑を適用
第6級	15年以上20年以下の拘禁刑または11年以上16年以下の自由剥奪下の治療		第5級・第4級・第3級・第2級の刑を適用
第5級	10年以上15年以下の拘禁刑または6年以上11年以下の自由剥奪下の治療		第4級・第3級・第2級の刑を適用
第4級	5年以上10年以下の拘禁刑または4年以上6年以下の自由剥奪下の治療		第3級・第2級の刑を適用
第3級	3年以上5年以下の拘禁刑または2年以上4年以下の自由剥奪下に治療		第2級の刑・第1級の刑
第2級	6月以上3年以下の拘禁刑または6月以上2年以下の自由剥奪下の治療	電子監視刑（1月以上1年以下） 労働刑（120時間以上300時間以下） 保護観察刑（12月以上2年以下） 有責性を宣告する刑の言渡し	第1級の刑
第1級		200ユーロ以上2万ユーロ以下の罰金 労働刑（20時間以上120時間以下） 保護観察刑（6月以上12月以下） 没収・拡大没収 犯罪から期待されまたは得られた利益に応じて定められた財産刑 有責性を宣告する刑の言渡し	主刑として言い渡される付加刑

刑法の規定（91条から98条）[173]が、刑法改正において求められた「正確性」、「一貫性」、「単純性」という原則に適合していないとして、現行刑法の規定には修正が加えられている。なお、民事判決の時効（75条）については、現行刑法第99条の文言をそのまま継承している[174]。

　第7章・諸規定については、他のEU構成国（加盟国）において宣告された判決の効力（76条）、特別法への刑法典第1巻及び第2巻の規定の適用（77条）、刑の階級を定めていない特別法における刑の階級の転換及び決定（78条）、を定める。

V　おわりに——比較法的視点からの若干の考察

　ベルギー新刑法典総則の概要について紹介したが、比較法的な視点から若干の検討を加えたい。刑法総則の規定を概観すると、犯罪論の部分については、これまでの判例・学説を整理し、犯罪（犯罪行為）と犯罪行為者という枠組みで、犯罪（犯罪行為）の部分では犯罪構成要件、未遂犯、正当化事由を、犯罪行為者の部分では、正犯と共犯、有責性阻却事由、無答責事由を規定している。犯罪（犯罪行為）と犯罪行為者とに区別する体系は、フランスを中心にフランス語圏の刑法学においては、最近では比較的広く支持されている体系である。フランスやベルギーでは伝統的に犯罪論については、法律的要素、客観的要素、主観的要素に三分して検討するという見解が有力であったが、犯罪成立要件としての主観的要素（élément moral）が、犯罪行為の主観的構成要素であるのか、それとも責任概念を包含する概念であるのか、という点が論者によっては明確ではない部分もあった。最近では、このような三分説にとらわれず様々な見解が主張されている[175]。例えば、フラン

173　刑の時効の詳細については、Kuty, *Principes généraux du droit pénal belge Tome IV préc.*, pp. 1088 et s. を参照。

174　この点については、Rozie et Vandermeersch avec le concours de De Herdt, Debauche et Taeymans, *Commission de réforme du droit pénal. Proposition d'avant projet de Livre 1ᵉʳ du Code pénal préc.*, p. 172を参照。

175　フランスの犯罪論体系については、末道・前掲「フランス刑法の現状と欧州刑法の展望」14頁以下を参照。

288 　第1章　ベルギー刑法典第1巻・総則の概要

スでは、Pradel は、犯罪論について、犯罪の構成要素と犯罪の主体（すなわち犯罪行為者）に分類し、犯罪の構成要素の部分で正当化事由と犯罪構成要素を、犯罪行為者の部分で刑事責任、正犯・共犯、犯罪被害者を検討している[176]。Pin は、犯罪論において、ドイツ刑法学に倣い構成要件概念と同様の〈fait typique[177]〉概念を用いて犯罪体系論を構築しており、犯罪行為（構成要件該当性・違法性）と犯罪行為の帰責性（責任）という体系をとる[178]。また、ベルギーにおいても、浩瀚なベルギー刑法総則の体系書を執筆している Kuty は、第2巻を犯罪行為に、第3巻を犯罪行為者に割り当て、第2巻では犯罪成立要件（客観的犯罪成立要件・主観的犯罪成立要件）、正当化事由、未遂犯を中心に、第3巻では責任と正犯と共犯を中心に検討している[179]。

　フランス刑法典では、犯罪論に関する規定をまとめて第2編・刑事責任（responsabilité pénale）に置き、第1章・一般規定（通則）として、個人行為責任の原則、法人の刑事責任、故意・過失、未遂犯、正犯・共犯を規定し、第2章・無答責事由（causes d'irresponsabilité pénale）または責任軽減事由（causes d'atténuation de la responsabilité）として、法の命令・許可、正当防衛、緊急避難等の正当化事由と、責任無能力・限定責任能力、不可抗力・強制、法の錯誤、刑事未成年という責任阻却事由とをまとめて規定していることからも明らかなように、フランスでは違法性論が犯罪論体系において明確に位置づけられていないが[180]、違法性の実質論は正当化事由と関連して議論されている。〈責任（responsabilité）〉という概念は、〈有責性（culpabilité）〉

176　J. Pradel, *Droit pénal général 21ᵉ éd.*, Cujas, 2016, pp. 257 et s. を参照。

177　スイスのフランス語圏刑法学では〈typicité〉という用語が構成要件該当性を意味する概念として用いられている（J. Hurtado Pozo, *Droit pénal Partie générale Nouvelle édition refondue et augmentée*, Schulthess, 2008, pp. 151 et s.）。

178　X. Pin, *Droit pénal général 10ᵉ éd.*, Dalloz, 2019, pp. 161 et s. を参照。なお、Pin は、違法性を犯罪成立要件の一つとして明確に位置づけている（Pin, *op. cit.*, pp. 219 et s.）。

179　F. Futy, *Principes généraux de droit pénal belge Tome II : l'infraction pénale*, Larcier, 2010, *Tome III : l'auteur de l infraction pénale*, Larcier, 2012.

180　この問題については、末道康之「フランス刑法と違法性の概念」南山法学39巻3・4号（2016）227頁以下を参照。フランス刑法における正当化事由と責任阻却事由については、島岡まな・井上宜裕・末道康之・浦中千佳男『フランス刑事法入門』（法律文化社・2019）第4章・不処罰事由［井上宜裕］47頁以下を参照。

V おわりに——比較法的視点からの若干の考察　*289*

とも〈答責性・帰責性（imputabilité）〉とも区別されるが、刑事責任を問う
には、行為者が faute を犯し非難が可能であるという有責性（culpabilité）
と、行為者に認識と自由な意思があることで行為を行為者に帰責できるとい
う答責性・帰責性（imputabilité）が必要である。フランスでは、民法上の
〈faute〉の概念が、客観的要素（行為の違法性）と主観的要素（行為の有責
性）の二要素を包摂していると理解されており[181]、刑法上も〈faute〉の概
念の中に故意行為・過失行為による違法性という概念が包摂されていると理
解すれば、刑事責任という概念が違法性と責任とを含む広い概念として認識
されていると考えられる[182]。

　ベルギー刑法では、フランス刑法と同様に、一般的に構成要件概念を用い
て犯罪論体系を構成することはないが、新刑法典では、犯罪構成要素として
客観的要素と主観的要素を充足すれば、犯罪構成要素を充足し原則として違
法性が推定されることが明示されている。正当化事由に該当する事情があれ
ば違法性が阻却されることになる。犯罪行為者の部分では、有責性阻却事由
と無答責事由とを区別して規定しているが、いずれも責任阻却事由に該当す
るものであり、有責性阻却事由と無答責事由とに二分することについては批
判もある。どのような犯罪論の体系をとるかは別として、犯罪論の中心的な
概念として、行為が違法であり、違法行為について行為者に帰責できるとい
う、違法性と有責性の評価が置かれていることは明らかである。この点で
は、フランス刑法学における違法性と責任との関係性よりは犯罪体系論とし
ては明確であると思われる[183]。

　刑罰論については、自由刑を中心とする旧来の刑罰体系から、多様な刑罰
体系への流れが加速されたものとなっている。刑罰については、犯罪行為の
重大性に応じて、第8級から第1級の刑を定めている。自由刑についても懲
役が廃止され、拘禁刑に統一された。さらに、責任能力が減弱している者に
対する自由剥奪下の治療が自由刑として整備された。また、ベルギーでは既

---

[181]　末道・前掲「フランス刑法と違法性の概念」234頁を参照。

[182]　この点については、末道・前掲「フランス刑法と違法性の概念」259頁を参照。

[183]　フランス刑法学における違法性の概念については、末道・前掲「フランス刑法と違
　　法性の概念」227頁以下を参照。

に、6月以下の短期自由刑が実質的には廃止され、自由刑の代替刑として、労働刑、電子監視刑、保護観察刑等多様な刑罰が導入されているが、この点を徹底し、自由刑は最後の手段であり、まずは、比較的軽微な犯罪類型については、自由刑の代替刑や財産刑の適用が優先されることが明示されている。ベルギーでは、従来から法人の刑事責任が認められており、改正法案においても新たに設けられた刑罰を含み法人に適用される刑罰が明示されている。我が国の現行刑法典では、主刑として、死刑、懲役、禁錮、罰金、拘留、科料、付加刑として没収のみが定められている。死刑、自由刑、罰金刑、没収という旧来の刑罰のみで構成されるわが国の刑事制裁の在り方については、検討が必要であろう。EUでは死刑は廃止されているが、国際的な批判を受けながらも死刑制度を維持している点については、改めて議論をする必要がある。また、刑事施設における受刑者の高齢化という問題が提起される中で、再犯を防止し、犯罪者の社会復帰を促進するためには、個々の犯罪者に最適な処遇を考える必要があろう。その意味でも、ベルギーをはじめとするEU諸国においては、刑罰の多様化が図られており、わが国においても自由刑の代替刑を充実させることは重要な課題である。

　最後に、ベルギーでは、刑罰と保安処分の二元制がとられているが、保安処分については特別法で規定されているため、改正法案においては、保安拘禁に関する規定は置かれていない。限定責任能力者には、自由剥奪下の治療という自由剥奪刑を科すことで対応することが可能である。EU諸国では、フランスにおいても、2008年法改正によって保安監置・保安監視という保安処分が刑事訴訟法の中に導入され[184]、保安処分の制度が整備されている。わが国では、心神喪失または心神耗弱の状態で重大な犯罪を行った触法精神障害者については、心神喪失者等医療観察法の導入で抜本的な解決が図られたが、保安処分導入の必要性については、比較法的な視点も含めて、偏見なく検討をしておく必要があると思われる。

184　フランスの保安処分については、末道・前掲「フランス刑法の現状と欧州刑法の展望」186頁以下を参照。

第2章　ベルギー刑法における
性犯罪規定全面改正の概要

I　はじめに

　ベルギーでは、刑法の全面改正の作業が進行しており、連邦議会で新刑法典の法案審議が行われている[1]。その中にあっても、司法大臣は、政府として、性犯罪に関する刑法の改正は喫緊の課題であると表明し、刑法の全面改正と同時並行して、新刑法典が施行される以前に、性犯罪に関する刑法改正を実現する意思を示した[2]。

　性犯罪法に関する刑法改正法案は2021年7月19日に連邦議会に提出され[3]、コンセイユ・デ・タ（国務院）による2度の法案審査を経て、連邦議会における審議の結果、2022年3月21日に成立し、同月30日にベルギー官報に公布され、同年6月1日に施行された[4]。今回の改正で、第2巻「犯罪及び刑罰　各則」第8編「人に対する重罪及び軽罪」第1／1章「性的完全性、性的自己決定及び良俗を侵害する罪」として整備された。

　改正前の刑法典では、性犯罪は、第7編「家族の秩序及び公共の道徳に対する罪」に定められていた。第7編には、性犯罪以外に、堕胎罪、子供の出生の不告知罪、重婚罪、家族の遺棄罪及び強制婚姻罪が定められている。1867年に刑法典が制定された当時は、性犯罪は性的道徳や性風俗に対する罪

1　ベルギー刑法典の全面改正の動向については、末道康之「ベルギー刑法典改正法案第1編・刑法総則の概要」南山法学44巻2号（2021）159頁以下、同「ベルギー刑法改正の動向—刑法改正草案第1編の検討(1)(2・完)」南山法学41巻1号（2017）115頁以下、41巻2号（2018）213頁以下を参照。

2　この点については、Projet de loi modifiant le Code pénal en ce qui concerne le droit pénal sexuel, *Doc. parl. Ch. repr.*, 2020-2021, n° 55-2141/001, Exposé des motifs, pp. 4 et s. を参照。

3　*Doc. parl. Ch. repr.*, 2020-2021, n° 55-2141/001, p. 2.

4　Th. Henrion, *La réforme du droit pénal sexuel*, Anthemis, 2022, pp. 13を参照。本書は、今回の性犯罪に関する刑法改正を紹介した文献である。著者は、ナミュール第1審裁判所判事である。

と位置づけられ、個々人の性的自由よりも、ブルジョワ階級の家族の平和・平穏を保護する必要性があったと考えられる。したがって、当時は性犯罪が性的自己決定を侵害する罪とは考えられていなかったことは明らかである。現在では、性犯罪の保護法益は性的自己決定・性的完全性であると理解されているため、性犯罪が第7編に規定されていること自体が社会の実情と整合しないと批判され、性犯罪を個人的法益である性的自由に対する罪と位置づける必要性があった[5]。2019年に公表された刑法典改正法案（刑法改正委員会法案）においては、性犯罪は、第2巻「犯罪及び刑罰 各則」第2編「人に対する重罪及び軽罪」第3章「性的完全性、性的自己決定及び良俗を侵害する罪」に定められている[6]。今回の改正は、刑法典改正法案の性犯罪に関する規定に基づき、改正案が作成された[7]。その他、同時に、売春に関する規定についても改正された。

　今回の性犯罪に関する刑法改正も、基本的には、このような考え方に立って、性犯罪を、個人的法益に対する罪と位置づけ、性的完全性及び性的自己決定に対する罪として再構成した。そのため、性犯罪に共通する概念として、同意の概念が明示的に規定されている。

　本稿では、全面的に改正されたベルギーの性犯罪に関する規定を紹介し、その概要について比較刑法の視点から、詳細に検討したいと考える。なお、2024年2月29日に刑法典第1巻及び第2巻を導入する法律（La loi introduisant le Livre I er et le Livre II du Code pénal）が成立し、2024年4月8日に官報に公示された[8]。新刑法典は、2年後の2026年4月8日に施行される。改正された性犯罪に関する規定は、新刑法典第2巻「犯罪及び刑罰 各側」、第3編「人に対する罪」、第3章「性的完全性、性的自己決定及び良俗を侵害する罪」として規定される。また、売春に関連する諸規定は、同第2巻「犯罪及び刑罰 各側」、第7編「人の尊厳及び被害者の脆弱な状態の濫用の罪」として規定さ

5　Henrion, *op. cit.*, 14.

6　J. Rozie, D. Vandermeersch et J. De Herdt avec le concours de M. Debauche et M. Taeymans, *Un nouveau Code pénal pour le futur? La proposition de la commission de réforme de droit pénal*, La Charte, 2019, pp. 40 et s. et pp. 232 et s.

7　Exposé des motifs *préc.*, pp. 5 et s.

8　*Loi introduisant le livre II du Code pénal*, Moniteur belge 2024/002088.

II　性的完全性、性的自己決定及び良俗を侵害する罪　　*293*

れる。なお、新刑法典に対応する修正等については、【　】内で明示する。

II　性的完全性、性的自己決定及び良俗を侵害する罪

1　性的完全性侵害罪、窃視・盗撮等罪、性的コンテンツの不同意拡散罪及び不同意性交罪（強姦罪）

第417/5条（新刑法典第132条）　性的自己決定に関する同意の定義

① 同意は、それが自由に与えられたことを前提とする。同意は、事案の状況に照らして評価される。被害者の抵抗がなかったことだけをもって、同意が導き出されうるものではない。性的行為の前またはその間のいつの時点でも、同意を撤回することができる。

② 性的行為が、特に、自由な意思を変質させるような、恐怖下の状況、アルコール、麻薬、向精神薬もしくは同様の効果を有するその他一切の物質の影響下、病気または身体障害の状態に起因する被害者の脆弱性という事情に乗じて実行されたときには、同意は認められない。

③ いずれにしても、性的行為が、脅迫、物理的もしくは心理的暴行、強制、不意打ち、策略またはその他一切の可罰的な行動に起因するときには、同意は認められない。

④ いずれにしても、意識のないまたは昏睡している被害者を犠牲にして、性的行為が実行されたときには、同意は認められない。

第417/6条（新刑法典第133条）　未成年者の同意能力の制限

§1　第2パラグラフ（§2）を除いて、16歳未満の未成年者は、自由に同意を表明することができるとはみなされない。

§2

① 14歳以上16歳未満の未成年者は、他者との年齢差が3年を超えることがない場合には、自由に同意をすることができる。

② 相互の同意をもって行動する14歳以上の未成年者の間では、その年齢差が3年を超えるときには、犯罪は成立しない。

§3　次に掲げる場合には、未成年者は自由に同意を表明することができるとは決してみなされない。

　　1号　行為者が、直系尊属の血族もしくは姻族、養親、三親等までの傍系の血族もしくは姻族、家族内で同様の立場にあるその他のすべての者、または日常的にもしくは一時的に未成年者と同居しかつ未成年者のへの権限を有するすべての者、である場合、

　　2号　行為者として、未成年者への信頼、権限または影響が認められる立場を利用することによって、行為を行うことが可能となった場合、

　　3号　行為が、「売春目的での未成年者の性的搾取」と題された、第2節第2款において対象とされる淫行行為または売春行為とみなされる場合。

第417/7条（新刑法典第134条）　性的完全性の侵害

　　① 性的完全性の侵害とは、同意をしていない第三者と共にまたはその協力なしに、同意をしていない者に対して性的行為を行うこと、または同意をしていない者に性的行為を行わせることである。本罪は、6月以上5年以下の拘禁刑【第3級の刑】に処する。

　　② 同意をしていない者を性的行為または性的虐待に関与させる行為は、たとえその者が当該行為に参加することがなかったとしても、性的完全性の侵害とみなされる。

　　③ 実行行為を開始したときから、侵害が認められる。

第417/8条（新刑法典第135条）　窃視・盗撮等

　　① 窃視・盗撮とは、人が裸になるかまたは明らかな性的行動をおこなっているとき、かつ、人が私生活への侵害がないと合理的に考えられる状況にあるときに、人の同意なくまたはその知らないうちに、直接的にまたは技術的もしくはその他の方法により、人を観察（窃視）しもしくは観察（窃視）させる、または人の録画もしくは録音を行うもしくは行わせることである。

　　② 裸になる人とは、その同意なくまたは知らないうちに、その者が観察をされていること、または録画もしくは録音の対象となっていた

II　性的完全性、性的自己決定及び良俗を侵害する罪　*295*

ことを知っていたとすれば、性的完全性を理由として、隠されていた体の一部を露出する者をいう。

③　本罪は、6月以上5年以下の拘禁刑【第3級の刑】に処する。

④　実行行為を開始したときから、窃視・盗撮が認められる。

第417/9条（新刑法典第137条）　性的な内容の不同意拡散等

①　性的な内容の同意のない拡散とは、たとえその者が録画・録音を行うことに同意をしていたとしても、同意なくまたは知らないうちに、裸になる者もしくは明らかな性的行為を行っている者の録画または録音した内容を見せる、アクセス可能とする、または拡散することである。

②　本罪は、6月以上5年以下の拘禁刑【第3級の刑】に処する。

③　実行行為を開始したときから、性的な内容の同意のない拡散が認められる。

第417/10条（新刑法典第138条）　悪意によるまたは営利の目的での性的な内容の不同意拡散等

①　悪意によるまたは営利の目的での性的な内容の同意のない拡散とは、たとえその者が録画・録音を行うことに同意をしていたとしても、同意なくまたは知らないうちに、悪意をもってまたは営利の目的で、裸になる者もしくは明らかな性的行為を行っている者の録画または録音した内容を見せる、アクセス可能とする、または拡散することである。

②　本罪は、1年以上5年以下の拘禁刑及び200ユーロ以上10,000ユーロ以下の罰金【第3級の刑】に処する。

③　実行行為を開始したときから、悪意によるまたは営利の目的での性的な内容の同意のない拡散が認められる。

第417/11条（新刑法典第139条）　不同意性交罪（強姦罪）

①　不同意性交（強姦）とは、同意をしていない者に対してまたは同意

296 第2章 ベルギー刑法における性犯罪規定全面改正の概要

をしていない者の協力を伴って実行された、性質の如何を問わない、及び手段の如何を問わない、性的挿入からなるまたは構成される行為をいう。

② 本罪は、10年以上15年以下の懲役【第4級の刑】に処する。

第417/12条（新刑法典第139条） 不同意性的行為致死

同意のない性的行為が死を惹起したとき、行為者に殺意がない場合には、次に掲げるように処する。

1号 性的完全性への侵害は、20年以上30年以下の懲役【第7級の刑】に処する。

2号 不同意性交（強姦）は、20年以上30年以下の懲役【第7級の刑】に処する。

第417/13条（新刑法典第140条） 拷問、監禁もしくは著しい暴行の後のまたはそれを伴う不同意性的行為

拷問、監禁もしくは著しい暴行の後のまたはそれを伴った不同意の性的行為は、身体の傷害、すなわち4月以上の期間の個人的な労働不能、不治と思われる疾病、臓器もしくは身体的な機能の完全な喪失、著しい身体損傷または妊娠中絶を惹起する健康への侵害を伴うときには、次に掲げるように処する。

1号 性的完全性への侵害は、15年以上20年以下の懲役【第5級の刑】に処する。

2号 不同意性交（強姦）は、15年以上20年以下の懲役【第5級の刑】に処する。

第417/14条（新刑法典第141条） 武器もしくは武器に類似する物による脅迫のもとで、または抑制物質もしくは非抑制物質の投与後に実行された不同意性的行為

武器もしくは武器に類似する物による脅迫のもとで、または抑制物質もしくは非抑制物質の投与後に実行された不同意の性的行為は、次に掲げるように処する。

Ⅱ　性的完全性、性的自己決定及び良俗を侵害する罪　　*297*

１号　性的完全性への侵害は、15年以上20年以下の懲役【第５級の刑】に処する。

２号　不同意性交（強姦）は、15年以上20年以下の懲役【第５級の刑】に処する。

第417/15条（新刑法典第142条）　脆弱な状態にある者を犠牲にして実行された不同意性的行為

年齢、妊娠、病気または身体的もしくは精神的な障害を理由として脆弱である者を犠牲にして実行された同意のない性的行為は、その脆弱性が明らかであった、またはその脆弱性を行為者が認識していたときには、次に掲げるように処する。

１号　性的完全性の侵害は、15年以上20年以下の懲役【第５級の刑】に処する。

２号　窃視・盗撮は、10年以上15年以下の懲役【第４級の刑】に処する。

３号　性的な内容の合意のない拡散は、15年以上20年以下の懲役【第５級の刑】に処する。

４号　悪意によるまたは営利の目的での性的な内容の不同意拡散は、15年以上20年以下の懲役及び200ユーロ以上10.000ユーロ以下の罰金【第５級の刑】に処する。

５号　不同意性交（強姦）は、20年以上30年以下の懲役【第６級の刑】に処する。

第417/16条（新刑法典第143条）　16歳未満の未成年者を犠牲にして実行された不同意性的行為

16歳未満の未成年者を犠牲にして実行された不同意の性的行為は、次に掲げるように処する。

１号　性的完全性の侵害は、15年以上20年以下の懲役【第５級の刑】に処する。

２号　窃視・盗撮は、10年以上15年以下の懲役【第４級の刑】に処する。

３号　性的な内容の合意のない拡散は、15年以上20年以下の懲役【第５級

298　第 2 章　ベルギー刑法における性犯罪規定全面改正の概要

の刑】に処する。

　4 号　悪意によるまたは営利の目的での性的な内容の不同意拡散は、15年
以上20年以下の懲役及び200ユーロ以上10.000ユーロ以下の罰金【第 5 級
の刑】に処する。

　5 号　不同意性交（強姦）は、20年以上30年以下の懲役【第 6 級の刑】に
処する。

第417/17条（新刑法典第144条）　16歳以上の未成年者を犠牲にして実行され
た不同意性的行為

　16歳以上の未成年者を犠牲にして実行された同意のない性的行為は、次に
掲げるように処する。

　1 号　性的完全性の侵害は、10年以上15年以下の懲役【第 4 級の刑】に処
する。

　2 号　窃視・盗撮は、 5 年以上10年以下の懲役【第 3 級の刑】に処する。

　3 号　性的な内容の合意のない拡散は、10年以上15年以下の懲役【第 4 級
の刑】に処する。

　4 号　悪意によるまたは営利の目的での性的な内容の不同意拡散は、10年
以上15年以下の懲役及び200ユーロ以上10.000ユーロ以下の罰金【第 4 級
の刑】に処する。

　5 号　不同意性交（強姦）は、15年以上20年以下の懲役【第 5 級の刑】に
処する。

第417/18条（新刑法典第145条）　近親姦

　　①　近親姦とは、直系尊属の血族もしくは姻族、三親等までの傍系の血
　　族もしくは姻族または前述した者の家族内で同様の立場にあるその
　　他のすべての者によって、未成年者を犠牲にして実行された性的行
　　為をいう。

　　②　近親姦は、次に掲げるように処する。

　1 号　性的完全性の侵害は、15年以上20年以下の懲役【第 5 級の刑】に処
する。

II 性的完全性、性的自己決定及び良俗を侵害する罪　*299*

2号　窃視・盗撮は、10年以上15年以下の懲役【第4級の刑】に処する。

3号　性的な内容の合意のない拡散は、15年以上20年以下の懲役【第5級の刑】に処する。

4号　悪意によるまたは営利の目的での性的な内容の不同意拡散は、15年以上20年以下の懲役及び200ユーロ以上10.000ユーロ以下の罰金【第5級の刑】に処する。

 5号　不同意性交（強姦）は、20年以上30年以下の懲役【第6級の刑】に処する。

③ 血族とは、養親、養子及び養親の親族をいう。【新刑法典では削除】

第417/19条（新刑法典第146条）　家庭内の不同意性的行為

① 家庭内の同意のない性的行為とは、直系の尊属もしくは卑属の血族もしくは姻族、三親等までの傍系の血族もしくは姻族または前述した者の家族内で同様の立場にあるパートナーもしくはその他のすべての者によって実行された同意のない性的行為をいう。

② 家庭内の不同意性的行為は、次に掲げるように処する。

1号　性的完全性の侵害は、10年以上15年以下の懲役【第4級の刑】に処する。

2号　窃視・盗撮は、5年以上10年以下の懲役【第3級の刑】に処する。

3号　性的な内容の合意のない拡散は、10年以上15年以下の懲役【第4級の刑】に処する。

4号　悪意によるまたは営利の目的での性的な内容の不同意拡散は、10年以上15年以下の懲役及び200ユーロ以上10.000ユーロ以下の罰金【第4級の刑】に処する。

5号　不同意性交（強姦）は、15年以上20年以下の懲役【第5級の刑】に処する。

③「パートナー」とは、被害者の配偶者または被害者と安定した親密な感情的及び肉体的な関係を維持している者、並びに、犯罪行為が、解消された婚姻または終了した関係と関連がある場合には、被害者

の配偶者であった者または被害者と安定した親密な感情的及び肉体的な関係を維持していた者をいう。【新刑法典では削除】

第417/20条（新刑法典第147条）　差別的な動機を伴い実行された不同意性的行為

① 不同意の性的行為の動機が、いわゆる人種、肌の色、祖先、出身国もしくは民族的な出自、国籍、性別、妊娠、出産、親族、性別の変更、性自認、性の表現、性的指向、戸籍、家柄、年齢、資産、宗教的もしくは哲学的な信条、健康状態、障害、言語、政治的信条、組合的な信条、肉体的もしくは遺伝的な特性、または社会的な素性及び階層を理由とする、人に対する憎悪、軽蔑または敵意であり、その特性が行為者によって現実的なまたは単に想定された方法で表れたときには、次に掲げるように処する。【第29条に定める差別的動機を伴い実行された不同意性的行為は、次に掲げるように処する。】

1号　性的完全性の侵害は、10年以上15年以下の懲役【第4級の刑】に処する。

2号　窃視・盗撮は、5年以上10年以下の懲役【第3級の刑】に処する。

3号　性的な内容の合意のない拡散は、10年以上15年以下の懲役【第4級の刑】に処する。

4号　悪意によるまたは営利の目的での性的な内容の不同意拡散は、10年以上15年以下の懲役及び200ユーロ以上10.000ユーロ以下の罰金【第4級の刑】に処する。

5号　不同意性交（強姦）は、15年以上20年以下の懲役【第5級の刑】に処する。

② 行為者の動機が、前項で示された【第29条で示された】現実のもしくは想定される一または複数の特性に対する憎悪、軽蔑または敵意を抱いた人と被害者との間の関係または想定される関係にあるときには、同一の刑を科する。

Ⅱ　性的完全性、性的自己決定及び良俗を侵害する罪　*301*

第417/21条（新刑法典第148条）　被害者に対して権限を及ぼす、または信頼を与える立場にある者によって実行された不同意性的行為

　被害者に対して信頼を与え、権限を及ぼし、または影響を与える立場にある者によって実行された不同意性的行為は、次に掲げるように処する。

　　1号　性的完全性の侵害は、10年以上15年以下の懲役【第4級の刑】に処する。

　　2号　窃視・盗撮は、5年以上10年以下の懲役【第3級の刑】に処する。

　　3号　性的な内容の合意のない拡散は、10年以上15年以下の懲役【第4級の刑】に処する。

　　4号　悪意によるまたは営利の目的での性的な内容の不同意拡散は、10年以上15年以下の懲役及び200ユーロ以上10.000ユーロ以下の罰金【第4級の刑】に処する。

　　5号　不同意性交（強姦）は、15年以上20年以下の懲役【第5級の刑】に処する。

第417/22条（新刑法典第149条）　一もしくは複数の者の協力を得て、またはその面前で、実行された不同意性的行為

　一もしくは複数の者の協力を得て、またはその面前で、実行された不同意の性的行為は、次に掲げるように処する。

　　1号　性的完全性の侵害は、10年以上15年以下の懲役【第4級の刑】に処する。

　　2号　窃視・盗撮は、5年以上10年以下の懲役【第3級の刑】に処する。

　　3号　性的な内容の合意のない拡散は、10年以上15年以下の懲役【第4級の刑】に処する。

　　4号　悪意によるまたは営利の目的での性的な内容の不同意拡散は、10年以上15年以下の懲役及び200ユーロ以上10.000ユーロ以下の罰金【第4級の刑】に処する。

　　5号　不同意性交（強姦）は、15年以上20年以下の懲役【第5級の刑】に処する。

302　第 2 章　ベルギー刑法における性犯罪規定全面改正の概要

第417/23条（新刑法典第150条）　加重要因

　刑または処分の選択及びその量定に際して、不同意の性的行為を構成する事実について、裁判官は特別に次の事実を考慮する。

—行為者が、被害者の三親等までの傍系の親族または被害者の三親等までの直系もしくは傍系の姻族であり、被害者への権限を有する、被害者を監護する、または被害者と一時的もしくは日常的に同居するもしくは同居していた。

—公務を担っている者によって、その職務の執行に際して、犯罪が実行された。

—医師またはその他の医療従事者によって、その職務の執行に際して、犯罪が実行された。

—犯罪が10歳未満の未成年者に対して実行された。

—犯罪が16歳未満の未成年者に対して実行された、及び、本節で対象とされた行為を後に実行する目的で、行為者が、犯罪に先行して16歳未満の未成年者に接近した。

—犯罪が未成年者の面前で実行された。

—犯罪が文化、慣習、伝統、宗教またはいわゆる名誉の名のもとで実行された。

⑴　性的自己決定に関する同意

ⅰ　性的自己決定に関する同意の定義

　今回の性犯罪の改正前の刑法典では、被害者の同意に関する一般的な定義規定は存在しなかった。そこで、従来から、被害者の同意に関する定義規定の創設が検討されてきた。刑法典改正法案131条では、同意の定義が置かれており、同条 1 項は417/5条 1 項と同一の規定である[9]。なお、新刑法典では、132条に規定される。

　強姦罪[10]、強制わいせつ罪、その他の性犯罪の保護法益について、判例・

9　Rozie, Vandermeersch et De Herdt avec le concours de Debauche et Taeymans, *op. cit.*, p. 40. なお、性犯罪規定の改正法案趣旨と条文の解説については、同書232頁以下を参照。

10　従来、「viol」は強姦（罪）または強制性交（罪）と訳出されていたが、改正後の「viol」は、同意を得ない性的挿入行為を処罰の対象としていることから、改正後の

II 性的完全性、性的自己決定及び良俗を侵害する罪　　*303*

学説では、被害者の性的完全性や性的自由・性的自己決定であると理解されてきた[11]。したがって、被害者の同意がないことが性犯罪の成立要件として重要であることが認識されてきた。

　従来の強姦罪については、375条１項では、性質及び手段は問わず、被害者の同意を得ないで行われた性的挿入行為を強姦として規定し、同２項では、性的挿入行為が、暴行、強制もしくは策略によって強いられたとき、または、性的挿入行為が、被害者の肉体的・身体的もしくは精神的な障害を理由として行われたときには、被害者の同意がない、と規定していた[12]。また、2016年の改正後の成人に対する強制わいせつ罪（373条１項）については、わいせつ行為が、暴行、脅迫、不意打ちもしくは策略によって行われたとき、または、被害者の肉体的・身体的もしくは精神的な障害・欠陥を理由として可能となった場合を処罰していた[13]。2016年の改正以前は、強制わいせつの手段として暴行・脅迫のみが規定されており、手段が限定されていたことが批判され、2016年の改正では、強姦罪と同様に、暴行・脅迫以外の手段が追加された。判例実務においても、強制わいせつ罪の成立には、被害者の同意がないことが重要であることが認識されるようになり、強制わいせつの手段として暴行・脅迫のみが規定されていることには批判が加えられ、暴行・脅迫以外の手段も解釈論として認められてきた[14]。2016年の改正では、強制わいせつ罪の成立においても、被害者の同意がないことが重要な要件であり、被害者の同意がないことを立証するための根拠として、暴行・脅迫以外の上記の手段が追加されたことになる。

　性犯罪の保護法益が被害者の性的完全性・性的自己決定であるという理解に立てば、性犯罪の本質は、被害者の同意を得ずに行われた性的行為という

「viol」については不同意性交（強姦）（罪）と訳出する。

11　末道康之「ベルギー刑法における性犯罪規定改正の動向─強制わいせつ罪の改正及び窃視・盗撮罪の新設をめぐって」南山法学42巻１号（2018）80頁参照。

12　末道康之「強姦罪をめぐる比較法的考察─フランス刑法及びベルギー刑法における強姦罪の解釈をめぐって」南山法学40巻２号（2017）135頁参照。

13　末道・前掲「ベルギー刑法における性犯罪規定改正の動向─強制わいせつ罪の改正及び窃視・盗撮罪の新設をめぐって」83頁参照。

14　末道・前掲「ベルギー刑法における性犯罪規定改正の動向─強制わいせつ罪の改正及び窃視・盗撮罪の新設をめぐって」81頁以下参照。

304 第2章 ベルギー刑法における性犯罪規定全面改正の概要

ことになる。今回の改正によって、刑法典に、被害者の同意の定義規定が新たに設けられた（417/5条）。同意のない性的行為を処罰することは、女性に対する暴力及びドメスティック・バイオレンスの予防に関する欧州評議会条約（イスタンブール条約）36条を根拠にしている[15]。

　同意の態様については、口頭であっても、それ以外の態様であってもかまわない[16]。また、被害者が抵抗しなかったことをもって、同意があるとはみなされないことが明示された。抵抗しなかったことが、性的行為に同意したのではなく、恐怖下で抵抗できなかった、いわゆる「tonic immobility（擬死状態）」（避けることができない危険に対して意思とはかかわりなく生じる反応）に起因することがあるからである[17]。したがって、裁判官は、行為者が被害

---

[15] Article 36–Violence sexuelle, y compris le viol

  1　Les Parties prennent les mesures législatives ou autres nécessaires pour ériger en infraction pénale, lorsqu'ils sont commis intentionnellement:

    a　la pénétration vaginale, anale ou orale non consentie, à caractère sexuel, du corps d'autrui avec toute partie du corps ou avec un objet;

    b　les autres actes à caractère sexuel non consentis sur autrui;

    c　le fait de contraindre autrui à se livrer à des actes à caractère sexuel non consentis avec un tiers.

  2　Le consentement doit être donné volontairement comme résultat de la volonté libre de la personne considérée dans le contexte des circonstances environnantes.

  3　Les Parties prennent les mesures législatives ou autres nécessaires pour que les dispositions du paragraphe 1 s'appliquent également à des actes commis contre les anciens ou actuels conjoints ou partenaires, conformément à leur droit interne.

第36条　不同意性交等（強姦）を含む性暴力

  1　当事者は、次に掲げる行為が意図的に実行されたときには、刑法犯とするために、立法的またはその他の必要な措置をとる。

    a　その他の身体の一部もしくは道具を用いて他人の身体に対する、同意のない、膣、肛門または口腔内への性的性質を有する挿入行為、

    b　他人に対する同意のないその他一切の性的行為、

    c　他人を第三者との同意のない性的行為に従事するよう強制する行為。

  2　同意とは、周囲の事情という背景の下で、考慮された者の自由な意思の結果として、任意に与えられなければならない。

  3　当事者は、パラグラフ1（§1）の規定が、国内法に従って、過去もしくは現在の配偶者またはパートナーに対して実行された行為にもまた適用されるために、立法的またはその他の必要な措置をとる。

なお、本条約を紹介した文献として、森秀勲「欧州評議会イスタンブール条約—DV及び女性に対する暴力への対応—」立法と調査425号（2020）28頁以下がある。

[16] Henrion, *op. cit.*, p. 18; Rozie, Vandermeersch et De Herdt avec le concours de Debauche et Taeymans, *op. cit.*, p. 236.

Ⅱ　性的完全性、性的自己決定及び良俗を侵害する罪　　*305*

者を強制する状況を作り出していないか、被害者が強制される状況を利用していないかを判断し、被害者が自由な意思で同意を与えることができる状況にあったかを検討することになる[18]。

417/5条では、同意がない場合として、恐怖下にある、アルコール・麻薬・向精神薬等の影響下にある、被害者が病気・身体障害の状況にあること等に起因する被害者の脆弱性を利用する場合（同条2項）、性的行為が、脅迫、物理的もしくは心理的暴行、強制、不意打ち、策略またはその他一切の可罰的な行動に起因するとき（同条3項）、意識のないまたは昏睡している被害者を犠牲にして、性的行為が実行されたとき（同条4項）、が規定されている。

暴行とは、被害者に対する有形力の行使をいうが、被害者に暴力が加えられる必要はなく、被害者に対する物理的な強制で足りる[19]。暴行は、性的行為と同時に加えられることもあるし、性的行為の実行前に行われてもかまわない[20]。脅迫とは、何らかの害悪の告知によって被害者を畏怖させ、行為者の意思に従わせることである[21]。不意打ちは、暴行とみなされてきた概念であり、行為者の行動によって、被害者が、時間があれば抵抗できたかもしれないが、物理的に免れることができない想定外でかつみだらな行為に従わざるを得ない状況を創出することである[22]。策略とは、人工的な手段を用いることであり、婦人科医に成りすましたりする場合である[23]。2016年法による刑法改正で、強制わいせつ罪の手段として、従来の暴行・脅迫以外に、不意打ち、策略等が追加されており[24]、強姦罪、強制わいせつ罪及びその他の性犯罪の手段の同一化が図られた。今回の改正においても、性的行為が、暴

17　Henrion, *op. cit.*, pp. 18 et s.; Rozie, Vandermeersch et De Herdt avec le concours de Debauche et Taeymans, *op. cit.*, pp. 236 et s.

18　Henrion, *op. cit.*, p. 19.

19　Henrion, *op. cit.*, p. 16.

20　*ibid.*

21　Henrion, *op. cit.*, p. 17.

22　Henrion, *op. cit.*, p. 16.

23　Henrion, *op. cit.*, p. 17.

24　この点については、末道・前掲「ベルギー刑法における性犯罪規定改正の動向―強制わいせつ罪の改正及び窃視・盗撮罪の新設をめぐって」83頁以下を参照。

行、脅迫、不意打ち、策略等の手段を伴う場合には、同意がない性的行為に該当することが明示されている。

　また、今回の改正では、アルコール・麻薬・向精神薬等の影響下や被害者の精神的な障害等に起因する被害者の脆弱性に乗じた性的行為についても、同意がない場合に該当することが明示された。

　立法理由書では、417/5条に列挙される同意がないとみなされる事情は、制限列挙ではなく、自由意思を失わせる事情を例示的に列挙しているにすぎないと説明されている[25]。

　同意がないことの立証責任については、挙証責任が転換され、性犯罪においては同意がないことが推定されることになるが、同意があったことを立証する責任は常に被告人にあるとすることは、行き過ぎであると説明されている[26]。被告人には公平な裁判を受ける権利が保障され、及び無罪推定の原則が保障されているので、挙証責任が完全に転換されたとすることは、無罪推定の原則に反することになるからである。同意がないことを立証するために、事前の文書による同意の存在や、性的行為が開始される前に、被害者が口頭による同意を示していたことを証人が確認することまでを求めているわけではない[27]。

ⅱ　未成年者の同意年齢

　未成年者の同意年齢について、これまでも議論の対象となってきた[28]。自由に性的行為に同意できる年齢は何歳かという点については、諸外国では性犯罪に共通する一定の年齢を定めるという方法がとられてきたが、ベルギー刑法では、犯罪によって同意年齢を区別するという方法がとられてきた。1867年の刑法典では、同意ができる年齢を14歳以上と定めたが、1912年5月15日法律による改正によって、強制わいせつ罪についての同意年齢を16歳以上と定めた[29]。これ以降、強姦罪の同意年齢は14歳以上であるのに対して、

---

[25]　Exposé des motifs *préc.*, p. 18.

[26]　Exposé des motifs *préc.*, p. 20.

[27]　*ibid.*

[28]　Exposé des motifs *préc.*, pp. 11 et s.; Rozie, Vandermeersch et De Herdt avec le concours de Debauche et Taeymans, *op. cit.*, pp. 233 et s.

[29]　Exposé des motifs *préc.*, p. 11; Rozie, Vandermeersch et De Herdt avec le concours

強制わいせつ罪の同意年齢は16歳以上となり、犯罪によって同意年齢が異なるという状況が続いてきた[30]。改正前の刑法では、16歳未満の未成年者に対して（暴行・脅迫を手段とせずに）わいせつ行為をすることを処罰し、16歳以上の未成年者に対して暴行・脅迫を手段とせずにわいせつ行為をしても処罰の対象とはならなかった。このように同意年齢が異なることについて、強姦罪では性交（挿入行為）の同意年齢は14歳以上であるのに、性交に至らないわいせつ行為（身体を触られる等）については16歳までは同意できないとするのは、明らかに整合性を欠いているという批判が加えられてきた。隣国のフランスでは、同意年齢は15歳と定められている[31]。

　今回の改正においても、基本的には、未成年者の同意年齢は16歳と定め、16歳未満の未成年者は自由に性的行為について同意をすることはできないと定める（417/6条§1）。但し、例外も認められる。14歳以上16歳未満の未成年者については、性的行為の相手方との年齢差が3歳を超えない場合には、性的行為への同意が認められる（417/6条§2第1項）。したがって、立法者は、14歳以上の未成年者については、年齢差が3歳を超えないという一定の条件のもとで、性的行為への同意を認めたことになる。さらに、14歳以上の未成年者間での性的行為については、対象者の年齢差が3歳を超えるときには、相互に同意をして性的行為を行った場合には、犯罪とはならないと定めている（417/6条§2第2項）。

　また、18歳未満の未成年者に対する近親姦についても、自由に同意ができない場合として、処罰規定が設けられた（417/6条§3第1号）。さらに、行為者が未成年者に対して、信頼、権限または影響が認められる立場にある場

---

de Debauche et Taeymans, *op. cit.*, p. 233.

30　Henrion, *op. cit.*, p. 21.

31　性的攻撃罪（刑法222-22-1条）、強姦罪（刑法222-23-1条）を参照。なお、最近のフランスの性犯罪に関する詳細な研究として、東條明徳「フランスの強姦罪・性的攻撃罪の処罰範囲」樋口亮介・深町晋也編著『性犯罪規定の比較法研究』（成文堂・2020）669頁以下がある。フランスの強姦罪（刑法222-23条）については、2021年4月21日法律の改正によって口淫行為に関する文言が追加され、「他人の身体に対してもしくは行為者の身体に対して、暴行、強制、脅迫もしくは不意打ちによって行う、その性質を問わずすべての性的挿入行（pénétration sexuelle）またはすべての口淫行為（bucco-génital）は、強姦とする。」と規定された。

合（具体的には、行為者が教師、神父、医師、ソーシャルワーカー等である場合）にも、自由に同意ができない場合として定められる（同2号）[32]。「売春目的での未成年者の搾取」として対象とされる淫行行為または売春行為とみなされる場合も、自由に同意ができない場合と推定され、この推定は反証を許さない推定である（同3号）。

　16歳未満の未成年者の性的完全性を保護するという観点から、性犯罪において、16歳未満の未成年者は自由かつ任意に性的行為について同意をすることはできないという推定は反証を許さない推定であると解される。異性間性交においても、同性間性交においても、反証を許さない推定という点では同じである。行為者から、免責を得るために、16歳未満であることを認識していなかったという主張がなされることがあるが、年齢についての錯誤について、錯誤が避けられたかどうかという点が判例実務でも問題となることがある。見た目が16歳以上に見えたとか、成人限定の飲食店に頻繁に出入りしていたとか、被害者自身が16歳以上であると嘘をついていたような場合には、錯誤が避けられなかったという主張が否定されることが多い[33]。

(2)　基本となる犯罪

　今回の改正において、従来の強制わいせつ罪、強姦罪、窃視・盗撮等罪等の基本となる犯罪については、成人年齢や犯罪成立要件等について調和・統一を図るということが重視されている。また、処罰の対象となる性的行為については、前述したイスタンブール条約36条が規定する3類型について、条約加盟国は国内法として処罰規定を設けることが義務づけられている。具体的には、①身体の一部もしくは物を用いた、性的性格を有する、同意のない、他人の身体への膣内性交（挿入）、肛門性交（挿入）または口腔性交（挿入）、②他人に対する同意のないその他の性的行為、③第三者と性的行為を行うように他人を強制する行為、を処罰することが求められている。

i　性的完全性侵害罪

　従来の強制わいせつ罪は、現代の社会に適用できない犯罪類型であるとされ、批判されてきた[34]。今回の改正において、強制わいせつ罪は廃止され、

---

32 Henrion, *op. cit.*, p. 23.
33 Henrion, *op. cit.*, p. 22.

「性的完全性の侵害罪（l'atteinte à l'intégrité sexuelle）」が新設された。従来から、強制わいせつ（attentat à la pudeur）概念については、その概念が曖昧で明確ではなく、現代の社会には適合していないと批判されてきた[35]。処罰の対象となる行為を明確化するため、これまでの判例実務の定義を参照し、「性的完全性の侵害罪」とは、同意をしていない者に対するまたは同意をしていない者を利用した一切の性的行為と定義される。具体的には、同意をしていない者（被害者）に対して性的行為を行うこと、または同意をしていない者（被害者）に行為者本人または第三者に対して性的行為を行わせること、及び、例えば、マスターベーションを命じられるような、第三者の介入によって、被害者が自らに行う同意のない性的行為である[36]。同様に、性的目的で、同意をしていない者に、たとえその者が参加しないとしても、性的な行動に立ち会わせることも、性的完全性の侵害とみなされる[37]。また、被害者に遠隔から性的行為を行わせる行為も、性的完全性の侵害に該当する。

性的完全性の侵害罪の未遂は処罰されない。旧強制わいせつ罪の未遂も処罰されなかったが、性的完全性の侵害罪は、その実行行為が開始された時点で犯罪は成立すると解されるからである。

ii 不同意性交罪（強姦罪）

不同意性交罪（強姦罪 viol）[38]は、性質や手段がいかなるものであっても、同意をしていない者に対して行われる一切の性的挿入行為（性交等）を処罰する。不同意性交罪（強姦罪）の未遂は処罰される。

不同意性交罪（強姦罪）の成立には、まず、性的挿入行為（性交等）が必要である。すなわち、行為者が被害者の体内に侵入することが必要である。被害者の性別は問わない。男性も女性と同様に、不同意性交罪（強姦罪）の

---

34 Henrion, *op. cit.*, p. 24; Rozie, Vandermeersch et De Herdt avec le concours de Debauche et Taeymans, *op. cit.*, pp. 241 et s.

35 *ibid.*

36 Exposé des motifs *préc.*, p. 26.

37 Exposé des motifs *préc.*, p. 27.

38 「viol」について、今回の改正で、不同意の性的挿入行為であることが明確化されたので、「不同意性交罪（強姦罪）」と訳出する。

客体となる。異性間の性交であっても、同性間の性交であってもかまわない。挿入が完全であるか否かは問わない。但し、被害者は生存している人であることが必要であって、死者に対する性的挿入は認められない[39]。したがって、動物性交や死姦は、公然性の要件を充足した場合に、公然わいせつ罪での処罰の対象となりうる[40]。

性的挿入行為（性交等）の性質及び方法の如何は問わない。性的挿入行為は、女性の膣内への性交であっても、肛門性交であっても、口腔性交であってもかまわない。被害者が性的挿入行為（性交等）の主体である場合に、不同意性交罪（強姦罪）が成立しうるかという点については議論が残されている[41]。また、不同意性交罪（強姦罪）の成立には、行為者が、性的行為の際に、性器の挿入を実現することまでは求められておらず、被害者の性的部位の内部に精液が放出されることも求められてはいない[42]。指等の性器以外の他の身体の部位や特定の道具を利用する場合でも処罰の対象となるが、少なくとも、挿入は、性器（膣、肛門、口腔）に対して行われることが必要である[43]。何故なら、指を被害者の耳の穴に挿入したとしても、不同意性交（強姦）に該当するとは考えられないからである。性的欲求を充足するために、乳幼児の口腔内に無理やり乳房を挿入する行為は、一定の条件下では、不同意性交（強姦）の該当することもありうる[44]。

不同意性交（強姦）は、被害者の同意がなく行われることが必要であり、その動機の如何は問わない。したがって、拷問するために、暴行を加えて、被収容者の肛門に歯ブラシを挿入する行為も不同意性交（強姦）に該当する[45]。不同意性交（強姦）の手段として、暴行、脅迫、強制、不意打ち、策略等が用いられる場合は、被害者の同意がない場合に該当する。被害者の身体的・精神的な脆弱性に乗じて不同意性交（強姦）が実行される場合も、被

39　Henrion, *op. cit.*, p. 28.

40　*ibid.*

41　*ibid.*

42　*ibid.*

43　Henrion, *op. cit.*, pp. 28 et s.

44　Henrion, *op. cit.*, p. 29.

45　*ibid.*

害者の同意がない場合に該当する。

今回の改正によって、不同意性交罪（強姦罪）の成立範囲が拡張され、性的挿入行為が「同意をしていない者の協力を伴って」実行された場合が追加された。同意をしていない者の協力を伴うとは、被害者が道具のように利用される場合を意味するので、被害者に自慰行為をするように命令する、被害者に他人に対して性的挿入（性交）をするよう命令する場合がこれに該当する。したがって、遠隔からの不同意性交罪（強姦罪）の処罰も可能となる[46]。

改正後の不同意性交罪（強姦罪）の規定によって、従来の規定では処罰することができなかった事案についても、処罰の対象とすることが可能となった。従来の規定では、犯罪の成立には、被害者への男性器などの挿入行為が必要であり、同意のない被害者の男性を脅迫して女性が自分の性器に被害者の男性器を挿入させた場合、厳密には不同意性交罪（強姦罪）には該当しないと解されてきた[47]。同様に、子供の性器をなめる小児性愛者も不同意性交罪（強姦罪）では処罰することはできなかった。何故なら、改正前の刑法においては、口淫（フェラチオ）は、被害者の口腔内に男性器等が挿入される場合に初めて不同意性交罪（強姦罪）に該当すると解されてきたからである[48]。今後は、男性が子供の性器に口淫した場合、女性が若い男性にその男性器を自分に挿入するように要求する場合でも、不同意性交罪（強姦罪）に該当することになる[49]。限界事例となりうるのは、強制的なディープキスの事案である。従来の規定では、強制的なディープキスは不同意性交罪（強姦罪）には該当しないと考えられてきたが[50]、口腔も性的目的で利用される器官であると考えられている以上、改正後の規定上は、強制的なディープキスも不同意性交罪（強姦罪）に該当すると解することは可能であろう[51]。

---

46 Exposé des motifs *préc.*, p. 27.
47 Henrion, *op. cit.*, pp. 29 et s.
48 Henrion, *op. cit.*, p. 30.
49 *ibid.*
50 末道康之「強姦罪をめぐる比較法的考察—フランス刑法及びベルギー刑法における強姦罪の解釈をめぐって」南山法学40巻2号（2017）136頁。
51 Henrion, *op. cit.*, p. 30.

iii 窃視・盗撮等罪他

窃視・盗撮等罪（le voyeurisme）は、2016年2月1日法律による刑法改正によって既に導入されている犯罪類型であるが[52]、今回の改正によりより詳細な規定が設けられた。窃視・盗撮等罪の保護法益は、人の性的プライバシーである。改正前刑法では371/1条に規定されるが、新たな417/8条1項も基本的には、改正前の規定を継承し、対象者の同意なくまたはその知らないうちに、人が裸になるかまたは明らかな性的行動をおこなっているとき、かつ、人が私生活への侵害がないと合理的に考えられる状況にあるときに、直接的にまたは技術的もしくはその他の方法により、人を観察しもしくは観察させる、または人の録画もしくは録音を行うもしくは行わせることを処罰する。417/8条2項では、裸になる人（personne dénudée）を、「その同意なくまたは知らないうちに、その者が観察をされていること、または録画もしくは録音の対象となっていたことを知っていたとすれば、性的完全性を理由として、隠されていたであろう体の一部を露出する者をいう」と定義する。窃視・盗撮等罪の成立には、対象者の特定は不要であるが、対象者が裸になっていることまたは性的行動を行っていることが必要である。「裸になる」とは、一般的な意味では、「着衣を脱いで裸になる」ことと理解され、現在の社会規範や共有される良俗意識に基づき、同意なく観察されたり撮影されたりしていることを認識していたのであれば、着衣を脱ぐことはなかった者を意味すると理解することができる[53]。

窃視・盗撮等罪のほかに、性的な内容の不同意拡散罪（la diffusion non consentie de contenus à caractère sexuel 417/9条）と悪意（intention méchante）または営利目的（dans un but lucratif）での性的な内容の不同意拡散罪（417/10条）の処罰規定が設けられている[54]。画像や音声の同意のない拡散行

---

[52]　2016年2月1日法律による刑法改正については、末道・前掲「ベルギー刑法における性犯罪規定改正の動向―強制わいせつ罪の改正及び窃視・盗撮罪の新設をめぐって」88頁以下を参照。

[53]　Henrion, *op. cit.,* pp. 25 et s. なお、現行法の「裸になる人」の概念については、末道・前掲「ベルギー刑法における性犯罪規定改正の動向―強制わいせつ罪の改正及び窃視・盗撮罪の新設をめぐって」92頁以下を参照。

[54]　「不同意拡散」の原語は「la diffusion non consentie」であり、「diffusion」は「拡散」「配信」等と訳出することができるが、本稿では、「拡散」と訳出する。

為等の処罰規定は、窃視・盗撮等罪と同時に整備されたが、今回の改正によって、悪意または営利目的での不同意拡散の処罰規定が整備された。性的な内容の不同意拡散とは、対象者が性的内容の録画・録音を行うことに同意をしていたとしても、対象者の同意なくまたは対象者が知らないうちに、裸になる者もしくは明らかな性的行為を行っている者の録画または録音した内容を見せる、アクセス可能とする、または拡散することである。悪意または営利目的で犯罪が実行された場合には、自由刑の短期が１年と加重され、さらに、罰金が併科される。リベンジポルノについても処罰の対象となる。

(3) 加重犯罪類型

性犯罪に関する加重犯罪類型として、以下の加重事由が存在する場合は加重類型として規定されている。

ⅰ 死の結果発生

行為者に殺意がなく、性的行為によって被害者に死の結果が生じた場合には、性的完全性侵害致死罪または不同意性交（強姦）致死罪が成立し、20年以上30年以下の懲役に処せられる。

ⅱ 拷問、監禁または著しい暴行を伴う場合

改正前の刑法376条２項では、強制わいせつ罪及び強姦罪について、拷問または監禁を伴う場合が規定されているが、改正後の規定では、著しい暴行を伴う場合が追加された。監禁とは、性犯罪を実行するために、被害者の意思に反して、行為者が被害者を多少なりとも継続的に自己の支配下に置くことである。拷問については刑法417条の２に規定されており、拷問とは、意図的な非人道的な取り扱いであり、それによって身体的または精神的な、激痛もしくは著しくかつ耐え難い苦痛を惹起するものと定義される。加重事由を伴う場合、性的完全性侵害罪及び不同意性交罪（強姦罪）の法定刑は15年以上20年以下の懲役となる。

ⅲ 武器もしくは武器類似物の使用または抑制物質もしくは非抑制物質の投与

武器・武器類似物の使用については現行法においても加重事由として規定されている。武器の概念は最広義の概念がとられており、剣刀類、ピストル等の小火器、棍棒、スプレー、催涙弾等が含まれる。武器類似物とは、厳密な意味での武器には該当しない物であり、プラスティックで複製された拳銃

等である[55]。抑制物質とは、被害者を性的に弄ぶために用いられる麻薬等の薬物をいう。自ら多量の飲酒をした者との性交渉を行った場合に、加重事由に該当するかという問題は、解決されずに残された[56]。

iv 被害者の脆弱性

他者の弱さの濫用に関する2011年11月26日法律による改正によって、改正前の376条第3項に定める脆弱性に関する規定を基本的には踏襲している[57]。417/15条は、脆弱性の原因として、年齢、妊娠、病気または身体的もしくは精神的な障害を明示し、その脆弱性が明らかであった、またはその脆弱性を行為者が認識していたことを要件としている。被害者の脆弱性を利用した不同意の性的行為（性的完全性侵害罪、不同意性交罪（強姦罪）、窃視・盗撮等罪、性的内容の不同意拡散罪）を加重して処罰する。

v 未成年者

被害者が16歳未満の未成年者であるときには、性的完全性侵害罪、不同意性交罪（強姦罪）、窃視・盗撮等罪、性的内容の不同意拡散罪のすべての不同意の性的行為が加重される（417/16条）。

被害者が16歳以上18歳未満の未成年者であるときにも、同様に法定刑が加重される（417/17条）。

vi 近親姦・家族間での性的行為

417/18条は、近親姦（inceste）を「直系尊属の血族もしくは姻族、三親等までの傍系の血族もしくは姻族または前述した者の家族内で同様の立場にあるその他のすべての者によって、未成年者を犠牲にして実行された性的行為」と規定し、近親姦を明確に処罰している。改正前の372条2項及び現行の277条においても、16歳以上の未成年者と同意のある性的関係をもつことを処罰の対象としていた。

「三親等までの」とされている点については、民法で定める婚姻の禁止条項に合わせるためである[58]。

55　Henrion, *op. cit.*, p. 31.
56　*ibid.*
57　Henrion, *op. cit.*, p. 31.
58　Henrion, *op. cit.*, p. 38.

II　性的完全性、性的自己決定及び良俗を侵害する罪　　*315*

　近親姦については、年齢に関係なく処罰すべきであるという見解も主張されているが[59]、417/18条は被害者を未成年者に限定している。したがって、成人の兄弟姉妹間における同意のある性的行為については、倫理的に問題が指摘されるとしても、不可罰である。

　417/19条は、家族間での不同意の性的行為を、「直系の尊属もしくは卑属の血族もしくは姻族、三親等までの傍系の血族もしくは姻族または前述した者の家族内で同様の立場にあるパートナーもしくはその他のすべての者によって実行された同意のない性的行為」と定義する。現行の410条2項には同居の要件が規定されているが、417/19条では同居の要件は削除された。最近では家族間ではないシェアーハウスでの同居が増えてきている状況にあり、同居を要件として成立範囲を限定する意味がなくなったことがある[60]。シェアーハウスの事案でも、パートナー間での関係性が非常に緊密であり、一方が他方に感情的または経済的に依存している関係にあることもあり、性犯罪の対象者ともなりうるからである[61]。学生同士のパートナーの場合、経済的な理由で同居することはできないが、親密な性的関係を継続している場合もありうるし、また、家族以外の者との不倫の関係にある同居していないカップルの一方が他方に経済的に依存している場合もあり、そのような関係の中で、不同意の性的関係が行われた場合にも、加重事由として考慮する必要性があると考えられる。同居の要件は、当事者間の関係性の本質を検討するための一つの要件として考慮されることになる。

　パートナーの概念も拡張された。パートナーには、被害者の配偶者や被害者と安定した親密な感情的及び肉体的な関係を維持している者だけではなく、フランスと同様に、対象となる犯罪行為が、解消された婚姻または終了した関係と関連を有する場合には、かつての配偶者や親密な関係を有していた者も含まれる[62]。

---

[59]　*ibid.*
[60]　Henrion, *op. cit.*, pp. 38 et s.
[61]　Exposé des motifs *préc.*, p. 43.
[62]　Henrion, *op. cit.*, p. 39.

vii　差別的な動機

417/20条では、差別の動機として「人種、肌の色、祖先、国籍もしくは民族的な出自、性別、妊娠、出産、親族、性別の変更、性自認、性の表現、性的指向、戸籍、家柄、年齢、資産、宗教的もしくは哲学的な信条、健康状態、障害、言語、政治的信条、組合的な信条、肉体的もしくは遺伝的な特性、または社会的な素性及び階層」が列挙されている。現行の規定からの大幅な変更はないが、健康状態（état de santé）について現行法では「現在または将来の（actuel ou future）」という限定が付されていたがこれが削除されたため、過去の病歴も差別の動機に含まれることになる。また「社会的な素性及び階層（de son origine et sa condition sociales）」と階層（condition）が追加されて、貧困の状態等による差別も含まれることになる。なお、新刑法典では、差別的動機については、29条に定める。

viii　被害者に対して権限を及ぼす・信頼を与える立場

改正前の刑法377条にも規定されるが、家族間以外でも、被害者に権限を及ぼし、信頼を与える立場も加重事由となる（417/21条）。

ix　複数の者の関与

集団不同意性交罪（集団強姦罪）については、改正前の刑法377条に規定されるが、417/22条も同様に、複数の者の協力や存在が認められる場合を加重事由と規定する。

(4)　通　則

法律で規定される性犯罪の加重類型については既に説明したが、417/23条は、それ以外に刑の量定や処分の選択において、考慮することのできる加重要因（facteurs aggravants）[63]を規定する。刑法典改正法案においては、犯罪構成要素を加重する加重要素（élément aggravant）と刑や処分の選択及び量定に関する加重事由（circonstance aggravante）とを区別して規定しているが[64]、417/23条は現存している一定の加重事由を加重要因として規定してい

---

[63]　「facteur」という文言が用いられている点を考慮し、「要素（élément）」や「事由（circonstance）」とは区別して「要因」と訳出する。

[64]　刑法典改正法案では、8条で加重要素を、29条で加重事由を規定する。詳細については、末道・前掲「ベルギー刑法典改正法案第1編・刑法総則の概要」163頁、168頁を参照。

る。立法理由書によれば、加重要素（éléments aggravants）でも、加重事由（circonstances aggravantes）でもない、加重要因（facteurs aggravants）という新たな概念を作り出したと理解されている[65]。なお。新刑法典では、加重要素（8条）と加重要因（28条）を定める[66]。

　列挙されている加重要因の大部分は既に現行法で加重事由として規定されている。①家族・親族関係、②公務員や③医師・医療従事者という行為者の身分、④10歳未満の未成年者に対して性犯罪が行われた場合、⑤16歳未満の未成年者に対して性犯罪が行われ、後に性犯罪を実行するために、行為者が、犯罪に先行して16歳未満の未成年者に接近した場合、⑥未成年者の面前で犯罪が実行された場合、⑦犯罪が文化、慣習、伝統、宗教または名誉の名のもとに実行された場合である。⑤の要因は、未成年者保護に関する2014年4月10日法律の改正で377条の3に導入された事由である[67]。⑦の要因は、最近問題となっている名誉のための犯罪または文化、伝統及び宗教を動機とした犯罪を考慮したものである[68]。なお、刑法典改正法案144条では、前記①②④⑤が加重事由として規定されていた[69]。

2　未成年者に対する性的搾取の罪

第417/24条（新刑法典第151条）　性的目的で未成年者に接近する行為
　① 性的目的で未成年者に接近する行為は、いかなる方法であれ、本章で対象とされる罪を犯す意思で、未成年者に対して出会いを持ちかけ、その後で、前述の出会いにつながりうる実質的な行為が行われたときには、未成年者との出会いを持ちかけることである。
　② 本罪は、3年以上5年以下の拘禁刑【第3級の刑】に処する。

第417/25条（新刑法典第152条）　未成年者を淫行または売春に勧誘する行為

65　Exposé des motifs *préc.*, p. 50.
66　詳細については、本書第2部第1章を参照。
67　Henrion, *op. cit.*, p. 42.
68　Exposé de motifs *préc.*, p. 52.
69　Rozie, Vandermeersch et De Herdt avec le concours de Debauche et Taeymans, *op. cit.*, p. 42.

318　第2章　ベルギー刑法における性犯罪規定全面改正の概要

　　① 未成年者を淫行または売春に勧誘する行為とは、未成年者の淫行ま
　　　たは売春を引き起こす、促進する、または容易にすることである。
　　② 本罪は、10年以上15年以下の懲役及び500ユーロ以上50,000ユーロ以
　　　下の罰金【第4級の刑】に処する。

第417/26条（新刑法典第153条）　16歳未満の未成年者を淫行または売春に勧
誘する行為
　16歳未満の未成年者を淫行または売春に勧誘する行為は、15年以上20年以
下の懲役及び1,000ユーロ以上100,000ユーロユーロ以下の罰金【第5級の刑】
に処する。

第417/27条（新刑法典第154条）　淫行または売春目的での未成年者の募集
　　① 淫行または売春の目的での未成年者の募集とは、第433条の5【第
　　　258条】に定める場合を除いて、淫行または売春の目的で、直接的
　　　に、もしくは仲介者を介して、未成年者を雇用する、訓練する、誘
　　　拐する、または留置くことである。
　　② 本罪は、10年以上15年以下の懲役及び500ユーロ以上50,000ユーロ以
　　　下の罰金【第4級の刑】に処する。
　　③ 罰金は被害者の数に応じて適用される。

第417/28条（新刑法典第155条）　淫行または売春目的での16歳未満の未成年
者の募集
　　① 第433条の5【第258条】に定められる場合を除いて、淫行または売
　　　春の目的での16歳未満の未成年者の募集は、15年以上20年以下の懲
　　　役及び1,000ユーロ以上100,000ユーロユーロ以下の罰金【第5級の
　　　刑】に処する。
　　② 罰金は被害者の数に応じて適用される。

第417/29条（新刑法典第156条）　未成年者が淫行もしくは売春に従事する淫
行または売春のための宿の運営

① 未成年者が淫行もしくは売春に従事する淫行または売春のための宿の管理とは、直接または媒介者を介して、未成年者が淫行もしくは売春に従事する淫行または売春のための宿を運営することである。

② 本罪は、10年以上15年以下の懲役及び500ユーロ以上50.000ユーロ以下の罰金【第4級の刑】に処する。

③ 罰金は被害者の数に応じて適用される。

第417/30条（新刑法典第157条）　16歳未満の未成年者が淫行もしくは売春に従事する淫行または売春のための宿の運営

① 16歳未満の未成年者が淫行もしくは売春に従事する淫行または売春のための宿の管理は、15年以上20年以下の懲役及び1.000ユーロ以上100.000ユーロユーロ以下の罰金【第5級の刑】に処する。

② 罰金は被害者の数に応じて適用される。

第417/31条（新刑法典第158条）　淫行または売春の目的での未成年者への場所の提供

① 淫行または売春の目的での未成年者への場所の提供とは、未成年者の淫行または売春を許容する意図で、部屋またはその他一切の場所を売却し、賃貸し、または未成年者に提供することである。

② 本罪は、10年以上15年以下の懲役及び500ユーロ以上50.000ユーロ以下の罰金【第4級の刑】に処する。

③ 罰金は被害者の数に応じて適用される。

第417/32条（新刑法典第159条）　淫行または売春の目的での16歳未満の未成年者への場所の提供

① 淫行または売春の目的での16歳未満の未成年者への場所の提供は、15年以上20年以下の懲役及び1.000ユーロ以上100.000ユーロユーロ以下の罰金【第5級の刑】に処する。

② 罰金は被害者の数に応じて適用される。

320 第2章 ベルギー刑法における性犯罪規定全面改正の概要

第417/33条（新刑法典第160条）　未成年者の淫行または売春からの搾取
　① 第433条の5【第258条】に定める場合を除いて、未成年者の淫行または売春からの搾取とは、いかなる方法であっても、未成年者の淫行または売春から搾取することである。
　② 本罪は、10年以上15年以下の懲役及び500ユーロ以上50.000ユーロ以下の罰金【第4級の刑】に処する。
　③ 罰金は被害者の数に応じて適用される。

第417/34条（新刑法典第161条）　16歳未満の未成年者の淫行または売春からの搾取
　① 第433条の5【第258条】に定める場合を除いて、16歳未満の未成年者の淫行または売春からの搾取は、15年以上20年以下の懲役及び1.000ユーロ以上100.000ユーロユーロ以下の罰金【第5級の刑】に処する。
　② 罰金は被害者の数に応じて適用される。

第417/35条（新刑法典第162条）　未成年者との淫行または買春
　① 未成年者と淫行し、または買春することとは、実質的もしくは金銭的な利益の授与、提供または約束によって、未成年者と淫行または買春することである。
　② 本罪は、10年以上15年以下の懲役及び1.000ユーロ以上100.000ユーロユーロ以下の罰金【第4級の刑】に処する。
　③ 罰金は被害者の数に応じて適用される。

第417/36条（新刑法典第163条）　16歳未満の未成年者との淫行または買春
　① 16歳未満の未成年者と淫行し、または買春することは、15年以上20年以下の懲役及び1.000ユーロ以上100.000ユーロユーロ以下の罰金【第5級の刑】に処する。
　② 罰金は被害者の数に応じて適用される。

Ⅱ　性的完全性、性的自己決定及び良俗を侵害する罪　　*321*

第417/37条（新刑法典第164条）　未成年者の淫行または売春の団体組織

① 第２項で定める犯罪が、団体の主たるまたは付随的な行動への加担行為として実行されたとき、及び犯罪行為者が団体の首謀者としての身分を有していてもいなくても、本罪は、20年以上30年以下の懲役及び1.000ユーロ以上100.000ユーロユーロ以下の罰金【第６級の刑】に処する。

② 第１項は以下の場合に適用される。

―第417/25条【第152条】及び第417/26条【第153条】に定める未成年者を淫行または売春に勧誘する行為

―第417/27条【第154条】及び第417/28条【第155条】に定める淫行または売春目的での未成年者の募集

―第417/29条【第156条】及び第417/30条【第157条】に定める未成年者が淫行もしくは売春に従事する淫行または売春のための宿の運営

―第417/31条【第158条】及び第417/32条【第159条】に定める淫行または売春目的での未成年者への場所の提供

―第417/33条【第160条】及び第417/34条【第161条】に定める未成年の淫行または売春からの搾取

―第417/35条【第162条】及び第417/36条【第163条】に定める未成年者と淫行または買春を行うこと

第417/38条（新刑法典第165条）　未成年者の淫行または売春に参加する行為

① 未成年者の淫行または売春に参加する行為とは、情報及び通信の技術手段を含めて、直接、未成年者の淫行または売春に参加することである。

② 本罪は３年以上５年以下の拘禁刑及び500ユーロ以上10.000ユーロ以下の罰金【第３級の刑】に処する。

③ 罰金は被害者の数に応じて適用される。

第417/39条（新刑法典第166条）　未成年者の淫行及び売春のための広告

① 未成年者の淫行及び売春のための広告とは、次に掲げることである。

322　第2章　ベルギー刑法における性犯罪規定全面改正の概要

—広告が典型的に未成年者を照準としているとき、または、広告が未成年者によってもしくは未成年者を自称する者によって提供される性的なサービスを対象としているときに、性的サービスを提供するために、手段の如何を問わず、態様の如何を問わず、言葉でごまかすことでその性質を偽装して、直接的または間接的な方法で、広告を作成し、掲載し、配布しもしくは拡散すること。

—明示的または黙示的な広告の手段の如何を問わず、未成年者が売春に従事する、未成年者の売春を促進する、または淫行に従事する未成年者と関係をもつことを希望することを知らしめること。

②　本罪は、6月以上3年以下の拘禁刑及び200ユーロ以上2.000ユーロ以下の罰金【第2級の刑】に処する。

第417/40条（新刑法典第167条）　未成年者の淫行及び売春のための広告の加重犯

　未成年者の淫行及び売春のための広告が、直接的または間接的な方法で、未成年者の淫行もしくは売春またはその勧誘を促進する目的を有し、または結果として促進するときには、本罪は、3年以上5年以下の懲役及び300ユーロ以上3.000ユーロ以下の罰金【第3級の刑】に処する。

第417/41条（新刑法典第168条）　公然とまたは何らかの広告の手段を用いた未成年者の淫行または売春の勧誘

①　公然とまたは何らかの広告の手段を用いた未成年者の淫行または売春の勧誘とは、次に掲げることである。

—いかなる方法であれ、公然と未成年者を淫行に勧誘する。

—何らかの広告の手段を用いて、明示的または黙示的に、未成年者の売春からの搾取に勧誘し、またはサービスの提供の機会に、この広告を利用することを勧誘する。

②　本罪は、6月以上3年以下の拘禁刑及び26ユーロ以上500ユーロ以下の罰金【第2級の刑】に処する。

Ⅱ　性的完全性、性的自己決定及び良俗を侵害する罪　　*323*

第417/42条（新刑法典第169条）　犯罪供用物の没収
　① 第42条第1号【第53条§2第1項第2号】の例外として、本款において定められた犯罪を実行するために用いられたまたは準備された物は、たとえその所有権が刑の言渡しを受けた者に帰属していないとしても、これを没収する。但し、この没収によって、第三者が当該財産について行使することのできる権利を侵害することはない。
　② 没収は、また、同一の状況下で、犯罪を実行するために用いられたまたは準備された不動産の全部または一部に、これを適用する。
　③ この動産又は不動産が、犯罪の実行と確定的な司法判決との間に、譲渡されていた場合、裁判官は、価額評価の手続をとり、第53条§2第1項に従い、相当する金額を対象とする追徴を言い渡す。【新刑法典で新設】

第417/43条（新刑法典第170条）　未成年者の性的虐待画像の定義
　未成年者の性的虐待画像は次のように定義される。
　　—性的に明確な、実際のもしくは仮装された行動に従事している未成年者を、手段の如何を問わず、視覚的態様で表現する、または主として性的な目的で未成年者の性器を表現する一切の素材
　　—性的に明確な、実際のもしくは偽装された行動に従事している未成年者と思われる者を、手段の如何を問わず、視覚的態様で表現する、または主として性的な目的で未成年者の性器を表現する一切の素材
　　—性的に明確な行動に従事している実在しない未成年者を表現する、または主として性的な目的で未成年者の性器を表現する卑猥な画像

第417/44条（新刑法典第171条）　未成年者の性的虐待画像の製造または拡散
　① 未成年者の性的虐待画像の製造または拡散とは、手段の如何を問わず、未成年者の性的虐待画像を陳列し、提供し、売却し、賃貸し、伝達し、供給し、準備し、譲渡し、製造し、輸入することである。
　② 本罪は、5年以上10年以下の懲役及び500ユーロ以上10,000ユーロ以下の罰金【第3級の刑】に処する。

324　第2章　ベルギー刑法における性犯罪規定全面改正の概要

第417/45条（新刑法典第172条）　団体での未成年者の性的虐待画像の製造または拡散

　未成年者の性的虐待画像の製造または拡散が、団体の主たるもしくは付随的な活動への関与行為を構成するとき、及び、行為者が首謀者の身分を有していてもいなくても、本罪は、10年以上15年以下の懲役及び1.000ユーロ以上100.000ユーロ以下の罰金【第4級の刑】に処する。

第417/46条（新刑法典第173条）　未成年者の性的虐待画像の所持及び取得

　① 未成年者の性的虐待画像の所持及び取得とは、第三者のためであってもなくても、未成年者の性的虐待画像を所持し及び取得することである。

　② 本罪は、1年以上5年以下の拘禁刑及び500ユーロ以上10.000ユーロ以下の罰金【第3級の刑】に処する。

第417/47条（新刑法典第174条）　未成年者の性的虐待画像へのアクセス

　① 未成年者の性的虐待画像へのアクセスとは、情報及び通信の技術（テクノロジー）を介して、未成年者の性的虐待画像にアクセスすることである。

　② 本罪は、1年以上3年以下の拘禁刑及び500ユーロ以上10.000ユーロ以下の罰金【第2級の刑】に処する。

第417/48条（新刑法典第175条）　未成年者の性的虐待画像の法律上の受理、分析及び伝達に関する正当化事由

　① 国王が認可した組織は、法律上、未成年者の性的虐待画像を含む可能性のある告発を受理し、その内容及びその出所を分析し、並びにその告発を警察機構及び司法当局に伝達することができる。

　② この目的のために、当該組織は、国王が定めた様式に従って、及び、さらに特別に次に掲げる事項と関係のある、委託された任務を遂行する。

　―未成年者の性的虐待画像の撲滅を進める国際的インターネットホット

Ⅱ　性的完全性、性的自己決定及び良俗を侵害する罪　　*325*

ライン団体の会員であるという義務

―警察機構及び司法当局への前述の告発の伝達

―前述の国際的団体への外国で記憶蔵置された画像と関係する前述の告発の伝達

―治罪法（刑事訴訟法）第596条第2項に従って前科簿抄本を当該担当者に提出させ、及び当該担当者の素行に関する情報を収集することによって、告発の受理、その内容、その出所及びその伝達の分析、並びに、組織内でその職務の監督を担当する者の分析、を担当する者の監督

―司法省の活動報告書の年次伝達

―告発された画像に基づいてデータバンクを構成することの禁止

③　国王は、認可の付与及び取消の手続を定める。

第417/49条（新刑法典第176条）　性的なコンテンツの同意のある実現、その所持及び相互の伝達に関する正当化事由

①　16歳以上の未成年者が、相互に同意して、自分自身の性的なコンテンツを作成し、性的なコンテンツを相互に送信し、及びそれを所持するときには、犯罪は成立しない。

②　相互の同意は、性的なコンテンツの作成、所持及び相互の伝達にとって必要である。

③　正当化事由は、次に掲げる場合には、これを適用しない。

―性的なコンテンツが第三者に閲覧され、または拡散される。

―第三者が性的コンテンツを入手しようとする。

―行為者が直系尊属の血族もしくは姻族、養親、三親等までの傍系の血族もしくは姻族、家族内で同様の立場にあるその他のすべての者または日常的にもしくは一時的に未成年者と同居し及び未成年者に権限を有するすべての者である。

―行為者自らが、未成年者に対して、信頼される、権限または影響力が認められる立場を利用することを理由として、行為が可能となった。

【新刑法典第2巻第2編第3章第1節第4款・未成年者を害する性的虐待ま

たは性的搾取の罪の実行を促進することを目的とする内容（新刑法典第177条
～第180条）】

新刑法典第177条　未成年者を害する性的虐待もしくは性的搾取の罪の実行
を促進することを目的とするコンテンツの製造または拡散

① 未成年者を害して、本章に定める犯罪の実行を促進し、容易にし、
または助長することを目的としたコンテンツの製造または拡散は、
いかなる手段であっても、未成年者を害して、本章に定める犯罪の
実行を促進し、容易にし、または助長することを目的としたコンテ
ンツを展示し、提供し、売却し、借り、納入し、拡散し、利用でき
るようにし、製造し、または輸入することにある。

② 本罪は、第3級の刑に処する。

新刑法典第178条　未成年者を害する性的虐待もしくは性的搾取の罪の実行
を促進することを目的とするコンテンツの所持または取得

① 未成年者を害して、本章に定める犯罪の実行を促進し、容易にし、
または助長することを目的としたコンテンツの所持または取得は、
未成年者を害して、本章に定める罪を実行する意思で、未成年者を
害して、未成年者を害する性的犯罪もしくは性的搾取の罪の実行を
促進し、容易にし、または助長することを目的としたコンテンツの
所持し、または取得することにある。

② 本罪は、第3級の刑に処する。

新刑法典第179条　未成年者を害する性的虐待もしくは性的搾取の罪の実行
を促進することを目的とするコンテンツへのアクセス

① 未成年者を害して、本章に定める犯罪の実行を促進し、容易にし、
または助長することを目的としたコンテンツへのアクセスは、未成
年者を害して、本章に定める罪を実行する意思で、未成年者を害し
て、未成年者を害する性的犯罪もしくは性的搾取の罪の実行を促進
し、容易にし、または助長することを目的としたコンテンツにアク
セスすることにある。

② 本罪は、第2級の刑に処する。

新刑法典第180条　未成年者を害する性的虐待もしくは性的搾取の罪の実行を促進することを目的とするコンテンツの法律上の受理、分析及び伝達に関する正当化事由

国王が認可した組織は、第175条を適用して、法律上、未成年者を害する性的虐待もしくは性的搾取の罪の実行を促進することを目的とするコンテンツを含む可能性のある告発を受理し、その告発及びその出所を分析し、並びにその告発を警察機構及び司法当局に伝達することができる。

第417-50条（新刑法典第181条）　加重要因

　刑または処分の選択及びその量定に際して、本節において対象とされた犯罪については、裁判官は特に次に掲げる事実を考慮しなければならない。

—犯罪の動機の一つが、いわゆる人種、肌の色、祖先、出身国もしくは民族的な出自、国籍、性別、妊娠、出産、親族、性別の変更、性自認、性の表現、性的指向、戸籍、家柄、年齢、資産、宗教的もしくは哲学的な信条、健康状態、障害、言語、政治的信条、組合的な信条、肉体的もしくは遺伝的な特性、または社会的な素性及び階層を理由とする、たとえ、この特性が現実的な方法で表されるか、または単に行為者がこの特性を想定していただけだとしても、人に対する憎悪、軽蔑もしくは敵意である。また、犯罪の動機の一つが、被害者と、現実のもしくは想定される—もしくは複数の特性について憎悪、軽蔑または敵意が生み出される対象となる者との間の関係または想定される関係にあるときにも同様である。【新刑法典では削除】

—犯罪が、公務の執行に際して、公務を託される者によって実行された。

—犯罪が、未成年者に対して、信頼される、権限または影響を与える立場にある者によって実行された。

—犯罪が10歳未満の未成年者に対して実行された。

—犯罪が16歳未満の未成年者に対して実行された、及び、本節で対象とされた行為を後に実行する目的で、行為者が、犯罪に先行して16歳未満の未成年者に接近した。

328 第2章　ベルギー刑法における性犯罪規定全面改正の概要

――犯罪が文化、慣習、伝統、宗教またはいわゆる「名誉」の名のもとで実行された。

(1)　性的目的での未成年者への接近

377条の4は、性犯罪を実行する目的で、成人が16歳未満の未成年者に対して、情報・通信技術を手段として、出会いを持ち掛ける行為、すなわちオンラインでのグルーミング（性的虐待の目的で未成年者に接触して手なずけ、信頼を獲得し懐柔する行為）を処罰しているが[70]、今回の改正では、オンラインだけではなく、オフラインでのグルーミングを処罰の対象とした[71]。417/24条が対象とする行為は、方法の如何を問わず、未成年者に出会いを提案し、出会いに至るための実質的な行為が行われることであり、現実に未成年者と出会うことまでは求められていない。また、文言上は、未成年者への「出会いの提案（proposition de rencontre）」ではなく、行為者による未成年者への「接近（approche）」が処罰の対象として規定されている。「接近」とは、態様の如何を問わず、性犯罪の実行に移行することを目的として、未成年者の信頼を得るために、未成年者に近づき、準備することと定義される[72]。なお、刑法典改正法案145条と417/24条は、罰則を除いて、同一の規定である[73]。

(2)　売春目的での未成年者の性的搾取

今回の改正までは、未成年者の堕落助長罪及び売春罪は刑法典第2巻第7編第6章に定められており、未成年者の堕落助長罪（379条）は、他者の欲望を充足するために、性別を問わず、未成年者の淫行、堕落助長または売春を勧誘し、促進し、または容易にすることで、良俗を侵害した者を処罰していた[74]。本罪の成立には、客観的には、被害者が未成年者であること、未成

70　Rozie, Vandermeersch et De Herdt avec le concours de Debauche et Taeymans, *op. cit.*, p. 246.

71　Exposé des motifs *préc.*, p. 54; Henrion, *op. cit.*, p. 43.

72　Exposé des motifs *préc.*, p. 55; Henrion, op. cit., p. 43.

73　Rozie, Vandermeersch et De Herdt avec le concours de Debauche et Taeymans, *op. cit.*, p. 42 et p. 246.

74　S. Demars, De la corruption de la jeunesse et de la prostitution, *in Les infractions volume 3 Les infractions contre l'ordre des familles, la moralité publique et le mineurs*, Larcier, 2011, pp. 189 et s.

II　性的完全性、性的自己決定及び良俗を侵害する罪　*329*

年者の淫行、堕落助長または売春を勧誘し、促進し、または容易にすること、主観的には、他人（犯人以外の者）の欲望を充足する目的、いわゆる特別故意（dol spécial）が必要であると解されてきた[75]。条文上は年齢についての言及はなかったが、2000年11月28日法律によって、「未成年者（mineur）」とは18歳に達していない者をいうと規定（100条の3）が設けられた[76]。

　改正後の417/25条は、旧379条の規定を全面的に修正し、未成年者の淫行または売春の勧誘（l'incitation d'un mineur à la débauche ou à la prostitution）とは、未成年者の淫行または売春を引き起こす、促進する、もしくは容易にすること、と規定している。刑法典改正法案146条は、罰則を除いて、417/25条と同一である[77]。また、旧379条には規定されていた「他人の欲望を充足する目的」という主観的要素は不要とされている。淫行または売春の勧誘が不同意性交（強姦）に至れば、淫行・売春の勧誘で訴追された者は、不同意性交（強姦）についても共同正犯として処罰の対象となる[78]。また、被害者が16歳未満の未成年者である場合は加重事由となる（417/26条）[79]。

　417/27条が定める淫行または売春の目的での未成年者の募集（le recrutement d'un mineur à des fins de débauche ou de prostitution）とは、433条の5に定められる場合を除いて、淫行または売春の目的で、直接的に、もしくは仲介者を介して、未成年者を雇用する、訓練する、誘拐する、または留置くことである[80]。16歳未満の未成年者の募集の場合は加重事由となる（417/28条）[81]。旧380条§4第1号は、未成年者の同意があっても、淫行または売春

75　Demars, De la corruption de la jeunesse et de la prostitution *préc.*, p. 190.
76　Henrion, *op. cit.*, p. 44; Demars, De la corruption de la jeunesse et de la prostitution *préc.*, p. 190.
77　Rozie, Vandermeersch et De Herdt avec le concours de Debauche et Taeymans, *op. cit.*, p. 42.
78　Exposé des motifs *préc.*, p. 55; Henrion, *op. cit.*, p. 45.
79　刑法典改正法案147条では、14歳未満の未成年者に対する場合が加重類型とされていた（Rozie, Vandermeersch et De Herdt avec le concours de Debauche et Taeymans, *op. cit.*, p. 42を参照）。
80　刑法典改正法案148条1項は、417/27条1項と同一の規定である（Rozie, Vandermeersch et De Herdt avec le concours de Debauche et Taeymans, *op. cit.*, p. 42を参照）。
81　刑法典改正法案147条では、14歳未満の未成年者に対する場合が加重類型とされていた（Rozie, Vandermeersch et De Herdt avec le concours de Debauche et Taeymans, *op. cit.*, p. 43を参照）。

330　第 2 章　ベルギー刑法における性犯罪規定全面改正の概要

の目的で、他人の欲望を充足するために、直接的に、もしくは仲介者を通して、未成年者を雇用し、訓練し、誘拐し、または留置いた者を処罰していた。新たな規定では、他人の欲望を充足するという目的が削除され、未成年者の同意への言及も削除されているが、2000年に採択された国連の人身取引防止議定書及び2007年の子供の性的搾取及び性的虐待からの保護に関する条約に基づき、ベルギー国内においても、未成年者の売春を性的搾取と位置づけること、未成年者からのいかなる同意の可能性の排除することが求められており、国際条約に基づく国内法整備に対応したものである[82]。

　また、417/35条は、未成年者と淫行し、または買春する行為について、旧380条§4第5号と同様に、処罰の対象とする。417/36条は、16歳未満の未成年者との淫行または買春についての417/35条の加重類型である。

　淫行または売春のための宿や場所の運営・提供（la tenue de maison de débauche）についても、417/29条から417/32条で規定される[83]。改正前の380条§1第2号は淫行・売春宿を運営する者を処罰していた。売春宿の性質について限定はなく、公的な施設や場所であっても、私的な施設や場所であっても、定期的に売春・淫行のために利用されていればよく（したがって、一時的に使用されたにすぎない場合には、訴追の対象とはならない）、売春を行う者がそこで居住していることは必要ないと解されてきた[84]。破毀院は2015年11月25日判決において、売春婦が募集される条件、場所の使用のために家賃が徴収される態様、被告人がその場所で行われた活動に従事し及び売春の料金を定めていたという事実が明らかにされている限りにおいて、控訴院判事が犯罪の客観的要素を確認しており、したがって判決には理由があり、その判断は認められると判断した[85]。この判断に従えば、売春宿を運営している管理運営者やその背後にいる組織の長の責任は問えるが、女性が自宅で自分自

82　Henrion, *op. cit.*, p. 46.

83　刑法典改正法案150条から153条は同一の行為を規定しているが、14歳未満の未成年者を対象とする場合を加重類型としている（Rozie, Vandermeersch et De Herdt avec le concours de Debauche et Taeymans, *op. cit.*, p. 43）。

84　Henrion, *op. cit.*, p. 47.

85　Cass., 25 novembre 2015, *R. G.*, n° P. 15. 0286. F. www. cass. be; Henrion, *op. cit.*, pp. 47 et s.

身のために売春を行う行為には、380条§1第2号は適用されないことになる一方、380条§1第2号では、シャンパンバー（bars à la champagne）といわれる売春バーや、時間貸しのホテルの一室も処罰の対象となりえた[86]。

417/29条では、売春宿の運営については、未成年者が淫行・売春に従事している場合にのみ処罰の対象とされている。したがって、旧380条§1第2号では処罰の対象とされたシャンパンバーについては、417/29条では処罰の対象とはならないことになるが、この点については、シャンパンバーの経営が黙認され、課税の対象となっているという刑事政策的な配慮があったためであると説明される[87]。417/30条は16歳未満の未成年者についての417/29条の加重類型を定める。

417/31条は、未成年者の淫行・売春の目的で場所を提供する等の行為を処罰する。旧380条§1第3号も同様の行為を処罰していたが、未成年者に限定していなかった。新たな規定では、未成年者の淫行・売春の目的で場所を提供する等に限定されている。また、417/31条では、不法な利益を得るためという主観的要件は削除されている。417/32条は16歳未満の未成年者についての417/31条の加重類型を定める。

417/33条は、未成年者に対する淫行・売春の勧誘行為を処罰する。旧380条§1第4号は未成年者・成人を問わず、淫行・売春の勧誘行為を処罰していた。成人については、433条の5/1において、売春の勧誘行為を処罰する。417/34条は、16歳未満の未成年者についての417/33条の加重類型を定める。

417/37条は、未成年者の淫行・売春組織について団体として関与した場合の加重類型を定める。現行法では322条から324条において、人または財産を侵害する目的で形成された組織に関する規定が設けられている。条文では、団体を構成する個人の人数についての言及はなく、裁判官が評価するが、計画した犯罪を準備するために適切な時期に行動できるようにする目的で、一連の準備行為をもって、2人の者が組織化されているという条件のもとで、2人の者からでも団体は構成されうる[88]。

86　Henrion, *op. cit.*, p. 48.
87　*ibid.*
88　Henrion, *op. cit.*, p. 52.

犯罪を準備する目的での一時的な協議は、組織化された団体を構成するものではない。組織とは、意図的な性質を有していなければならず、偶然またはその場限りの人の集合は排除され、共謀を適切な時期には機能しうる団体として仕立てることによって、多義的ではない関係をもって異なる構成員が相互に結集するものでなければならない[89]。主観的には、行為者が集団の構成員であることを自覚する意思で十分であり、その他の特別故意は不要である[90]。非難される行為が、近接した日時に、かつ類似の方法で実行された以上は、要件を充足する。何故なら、構成員各自が、事前に練り上げられた計画に従って、行うべき固有の役割分担を担っているからである。行為者は、所属する集団が、犯罪を実行する目的で形成されたという事実を認識していなければならないが、構成員各自または首謀者が、団体の枠内で、犯罪を実行するとの固有の意思を有していることが求められることはない[91]。

417/38条は、いわゆる小児性愛の現場に、情報通信技術を用いることを含めて、直接、参加する行為を処罰する[92]。

417/39条は、未成年者の淫行・売春のための広告を処罰する[93]。旧380条の3は同様に淫行・売春のための広告を処罰していたが、言葉でごまかすことでその性的な性質を偽装することも含めて、直接的または間接的な広告形態の一切を幅広く処罰の対象としていた[94]。同条§1は未成年者による性的サービスの提供のための広告、同条§2は電気通信手段を用いた性的サービスの広告、同条§3は売春に従事する、売春を促進する、または淫行に従事する者と関係をもつことを希望することを知らしめるための広告、を処罰の対象としていた[95]。例えば、「差し向かいで、2人で楽しみましょう。（電話

---

89 *ibid;* Cass., 4 mars 2014, *Pas.*, 2014, Ⅲ, p. 574を参照。

90 *ibid;* Cass., 27 juin 2007, *R. G.*, n° P. 07. 0333F. を参照。

91 Henrion, *op. cit.*, pp. 52 et s.

92 刑法典改正法案158条は、同一の行為を処罰する（Rozie, Vandermeersch et De Herdt avec le concours de Debauche et Taeymans, *op. cit.*, p. 44）。

93 刑法典改正法案159条は、若干文言は異なるが、ほぼ同一の内容を規定する（Rozie, Vandermeersch et De Herdt avec le concours de Debauche et Taeymans, *op. cit.*, p. 44）。

94 Henrion, *op. cit.*, p. 55.

95 旧380条の3§1～§3については、Demars, *op. cit.*, pp. 238 et s. を参照。

番号の記載）」のような広告も、同条§2の適用の対象となりえたし、また、「サウナ」の広告欄に、若い女性はマッサージがうまいと記載して、マッサージの時間と電話番号を掲載し、予約のために接触できるようにすることも、同様に同条§3の適用の対象となりえた[96]。ただ、現実には§2・§3で規制される一定の広告は許容されてきたという事実があり[97]、今回の改正では、対象を未成年者に限定して、「性的サービスを提供するために、手段の如何を問わず、態様の如何を問わず、言葉でごまかすことでその性質を偽装して、直接的または間接的な方法で、広告を作成し、掲載し、配布しもしくは拡散すること。明示的または黙示的な広告の手段の如何を問わず、未成年者が売春に従事する、未成年者の売春を促進する、または淫行に従事する未成年者と関係をもつことを希望することを知らしめること。」の２類型を処罰の対象としている。417/40条は、419/39条が定める広告の結果、未成年者の淫行・売春、その勧誘を促進する目的を有し、結果として促進した場合を加重類型としている。

417/41条は、公然ともしくは何らかの広告の手段を用いた未成年者の淫行または売春の勧誘を処罰する[98]。

417/42条は、犯罪供用物の没収を規定する[99]。本条は旧第382条の２の規定を継承し、犯罪供用物が刑の言渡しを受けた者の所有に属していないとしても、特別没収に関する42条第１号（特別没収は、犯罪の対象である及び犯罪の実行に使用されたまたは準備された物に、その物が刑の言渡しを受けた者の所有に属するときには、これを適用する）が適用される[100]。

(3)　未成年者の性的虐待画像

旧383条の２は、児童ポルノ画像の拡散や所持を広く処罰していた。同条は、広範に、未成年者が介在する性的行為に関する物、上演または映画一切

96　Henrion, *op. cit.*, p. 55.

97　*ibid.*

98　刑法典改正法案161条は、同一の行為を処罰する（Rozie, Vandermeersch et De Herdt avec le concours de Debauche et Taeymans, *op. cit.*, p. 44）。

99　刑法典改正法案162条は犯罪供用物の没収を規定する（Rozie, Vandermeersch et De Herdt avec le concours de Debauche et Taeymans, op. cit., p. 44 et s.）。

100　Henrion, *op. cit.*, p. 56. なお、新刑法典の没収規定については、本書第２部第１章224頁を参照。

を処罰していた。行為者が営利目的を有していたか否か、未成年者が同意していたか、ということは重要ではなかった。2016年3月31日法律によって改正された旧383条の2は、児童ポルノを、①性的に明確な、実際のもしくは仮装された行動に従事している未成年者を、手段の如何を問わず、視覚的態様で表現する、または主として性的な目的で未成年者の性器を表現する一切の素材、②性的に明確な、実際のもしくは偽装された行動に従事している未成年者と思われる者を、手段の如何を問わず、視覚的態様で表現する、または主として性的な目的で未成年者の性器を表現する一切の素材、③性的に明確な行動に従事している実在しない未成年者を表現する、または主として性的な目的で未成年者の性器を表現する卑猥な画像、と規定していた[101]。417/43条は、児童ポルノではなく、未成年者の性的虐待画像（images d'abus sexuls de mineurs）という概念を用いているが、その内容は同一であり、未成年者の性的虐待画像の定義については、旧383条の2の規定をそのまま継承している。

　417/44条は、未成年者の性的虐待画像の製造（production）と拡散（diffusion）を、その所持よりも重く処罰する。未成年者の性的虐待画像の所持は、417/46条で処罰される。417/45条は、未成年者の性的虐待画像の製造と拡散が団体と関係して実行された場合を417/44条の加重類型として規定している。417/47条は、未成年者の性的虐待画像へのアクセスを処罰する[102]。インターネット上で児童ポルノ画像を閲覧する行為は、画像を媒体上に記録していなかったとしても、既に処罰の対象とされていたので[103]、417/47条も同様な行為を処罰の対象としている。

　417/48条は、旧第383条の2/1が規定していた正当化事由を継承した規定である[104]。本条の趣旨は、性的コンテンツを含むインターネットのウェブサイ

101　刑法典改正法案163条も、児童ポルノを同様に定義している（Rozie, Vandermeersch et De Herdt avec le concours de Debauche et Taeymans, op. cit., p. 45）

102　刑法典改正法案166条は、同一の行為を処罰する（Rozie, Vandermeersch et De Herdt avec le concours de Debauche et Taeymans, op. cit., p. 45）。

103　Hanrion, op. cit., p. 60.

104　刑法典改正法案167条は、同様の正当化事由を規定する（Rozie, Vandermeersch et De Herdt avec le concours de Debauche et Taeymans, op. cit., pp. 45 et s.）

トを削除させることにあり、そのための組織の活動について正当化事由を認めたものである。〈Child Focus〉とは、ベルギーで創設された失踪した子供及び性的虐待を受けた子供のための公益財団であり、毎日24時間体制で運営されており[105]、417/48条１項が定める組織に該当する。Child Focus の役割は、未成年者の性的虐待画像と考えられる物を特定し、報告することに限定される。したがって、Child Focus には、事後的に分析するために児童虐待画像を保存するという意図はない[106]。未成年者の性的虐待画像の撲滅に協力する民間の団体が未成年者の性的虐待画像のデータベースを作成することは禁止されているが、但し、任務の遂行ができるようにするために、告発それ自体や IP アドレスのデータベースを作成することまでは禁止されていない[107]。未成年者の性的虐待画像・ビデオ等の国際的なデータベースについては、国際刑事警察機構（Interpol）が管理運営する。画像及びビデオを鑑定するソフトウェアを利用して、捜査官は即座に被害者、行為者及び場所との関係を証明することができる[108]。

　417/49条は、いわゆる〈sexting（セクスティングとは、性的なテキストメッセージや写真等を携帯電話間等で送信すること）〉に関係する規定である。セクスティングについては、今回の改正前に、SMS 等を利用して、明らかに性的なコンテンツを含む写真、画像またはテキストメッセージを送信する行為について、写真・画像・テキストメッセージ等が、当事者の同意なく、ネット上で公開された場合、いわゆる二次的セクスティング（sexting secondaire）を処罰する規定が設けられていた（旧371/１条・383条の２）[109]。また、性的には成人である未成年者間での相互の性的な同意に基づいて、性的画像等を送信しあう行為（一次的セクスティング）についても、児童ポルノに関する処罰規定（383条の２）に該当しうるものであった[110]。しかし、性的成人年齢に

---

[105]　ベルギーの Child Focus の活動の詳細については、web page（https://childfocus. be/fr-be/）を参照。

[106]　Henrion, *op. cit.*, p. 61.

[107]　*ibid*; Exposé des motifs *préc.*, p. 60.

[108]　Exposé des motifs *préc.*, p. 61; Henrion, *op. cit.*, pp. 61 et s.

[109]　Henrion, *op. cit.*, p. 62.

[110]　*ibid*.

達している未成年者間の同意に基づくセクスティングを処罰する必要性については、検討の余地があった[111]。そこで、417/49条は「16歳以上の未成年者が、相互に同意して、自分自身の性的なコンテンツを作成し、性的なコンテンツを相互に送信し、及びそれを所持するときには、犯罪は成立しない。」と規定し、16歳以上18歳未満の未成年者の一次的セクスティングについては、その行為を正当化する規定を設けた。但し、同条3項では、家族間や未成年者に影響を及ぼす者との間でのセクスティングや、同意なく第三者に性的コンテンツデータを転送するような二次的セクスティングに該当する場合には、正当化事由には該当しないとする規定も設けている。

⑷　通　則

417/50条において、未成年者の性的搾取の罪に関連する犯罪の加重要因を定める。加重要因の内容については、性的完全性侵害罪、不同意性交罪（強姦罪）及び窃視・盗撮等罪で定められる加重要因と同様である。

3　良俗の公然壊乱罪

⑴　良俗の公然壊乱の罪

第417/51条（新刑法典第182条）　極めてわいせつなもしくは暴力的なコンテンツの製造または拡散

① 極めてわいせつなもしくは暴力的な性質を帯びたコンテンツの製造または拡散とは、手段の如何を問わず、極めてわいせつなもしくは暴力的なコンテンツを陳列し、提供し、売却し、賃貸し、伝達し、供給し、準備し、譲渡し、製造し、輸入することである。

②「極めて」とは、わいせつなまたは暴力的な性質を帯びたという点で、合理的な一般人にとって、精神的な面で外傷性の影響またはその他の損害結果を惹起する可能性のあるコンテンツを意味する。

③ 本罪は、1月以上2年以下の拘禁刑及び200ユーロ以上2,000ユーロ以下の罰金【第2級の刑】に処する。

111　Exposé des motifs *préc.*, p. 61.

Ⅱ　性的完全性、性的自己決定及び良俗を侵害する罪　*337*

第417/52条　未成年者もしくは脆弱な状態にある者を対象とする極めてわい
せつなもしくは暴力的なコンテンツの製造または拡散
未成年者または年齢、妊娠、病気もしくは精神的もしくは心理的な障害を理
由として脆弱な状態にありその脆弱性が明らかである者もしくは行為者がそ
の脆弱性を認識していた者に向けられた極めてわいせつなもしくは暴力的な
コンテンツの製造または拡散は、1年以上5年以下の拘禁刑及び300ユーロ
以上3,000ユーロ以下の罰金に処する。
【新刑法典第183条　未成年者もしくは脆弱な状態にある者を対象とする極め
てわいせつなもしくは暴力的なコンテンツの製造または拡散】
未成年者もしくは脆弱な状態にある者に向けられた極めてわいせつなもしく
は暴力的なコンテンツの製造または拡散は、第3級の刑に処する。

第417/53条（新刑法典第184条）　露出行為
　　① 露出行為とは、公共の場所または公衆の目に触れるところで、露出
　　　　された自分の性器または性的行為を他人に見せつけることをいう。
　　② 本罪は、8日以上1年以下の拘禁刑及び26ユーロ以上500ユーロ以下
　　　　の罰金【第1級の刑】に処する。

第417/54条　未成年者または脆弱な状態にある者の面前での露出行為
未成年者または年齢、妊娠、病気もしくは精神的もしくは心理的な障害を理
由として脆弱な状態にありその脆弱性が明らかである者もしくは行為者がそ
の脆弱性を認識していた者の面前での露出行為は、6月以上3年以下の拘禁
刑及び100ユーロ以上1,000ユーロ以下の罰金に処する。
【新刑法典第185条　未成年者または脆弱な状態にある者の面前での露出行
為】
未成年者または脆弱な状態にある者の面前での露出行為は第2級の刑に処す
る。

第417/55条（新刑法典第186条）　加重要因
　　刑または処分の選択及びその量定に際して、本節において定められた犯罪

については、裁判官は特に次に掲げる事実を考慮しなければならない。

―犯罪の動機の一つが、いわゆる人種、肌の色、祖先、出身国もしくは民族的な出自、国籍、性別、妊娠、出産、親族、性別の変更、性自認、性の表現、性的指向、戸籍、家柄、年齢、資産、宗教的もしくは哲学的な信条、健康状態、障害、言語、政治的信条、組合的な信条、肉体的もしくは遺伝的な特性、または社会的な素性及び階層を理由とする、たとえ、この特性が現実的な方法で表されるか、または単に行為者がこの特性を想定していただけだとしても、人に対する憎悪、軽蔑または敵意である。また、犯罪の動機の一つが、被害者と、現実のもしくは想定される―もしくは複数の特性について憎悪、軽蔑もしくは敵意が生み出される対象となる者との間の関係または想定される関係にあるときにも同様である。【新刑法典第186条では削除】

―犯罪が、公務の執行に際して、公務を託される者によって実行された。

―犯罪が、未成年者に対して、信頼される、権限または影響を与える立場にある者によって実行された。

―犯罪が10歳未満の未成年者に対して実行された。

―犯罪が16歳未満の未成年者に対して実行された、及び、本節で対象とされた行為を後に実行する目的で、行為者が、犯罪に先行して16歳未満の未成年者に接近した。

―犯罪が文化、慣習、伝統、宗教またはいわゆる「名誉」の名のもとで実行された。

4　通　則

第417/56条（新刑法典187条）　性的なまたは極めてわいせつなもしくは暴力的な性質を帯びた特定の画像の削除への技術的な協力提供の拒否

① 同意のない拡散の対象となった性的な画像、未成年者の性的虐待画像及び極めてわいせつなもしくは暴力的な性質を帯びた画像の削除に技術的な協力を提供することの拒否とは、次に掲げる事項への技術的な協力を提供することの拒否である。

―検察意見書に明示された期間内にかつ明示された条件に応じて、治罪法（刑事訴訟法）第39条の2§6第2項に従って下された検事の口頭での

II 性的完全性、性的自己決定及び良俗を侵害する罪　*339*

または書面による命令

―その定める期間内でのまたはその定める条件に従った、裁判所法第584条第5項第7号に定める第一審裁判所の命令において含まれる決定の執行

② 本罪は、200ユーロ以上15000ユーロ以下の罰金【第1級の刑】に処する。

第417/57条（新刑法典第188条）　施設の閉鎖

① その他の法律の規定を除いて、裁判官は、本章で定める場合において、経営者、所有者、賃貸者もしくは管理者である自然人または法人の身分を考慮することなく、1月から3年の期間、そこで犯罪が実行された施設の閉鎖を命じることができる。

② 刑の言渡しを受けた者が施設の所有者でも、経営者でも、賃貸者でも、管理者でもないときには、閉鎖は、具体的な事情から閉鎖が求められる場合に限り、これを命じることができる。検察官の請求に基づく所有者、経営者、賃貸者または管理者の召喚の後で、閉鎖は最長2年の期間で命じられる。

③ 裁判所への召喚は、送達書の作成者である法定執行吏の指揮のもとで、資産状況資料全般の管理を管轄する部局で、これを登録する。

④ 召喚状には、1851年12月16日の担保法第141条で対象とされる関連する不動産のデータ並びに同法第139条及び第140条が定めるような所有者の身元確認データを記載する。

⑤ 訴訟において下された決定は、担保法第84条に定める手続に従って召喚の供述調書の余白に記載される。裁判所書記官は、資産状況資料全般の管理を管轄する部局に、抄本といかなる上訴も提起しないとの宣誓書を送付する。

⑥ 施設の閉鎖は、犯罪の実行に導いた活動と関係する一切の活動を行うことの禁止を含む。閉鎖は、刑の言渡しが既判事項の確定力を得た日から始まる。任意の閉鎖が行われない場合、刑の言渡しを受けた者の費用負担で、検察官の指揮のもとで閉鎖が執行される。

340　第2章　ベルギー刑法における性犯罪規定全面改正の概要

第417/58条（新刑法典第189条）　居住、場所への立入または接触の禁止

① その他の法律の規定を除いて、裁判官は、刑の言渡しを受けた者に、1年以上20年以下の期間、裁判官によって特定された地域において居住し、在住し、または位置する権利の禁止を科すことができる。

② 本刑を科すときには、特別に理由を付し、並びに事実の重大性及び刑の言渡しを受けた者の再社会化能力を考慮しなければならない。

③ 居住、場所への立入または接触の禁止は、刑の言渡しが既判事項の確定力を得た日から始まる。但し、仮釈放の期間を除き、その期間は自由刑が執行された期間、これを延長する。

④ 場合によっては、行刑裁判所は、禁止の期間もしくは範囲を短縮し、禁止の様式もしくは条件を調整し、禁止を中断し、または禁止を修了させることによって、既判事項の確定力を得た居住、場所への立入または接触を禁止する刑の言渡しの修正を決定することができる。

第417/59条（新刑法典第190条）　特定の禁止及び権利の剝奪

§1　本章によって定める場合において、被告人には第31条第1項【第47条第1項】に定める権利の剝奪が言い渡される。

§2

① その他の法律の規定を除いて、裁判官は、本章が定める場合には、刑の言渡しを受けた者に、一定の期間または無期限に、直接的または間接的に、療養所、自宅、荘園もしくはその他一切の脆弱な者の共同住宅施設を利用することを禁止し、または、ボランティアの一員、規約に定められたもしくは契約で定められた従業員、行政及び管理組織の一員として、主として脆弱な者に関する活動をしている組織もしくは団体に所属することを禁止する。

② その他の法律の規定を除いて、裁判官は、本章で定めた場合において、未成年者に損害を与えて、または未成年者の参加を伴い実行された事実について、1年以上20年以下の期間、次に掲げる権利の禁

止（制限）を言い渡すことができる。

一身分の如何を問わず、未成年者を受け入れる公共のまたは民間の施設において提供される教育に参加する。

一ボランティアの一員、規約に定められたもしくは契約で定められた従業員、行政及び管理組織の一員として、主として脆弱な者に関する活動をしている法人もしくは事実上の団体に所属する。

一ボランティアの一員、規約に定められたもしくは契約で定められた従業員、行政及び管理組織の一員として、刑の言渡しを受けた者を未成年者に対して信頼を与えまたは権限を及ぼす関係に配置するという活動を、主として脆弱な者に関する活動をしている法人もしくは事実上の団体に与える。

§3　本条で定められた禁止及び権利の剥奪は、刑の言渡しが既判事項の確定力を得た日から始まる。但し、刑が電子監視の方式で執行された期間及び条件付釈放または仮釈放の期間を除き、その期間は拘禁刑または懲役が執行された期間、これを延長する。

第417/60条　禁止を内容とする刑の不遵守【新刑法典では削除】

①　禁止を内容とする刑の不遵守とは、次の各号に掲げる刑の一つに違反することである。

1号　417/57条に定める施設の閉鎖

2号　417/58条に定める居住、場所への立入または接触の禁止（制限）

②　本罪は、1年以上3年以下の拘禁刑及び1.000ユーロ以上5000ユーロ以下の罰金またはその一方の刑に処する。

第417/61条　犯罪の競合【新刑法典では削除】

417/57条及び417/59条に定める刑はまた、62条または65条を適用して本章に定める罪と競合する罪に基づいて刑が言い渡される場合に、これを言い渡すことができる。

342 第2章 ベルギー刑法における性犯罪規定全面改正の概要

第417/62条（新刑法典第191条） 裁判の伝達

① 本章に定める場合、行為者が、その身分またはその職業を理由として、未成年者と接触するとき、及び、使用者、法人または未成年者に対して懲戒権を行使する権限機関が知られているときには、裁判官は、使用者、法人または懲戒権者に、判決の主文の刑事に関する部分の伝達を命じることができる。

② この処分は、職権によって、私訴原告人または検察官の請求によって、事実の重大性、社会復帰の可能性または再犯の危険性を理由として、特別に理由を付した判決において、下される。

第417/63条（新刑法典第192条） 被害者の身元の保障
§1

① 書籍、雑誌、映画、ラジオ放送、テレビ放送もしくは何らかのその他の方法による、本章で定める犯罪の被害者の身元を明かすような文書、図画、写真、何らかの映像もしくは聴覚のメッセージの公表または拡散は禁止される。被害者が書面による同意を与えたとき、または検事もしくは予審を担当する司法官が情報収集もしくは予審の必要性のために承諾したときは、この限りではない。

② 未成年の被害者も、未成年の被害者に対する親権を託された者も、同意を与えることはできない。

§2 本条に違反する行為は、2月以上2年以下の拘禁刑及び300ユーロ以上3,000ユーロ以下の罰金またはその一方の刑のみに処する。

第417/64条 性犯罪者の指導または治療（処遇）における専門部局の意見
【新刑法典では削除 新刑法典第32条を参照】

　被告人が本章に定める罪について訴追されるときには、事件を受理した検察官及び裁判官は、最も適切な刑を決定する目的で、性犯罪者の指導または治療（処遇）における専門部局の理由を付した意見を求めることができる。

(2) 良俗の公然壊乱の罪の概要

　良俗の公然壊乱の罪（l'outrage public aux bonnes moeurs）とは、行為者と

Ⅱ　性的完全性、性的自己決定及び良俗を侵害する罪　*343*

被害者の間での身体的な接触がなく成立し、良俗が保護法益とされ、良俗を侵害した場合に成立する犯罪である[112]。今回の改正前には、383条から389条に規定が置かれていた[113]。良俗については、法律上の規定は存在せず、事案ごとに、裁判官が良俗に違反しているかどうかを判断することになる[114]。良俗の公然壊乱罪の保護法益は、人の羞恥心ではなく、全体としての公共の道徳であると理解されている[115]。破毀院も、「良俗」の法律上の概念内容は、法律によって保護される公共の道徳の分野に属する法益に対応して、決定されると判断してきた[116]。破毀院は、1994年3月15日判決において「良俗の法律上の概念は、大多数の者の意見に従ってしか、これを評価することはできない。評価をすることのできるこの概念の内容は、ある時点で、集団の意識によって理解されるような、法律によって保護された公共の道徳の分野に属する価値に応じて、決定されなければならない。」[117]と判断している。良俗とは、ある一定の時期に、集団の羞恥心によって一般に認められた感情の表現であり、羞恥心とは、性的な実践によって規律された自制以外の何物でもない[118]。良俗は、個人的な意見や道徳的な考慮によって決定されるのではなく、集団の意識の中で行われた行動が惹起する反応によって決定される[119]。良俗の概念は時代によって変化するものであるから、ベルギーでは、現時点において、良俗に反すると考えられる行動は、性的暴力、小児性愛、糞尿愛好、動物性愛及びハードSMの実践であるとされる[120]。その一方で、成人が同意をして、倒錯的でもなく、残虐でもない、野獣的でもない行動をする場面を公開するポルノ出版物を、内容を認識した読者に販売することは、もはや良俗に反するとは考えられない[121]。同様に、ポルノ映画の販売や公開は、

112　Henrion, *op. cit.*, p. 64.

113　*ibid.* 詳細については、N. Colette-Basecqz et N. Blaise, Des outrages publics aux bonnes moeus, in *Les infractions volume 3 Les infractions contre l'ordre des familles, la moralité publique et les mineurs,* Larcier, 2011, pp. 251 et s. を参照。

114　Henrion, *op. cit.*, p. 64; Colette-Basecqz et Blaise, *op. cit.*, p. 258.

115　Colette-Basecqz et Blaise, *op. cit.*, p. 257.

116　Henrion, *op. cit.*, p. 64.

117　Cass., 15 mars 1994, *Pass.*,1994, Ⅰ, p. 291.

118　Henrion, *op. cit.*, p. 65.

119　Henrion, *op. cit.*, pp. 65 et s.

120　Henrion, *op. cit.*, p. 66.

344 第2章 ベルギー刑法における性犯罪規定全面改正の概要

それ自体としては、良俗への公的な侵害に該当するとは考えられない。対象となる映画に、性暴力のシーンや、野獣的なまたはハードSMのシーンが含まれていない場合、及び相互に同意をした者間での様々な形態の性的な関係の表現が、同意をした一般大衆のみを相手にしたものである限りにおいて、その映画の視聴が、要望されない場合には、強制されることもないので、良俗を保護する立法に違反する犯罪は成立しない[122]。アントワープ控訴院は、個人の部屋で、性的な下心もなく、裸体をさらけ出す行為は、社会にとって、風俗への壊乱とはみなされず、羞恥心という一般的な感情を侵害するものでもない、と判断している[123]。

法益の保護を性的規範と関係する良俗と単純に結びつけないことは認められる。斬首や拷問という極めて暴力的なメッセージの拡散は、それ自体として、現在の道徳概念によって認められるものではない。今日、集団意識が排斥する行為は、例えば、動物性愛、小児性愛、成人間での強制下での性的関係のように極めてわいせつなメッセージだけではなく、極めて暴力的なメッセージである[124]。したがって、417/51条は、極めてわいせつなもしくは暴力的なコンテンツの製造または拡散を処罰している。「極めて」とは、わいせつなまたは暴力的な性質を帯びたという点で、合理的な一般人にとって、精神的な面で外傷性の影響またはその他の損害結果を惹起する可能性のあるコンテンツを意味する（同条2項）。未成年者もしくは脆弱な状態にある者を対象とする場合は加重類型とされる（417/52条）。

417/53条は、露出行為として、公然わいせつに該当する行為を処罰する。改正前の385条1項は「羞恥心を傷つける行為によって、公然と風俗を壊乱した者は、8日以上1年以下の拘禁刑及び26ユーロ以上500ユーロ以下の罰金に処する。」と規定していた。処罰の対象とされる行為は、良俗に反する行為であり、具体的には、裸体を見せつける、公衆の面前で性的行為を行うこと等である。見物人に本当の男性器だという印象を与えるような非常に精

---

121 *ibid.*

122 Henrion, *op. cit.*, p. 66.

123 Anvers, 16 octbre 2003, *N. C.*, 2006, p. 130.

124 Henrion, *op. cit.*, p. 67; Rozie, Vandermeersch et De Herdt avec le concours de Debauche et Taeymans, *op. cit.*, p. 252.

Ⅱ　性的完全性、性的自己決定及び良俗を侵害する罪　　*345*

巧に作成した男性器に類似する物を見せつける行為は、羞恥心を傷つけることによる風俗の壊乱を構成する[125]。良俗を壊乱する行為が成立するためには、他人の羞恥心を傷つける行為が必要であるので、ヌーディスト村で、単に裸体を見せたとしても、裸体でいることに同意している者にとって羞恥心の侵害はなく、犯罪は成立しないが、但し、ヌーディスト村で、公衆の面前で自慰行為を行えば、公然わいせつに該当すると解される[126]。公然性については、公共の場所のように公衆の目に触れる場所でわいせつ行為が行われることが必要であり、不特定または多数の者が認識しうる状態というわが国における公然性の定義と大きく異なるものではない。また、主観的要件としては、故意のほかに性的な意図という特別故意は不要であると理解されていた[127]。

　今回の改正では、従来の公然わいせつの概念ではなく、フランス刑法と同様に、露出行為（exhibitionnisme）という概念を用いて、新たな犯罪として規定している。フランス刑法222-32条[128]では、性器露出行為を処罰の対象としているが、内容的には、同様の行為を処罰の対象としている。417/53条は「露出行為とは、公共の場所または公衆の目に触れるところで、露出された自分の性器または性的行為を他人に見せつけることをいう。」と規定しており、「他人に見せつける（imposer à la vue d'autrui）」とは見たくない人に無理やり見せるということを意味するので、ナチュラリスト専用の浜辺やキャンプ場で性器を見せたとしても、見せつけたには該当しない[129]。また、「公共の場所（dans un lieu public）」は公衆の面前で（en public）よりも広い概念を意味しており、誰もが常時利用可能な場所で、公共交通機関も利用できるような場所を意味する[130]。なお、私的な場所も、望まないその他の者が存在することで公共の場所に該当することはありうる[131]。法案審議の過程で、自

---

[125]　Henrion, *op. cit.*, p. 68.

[126]　*ibid.*

[127]　Henrion, *op. cit.*, p. 69.

[128]　フランス刑法222-32条は「公衆の目に触れる場所において、他人に見せつける性器露出行為（exhibition sexuelle）は、1年の拘禁刑及び15000ユーロの罰金に処する。」と規定する。

[129]　Henrion, *op. cit.*, p. 69.

346 第2章 ベルギー刑法における性犯罪規定全面改正の概要

らの性器の写真を、郵送で配布する行為が本罪に該当しうるかについて検討
されたが、性器の写真が公表されていないことから、犯罪成立の要件を充足
しないとされた[132]。但し、望まない写真を受け取ったことはハラスメントに
該当することになる[133]。未成年者の面前で行われた露出行為は加重類型とさ
れる（417/54条）。417/55条は、6種類の加重要因を定める。

通則として、417/56条から417/64条までの規定が置かれている。417/56条
は、性的なまたは極めてわいせつなもしくは暴力的な性質を帯びた特定の画
像の削除への技術的な協力提供の拒否を規定する、改正前の371/1条は、同
意なく拡散の対象となった性的画像の削除への技術的協力を提供することの
拒否に関する規定であった。417/56条は、旧371/1条の対象範囲を拡大し、
性的画像のみではなく、未成年者の性的虐待画像及び極めて暴力的な画像に
も本条が適用される。

417/57条は、旧388条の規定を継承し、犯罪が実行された施設の閉鎖を定
め、417/58条は、旧382条の2第4号が特定された地域で居住し、在住し、
またはとどまることを禁止していたのに対して、その範囲を拡大して、居
住、場所への立入または接触の禁止（制限）を規定する[134]。

417/59条は、特定の禁止及び権利の剥奪を定める。本条§1によれば、31
条1項が定める権利の禁止が適用される。31条は、「1項：無期懲役もしく
は無期禁錮または10年以上15年以下の懲役もしくは15年以上の懲役を言い渡
した判決は、刑の言渡しを受けた者に対して、次に掲げる権利の無期限の禁
止を言い渡す。1号：公務、公職、公吏の職を遂行する、2号：被選挙権、
3号：勲章の佩用または貴族の称号の保持、4号：陪審員、鑑定人、証書作
成における立会人もしくは保証人となる、単なる情報の提供以外に法廷で証
言する、5号：自分の子供の後見人、後見監督人または保佐人に選任され
る、推定不在者の裁判所選任の財産管理者または民法第492/1条に照らして
保護される者の管理者、6号：武器または弾薬を製造し、改造し、修理し、

130　*ibid.*

131　Exposé des motifs *préc.*, p. 67.

132　*ibid.*

133　Henrion, *op. cit.*, p. 69.

134　Henrion, *op. cit.*, p. 73.

II 性的完全性、性的自己決定及び良俗を侵害する罪 *347*

譲渡し、所持し、携帯し、輸送し、輸入し、輸出し、もしくは税関を通過させ、または軍隊で任務に就く。2項：前項で定められた刑を言い渡す判決において、その他、無期のまたは20年以上30年以下の期間、刑の言渡しを受けた者に投票権の禁止を言い渡すことができる。」と規定する[135]。また、未成年者との接触も禁止される。旧382条の2が未成年者との接触を禁止していたが、本条においても、再犯防止の観点から、未成年者に対する性犯罪について刑の言渡しを受けた者が、未成年者と直接的または定期的な接触をもちうる職業活動を行うことを妨げるために必要な措置がとられることになる[136]。

417/61条は犯罪の競合を規定する。改正前の規定では、犯罪の競合の場合は、最も重い犯罪に定められた刑を適用することになるので、競合するより軽い犯罪に定められた主刑または付加刑を適用することはできなかった。417/61条によって、本章に定める性犯罪が競合する場合には、裁判官は、417/57条及び417/59条を適用して、施設の閉鎖や権利の禁止を言い渡すことが可能となる[137]。なお、新刑法典では、417/61条に相当する規定は削除されている。

417/62条は、性的虐待及び小児性愛への取組を改善するための2021年12月14日法律によって導入された旧382条の4を継承した規定である[138]。なお、新刑法典第191条は417/62条と同一の内容を規定している[139]。旧382条の4は、「行為者が372条から377条、379条から380条の3及び381条に定める行為について刑の言渡しを受けた者が、その地位や職業を理由として、未成年者と接触をするとき、及び、使用者、法人または未成年者に対して懲戒権を行使する権限機関が知られているときには、裁判官は、使用者、法人または懲戒権者に、判決の主文の刑事に関する部分の伝達を命じることができる。こ

135　ベルギー刑法典の最新の条文については、http://www.ejustice.just.fgov.be/eli/loi/1867/06/08/1867060850/justel を参照。

136　Henrion, *op. cit.*, pp. 74 et s.

137　Henrion, *op. cit.*, pp. 75 et s.

138　Henrion, op. cit., p. 76.

139　Rozie, Vandermeersch et De Herdt avec le concours de Debauche et Taeymans, op. cit., p. 42を参照。

348 第2章 ベルギー刑法における性犯罪規定全面改正の概要

の処分は、職権によって、私訴原告人または検察官の請求によって、事実の重大性、社会復帰の可能性または再犯の危険性を理由として、特別に理由を付した判決において、下される。」と規定していた[140]。旧382条の4では、裁判の伝達の対象となる犯罪は、強制わいせつ罪・強姦罪・未成年者を堕落させる罪に限定されていたが、417/62条では、対象となる犯罪がすべての性犯罪に拡大されている[141]。

417/63条は、被害者の書面による同意または検事もしくは予審判事の反対の決定を除いて、強姦罪または強制わいせつ罪の被害者の身元の特定を暴露することを禁止する旧378条の2を継承している[142]。2016年5月31日法律によって導入された第382条の5は、417/63条§1と同様の内容を定めていた[143]。新刑法典192条は417/63条と同一内容を定めている[144]。なお、治罪法（刑事訴訟法）190条2項及び310条2項によって、被害者の私生活を保護するために、裁判を非公開で行う決定をすることができる[145]。

416/64条は、性犯罪者の指導または治療（処遇）[146]における専門部局の意見を定める。刑法典改正法案32条は、同一の内容を規定する[147]。現行法では、裁判所が刑の停止または執行猶予の処分において保護観察を想定しているときに、性犯罪者の指導または治療（処遇）における専門部局の意見が義務づけられていた。改正後の417/64条では、性犯罪者の指導または治療における専門部局の意見は選択可能となった。この理由については、刑法典改正委員会の議論の中で、性犯罪の種類によっては、必ずしも、治療（処遇）を必要とする性的問題の兆候を示していない場合もあるので、治療（処遇）を

---

140 旧382条の4については、*Les Codes La Charte 3, Droit pénal Edition 2014-2015*, La Charte, 2014, p. 113を参照した。

141 Henrion, *op. cit.*, p. 76.

142 Henrion, *op. cit.*, p. 77.

143 *ibid.*

144 Rozie, Vandermeersch et De Herdt avec le concours de Debauche et Taeymans, op. cit., p. 48を参照。

145 Henrion, *op. cit.*, p. 77.

146 原文では、〈traitement〉という文言が使われているが、〈traitement〉には「処遇」や「治療」という訳語が充てられることがあるので、本稿では「治療（処遇）」と訳出する。

147 末道・前掲「ベルギー刑法典改正法案第1編・刑法総則の概要」169頁を参照。

義務づける必要性はないという意見が示されたためである[148]。対象は、すべての性犯罪に拡大されている[149]。現行法では、独自の保護観察刑の言渡しは、労働刑や電子監視刑と同じく、性犯罪者については排除されていた[150]。この点について、労働刑、電子監視刑及び保護観察刑の対象から性犯罪者を除外する必要性については批判もあり、再犯防止の観点からも、自由刑以外の代替刑については、性犯罪者を含めて、広く適用するべきであるという見解が有力になっている[151]。立法理由書においても、性犯罪者の治療または精神療法の可能性を最適化するために、保護観察付きの執行猶予を判断する資料として、裁判の前歴についての前提はもはや考慮から外されるべきであるとの指摘がある[152]。なお、新刑法典では、417/64条に相当する規定は削除されている。

III　売春濫用の罪

1　売春濫用の罪

第433条の4/1（新刑法典第265条）　売春幹旋罪

① 売春幹旋とは、第433条の5【第258条】の適用を除いて、成人に対して実行された次に掲げる行為の一つからなる。

―法律に定める場合を除き、他者から利益を得る目的で、他者の売春を組織する。

―直接的または間接的に、不法な経済的利益またはその他の不法な利益を獲得する目的で、売春を促進し、唆し、奨励し、または容易にする。

―売春をやめることを妨害し、またはより難しくする手段をとる。

148　Exposé des motifs *préc.*, p. 82.

149　Exposé des motifs *préc.*, p. 83.

150　刑法37条の8では、人質強要の罪（347条の2）、加重事由を伴う強制わいせつ罪及び強姦罪（375条から377条）、未成年者に対するまたは未成年者を使った性犯罪（379条から387条）、殺人罪ほか（393条から397条）、窃盗を容易にするための殺人罪（475条）には保護観察刑は適用されない（この点については、末道康之「ベルギーにおける刑罰制度の改正―電子監視刑と保護観察刑について」南山法学38巻3・4合併号178頁を参照）。

151　Henrion, *op. cit.*, p. 78.

152　*ibid.*

350　第2章　ベルギー刑法における性犯罪規定全面改正の概要

② 本罪は、1年以上5年以下の拘禁刑及び500ユーロ以上25,000ユーロ以下の罰金【第3級の刑】に処する。

③ 本罪の未遂は6月以上3年以下の拘禁刑及び100ユーロ以上5000ユーロ以下の罰金に処する。【第52条§1第2項の例外として、裁判官は、付加刑として、本罪の既遂犯には、200ユーロ以上200,000ユーロの罰金に処し、本罪の未遂犯には200ユーロ以上40,000ユーロの罰金に処する。】

④ 前二項に定める罰金は被害者の数に応じて適用される。【新刑法典では削除】

第433条の4/2（新刑法典第266条）　売春のための広告

§1　売春のための広告とは、次に掲げることをいう。

―手段の如何を問わず、態様の如何を問わず、言葉でごまかすことでその性質を偽装して、直接的または間接的な方法で、成人による性的サービスの提供の広告を作成し、掲載し、配布または拡散すること。

―明示的または黙示的な広告の手段の如何を問わず、成人が売春に従事することを知らしめること。

―明示的または黙示的な広告の手段の如何を問わず、成人の売春を容易にすること。

§2　成人の売春のための広告は禁止される。

① 禁止は次に掲げる場合には適用されない。

―売春のために専門的に利用される場所において、飾り窓の背後での特有の性的サービスのために広告を行う成人に対して、

―特にこの目的のために準備されたデジタルプラットホームまたはその他のサポートもしくはサポートの一部に、自らの性的サービスのための広告を登載する成人に対して、

―濫用もしくは搾取の事例が万一生じた場合に、即座に、及び、国王が定める方式に従って、警察機構または司法当局に告発することによって、労働者を性的問題から保護し、並びに売春の濫用及び人身取引を防止するための措置を講じるときには、性的なサービスのための、または

成人による性的なサービスの提供を専門とする場所のための広告を拡散している、特にこの目的のために準備されたデジタルプラットホームまたはその他のサポートもしくはサポートの一部の提供者に対して。

② 国王は、特にこの目的のために準備されたデジタルプラットホームまたはその他のサポートもしくはサポートの一部が意味することを定義する。

③ 本罪は、1月以上1年以下の拘禁刑及び100ユーロ以上1.000ユーロ以下の罰金【第1級の刑】に処する。

第433条の4/3（新刑法典第267条）　売春の勧誘

① 公然たる売春の勧誘とは、次に掲げることである。

―明示的または黙示的に、あらゆる広告手段をもって、成人に売春を勧誘すること。

―手段の如何を問わず、公然と、成人に売春を勧誘すること。

② 本罪は、1月以上1年以下の拘禁刑及び100ユーロ以上1.000ユーロ以下の罰金【第1級の刑】に処する。

第433条の4/4（新刑法典第268条）　加重売春の濫用

① 第433条の4/1条【第265条】から第433条の4/3【第267条】に定める売春の濫用は、不法なもしくは不安定な行政的状況、不安定な社会的状況、年齢、妊娠、病気、または身体的もしくは精神的な障害もしくは欠陥を理由として脆弱である成人に対して犯罪が実行されたときには、加重される。

② 本罪は、10年以上15年以下の懲役及び100ユーロ以上50.000ユーロ以下の罰金【第4級の刑】に処する。

③ 罰金は被害者の数に応じて適用される。【第265条に定める売春の濫用の場合、罰金は被害者の数に応じて適用される。】

第433条の5/5（新刑法典第269条）　施設の閉鎖

① その他の法律の規定を除いて、裁判官は、本章で定める場合におい

て、経営者、所有者、賃貸者もしくは管理者である自然人または法人の身分を考慮することなく、1月から3年の期間、そこで犯罪が実行された施設の閉鎖を命じることができる。

② 刑の言渡しを受けた者が施設の所有者でも、経営者でも、賃貸者でも、管理者でもないときには、閉鎖は、具体的な事情から閉鎖が求められる場合に限り、これを命じることができる。検察官の請求に基づく所有者、経営者、賃貸者または管理者の召喚の後で、閉鎖は最長2年の期間で命じられる。

③ 裁判所への召喚は、送達書の作成者である法定執行吏の指揮のもとで、資産状況資料全般の管理を管轄する部局で、これを登録する。

④ 召喚状には、1851年12月16日の担保法第141条で対象とされる関連する不動産のデータ並びに同法第139条及び第140条が定めるような所有者の身元確認データを記載する。

⑤ 訴訟において下された決定は、担保法第84条に定める手続に従って召喚の供述調書の余白に記載される。裁判所書記官は、資産状況資料全般の管理を管轄する部局に、抄本といかなる上訴も提起しないとの宣誓書を送付する。

⑥ 施設の閉鎖は、犯罪の実行に導いた活動と関係する一切の活動を行うことの禁止を含む。閉鎖は、刑の言渡しが既判事項の確定力を得た日から始まる。任意の閉鎖が行われない場合、刑の言渡しを受けた者の費用負担で、検察官の指揮のもとで閉鎖が執行される。

第433条の4/6（新刑法典第270条）　特殊な禁止

① 本章に定める場合において、罪を認めた者には第31条第1項【第47条第1項】に定める権利の禁止が言い渡される。

② その他の法律の規定を除いて、裁判官は、本章に定める場合において、刑の言渡しを受けた者に、1年以上20年以下の期間、自らあるいは介在者によって、酒類提供店、職業紹介所、エンターテインメント会社、視覚補助器具のレンタルもしくは販売代理店、ホテル、家具レンタル代理店、旅行代理店、結婚仲介会社、養子縁組斡旋機

Ⅲ　売春濫用の罪　*353*

関、未成年者の保護を委託された施設、学生及び若年者団体の送迎を行う会社、娯楽もしくは休暇の施設または身体的もしくは精神的な治療を提供する施設の経営、または肩書の如何を問わず、そこで雇用されることを禁止することができる。

③　本章で定める禁止は、刑の言渡しが既判事項の確定力を得た日から始まる。但し、その期間は、仮釈放の期間を除いて、拘禁刑または懲役が執行された期間、これを延長する。【第48条第3項及び第4項は、本条の禁止に、これを適用することができる。】

【新刑法典第271条　犯罪供用物の没収】

①　第53条§2第2号の例外として、本節で定める犯罪の一つの実行に用いられた、または準備された物は、たとえ、その物の所有権が刑の言渡しを受けた者に帰属していなくても、その財産について第三者が主張する権利を損なうことなく、これを没収する。

②　没収はまた、同じ状況で、犯罪の実行の用いられた、もしくは準備された不動産または不動産の一部にも、これを適用する。

③　この動産又は不動産が、犯罪の実行と確定的な司法判決との間に、譲渡されていた場合、裁判官は、価額評価の手続をとり、第53条§2第1項に従い、相当する金額を対象とする追徴を言い渡す。

第433条の4/7　禁止を内容とする刑の不遵守【新刑法典では削除】

①　禁止を内容とする刑の不遵守は、次に掲げる刑の一つに違反することである。

1号　第433条の4/5で定める施設の閉鎖

2号　第433条の4/6で定める特殊な禁止

②　本罪は1年以上3年以下の拘禁刑及び1.000ユーロ以上5000ユーロ以下の罰金またはその一方の刑に処する。

第433条の4/8　学際的な評価【新刑法典では削除】

§1

①　代議院は、施行の2年後、その後は4年ごとに、本章の規定適用の

評価について責任を負う。

② 評価は学際的なものであり、司法及び警察の担当者の代表者、専門的な公的機関の代表者、並びに民間会社団体及び大学専門家の代表者の査定に基づく。後三分野〔専門的な公的機関、民間会社団体及び大学専門家〕の代表者の査定の領域には、少なくとも、人身取引の撲滅、売春を行う者への支援、女性と男性の平等、労働者の経済的及び社会的な権利の防衛及び健康へのアクセスを含めなければならない。

§2　2022年12月31日までに、法律によってこの評価の態様を定める。

2　売春濫用の罪の概要

売春濫用の罪（l'abus de prostitution）については、その概要を簡潔に紹介する。今回の改正によって、売春濫用の罪は、第2巻「犯罪及び刑罰　各則」第8編「人に対する重罪及び軽罪」第3章の2/1「売春濫用の罪」として整理された。売春（prostitution）についての法律上の定義はなく、判例によって定義が試みられてきた。売春とは、男性または女性にとって、日常的に及び定期的に、報酬と引換えに、自らの体を取引し、不特定の男性または女性と性的関係をもつことに同意する行為とする定義は可能である[153]。報酬については、金銭である必要性はなく、住居、食料または衣服との交換で性的サービスを行う場合も売春に該当することは明らかである。法律では、淫行（débauche）という文言も用いられるが、淫行（débauche）の概念は、売春よりは広い内容を含む概念であると理解されている[154]。淫行とは、報酬がなく行われる性生活である一切の不品行と定義することができる。淫行とは、淫欲または不道徳である行為一切を対象とする。淫行には、性的関係が完遂する必要はなく、周囲の状況、対象者の年齢、時代等に応じて、淫行の概念は評価される[155]。改正前の380条は、淫行または売春のための雇用、淫

---

[153]　この定義は、ブリュッセル軽罪裁判所1961年6月9日判決（Corr. Bruxelles, 9 juin 1961, *J. T.*, 1962, p. 210）によって示されたものである（Demars, De la corruption de la jeunesse et de la prostitution *préc.*, pp. 191 et s.; Henrion, *op. cit.*, p. 79.

[154]　*ibid.*

行または売春宿の経営、売春斡旋所、淫行または売春の勧誘、淫行または売春宿での留置き、淫行または売春への強制、未成年者の淫行または売春を規定していた[156]。改正後の規定では、売春の濫用の罪として、433条の4/1・売春斡旋罪、433条の4/2条・売春のための広告、433条の4/3・売春の勧誘、433条の4/4・加重売春の濫用、433条の5/5・施設の閉鎖、433条の4/6・特殊な禁止、433条の4/7・禁止を内容とする刑の不遵守、433条の4/8・学際的な評価が設けられた。

売春斡旋罪（proxénetisme 433条の4/1）については、条文の規定上も人身取引・売買罪（433条の5）との区別が重要である。433条の5は「次に掲げる目的で、人を募集し、輸送し、移送し、居住させ、受け入れる、人に対する監督を行うまたは委譲する行為は人身取引・売買罪を構成する。1号・売春からの搾取またはその他の形態の性的搾取の目的、2号・乞食（物乞い）からの搾取の目的、3号・人間の尊厳に反する条件のもとでの労働または役務の目的、4号・臓器の摘出及び移植に関する1986年6月13日法律に違反する臓器もしくは人間の医学的な適用または科学的研究目的に向けられた人体の物質の取得または利用に関する2008年12月19日法律に違反する人体の物質摘出の目的、5号・その意思に反して、重罪または軽罪を人に実行させる目的」と規定する[157]。したがって、人身取引・売買罪は、外国人からの搾取目的や乞食（物乞い）や臓器摘出等の経済的な搾取目的ではなく、売春やその他の性的行為からの搾取も処罰の対象としている。売春斡旋行為と人身売買行為とは、売春からの搾取という点では共通し、人身取引行為の要件が充足された場合は、人身取引・売買罪に該当することになる[158]。旧380条§1第4号は「態様の如何を問わず、他人の淫行または売春を勧誘した者」を処罰の対象としており、433条の4/1では、売春斡旋行為をより詳細に定義している[159]。

---

155 *ibid.*

156 *Les Codes La Charte 3, Droit pénal Edition 2014-2015*, La Charte, 2014, p. 111を参照。

157 ベルギー刑法典の最新の条文については、http://www.ejustice.just.fgov.be/eli/loi/1867/06/08/1867060850/justel を参照。

158 Henrion, *op. cit.*, pp. 80 et s.

356 第 2 章 ベルギー刑法における性犯罪規定全面改正の概要

　売春のための広告（433条の 4/2）については、§1 で売春のための広告を定義し、§2 で成人の売春のための広告の禁止が適用されない場合を定める。例えば、成人が自らの売春（性的サービス）のための広告を行うことは処罰の対象とはされない。広告の態様についても、伝統的な新聞や雑誌への広告の掲載はもとより、デジタルプラットホームへの広告の掲載も許容される。旧380条の 3 が規定していた内容は現在では既に時代遅れになっており、許容される範囲が拡大されたといえる[160]。なお、デジタルプラットホーム上の広告掲載等が、売春の濫用や人身取引につながらないようにするために、コンセイユ・デ・タ（国務院）の意見に基づき、その概念を明確にすることを求める規定が設けられている[161]。

　433条の 4/3 は、成人への売春の勧誘を処罰し、433条の 4/4 は、433条の 4/1 から433条の 4/3 までの犯罪について、不法なもしくは不安定な行政的状況、不安定な社会的状況、年齢、妊娠、病気、または身体的もしくは精神的な障害もしくは欠陥を理由として脆弱である成人に対して犯罪が実行された場合を加重類型として規定する。

　433条の 4/5 は、旧382条を継承して、犯罪が実行された施設の閉鎖を規定する。433条の 4/6 は、特殊な禁止を規定する。同条 1 項では、前述した31条 1 項が定める禁止は必ず適用されるが、同条 2 項が定める20年以上30年以下の期間の種々の禁止については、裁判官が選択的に適用することができる。また、433条の 4/7 は、433条の 4/5 が定める施設の閉鎖または433条の 4/6 が定める特殊な禁止を遵守しなかった場合の処罰規定である。

　最後に、433条の 4/8 に基づき、新法の施行の 2 年後、その後は 4 年ごとに、本章の適用についての学際的評価が求められるとされていたが、新刑法典ではこの規定は削除されている。

159　Henrion, *op. cit.*, p. 82.
160　Henrion, *op. cit.*, p. 83.
161　*ibid.*

IV　おわりに

　刑法典の全面改正作業が進行している中、性犯罪に関する刑法改正が先行して実現したことについて、ベルギーの専門家の中でも、性犯罪法の改正が重要であることは認められるとしても、一貫性を欠くという批判があることは事実である[162]。性犯罪については、実体法である刑法の改正のみでは不十分であり、公判廷を非公開とすること、弁護人による被害者支援の拡充、公訴時効等の問題について、刑事訴訟法である治罪法の改正も進める必要があるとの指摘もある[163]。

　今回の改正では、性犯罪を人の性的自己決定や性的完全性に対する犯罪であると位置づけ、性的自己決定権に関する同意の定義を明示したこと、同意のない性的行為を性犯罪の基本類型と位置づけたことが重要である。同意の有無は、裁判官によって判断されるが、被告人には無罪推定の原則が保障されているので、この原則に反することになる挙証責任の転換は避ける必要があり、被告人に被害者の同意があったことを証明する書証の提出までを求めているわけではない。今回の改正によっても、配偶者・パートナー間での同意の評価、被害者が障害者である場合の同意の評価、アルコールや薬物の影響下での被害者の同意の評価等、解決が難しい問題が残されているという指摘もある[164]。

　今回の改正によって、不同意性交罪（強姦罪）と性的完全性侵害罪（旧強制わいせつ罪）等、犯罪によって成人年齢が異なっていた点が統一されたことには意義があるが、成人年齢を16歳と定めたことについて、現在の社会の実情に相応しているかという点では、疑問も提起されている。ベルギーでは、若年成人は、15.5歳の未成年者と同意のある性的関係をもつことが多いという調査結果もある[165]。

162　Henrion, *op. cit.*, p. 97.
163　*ibid.*
164　*ibid.*
165　*ibid.*

358　第2章　ベルギー刑法における性犯罪規定全面改正の概要

不同意性交罪（強姦罪）の成立範囲が拡大され、遠隔による不同意性交（強姦）も処罰の対象となる点では意義があり、また、性犯罪一般、特に不同意性交罪（強姦罪）の法定刑が加重されたことも、今回の改正の特色である。法定刑が加重されたことで、現在の実務で多用されている軽罪化という手続が一部の犯罪では適用できなくなることが考えられる。すべての不同意性交（強姦）事件が重罪事件として取り扱われることになれば、3名の裁判官（及び12人の陪審員）により構成される重罪院で裁判が行われることになるので、裁判官の数が十分ではない現状を考えると、被害者にとっては、裁判までかなりの時間を要することになるという問題も指摘されている[166]。

　未成年者に対する近親姦を含めて、家族間での不同意性的行為に関する規定も整備されていることが特色として指摘できる。近親姦については、最近、フランスにおいても新たな処罰規定が設けられたこともあり[167]、被害者が未成年者に限定されているが、新たに処罰規定が整備されたことには注目すべきであろう。

　また、刑法典改正法案では規定が置かれていた、義務づけられた治療（traitement imposé）に関する規定が、今回の性犯罪に関する刑法改正において全く存在していないことにも批判が加えられている[168]。刑法典改正法案48条[169]では、義務づけられた治療に関する詳細な規定が設けられており、性犯罪者の再犯防止のためには、この規定の適用は意味があると考えられるが、この点については、新刑法典では延長された追跡調査を適用する対応が想定される。

　売春関連の規定については、売春それ自体は処罰の対象ではないが、売春斡旋行為は処罰の対象であることに変わりはない。性労働が非犯罪化される

166　Henrion, *op. cit.*, p. 98.

167　近親姦を定めていた222-31-1条が2021年4月21日法律の改正により廃止され、新たに222-22-3条が設けられた。強姦及び性的攻撃が、直系尊属（1号）、兄弟、姉妹、おじ・おば、大おじ・大おば、甥・姪（2号）、第1号及び第2号に記載された者の配偶者または第1号及び第2号に記載された者の市民連帯契約で結ばれたパートナーであって、被害者に法律上もしくは事実上の権限を有する者（3号）によって行われたときには、近親姦となる。

168　Henrion, *op. cit.*, p. 98.

169　末道・前掲「ベルギー刑法典改正法案第1編・刑法総則の概要」175頁以下を参照。

ことによって、人身取引・売買防止のために効果的に対応できなくなる危険性があることについては、これまでも議論があった[170]。問題となるのは、雇用者・使用者と被雇用者・労働者との間での性労働の有効性であるが、売春それ自体は不可罰であるため、刑法上は雇用者・被雇用者間での性労働も許容されることには変わりはないが、このような性的行為の労働契約は、公序良俗に反するとされて、契約自体が無効であると理解されてきた[171]。契約が無効であるとすれば、被雇用者・労働者が保護されない状態になることから、ベルギーでは、不安定な立場にある労働者を保護するために、売春を行う者の労働契約の無効への対抗不可能性に関する法律が2022年2月21日に成立し、同年3月31日に施行された[172]。この法律改正によって、自らの意思で売春を行う労働者の権利が、刑法上だけではなく、民事法上も保護されることになった。また、売春のための広告が許される範囲についても、インターネット上での広告は許容される一方で、公道での広告は許されない、飾り窓での売春は禁止されていないなど、必ずしも整合性がとれているとはいえない状況にあるとの指摘もなされている[173]。

　今回の性犯罪規定の改正について、批判が提起されている部分もあるが、性的な意識や性風俗の変化に対応した規定を整備することの意義が失われることはなく、刑法典の全面改正の実現前に、性犯罪に関する刑法改正が実現した意義は大きいといえる。個々人の性的な自由や性的自己決定を最大限に配慮するという目的は達成されているように思われる。

　わが国おいても、性犯罪規定に関する見直しの検討が進められているが、本稿で分析したベルギーの性犯罪に関する全面的な改正の状況は、わが国の議論においても示唆を与えうるものと考える。

170　Henrion, *op. cit.*, p. 98.

171　本法に関する立法理由書（Exposé des motifs du projet de loi concernant l'opposabilité de la nullité du contrat de travail des personnes qui se prostituent, *Doc. parl. Ch. repr.*, 2020-2021, n° 55-2385/001, p. 5）を参照。

172　この法律改正については、http://www.ejustice.just.fgov.be/eli/loi/2022/02/21/2022201199/moniteur を参照。

173　Henrion, *op. cit.*, p. 98.

第3章　性差別及び各種ハラスメントに関する
ベルギーの刑事規制

Ⅰ　はじめに

　わが国においては、セクシャルハラスメントを含む各種のハラスメントや差別等を処罰する刑罰法規は存在しないが、現実には、ヘイトスピーチ等の特定の外国人に対する人種差別的な言動、男女間の性別に基づく差別、性的指向及び性自認を理由とした差別等が社会において深刻な問題として取り上げられている。

　わが国においても、平成28年には本邦外出身者に対する不当な差別的言動の解消に向けた取組の推進に関する法律（ヘイトスピーチ解消法）が制定され、本邦外出身者に対する不当な差別的言動は許されないことを宣言し、国及び地方公共団体にヘイトスピーチ解消のための施策をとることを求めているが、ヘイトスピーチそれ自体を犯罪として位置づけるものではない[1]。障害を理由とする差別の解消の推進に関する法律では、秘密保持義務違反（25条）及び不報告・虚偽報告（26条）については罰則が設けられているが、差別そのものを処罰するわけではない。これに対して、欧米諸国では、様々な形態の差別を人間の尊厳を侵害する犯罪として処罰規定を設けているところもあり[2]、基本的な人権を尊重しその侵害を防止する手段として、差別を禁

1　罰則を定めた例として、川崎市差別のない人権尊重のまちづくり条例12条では、「本邦外出身者に対する不当な差別的言動」について公共の場所で拡散器等を使って、(1)本邦外出身者をその居住する地域から退去させることを煽動し、又は告知するもの、(2)本邦外出身者の生命、身体、自由、名誉又は財産に危害を加えることを煽動し、又は告知するもの、(3)本邦外出身者を人以外のものにたとえるなど、著しく侮辱するもの等の差別的な言動を行い又は行わせる行為を禁止し、市長の勧告に従わず、差別的言動を繰り返した場合に、50万円以下の罰金を科すと定める（同14条1項）。

2　例えば、フランスでは、人の尊厳に対する侵害として、差別の罪を処罰する（刑法225-1条）。225-1条1項は、「出身、性別、家庭状況、妊娠、身体的外見、経済的状況に起因する明白なもしくは行為者が認識していた特別な脆弱性、資産、居住地、健康状態、自律性の喪失、身体障害、遺伝的特性、素行、性的指向、性的同一性、年齢、政治

止する一般法の制定の意義は大きい。

　国際的な視点からも、多様性を認める社会の実現が求められており、男性女性という性別だけではなく、性自認や性的指向にかかわらず、すべての者が平等に取り扱われる社会を実現することが、わが国においても喫緊の課題である[3]。男女共同参画社会基本法が制定され、個人の尊重と法の下の平等を実現するために、男女平等の推進が図られてきたが、社会の実情を見れば、男女平等が実現されたとは到底いえず、性的マイノリティーへの偏見や差別の解消も図られているといえる状況ではない。最近でも、国会議員が公然と性差別的で多様性を否定する発言を繰り返し、挙句の果てに役職の辞任に追い込まれるといった事案も散見されるような状況にある。社会における女性活躍の重要性はわが国においても認知されてはいるが、ジェンダーギャップ指数（2021年に世界経済フォーラムの発表した資料によれば）は世界的には下位に位置し（156か国中120位）、主要先進7か国の中では最下位に位置する状況にあり、女性が活躍できる社会を実現できていない。

　性差や性別にかかわりなくすべての者が平等に活躍することのできる多様な社会を実現するためには、社会の構造を変革する必要があると同時に、性差別的な行動を規制することも選択肢としてとりうると考えられる。差別的な行動の規制が先進諸国の中でも後れた状態にあるわが国において、差別を

的意見、組合活動、透明性、汚職との闘い及び経済生活の現代化に関する2016年12月9日法律6条Ⅰ、6-1条1号及び同条2号それぞれにいう内部通報者の身分、ファシリテーターもしくは内部通報者と関係を有する者、フランス語以外の言語で表現する能力、またはその真偽を問わず、民族、国家、いわゆる特定の人種もしくは宗教への所属の有無を根拠として、自然人の間で行われる一切の区別は、差別とする。」、同条2項は、「出身、性別、家庭状況、妊娠、身体的外見、経済的状況に起因する明白なもしくは行為者が認識していた特別な脆弱性、資産、居住地、健康状態、自律性の喪失、身体障害、遺伝的特性、素行、性的指向、性的同一性、年齢、政治的意見、組合活動、透明性、汚職との闘い及び経済生活の現代化に関する2016年12月9日法律6条Ⅰ、6-1条1号及び同条2号それぞれにいう内部通報者の身分、ファシリテーターもしくは内部通報者と関係を有する者、フランス語以外の言語で表現する能力、またはその真偽を問わず、民族、国家、いわゆる法人の構成員もしくはその一部の構成員の特定の人種もしくは宗教への所属の有無を根拠として、法人の間で行われる一切の区別もまた、差別とする。」と規定する。なお、ベルギーにおける差別に関する刑事規制については後述する。

3　EUにおける性差別禁止法理について詳細に分析・検討した文献として、黒岩容子『EU性差別禁止法理の展開』（日本評論社・2019）がある。

禁止する刑罰法規を設ける必要性はますます高まっているように思われる。

　ベルギーでは、様々な形態の差別を処罰する規定が設けられているが、性差別に関する処罰規定についても2014年5月22日法律によって設けられている。本稿では、ベルギーにおける各種ハラスメントの法規制を概観した後で、性差別の罪に関する解釈論を検討することによって、同様の規定を設ける意義や課題について検討したい。

Ⅱ　各種ハラスメントの法規制の概要

　ベルギーでは、ハラスメント関連について、1991年に、電話によるハラスメント行為を処罰する規定が設けられた[4]。その後、1998年に、ハラスメントの罪として、刑法442条の2と刑法442条の3が規定されたが、モラルハラスメントを処罰している[5]。2016年3月25日法律改正によって、本罪は非親告罪化された[6]。ハラスメントの罪には未遂犯処罰規定はない[7]。職場におけるセクシャルハラスメントについては、労働関係の特別法に規定される。

1　ハラスメント

　一般的なハラスメント行為については刑法442条の2に規定される。その行動によって対象者の平穏に深刻な影響を与えることを知っていたまたは知るべきであったのに、人に嫌がらせをする行為は、15日以上2年以下の拘禁刑及び50ユーロ以上300ユーロ以下の罰金、またはそのいずれかに処する（1項）。1項所定の行為が、年齢、疾病、身体障害、身体的もしくは精神的な欠陥または妊娠によって著しく脆弱な状態が明白である者または行為者がその状態を認識している者に対して行われた場合には、1項所定の刑の下限

4　M. De Rue, Le harcèlement, *Les infractions volume 2 Les infractions contre les personnes*, Larcier, 2010, p. 726. なお、ベルギーのハラスメント規制については、末道康之「フランス・ベルギーにおけるハラスメントの法規制」刑事法ジャーナル60号（2019）41頁以下を参照。

5　De Rue, *op. cit.*, pp. 727 et s.

6　*Moniteur belge*, C 2016/09148.

7　De Rue, *op. cit.*, p. 737.

は２倍となる（２項）。

　刑法典において、ハラスメントの定義規定は置かれていない。立法者の見解では「人に嫌がらせをする行為（harcèler）」とは一般的な意味に理解するとされている[8]。文言の解釈は裁判官の裁量に任されている。したがって、あらゆる形態のハラスメント行為を処罰の対象とすることができる。ハラスメントの法律上の定義規定がないことから、罪刑法定主義に反していないか憲法裁判所（当時の仲裁裁判所）に判断が委ねられたが、ハラスメントの定義規定がないことは罪刑法定主義の原則に違反していないとの判断が示された[9]。

　ハラスメント行為は反復されることが必要である。法案の段階では反復されることが必要とされたが、審議の過程でその文言は削除された[10]。但し、１回のハラスメント行為を処罰の対象とするかについては一般的な用語の定義からも批判があり、憲法裁判所も破毀院も、ハラスメント行為は反復されることが必要であるとし、文言の限定的な解釈が妥当であると判断した[11]。

　次に、反復されたハラスメント行為は人の平穏な状態に深刻な影響を与えるものでなければならない。したがって、本罪の成立には人の平穏な状態に対する侵害結果の発生が必要である[12]。

　本罪は故意犯であり主観的要件として故意が必要である。行為者は自らの行為によって被害者の平穏を著しく害することを認識していたか認識すべきであったことが求められる。具体的には何度も手紙を送りつける行為や電話を掛け続ける行為を意図的に行う認識・認容があればよく、行為者には、自らの行為によって被害者の平穏を著しく侵害する確定的な意思までは不要であると解されている。したがって、本罪の故意の成立には、被害者の平穏を侵害するかもしれないという認識で足りる[13]。

8　De Rue, *op. cit.*, p. 728.

9　C. arb., arrêt nᵒ 71/2006 du 10 mai 2006; C. arb., arrêt nᵒ 98/2006 du 14 juin 2006, www. arbitrage. be. なお、憲法裁判所（Cour constitutionnelle）は2007年５月７日まで仲裁裁判所（Cour arbitrage）という名称であった。

10　De Rue, *op. cit.*, pp. 729 et s.

11　C. arb., arrêt nᵒ 71/2006 du 10 mai 2006, consid. B. 5. 1; Cass., 21 février 2007, *J. T.*, 2007, p. 262, note L. Misonne. De Rue, *op. cit.*, pp. 730 et s.

12　De Rue, *op. cit.*, pp. 733 et s.

364　　第3章　性差別及び各種ハラスメントに関するベルギーの刑事規制

法定刑は15日以上2年以下の拘禁刑及び50ユーロ以上300ユーロ以下の罰金またはそのいずれかとされている[14]。

2　加重ハラスメント

刑法442条の2に定める犯罪の動機の一つが、憎悪、人種、肌の色、祖先、国家的もしくは民族的出自、国籍、性別、性的指向、戸籍、素性、年齢、財産、宗教的もしくは哲学的な信条、現在もしくは将来の健康状態、障害、言語、政治的信条、労働組合の信条、肉体的もしくは遺伝的な特性、または社会的出自であったときには、442条の2所定の軽罪刑の下限は2倍となる（442条の3）[15]。

3　職場におけるモラルハラスメント及びセクシャルハラスメント

職場におけるセクシャルハラスメントについては、労働福祉関係法によって規制されている。労働を行う際の労働者福祉に関する法32条の3第3項は、「職場におけるセクシャルハラスメントとは、労働者の尊厳を傷つけもしくは屈辱的な、困惑させるような、品位を落とすような環境を創出することを目的としまたはその効果がある性的性格をもつ望まれない言葉による、言語によらないまたは身体的な行動である。」と規定する[16]。また、職場におけるモラルハラスメントについては、会社または団体の内外で、類似のもしくは異なった不当な複数の行動が一定の期間生じ、職業の遂行の際に、労働者またはその他の人の人格、尊厳または肉体的もしくは精神的な完全性を侵害し、その職業を危険にしまたは威圧的、敵対的、品位を落とすようなもしくは屈辱的な環境を創設する目的または効果があり、または、特に、言動、威嚇、行為、行動、動作または一方的な書面によって表明されるものと定義される。また、上記の行為は、宗教、確信、障害、年齢、性的指向、性別、人種または民族的出自と関係して行われることもある[17]。

13　De Rue, *op. cit.*, p. 735 et s.

14　De Rue, *op. cit.*, p. 736.

15　De Rue, *op. cit.*, pp. 736 et s.

16　De Rue, *op. cit.*, p. 740.

17　*ibid.*

II　各種ハラスメントの法規制の概要　　*365*

　職場におけるモラルハラスメントについては、対象となる行為が一定の期間行われることが求められているが、職場におけるセクシャルハラスメントについては、時間的継続性の要件はない[18]。また、職場におけるセクシャルハラスメントについては、行為者が自らの行為が相手の尊厳を侵害するという認識を有しているか否かは問わないとされる。社会刑法119条は、職業遂行の際に労働者に対して暴行やハラスメントを犯した者についてはレベル 4 の制裁を科している[19]。レベル 4 の制裁とは、 6 月以上 3 年以下の拘禁刑及び600ユーロ以上6,000ユーロ以下の罰金、またはそのいずれか、あるいは300ユーロ以上3,000ユーロ以下の過料である（社会刑法101条）[20]。

4　電話によるハラスメント

　電話通信に関する2005年 6 月13日法律145条§ 3 の 2 は、その通信相手を不快にしまたは損害を惹起するために、電話回線・サービスやその他の電子通信手段を用いた者、前記の犯罪を実行する目的で何らかの装置を設置する者は、20ユーロ以上300ユーロ以下の罰金及び15日以上 2 年以下の拘禁刑に処する、と規定する[21]。また未遂犯も処罰される[22]。本罪が成立するためには、行為者が技術的な手段を用いることが必要である[23]。電話通信だけではなくインターネットの利用も本罪の対象となる[24]。主観的要件としては、通信の相手方を不快にさせるという意図が必要であるが、反復継続性は求められていない[25]。なお、本罪に関する捜査手続として、通信傍受等が認められる[26]。

18　*ibid.*

19　Art. 119 du code pénal social, http://www.ejustice.just.fgov.be/eli/loi/2010/06/06/2010A09589/justel.

20　Art. 101 du code pénal social, http://www.ejustice.just.fgov.be/eli/loi/2010/06/06/2010A09589/justel.

21　De Rue, *op. cit.*, p. 742.

22　De Rue, *op. cit.*, p. 744.

23　De Rue, *op. cit.*, p. 743.

24　*ibid.*

25　De Rue, *op. cit.*, p. 744.

26　De Rue, *op. cit.*, p. 745.

5　新刑法典におけるハラスメントの処罰規定

　新刑法典では、第2巻・各則、第2編・人に対する罪、第6章・私生活の平穏及び精神的な完全性に対する罪、第2款・ハラスメントの罪として、第237条・ハラスメントの罪、第238条・加重ハラスメントの罪、第239条・加重事由、を規定する[27]。

第237条　ハラスメントの罪

　　① ハラスメントとは、たとえ一度であっても、または唯一の行為の結果であったとしても、その行動によって対象者の平穏に深刻な影響を与えることを知っていたまたは知るべきであったのに、認識し及び意図的に、人の平穏を混乱させることである。

　　② 本罪は第2級の刑に処する。

第238条　加重ハラスメントの罪

ハラスメントは、次に掲げるときには、第3級の刑に処する。

1号　被害者が未成年者または脆弱な者であるとき、

2号　犯罪が、被害者に対して権限を有するまたは信頼を与える地位にある者によって行われたとき。

3号　犯罪が、二人以上の者によって行われたとき。

第239条　加重要因

本款に定める罪について、刑または処分の選択及びその量定に際して、裁判官は次に掲げる事実を考慮しなければならない。

1号　犯罪が、被害者に対して、不同意の性的行為を行う、または行わせることにあるという事実。

27　新刑法典の規定については、ベルギー官報（Moniteur belge）2024年4月8日に公布された規定を参照した。Loi introduisant le Livre II du Code pénal, Moniteur belge 2024/002088, p. 85. J. Rozie, D. Vandermeersch, et J. De Herdt avec le concours de M. Debauche et M. Taeymans, *Un nouveau code pénal pour le futur? La proposition de la commission de réforme du droit pénal*, La Charte, 2019, p. 54も参照。
本書は、2019年に刑法改正委員会が公刊した刑法典改正法案である。

2 号　犯罪が、未成年者の面前で行われたという事実。

3 号　犯罪が、文化、慣習、伝統、宗教またはいわゆる名誉の名の下で行われたという事実。

Ⅲ　性差別に対する刑事規制の概要

　ベルギーの現行刑法典には差別を処罰する直接の規定はないが、特別法において諸形態の差別に関する刑罰法規が設けられている。人種差別または排外主義に影響された特定の行為を処罰することを目的とする1981年 7 月30日法律19条、特定の差別形態と闘うことを目的とする2007年 5 月10日法律21条及び男女間の差別の諸形態との闘いを目的とする2007年 5 月10日法律26条等である[28]。新刑法典では、第 2 巻「犯罪及び刑罰　各側」、第 2 編「人に対する犯罪」、第 7 章「人間の尊厳に対する侵害及び被害者の脆弱な立場の濫用」、第 1 節「差別、憎悪の扇動（incitation à la haine）及び歴史修正主義（négationnisme）の処罰に関する犯罪」として、249条・差別、250条・差別または人種差別的憎悪の扇動、251条・人種差別的思想の拡散、252条・人種差別的または差別を称賛する集団への加入、253条・公務を執行する者によって実行された、または虚偽の署名を用いて公務員の名義で実行された差別、254条・財産または業務へのアクセスにおいて実行された差別、255条・労働関係の分野で実行された差別、256条・歴史修正主義、257条・性差別が規定される[29]。

　新刑法典249条 1 項は、「本章の適用については、差別とは、第 2 項で対象とされる保護の基準を根拠に、意図的な直接差別、意図的な間接差別または差別もしくはハラスメントの命令の一切の形態、及び障害者に対する合理的な改良を設置することの拒否と理解される。」と規定し、同条 2 項では、保護の基準として、「人種、肌の色、祖先、国のもしくは民族的な出自、国

28　Rozie, Vandermeersch, et De Herdt avec le concours de Debauche et Taeymans, *op. cit.*, p. 296.

29　Loi introduisant le Livre II du Code pénal *préc.*, pp. 86 et s. Rozie, Vandermeersch, et De Herdt avec le concours de Debauche et Taeymans, *op. cit.*, pp. 56 et s.

籍、性別、妊娠、分娩、授乳、医学的に補助された生殖、母性、家族としての責任、医学的もしくは社会的な性転換、性自認、性表現、性的特色、性的傾向、民事的身分、出生、年齢、財産、宗教的もしくは哲学的信条、健康状態、障害、言語、政治的信条、組合的信条、身体的もしくは遺伝的な特性、出身または社会的な状況であり、この基準は現実的にでも、行為者が単に想定していても存在する。」と規定し、この基準は、現実に、または行為者が単に想定しても、存在すると規定する。この保護の基準は、現実にも、想定されても、存在し、それ自体として存在しうるし、2項に定める一又は複数の基準と組み合わせても存在しうる（同3項）。

1　性差別に対する刑事規制の変遷

　性差別の禁止については、公共の場所における性差別との闘いを目的する及び差別行為を処罰するための男女間の差別の諸形態との闘いを目的とする2007年5月10日法律を修正する2014年5月22日法律によって導入された[30]。

　本法の目的は、性差別という現象、男性・女性の固定観念及び人間の尊厳を侵害する行動との闘い、並びに性に属するものとしての個人の尊厳の権利の再確認であった[31]。本法が成立した背景には、国際的な潮流として、男女間の平等の実現が強く求められることになったことと、MeeToo運動等の女性差別に対する反対運動がベルギーの社会で拡がっていたこともあるとの指摘がある[32]。性差別は、貧困層が多い地域で頻発するような現象ではなく、ベルギー社会の中に深く根ざしているものであり、平等な社会を実現し、人間の尊厳を保障するために、性差別について刑事規制を実現する必要性があると判断された[33]。

---

[30]　Loi du 22 mai 2014 tendant à lutter contre le sexisme dans l'espace public et modifiant la loi du 10 mai 2007 tendant à lutter contre la discrimination entre les femmes et les hommes afin de pénaliser l'acte de discrimination, *M. B.*, 24-07-2014. なお、山崎文夫「各国ハラスメント法制とわが国の現状」日本労働研究雑誌712号（2019）75頁注22）で本法2条が紹介されている。

[31]　Exposé des motifs, *Doc. Parl.*, Chambre, scess. ord., 2013-2014, n° 3297/1, pp. 3 et s.

[32]　J.-M. Hausman, Logique et élément de l'incrimination de sexisme par la loi du 22 mai 2014: analyse législative et jurisprudentielle, *R. D. P. C.*, 2022, p. 953.

[33]　Exposé des motifs *préc.*, p. 3.

Ⅲ 性差別に対する刑事規制の概要 *369*

　2014年法5月22日法律は、第2章：性差別の処罰として第2条と第3条を規定する。

第2条　現行法を適用するために、性差別とは、刑法第444条の定める事情のもとで、認識し及び意図的に、公然と、性別を理由として、明らかに、人を侮辱する、もしくは同じ理由で、本質的に[34]性的な次元で劣っている、もしくは制限されているとみなすことを目的とする動作または行動をとることであり、その動作または行動によって人の尊厳を著しく侵害することである。〔傍点は引用者〕

【参照条文】

　刑法第444条　人の名誉毀損行為が、次に掲げるように行われたときには、8日以上1年以下の拘禁刑及び26ユーロ以上200ユーロ以下の罰金に処する。

1　公開の集会または公共の場所において、

2　公共の場所ではないが、そこに集いまたは出入りする権利を有している一定数の者が利用可能な場所において、複数人の前で、

3　いかなる場所でも、侮辱された者の前で、及び証人の前で、

4　公衆に販売または展示されている、印刷されたもしくは印刷されていない文書または掲示、配布もしくは販売された映像もしくは図画をもって、

5　公開されてはいないが、複数人に宛てられたまたは伝達された文書をもって。

第3条　第2条に定める行動を行った者は誰でも、1月以上1年以下の拘禁刑及び50ユーロ以上1,000ユーロ以下の罰金、またはそのどちらかの刑に処する。

34　この文言は、憲法裁判所2016年5月21日判決において無効であると判断された 。C. C., 25 mai 2016, n° 72/2016; Hausman, *op. cit.*, p. 954. を参照。憲法裁判所は、フランス語条文とフラマン語条文とを比較し、フラマン語では「essentiellement（本質的に）」に相当する文言が規定されていないことを考慮して、解釈に困難を生じることは法律主義の原則に反すると判断した。

370 第 3 章　性差別及び各種ハラスメントに関するベルギーの刑事規制

　また、同法は第 3 章で2007年 5 月10日法律を修正するために第 4 条及び第 5 条を規定する。

第 4 条　差別行為を処罰するための男女間の差別の諸形態との闘いを目的とする2007年 5 月10日法律を修正する2014年 5 月22日法律
第28/ 1 条

　① 6 条§1 第 1 号に定める事項において、性別を理由として、 5 条 5 号から 8 条にいう人に対する差別を行った者は、 1 月以上 1 年以下の拘禁刑及び50ユーロ以上1,000ユーロ以下の罰金刑、またはそのうちのいずれかの刑に処する。

　② 差別が、性別を理由として、集団、共同体またはその構成員に対して行われたときは、前項と同一の刑に処する。

第 5 条　同法に、第28/ 2 条を規定する。
第28/ 2 条

　① 労働関係の事項において、性別を理由として、 5 条 5 号から 8 条にいう人に対する差別を行った者は、 1 月以上 1 年以下の拘禁刑及び50ユーロ以上1,000ユーロ以下の罰金刑、またはそのうちのいずれかの刑に処する。

　② 差別が、性別を理由として、集団、共同体またはその構成員に対して行われたときは、前項と同一の刑に処する。

　なお、新刑法典では、第 2 巻・各則、第 2 編・人に対する犯罪、第 7 章・人間の尊厳に対する侵害及び被害者の脆弱な立場の濫用、第 1 節・差別、憎悪の扇動（incitation à la haine）及び歴史修正主義（négationnisme）の処罰に関する犯罪において、性差別（sexisme）を処罰する規定（257条）が設けられている[35]。本条は前述した2014年 5 月22日法律 2 条を基本的に継承している。

---

35 *Loi introduisant le Livre II du Code pénal préc.*, p. 88.

第257条　性差別

　　① 性差別とは、認識し及び意図的に、公然と、性別を理由として、明らかに、人を侮辱する、または同じ理由で、性的な次元で劣っている、もしくは制限されているとみなすことを目的とする行動を行うことであり、その行動によって人の尊厳を著しく侵害することである。

　　② 本罪は第１級の刑に処する。

2　性差別罪の成立要件

　性差別罪の成立要件として、①動作または行動、②性差別の表現、③特定された人の尊厳への侵害、④侵害の重大性、⑤公然性、⑥故意、が必要である。

(1)　動作または行動（un geste ou un comportement）

　立法理由書によれば、「動作または行動」という２種類の概念は、広く理解され、身体的または言葉による行為一切を含む[36]。したがって、宣言、侮辱、罵り、尾行、個人的なまたは被害者が知らないうちにとられた写真の公表等も含まれる[37]。現行法においては、動作（geste）と行動（comportement）という２類型の行為が規定されているが、行動には当然に動作が含まれることは明らかであり、性差別を表現する一切の態様が含まれると解することができる[38]。法律上、動作及び行動について定義されていない点が罪刑法定主義に違反するかが問われたが、憲法裁判所は、罪刑法定主義の原則は裁判所による解釈を排除していないとして、日常的に用いられている文言として裁判所によって解釈されることが認められると、2016年５月25日判決で明示した[39]。したがって、動作及び行動の概念については、作為であっても不作為であっても、身体的であっても言葉によるものであっても、一切の形態が含まれることになる[40]。なお、この点について、刑法典改正法案245

---

[36]　Exposé des motifs *préc.*, p. 7; F. Kuty, L'incrimination du sexisme, *R. D. P. C.*, 2015, p. 43.

[37]　Kuty, *op. cit.*, p. 43.

[38]　*ibid.*

[39]　C. C., 25 mai 2016, n° 72/2016, B. 8. 2; Hausman, *op. cit.*, p. 958.

372　第3章　性差別及び各種ハラスメントに関するベルギーの刑事規制

条では、「行動」のみを処罰の対象として規定していた。

(2)　性差別の表現

性差別とは、男性及び女性に、その性別それぞれの特性にしたがって、身体的及び感情的な素質、役割、社会における異なった権利及び義務を割り当てることになる、並びに個人的、感情的、職業的及び社会的な側面から個人の発展を制限することになる、男性及び女性の社会的構造に至る意見として理解される[41]。

性差別の罪を設けるにあたって、政府は性差別の定義規定を設けず、裁判所に解釈を委ねる決定をした[42]。

性差別については3類型が定められる。すなわち、性別を理由として、①人を侮辱する、②性的な次元で劣っているとみなす、③性的な次元で制限されているとみなす、ことである[43]。換言すれば、ある性に固有の劣等性があると信じて、ある性を侮辱するような意見を表明することである。検察官は、性差別が深刻である場合には、公訴を提起し、裁判所には、男性・女性間で異なるアプローチに影響されたとしても、他の性への侮辱に駆り立てられたのではない動作に対して当該規定を適用しないために、一定の幅をもった解釈が認められている[44]。また、性差別と男性・女性間の差別とは区別される。性差別は、場合によっては、差別の原動力となる感情でありうるし、その感情とは意思の表明でしかないが、性差別の概念とは、ある性に対する軽蔑であり、ある性が本質的に劣っていると根本的に信じること、と理解される[45]。性差別の刑事規制は男性・女性の両性を対象としており、人間の尊厳を尊重する権利に法的な正当性を与えることを目的としている[46]。具体的には女性に対する性差別が典型例として挙げられるが、女性であることによって、女性が一定の職務を遂行することに疑念を抱かせること、または家

40　*ibid.*

41　Kuty, *op. cit.*, p. 43

42　Rapport fait au nom de la Commission de la Justice, *Doc. Parl.*, Chambre. Sess. Ord., 2013-2014, n° 3297/3, p. 10; Kuty. *op. cit.*, p. 43.

43　Kuty, *op. cit.*, p. 44

44　*ibid.*

45　Exposé des motifs *préc.*, p. 4.

46　*ibid.*

庭を犠牲にして、女性が職場で昇進することを追求すべきではないと評価することの例として挙げられる[47]。女性は夫なしに生きることはできないし、生活の糧を得るために働くこともできないと決めつける隣人が、離婚した女性を公然と名指しで明示するような事例にも、性差別の罪が適用される[48]。これに対して、女性への親切、場合によっては下品なガールハントまたは道で女性に声掛けをすることは、性差別とは無関係であるとされる[49]。リエージュ軽罪裁判所は、2022年6月9日判決において、女性警察官を下劣な言葉で罵り、女性とは話さないという理由で女性警察官に返答することを拒否し、女性警察官に対して男性に言葉をかけることを禁止する行為は、性別を理由とする被害者に対する軽蔑の表現であると認定した[50]。

　公然と、同僚の昇進を批判する、会社の取締役の地位に女性が応募することを嘲笑する、工事現場に女性が存在することを遺憾に思う、子供の面倒を見るために奮闘する男性をからかう、または働かない女性を不当利得者に追い込む行為には、性差別の罪が適用される[51]。

　ヨーロッパ諸国で論争となっている、イスラム教徒の女性にブルカやニカブの着用を義務づける行為について、性差別に該当し本条が適用されるかが問題となりうる。立法理由書ではこの点について検討はされていないが、女性であることを理由に、女性にブルカ等の着用を義務づける行為は、女性に対する侮辱のまたは女性に対する優越感の表現行為であり、女性の尊厳を著しく侵害する場合には、性差別として処罰の対象となりうると解される[52]。欧州人権条約9条（思想、良心及び宗教の自由）に基づき、個人の尊厳や基本的人権を保障するという観点から、すべての者は宗教的な衣服を着用するか否かを選択する権利を有しており、いかなる女性も、その属する共同体や家族から、宗教的な衣服を着用することを強要されることはない[53]。ブルカや

47　*ibid.*

48　Exposé des motifs *préc.*, p. 7; Kuty, *op. cit.*, p. 44.

49　Kuty, *op. cit.*, p. 44.

50　Corr. Liège, 9 juin 2022, *J. L. M. B.*, 2022, p. 1211.

51　Kuty, *op. cit.*, pp. 44 et s.

52　Kuty, *op, cit.*, p. 45.

53　*ibid.*

ニカブの着用は、女性の社会内での活動を制限している男性への女性の服従を示し、女性の職業的活動や社会的及び経済的な活動を制限する象徴と理解されるからである。なお、刑法563の2条第1項は、別に法律で定める場合を除き、公共の場所に、本人確認ができないような方法で、顔の全部または一部を覆って現れる行為を処罰するが[54]、女性にブルカやニカブの着用を強要する行為は、同条の処罰の対象とはならない。

(3) 特定された人の尊厳への侵害

　本罪が成立するためには、他者を侮辱し、または劣っているとの感情を抱かせた結果として、特定された人の尊厳を侵害することが必要である。性差別的な行動は、ある性に属することを理由として、特定の一人または複数の人に向けられることが必要である[55]。したがって、特定されていない抽象的に考えられた団体は排除される。性差別の罪は、女性のみを対象としているわけではなく、人または人の特定された集団を対象としている。したがって、性差別の広告は本罪の適用から除外されることになり、同様の理由で、男性または女性に対して向けられる性差別的ないたずらについても、処罰の対象とはされない[56]。

　尊厳に対する侵害という文言については、その概念は不明瞭かつ予測不可能であるとして、屈辱（humiliation）という文言に変更すべきではないかという修正案も提起されたが、屈辱という概念はその射程が広すぎるという点について批判もあり、また尊厳という文言は刑法典においても既に規定されていることを考慮して、尊厳に対する侵害という文言が維持された[57]。

　ベルギー憲法23条では、人は人間の尊厳にふさわしい生活をする権利を有することが明記されており[58]、人間の尊厳の概念は、ベルギー社会の集団的な意識を尺度として、裁判所が決定することになる[59]。性差別的な動作や行

54　ベルギー刑法563条の2の規定については、http://www.ejustice.just.fgov.be/eli/loi/1867/06/08/1867060850/justel を参照した。なお、同条2項は、労働法規または祝祭の行事の際の警察命令に照らして、本人確認ができない方法で、顔の全部または一部を覆って公道を通行する行為には、前条は適用されないと規定する。

55　Kuty, *op. cit.*, p. 46.

56　*ibid.*

57　*ibid.*

58　Service juridique du Sénat D/2019/3427/7, https://www.senate.be/doc/const_fr.html

動が人間の尊厳に反するかの判断は、行為当時の状況や性差別的な言動の態様を考慮して判断されることになる。人間の「尊厳」の概念は被害者の主観的な評価に委ねられるものではないので、その尊厳を著しく侵害するような性差別的な行動を構成するか、の判断の決定は被害者である個人に帰属するものではない[60]。判断基準は、特定された時代の社会共同体の意識によって、ある時期に感知されるような人間の尊厳という感情を尊重することであり、破毀院も2022年6月8日判決においてこの点を確認している[61]。被害者の視点では、性差別的行動がその尊厳を毀損するものではないと考えられるものであっても、社会共同体の意識を基準とすればその尊厳を毀損するときには、性差別罪に該当するとして処罰することが可能となる[62]。また、被害者が性差別的行動に同意している場合でも、裁判所が被害者の尊厳を毀損していると判断するときには、性差別罪に該当することになる[63]。性差別の被害者が性差別を受けていることを認識していることは要求されていない[64]。犯罪が成立するためには、法律で定められた行動が法律で定められたように公然と行われ、他者の尊厳を実際に侵害したことで十分である。

(4) 侵害の重大性 (gravité de l'atteinte)

性差別罪の成立範囲に一定の制約を設けるために、本罪の成立には、性差別的行動による人間の尊厳の侵害が重大である（著しい）ことが求められる。したがって、人間の尊厳の侵害が重大である（著しい）と判断された場合に、訴追が開始されることになる。例えば、下品なガールハントや道で女性に声掛けをするような行動では、人間の尊厳の侵害は軽度であり、その尊厳を著しく侵害したことにはならない[65]。

---

59 Kuty. *op. cit.*, p. 46.

60 *ibid.*

61 Kuty. *op. cit.*, pp. 46 et s; Cass., 8 juin 2022, P. 22. 0306. F., *R. D. P. C.*, p. 1017. 破毀院2022年6月8日判決の事案は、地方自治体選挙を扱ったテレビ番組に招待されたイスラム政党候補者が、議論の際に質問をするため普通に言葉をかけている女性を明らかに無視する態度をとった。男性司会者には対応するが、女性に対しては目を閉じて見ない態度をとり、女性の質問を遮り、嘲るような笑みを浮かべ、最後には、「この女性達に憐れみを」と女性を蔑視する言葉を述べたというものである。

62 Kuty. *op. cit.*, p. 47.

63 *ibid.*

64 *ibid.*

376 第3章 性差別及び各種ハラスメントに関するベルギーの刑事規制

　侵害の重大性について、重大性（gravité）の定義規定は置かれてはいないが、種々の犯罪処罰規定において、重大性という文言が用いられているので、罪刑法定主義の点で問題となることはないし、侵害の重大性については、具体的な事実に照らして、裁判所が判断することになる[66]。

(5)　公然性（publicité）

　性差別的行動は、刑法444条に定める状況で行われる必要がある。刑法444条は、名誉毀損行為が、①公開の集会または公共の場所において、②公共の場所ではないが、そこに集いまたは出入りする権利を有している一定数の者が利用可能な場所において、複数人の前で、③いかなる場所でも、侮辱された者の前で、及び証人の前で、④公衆に販売または展示されている、印刷されたもしくは印刷されていない文書または掲示、配布もしくは販売された映像もしくは図画をもって、⑤公開されてはいないが、複数人に宛てられたまたは伝達された文書をもって、行われた場合を規定する。なお、新刑法典の性差別罪の規定では、単に「公然と（en public）」という文言が使われており、規定の単純化が図られている。

　公共の場所とは、人数の多寡にかかわらず、恒常的か一時的かにかかわらず、有償か無償かを問わず、人に公開されている場所をいう[67]。判例の定義では、公共の場所には2種類あり、区別なく及び何時でも誰でもが出入りできる場所と、一定の者、一定の時間または一定の条件のもとでのみ出入りが可能な場所であり[68]、現在でもこの見解に従った解釈がなされている。また、公開の集会とは、身分を問わず、条件の有無にかかわらず、有償か無償かを問わず、人が参加することのできる集会である[69]。

　場所の公共性または集会の公開性を判断するためには、公共性・公開性が現実的でかつ実質的であることは必要である。したがって、性差別的な行動が多数ではないとしても複数の者の面前で行われたこと、かつ複数の者が性差別的な行動を察知したことが求められる。公共の場所で、低音でこっそり

65　Kuty, *op. cit.*, p. 47.
66　Kuty, *op. cit.*, p. 48.
67　Kuty, *op. cit.*, p. 49
68　Cass., 16 mars 1842, *Pas.*, I, p. 158.
69　Kuty. *op. cit.*, p. 49.

と性差別的な言動をした場合や、公共の場所ではあるが無人の状態で性差別的な言動をした場合、公共の場所ではあるが隔離された複数の者に性差別的な言動をしたような場合には、公然性は認められない[70]。

　公共の場所ではない私的な場所で性差別的な行動をとった場合、その場所が、そこに集いまたは出入りする権利を有している一定数の者が利用可能であれば、処罰の対象となる[71]。条文では一定数の者（un certain de personnes）となっており、人数の特定がなされていないので、裁判所において公然性が判断されることになる。例えば、証人となる者が2人だけという場合は、本条の対象とはならない。具体例として、個人宅で行為者の妻と第三者の2名の前で性差別的行動を行ったとしても、公然性の要件は充足しない[72]。個人宅のような例外を除き、バスや鉄道車両等の公共交通機関や、公開されている個人の建造物内や、対象の如何を問わず審議は公開されていない集会、例えば会社の取締役会や非公開の市町村議会の審議において、その数は多くはなくても複数の者の前で性差別的行動が行われ、複数の者が性差別的な行動であると察知した場合には、公然性が認められる[73]。

　いかなる場所でも、侮辱された者の前で、及び証人の前で行われる場合とは、非公開の場所であっても、性差別的な侮辱の対象となった被害者のみならず、被害者のほかに、複数人が証人として性差別的な行動を察知した場合をいう[74]。この要件は、連邦議会（代議院）において追加された要件であり、1対1での侮辱の場合を不可罰としないために、その逆の場合で、性差別的行動が、被害者はいないが第三者の前で行われた場合を不可罰としないために設けられた[75]。証人としての第三者はどのような者であっても構わず、性差別の対象者の親族であることは求められていない[76]。

　性差別的な表現が文書、映像または図画によって行われる場合には、一般

70　Kuty. *op. cit.*, p. 50.
71　*ibid.*
72　*ibid.*
73　*ibid.*
74　Kuty. *op. cit.*, p. 51.
75　*ibid.*
76　*ibid.*

人がそれを認識できる状態にあれば、公然性が認められることになる[77]。通行人に対して性差別的な批判を含む請願書を提示する、あるいは web サイトで性差別的な文書や画像を再生し拡散する場合には公然性が認められる[78]。

公開されてはいないが、複数人に宛てられたまたは伝達された文書をもって、性差別的行動が行われる場合に公然性が認められる[79]。文書のみが対象となるので、画像や図画等による場合は対象とはならない。したがって、性差別的な表現を記載した文書を郵送する場合や、ファックスやインターネットを利用して同様の文書を送信する場合がこれに該当する。文書は複数人すなわち不特定多数人に宛てられるか伝達されることが必要であるため、被害者のみや第三者のみに宛てられた場合や伝達された場合には、公然性は認められない。複数人に該当するかについては、具体的な事実関係のもとで、裁判所によって判断されることになる[80]。行為者が複数人に性差別的な内容を記載した文書を伝達したのではないが、被害者が文書を第三者に閲覧させることによって、その内容を第三者に伝達するような場合にも、公然性が適用されるかという問題が提起されるが、本条が適用されるのは、行為者本人が性差別的な内容を記載した文書を伝達する場合のみであると解される[81]。

⑹ 故 意

性差別罪は故意犯であるので、犯罪の主観的成立要件として故意が必要であるが、その故意の内容については、見解の対立がある。性差別罪の故意とは、立法理由書の説明では、「被害者を傷つける意図（volonté de nuire à la victime）」すなわち特別故意が必要とされる[82]。この見解は、問題となる行動が、「明らかに（manifestement）」、条文で定められた性差別的な表現の3類型のうちの少なくとも一つの表現の対象であると規定されていることから、「明らかに」という文言を根拠として特別故意が必要であると解してい

---

[77]　*ibid.*
[78]　Kuty. *op. cit.*, p. 52.
[79]　*ibid.*
[80]　Kuty, *op. cit.*, pp. 52 et s.
[81]　Kuty, *op. cit.*, p. 53.
[82]　Exposé des motifs *préc.*, p. 7.

る[83]。しかしながら、条文においては、被害者を「傷つける意図（dessin de nuire）」を表現する文言は存在しないため、立法理由書の説明については厳しい批判が提起されている[84]。おそらく、傷つける意図を故意（dol général）とみなしていると考えられるが、この理解はいわゆる故意と特別故意とを混同しているとの指摘もなされている[85]。

　犯罪として処罰される行為は、性別を理由として人を侮辱する行為、性別を理由として、性的な次元で劣っているもしくは制限されていると考えることを目的とする、人の尊厳を著しく侵害することになる動作または行動をとる行為であるので、その行為についての認識・認容が故意の内容ということになる。このような理解が、破毀院の判例による故意の定義に従った理解である[86]。破毀院2022年6月8日判決において、破毀院は、犯罪の主観的成立要素として特別故意の存在を示している条文上の文言は存在していないことを確認した次長検事の検察意見を支持し、本罪の成立には特別故意は不要であると判断し、本罪の故意としては、その動作または行動が人の尊厳を著しく侵害する可能性があると知りながら、人を侮辱する、または性的な次元で劣っているとみなす意思と判断した[87]。破毀院判決以前にも、憲法裁判所は2016年5月25日判決において同様の見解を示しており[88]、判例実務における故意の解釈を支持していることは明らかである。

3　性差別罪の法的性格

　性差別罪は即成犯であると解されている[89]。性差別的な行動が日常的に繰り返されることは必要ではない。さらに、性差別罪は結果犯であるため、性

83　Hausman, *op. cit.*, p. 973.

84　Kuty, *op. cit.*, p. 54.

85　Kuty, *op. cit.*, p. 54, Hausman, *op. cit.*, p. 974.

86　ベルギー刑法における故意の概念については、末道康之「ベルギー刑法学における犯罪の主観的成立要素」南山法学42巻3・4号（2019）202頁以下を参照。

87　Cass., 8 juin 2022, *R. D. P. C.*, p. 1018; F. Kuty, N. Colette-Basecoz, E. Delhaise, O. Nederlandt, L. Descamps, C. Guillain, D. Tatti, O. Klees et D. Vandermeersch, Chronique semestrielle de jurisprudence 2/2022, *R. D. P. C.*, 2022, p. 1132.

88　C. C., 25 mai 2016 n° 72/2016, B. 23. 2; Hausman, *op. cit.*, p. 974.

89　Kuty, *op. cit.*, p. 56.

380 第3章 性差別及び各種ハラスメントに関するベルギーの刑事規制

差別的な行動によって他者の尊厳に対する重大な（著しい）侵害の発生が必要である[90]。すなわち、性差別的な行動と人の尊厳に対する重大な（著しい）侵害の発生との間に因果関係が必要であるが、その因果関係の有無について、相当因果関係説に立つのか、条件説（等価値説）に立つのか、という点で判例・学説の対立がある。相当因果関係説はベルギーにおける刑法の基本原則に適合する見解と考えられることが多いが[91]、相当因果関係説に従えば、事物の通常の推移において、及び、社会の一般的経験則に照らして、問題となる性差別的行動が人の尊厳を侵害しうるようなものであることが求められる。

　性差別罪は親告罪ではない[92]。したがって、性差別の被害者の告訴は不要である。被害者の告訴がない場合でも、検察官は、性差別的な行動を確認し訴追の必要性があると認める場合には、公訴を提起することが可能である[93]。

　なお、性差別罪に共犯規定が適用されるかについては、刑法100条が、特別な法令で定める場合を除き、特別法違反については、第7章：重罪または軽罪の共犯（刑法66条から69条）及び刑法85条（軽減事由）を除く刑法典第1巻（総則）の規定が適用されると規定するので、特別法に定める性差別罪には、刑法典に定める共犯の規定は適用されないことになる。特別法違反の罪に共犯規定を適用しないとする理由については、特別法違反の罪には、社会功利的な見地から、犯罪の実行正犯のみならず、実行には直接関与していない共犯も処罰する場合が多く、刑法典よりも重い処罰が予定されていることが多いことから、さらに刑法の共犯規定を適用することで、共犯者の数を限りなく増やしてしまうことを避けるために、共犯規定の適用を除外したと説明されている[94]。しかしながら、判例実務においては、共犯規定が適用されないと必ずしも解しているわけではない。破毀院は、刑法100条の解釈につ

90　Kuty, *op. cit.*, p. 57.

91　この点については、Hausman, *op. cit.*, p. 967を参照。

92　Kuty., *op. cit.*, p. 57.

93　*ibid.*

94　この点については、Kuty, *op. cit.*, p. 58を参照。

いては一定の柔軟性を示しており、犯罪の実行を直接には担当していない者についても、正犯（共同正犯）として処罰することまでは排除されていないとする見解を示している[95]。また、性差別罪については、未遂犯を処罰する規定がないため、本罪の未遂は処罰されない。

Ⅳ　性差別に対する刑事規制の意義

　性別を問わず、誰もが平等な権利を享受し、差別によって人間の尊厳が侵害されることを防止するために、2014年に、独立した犯罪として性差別罪が制定されたが、学説ではこの処罰規定をめぐって、特にその主観的要件に関して、厳しい批判が加えられてきた。性差別罪は公共の場所における性を理由とする嫌がらせ行為・迷惑行為（いわゆるストリートハラスメントに分類される行為）を刑事規制の対象とするために設けられた刑罰法規であるが、性差別罪と既に処罰規定が設けられているハラスメントの罪、誹謗中傷罪・名誉毀損罪、侮辱罪、脅迫罪及び性的指向に基づく憎悪、差別または暴力を扇動する罪との関係性が議論されてきた。性差別罪の存在意義についても疑問が提起されてきたが、刑法典改正作業においては、現行の特別法に定める性差別罪の内容を基本的に継承する性差別罪（257条）が新刑法典において設けられた。

　性差別的な言動について刑事規制を行う立法例はフランスにおいても見られる。フランスでは、2018年8月3日法律によって、違警罪として「性差別的侮辱罪（621-1条 outrage sexiste）」が制定され、その後、2019年3月23日法律によって一部修正された[96]。

フランス刑法621-1条
Ⅰ　性差別的侮辱とは、刑法222-13条、222-32条、222-33条及び222-32-2-2

95　Cass., 31 mai 1886, Pas., 1986, Ⅰ, p. 249; Kuty, *op. cit.*, p. 58.
96　2018年により制定された性差別的侮辱罪を紹介した文献として、福永俊輔「フランス性犯罪規定の改正」西南学院大学法学論集52巻1号（2019）150頁以下、刑法621-1条Ⅰ・Ⅱを紹介した文献として、山崎・前掲「各国ハラスメント法制とわが国の現状」6頁がある。

条に定める場合を除いて、品位を落とすようなもしくは屈辱的な性格のゆえに、その尊厳を侵害することになる、または威嚇的な、敵対的なもしくは無礼な状況を創出することになる性的なもしくは性差別的な意味をもつ一切の発言または行動を人に押し付ける行為をいう。

Ⅱ 性差別的侮辱は、第4級の違警罪について定められる罰金に処する。本罪は、反則金の減額に関する規定を含む反則金に関する刑事訴訟法の規定の対象となりうる。

Ⅲ

① 性差別的侮辱は、次に掲げるように実行されたときには、第5級の違警罪について定める刑罰に処する。

1 職務上委託された権限を濫用する者によって、

2 15歳未満の未成年者に対して、

3 年齢、疾病、身体障害、身体的もしくは精神的な欠陥もしくは妊娠状態によって著しく脆弱であることが明白である者、または行為者がその脆弱性を認識している者に対して、

4 経済的もしくは社会的な状況が不安定である結果として著しく脆弱であるもしくは依存していることが明白である者、または行為者がその脆弱性を認識している者に対して、

5 正犯または共犯として行動する複数人によって、

6 旅行者を集団で輸送する自動車内において、または旅行者を集団で輸送する手段の利用が可能な場所において、

7 被害者の本当のまたは想定される性的指向を理由として。

② 本条Ⅲに定める違警罪の累犯は、刑法第132-11条第1項に従って処罰される。

Ⅳ 本条Ⅱ及びⅢに定める違警罪で刑の言渡しを受けた者はまた、次に掲げる補充刑を受ける。

1 刑法第131-5-1条第1号、第4号、第5号または第7号に定める研修を受ける刑、

2 本条Ⅲに定める場合には、20時間以上120時間以下の期間の公益奉仕労働。

IV 性差別に対する刑事規制の意義 *383*

フランスでは、性差別的侮辱罪を違警罪として規定しており、罰則も罰金（違警罪刑を定める131-13条に従えば、621-1条Ⅱが適用される場合は750ユーロ以下、同条Ⅲが適用される場合は2,500ユーロ以下となる。）、自由剥奪刑・自由制限刑、修復的賠償刑やその代替刑等の比較的軽いものに限定されている。フランスで性差別的「侮辱」罪という罪名が選択されたことについて、「侮辱（outrage）」とは、元来、公権力を行使する公務員に対する侮辱の場合に用いられた概念（刑法433-5条）であって、私人を被害者とする場合に「侮辱（outrage）」という文言を使用することの妥当性について批判が加えられることもあり[97]、性差別の処罰形態についても課題が指摘されている。そもそも、立法の段階で、ストリートハラスメントを言語化し立法化することを目的としていたが[98]、ストリートハラスメントの概念を明確に定義することが難しいという問題もある。

性差別的侮辱罪については、同様の行為を処罰する他罪との関係が問題となる。条文上、性差別的侮辱罪の適用については、暴行が性的または性差別的な理由で実行され8日以下の労働不能の結果が生じた場合（222-13条）、性的露出の罪（222-32条）、セクシャルハラスメントの罪（223-33条）、生活におけるハラスメントの罪（223-33-2-2条）が適用される場合は除外される。セクシャルハラスメントの罪と性差別的侮辱罪は同様の行為を処罰の対象としているが、通常のセクシャルハラスメントの罪（同条Ⅰ）については反復性が必要であり[99]、この点が性差別的侮辱罪とは根本的に異なる。暴行・傷害罪との関係については、条文上は、8日以下の労働不能を惹起した暴行罪（222-13条）が除外されているので、性差別的行動が8日以上の労働不能等を惹起した場合には、性差別的侮辱罪のみが適用されることになるが、このような場合に、性差別的侮辱罪を適用することの妥当性が問題となる。例えば、被害者が性差別的行動を行った行為者との接触を避けるために、歩道の端でよろめいて転倒し頭部を骨折したような場合に性差別的侮辱

---

97 M.-L. Rassat, Outrage sexiste ou sexuel, *Juris-classeur pénal, Art. 621-1; fasc. 20*, p. 2.

98 Rassat, *op. cit.*, p. 3. この点については、福永・前掲論文150頁を参照。

99 末道・前掲「フランス・ベルギーにおけるハラスメントの法規制」39頁

罪を適用することが適切かは大きな問題となる[100]。規定そのものに問題があるが、不合理を避けるためには、実務的には、性差別的侮辱罪では訴追しないとの選択肢が考えられうるとの指摘もある[101]。したがって、性差別的侮辱罪を制定したことで問題がすべて解決するわけではない。

　ベルギーの性差別罪の法定刑としては、1月以上1年以下の拘禁刑及び50ユーロ以上1,000ユーロ以下の罰金、またはそのどちらかの刑が規定されている。拘禁刑については、45時間以上300時間以下の労働刑（公益奉仕労働）に代替することも可能である。刑法典改正法案の性差別罪については、法定刑としては第1級の刑が規定されているが、主刑としての第1級の軽罪刑として、罰金（200ユーロ以上2万ユーロ以下）、労働刑（20時間以上120時間以下）、保護観察刑（6月以上12月以下の期間）、没収、犯罪から期待されまたは得られた利益に応じて定められた財産刑、公契約に参加する権利または委託を受ける権利の排除、有責性を宣告する刑の言渡し、が定められており、拘禁刑は除外されている[102]。ベルギーでは、短期の自由刑が言い渡されても、実務的には、他の刑に代替されることが多く、短期自由刑の適用は実務的には排除されることが多いという実情を踏まえて、刑法典改正法案においては、拘禁刑は第1級の刑から排除されている[103]。ベルギーでもフランスでも、性差別処罰規定の性格は軽微な犯罪と位置づけられてはいるが、性差別的な行動を刑事規制の対象としている点において変わりはない。

　ストリートハラスメントを定義することは容易ではないが、一般的にストリートハラスメントは公共の場所における性的理由や性別を理由とする嫌がらせ行為・迷惑行為をいうとされ、公共の場所での、ナンパ、痴漢、つきまとい行為、突然罵声を浴びせられる、性的なからかいを受ける等がその例として挙げられるし、女性・男性を問わず被害を受けている状況にある[104]。し

100　Rassat, *op. cit.*, p. 3.
101　*ibid.*
102　この点については、末道康之「ベルギー刑法典改正法案第1編・刑法総論の概要」南山法学44巻2号（2021）170頁以下を参照。
103　この点については、末道・前掲「ベルギー刑法典改正法案第1編・刑法総論の概要」201頁以下を参照。

たがって、公共の場所における性的理由に基づく言語や動作に基づく迷惑行為や嫌がらせ行為と定義することは可能であろう。ベルギーやフランスでは、公共の場所における性差別を独立した犯罪として処罰する一方で、各種のハラスメントや差別についても刑事規制の対象として整備している。これに対して、わが国においては、各種のハラスメントや差別に関する刑事規制は実現していない状況にある。確かに、刑法の謙抑性の原則に照らして、刑事規制が必要であるかの判断は慎重に行うべきであることに異論の余地はないが、わが国では、欧米諸国に比べて人権侵害や人間の尊厳の侵害への対応が必ずしも十分ではないように思われる状況にあることは否めない。女性の社会進出が進んでいると思われるベルギーやフランスにおいてでさえも、特に女性への性差別は厳然と存在し、そのような状況を強く非難し差別解消を推進する運動も強力になっていることが、性差別の刑事規制につながっていると考えられる[105]。欧米諸国に比べて、女性の社会進出が必ずしも進んでいない現状を考えると、わが国における性差別の状況はより深刻であるように思われるし、多様化する性や性的マイノリティーへの対応の現状を考えると、その解消にはかなりの努力が必要であると思われる。少子高齢化が進む日本では、今後一層、多様な社会を実現し、性差や年齢にかかわらず、誰もが区別なく平等に社会に参画し活躍できることが重要となることは、政府自身も自覚し推進策をとっていることからも明らかであろう。わが国では少子高齢化に対応するため、さらには労働者の確保という観点からも、将来的には移民政策を転換し、移民を受け入れる必要性が高まると思われるが、そのような事態も想定しながら、多様性を容認する社会を実現しておく必要があろう。わが国がさらに発展するためには、いかなる理由に基づくものであっても差別のない社会の実現は喫緊の課題であると思われる。

　国際的にも対策の不備が指摘される人権擁護や人権侵害への対応については、わが国の現状は非常に消極的であるといわざるを得ない。2021年にはLGBT 差別を解消するための法案（性的指向及びジェンダーアイデンティティ

104　2019年1月に公表された WeeToo Japan による「公共空間におけるハラスメント行為の実態調査」において例示された行為態様を参照した。

105　このような指摘については、Hausman, *op. cit.*, p. 982を参照。

の多様性に関する国民の理解の増進に関する法律）[106]についても、自民党の保守派の反対によって国会提出に至らなかったこともその一例であろう。

　ベルギーの性差別罪は人の社会的な評価を保護するというのではなく、その保護法益は人の尊厳である一方で、名誉毀損罪や侮辱罪に相当する行為は、別罪として規定されており、その保護法益はわが国と同様に人の社会的評価とされている[107]。新刑法典では、性差別罪は差別の罪の章に規定されていることから、その罪質も名誉毀損罪・侮辱罪とは異なっていると評価されている。公共の場所における性差別的表現行動が、人の社会的評価を低下させる危険性のあるものであれば、事実の摘示の有無に応じて、わが国においても名誉毀損罪や侮辱罪を適用して対応することは可能となるし、性差別的行動が、暴行・脅迫を伴えば強制わいせつ罪・強要罪に該当し、痴漢行為であれば都道府県の迷惑防止条例違反に該当しうるし、つきまとい行為であればストーカー行為等の規制等に関する法律（ストーカー規制法）違反等の犯罪に該当することも想定できるが、ハラスメントや差別に関する一般的な刑罰法規を有していないわが国においては、現行の刑罰法規には該当しないが問題となりうる性差別的な行動を適切に規制できるかが問われることになる。公共の場所における性的な理由によるからかい行為や迷惑行為の被害は、被害者にとっては看過できないものであり、これまでこのような行為が見過ごされてきたとはいえ、現在の社会においては、このような被害を生む性差別的行動を受け入れないことを明確にする必要があると思われる。個人の尊厳の保障という観点から、性差別を含む差別一般を規制するという対応が、刑事規制を考えるうえでも、今後ますます重要な課題となると思われる。

106　LGBT 理解増進法は、2023年 6 月16日に成立したが、罰則のない理念法にとどまり、当初の超党派案からも後退した内容となった。

107　この点については、P. Magnien, Les atteintes portées à l'honneur et à la considération des personnes, *Les infractions volume 2 Les infractions contre les personnes*, Larcier, 2010, p. 751を参照。

Ｖ　おわりに

　ベルギーでは、刑法及び特別法において、各種のハラスメントや各種差別の規制が整備されている。性差別についても、差別に対する法規制の流れの中で、人間の尊厳に対する罪の一類型として独立した犯罪として整備された。ベルギーにおいても、性差別罪の規定の複雑性に対して批判が加えられることもあるが、誰もがありのままに存在し活躍できるような多様性を認め合う社会の実現のためには、性別、性差、性的指向等を理由とする差別や他人の尊厳を侵害する行為は全面的に禁止する必要があると思われる。人間の尊厳を保障するためには、罰則を伴う法整備が必要となる場合もあり、わが国においても、性差別を含む差別行為に対する刑事規制の必要性やその態様について検討すべき段階にあると思われる。

初出一覧
（必要に応じて加筆し、修正を加えた。）

第1部

第1章「フランス刑法と違法性の概念」南山法学39巻3・4合併号（2016年6月）227頁

第2章「フランス新古典学派の未遂犯概念に関する一考察」南山法学41巻3・4合併号（2018年8月）285頁

第3章「フランス・ベルギー刑法学における〈précarité〉の概念」南山法学45巻3・4合併号（2022年8月）305頁

第4章「美術品に対する不正行為と刑事規制をめぐる日仏比較法的考察」南山法学47巻2号（2024年2月）63頁

第5章「ベルギー刑法学における犯罪の主観的成立要素」南山法学42巻3・4合併号（2019年6月）193頁

第6章「ベルギー刑法における未必の故意（dol éventuel）の概念をめぐる最近の議論」南山法学45巻2号（2021年12月）151頁

第7章「ベルギーにおける新型コロナウイルス感染症対策と刑事法の対応」南山法学44巻3・4合併号（2021年4月）1頁（改題）

第2部

第1章「ベルギー刑法典改正法案　第1編・刑法総則の概要」南山法学44巻2号（2021年1月）159頁（改題　加筆修正）

第2章「ベルギー刑法における性犯罪規定全面改正の概要」南山法学46巻1・2合併号（2022年12月）87頁

第3章「性差別及び各種ハラスメントに関するベルギーの刑事規制」南山法学46巻3・4合併号（2023年9）393頁

事項索引

〈あ〉

悪意……………………………………295

〈い〉

意思（intention）…………………………50
意思的要素…………………………………120
一般的故意……………………129,150,244
意図的要素…………………………………130
違法性………………………………………1
違法性の意識の可能性必要説…………131
違法性の意識不要説………………………130
淫行…………………………………………354
淫行・売春のための広告…………………332
淫行または売春からの搾取…………………320
淫行または売春のための宿の運営……318
淫行または売春のための宿や場所の運
　営・提供…………………………………330
淫行または売春目的……………318,319

〈う〉

ヴィテュ………………………………………4
運転する権利の剥奪……………222,271

〈え〉

永仁の壺事件………………………………91
営利の目的…………………………………295
延長された追跡調査………………217,269

〈お〉

オルトラン……………………………………36

〈か〉

拡散……………………………………172,334
拡大没収……………………………226,273
確定的故意…………………………………123
科刑上一罪……………………………230,277
過失……………………………………125,131
過剰防衛……………………………205,251
加重事由……………………180,313,316

〈き〉 (右段)

加重売春の濫用…………………………351
加重ハラスメントの罪…………………366
加重要因……201,204,265,302,316,327,
　337,366
加重要素……………………198,201,316
可罰的な共犯………………………………201
可罰的未遂…………………………………198
ガレ……………………………………………44
ガロー…………………………………2,15,39
贋作版画事件………………………………93
贋作美術品…………………………………89
間接正犯……………………………………259
観念的競合……………………………277,278
勧誘行為……………………………………331

〈き〉

危険（danger）………………………………36
客観的加重事由…………………………261
客観的加重要素・要因の連帯的作用
　……………………………………………262
客観的犯罪阻却事由………………………23
客観的未遂概念……………………………37
客観的無答責事由…………………………22
客観的要素……………1,11,197,243
ギャルソン……………………………………6
急迫性……………………………………250
狭義の共犯……………………………260
行刑裁判所……………………268,282,284
教唆犯………………………………………259
強制……………………………………256
強制わいせつ……………………………309
共同正犯……………………………………259
共同体のための給付………………………272
共同体のための給付刑……………………228
脅迫……………………………………185,305
共犯……………………………………259
共犯と中止犯……………………………247
共犯と身分……………………………261
共謀関与者………………………………260
共謀共同正犯……………………………260

390　事項索引

居住、場所への立入または接触の禁止
　………………………………………222, 271
挙証責任…………………………………306
緊急避難…………………………19, 199, 252
近親姦……………………………………298, 314

〈く〉

具体的危険説…………………………………42
グルーミング………………………………328

〈け〉

軽減事由………………………………………204
刑事過失（faute pénale）………………………7
刑事過失と民事過失の同一性の原則
　………………………………………131, 245
刑事未成年………………………203, 206, 259
芸術作品に対する不正行為………………83
刑の時効……………………………………237, 285
刑の執行猶予………………………………233, 282
刑の消滅事由…………………………………285
刑の停止………………………………………231
刑罰の補充性の原則…………………………263
刑罰の目的……………………………………203, 263
刑罰法規………………………………………242
刑罰法規の解釈………………………………196
刑罰法規の時間的適用………………………196
刑罰法規の場所的適用………………………196
刑罰法規不遡及の原則………………………241
軽微な過失……………………………………131
刑法の時間的適用……………………………241
刑法の場所的適用……………………………242
結果を発生させる意欲………………………122
厳格解釈の原則………………………………242
厳格な客観説…………………………………35
権限機関の命令………………………………199, 248
原状回復………………………………………234, 285
限定責任能力…………………………………22
権利の剥奪……………………………………220, 340
権利の濫用に対する正当な抵抗……200,
　253

〈こ〉

故意………………………………………119, 129
公共の場所……………………………………345, 376

抗拒不能の力…………………………………202, 255
拘禁期間の参入………………………………231
拘禁刑…………………………………………210, 267
構成要件該当性………………………………1, 10
公然性…………………………………………345, 376
公然と…………………………………………376
公然わいせつ…………………………………344
行動制御能力…………………………………257
行動の認識……………………………………244
公務執行妨害…………………………………182
個人行為責任の原則…………………………200
古典学派…………114, 119, 149, 153, 156
コンテンツの所持または取得………………326
コンテンツの製造または拡散………………326
コンテンツの法律上の受理、分析及び伝
　達に関する正当化事由………………327
コンテンツへのアクセス……………………326

〈さ〉

罪刑法定主義…………………………………196, 241
財産刑…………………………………………223, 273
財産刑支払の民事責任………………………234
罪数……………………………………………276
罪名決定………………………………………10
詐欺罪…………………………………………92, 101
作為……………………………………………243
策略……………………………………………305
避けることのできない錯誤………202, 257
差別……………………………………………180, 367
差別的動機……………………………204, 265, 316
差別的な動機…………………………………300
サレイユ………………………………………42

〈し〉

私印偽造罪……………………………………95
事後従犯………………………………………259, 261
自招危難………………………………………253
自傷他害の恐れ………………………………258
施設の閉鎖……………………230, 275, 339, 351
自然人…………………………………………206
自然人に適用される刑罰……………………267
実行共同正犯…………………………………259
実行の着手……………………………………35, 246
執行猶予………………………………………231

執行猶予の取消事由 ………………… 284
実在的競合 …………………………… 277
実質的競合 …………………………… 278
実質犯 ………………………………… 118
指導 ……………………………… 205,265
児童ポルノ …………………………… 334
私文書偽造罪 ………………………… 95
社会的悪 ……………………………… 34
社会的効用 …………………………… 33
社会的目的に関連する活動の実行の禁止
 ……………………………… 229,273
社会防衛法 …………………………… 258
自由意思 ……………………………… 244
集合犯 ………………………………… 279
自由制限刑 ……………………… 213,269
修正された客観説 ………………… 36,40
重大な過失 …………………………… 245
自由剥奪下の治療 ……………… 211,268
自由剥奪刑 …………………………… 210
主観説 ………………………………… 44
主観的加重事由 ……………………… 261
主観的加重要素・要因の個別的作用
 ………………………………… 262
主観的責任の原則 ……………… 111,117
主観的未遂概念 ……………………… 45
主観的無答責事由 …………………… 22
主観的要素 ……… 1,11,111,112,197,244
主刑 ……………………………… 206,267
春峯庵事件 …………………………… 90
商品の品質等を偽る罪 ……………… 103
職業の禁止 ……………………… 221,270
所持 …………………………………… 334
所持及び相互の伝達 ………………… 325
新・新古典学派 ……………………… 44
侵害の重大性 …………………… 250,375
侵害の不正性 ………………………… 249
新型コロナウイルス感染症 ………… 169
親告罪 …………………………… 92,380
新古典学派 …………………………… 33
人身取引・売買罪 …………………… 355
人身売買罪 …………………………… 60
心理的強制 …………………………… 256

〈す〉

ストリートハラスメント …………… 384

〈せ〉

性差別 …………………… 368,370,371,372
性差別的侮辱罪 ………………… 381,383
性差別の表現 ………………………… 372
脆弱性（vulnerabilié） ……………… 65
精神障害 ……………………………… 203
精神の障害 ……………………… 202,257
製造（production） …………………… 334
性的画像の削除 ……………………… 346
性的完全性 …………………………… 303
性的完全性の侵害 …………………… 294
性的完全性の侵害罪 ………………… 309
性的虐待画像 ………………………… 334
性的自己決定 ………………………… 303
性的自己決定に関する同意 ………… 293
性的自由 ……………………………… 303
性的挿入行為（性交等） ……… 309,310
性的なコンテンツの同意ある実現 … 325
性的な内容の不同意拡散等 ………… 295
性的目的で未成年者に接近する行為
 ………………………………… 317
正当化事由 …… 19,23,199,248,324,325,
 334
正当行為 ……………………………… 248
正当防衛 ………………… 19,200,249
正当防衛の推定 ……………………… 19
正犯 …………………………………… 259
性犯罪者 ………………………… 205,265
正犯の身分 …………………………… 200
生物テロ ……………………………… 184
責任阻却事由 …………………… 22,255
責任無能力 ……………………… 22,258
セクシャルハラスメント …………… 364
セクスティング ……………………… 335
接近（approche） …………………… 328
窃視・盗撮等 ………………………… 294
窃視・盗撮等罪 ……………………… 312
絶対的正義 …………………………… 33
絶対的不能・相対的不能説 ………… 38
折衷学派 ……………………………… 33

392 事項索引

是非弁別能力······················257
専門家または専門部局の意見·········205
専門家または特別な部局の意見·······265

〈そ〉

憎悪の扇動·······················367
相続欠格·························236
属地主義·························242
損害賠償······················234,285

〈ち〉

秩序違反犯·······················132
知的財産法·······················103
注意義務·························131
注意義務違反······················245
中止犯························47,246
調査報告書····················204,265
直接正犯·························259
著作権等侵害物品の頒布罪············87
著作権等の侵害罪···················87
著作権法·························88
著作財産侵害罪····················103
治療······················205,265

〈つ〉

追徴·····························274

〈て〉

出会いの提案······················328
テロ犯罪·····················183,189
テロリスト····················205,265
電子監視刑····················213,269
電話によるハラスメント··············365

〈と〉

道徳的悪·························34
毒殺罪···························175
特定の禁止·······················340
特別故意·················124,128,245
特別没収·························71
トレビュシアン····················37

〈に〉

任意による中止の不存在··············35

人間の尊厳·······················374
人間の尊厳に対する侵害··············367
認識ある過失······················126
認識的要素····················120,130
認識なき過失······················126
認容（acceptation）···············165

〈は〉

売春幹旋罪····················349,355
売春の勧誘····················351,356
売春のための広告················350,356
売春目的·························328
売春宿···························330
売春宿の運営······················331
売春濫用の罪······················354
ハウス···························38
罰金······················223,273
ハラスメント······················362
ハラスメントの罪···················366
パン····························17
反抗の罪·····················182,188
犯罪·····························243
犯罪から期待されまたは得られた利益に
　応じて定められた財産刑···········274
犯罪から生じた財産的利益、財産的利益
　が代替された財産及び有価証券並びに
　投資された利益からの収益··········273
犯罪競合·····················230,277,279
犯罪供用物·················273,323,333,353
犯罪行為者·······················259
犯罪構成事実の認識·················122
犯罪構成要素······················243
犯罪事実·························130
犯罪事実の認識・認容···············130
犯罪生成物·······················273
犯罪阻却事由······················247
犯罪対象物·······················273
犯罪地···························242
犯罪の構成要素····················197
犯罪の実行に直接的に協力した者·····259

〈ひ〉

被害者の脆弱性··················306,314
被害者の脆弱な立場の濫用············367

被害者の同意‥‥‥‥‥‥‥‥‥‥302,304
美術品に対する不正行為‥‥‥‥‥‥‥106
必要的減刑事由‥‥‥‥‥‥‥‥‥‥‥251
病因の悪意のある拡散‥‥‥‥‥‥‥‥187
比例性（proportionnalité）‥‥‥‥‥‥69

〈ふ〉

不意打ち‥‥‥‥‥‥‥‥‥‥‥‥‥‥305
フォート‥‥‥‥‥‥‥‥‥‥‥‥‥‥‥7
不確定的故意‥‥‥‥‥‥‥‥‥‥‥‥123
付加刑‥‥‥‥‥‥‥‥‥‥‥‥‥‥‥207
不可抗力‥‥‥‥‥‥‥‥‥‥‥202,255
不作為‥‥‥‥‥‥‥‥‥‥‥‥‥‥‥243
不作為による共犯‥‥‥‥‥‥‥‥‥‥261
不作為による幇助犯‥‥‥‥‥‥‥‥‥259
物質‥‥‥‥‥‥‥‥‥‥‥‥‥‥‥‥171
物理的強制‥‥‥‥‥‥‥‥‥‥‥‥‥256
不同意拡散罪‥‥‥‥‥‥‥‥‥‥‥‥312
不同意性交罪（強姦罪）‥‥‥‥295,309
不同意性的行為致死‥‥‥‥‥‥‥‥‥296
不動産の没収‥‥‥‥‥‥‥‥‥‥‥‥273
不法（違法）要素‥‥‥‥‥‥‥‥3,15
不法行為‥‥‥‥‥‥‥‥‥‥‥‥‥‥‥7
ブリュッセル自由大学学派‥‥‥‥‥‥116
浮浪‥‥‥‥‥‥‥‥‥‥‥‥‥‥‥‥‥62
文書偽造罪‥‥‥‥‥‥‥‥‥‥‥94,102

〈へ〉

併科主義‥‥‥‥‥‥‥‥‥‥‥‥‥‥282
遍在説‥‥‥‥‥‥‥‥‥‥‥‥‥‥‥242

〈ほ〉

ボアソナード‥‥‥‥‥‥‥‥‥‥‥‥‥40
保安拘禁‥‥‥‥‥‥‥‥‥‥‥‥‥‥258
保安処分‥‥‥‥‥‥‥‥‥‥234,258,285
保安処分としての没収‥‥‥‥‥‥236,285
防衛行為の相当性‥‥‥‥‥‥‥‥‥‥250
防衛の意思‥‥‥‥‥‥‥‥‥‥‥‥‥251
暴行‥‥‥‥‥‥‥‥‥‥‥‥‥‥‥‥305
暴行行為‥‥‥‥‥‥‥‥‥‥‥‥‥‥186
放出‥‥‥‥‥‥‥‥‥‥‥‥‥‥‥‥184
幇助犯‥‥‥‥‥‥‥‥‥‥‥‥‥‥‥259
法人‥‥‥‥‥‥‥‥‥‥‥‥‥‥‥‥228
法人に適用される刑罰‥‥‥‥‥‥‥‥271

法人に適用される特別刑‥‥‥‥‥‥‥272
法人の解散‥‥‥‥‥‥‥‥‥‥236,285
法人の刑事責任‥‥‥‥‥‥‥‥‥‥‥200
法の錯誤‥‥‥‥‥‥‥‥‥‥‥‥‥‥‥26
法の不知は宥恕せず‥‥‥‥‥‥‥‥‥‥26
法律上の受理、分析及び伝達‥‥‥‥‥324
法律的要素‥‥‥‥‥‥‥‥‥‥‥‥1,16
法律の錯誤‥‥‥‥‥‥‥‥‥‥‥‥‥‥24
法律の不能・事実の不能説‥‥‥‥‥39,46
法律の命令・許可‥‥‥‥‥‥19,199,248
法律要件‥‥‥‥‥‥‥‥‥‥‥‥‥‥133
保護観察刑‥‥‥‥‥‥‥‥‥‥214,269
保護観察付き執行猶予‥‥‥‥‥‥‥‥282
保護法益‥‥‥‥‥‥‥‥‥‥‥‥‥‥‥16
没収‥‥‥‥‥‥‥‥224,273,323,333,353
没収対象物‥‥‥‥‥‥‥‥‥‥‥‥‥273

〈ま〉

マネー・ロンダリング‥‥‥‥‥‥‥‥100

〈み〉

未遂（tentative）‥‥‥‥‥‥‥‥‥‥‥50
未遂犯‥‥‥‥‥‥‥‥‥‥‥‥‥‥‥246
未遂犯の主観的要素‥‥‥‥‥‥‥‥‥158
未成年者‥‥‥‥‥‥‥‥‥‥‥320,332
未成年者との淫行または買春‥‥‥‥‥320
未成年者に対する淫行・売春‥‥‥‥‥331
未成年者に対する健康危険罪‥‥‥‥‥‥60
未成年者の淫行・売春組織‥‥‥‥‥‥331
未成年者の淫行または売春の勧誘‥‥‥329
未成年者の性的虐待画像‥‥‥323,324,334
未成年者の性的虐待画像の所持及び取得
‥‥‥‥‥‥‥‥‥‥‥‥‥‥‥‥‥324
未成年者の性的虐待画像の製造または拡
散‥‥‥‥‥‥‥‥‥‥‥‥‥‥323,324
未成年者の性的虐待画像へのアクセス
‥‥‥‥‥‥‥‥‥‥‥‥‥‥‥‥‥324
未成年者の性的搾取‥‥‥‥‥‥‥‥‥328
未成年者の同意年齢‥‥‥‥‥‥‥‥‥306
未成年者の同意能力‥‥‥‥‥‥‥‥‥293
未成年者の募集‥‥‥‥‥‥‥‥318,329
未成年者への場所の提供‥‥‥‥‥‥‥319
未成年者を淫行または売春に勧誘する行
為‥‥‥‥‥‥‥‥‥‥‥‥‥‥‥‥317

未成年者を害する性的虐待もしくは性的
　搾取 ································· 326
未必の故意 ·············· 123, 137, 152
民事過失（faute civile） ·············· 7
民事的諸規定 ·················· 234, 285
民事判決の時効 ················ 237, 287

〈む〉

無答責事由 ····················· 202, 257

〈め〉

免責事由 ····························· 202

〈も〉

物乞い ·························· 57, 62
モラルハラスメント ··············· 365

〈ゆ〉

有害物質混入罪 ···················· 181
有害物質等投与罪 ·················· 175
有期拘禁刑 ························· 267
有罪判決言渡しの停止 ·············· 231
有罪判決の公示 ··············· 230, 274
宥恕事由 ····················· 205, 251
有責性 ····························· 1
有責性阻却事由 ··············· 202, 255
有責性を宣告する刑の言渡し ····· 223, 271
優先制 ····························· 235

〈よ〉

予見義務 ··························· 131
予見義務違反 ······················ 245

〈り〉

リスト ···························· 42
量刑 ····················· 76, 230, 275
良俗 ····························· 343
良俗の公然壊乱の罪 ············ 336, 342

〈る〉

類推解釈の禁止 ···················· 242
累犯 ······················· 230, 275
ルー ····························· 2
ルグロ ···························· 116

〈れ〉

歴史修正主義 ······················ 367
連続犯 ····························· 279
連帯責任 ····················· 235, 285
労働刑 ··················· 73, 216, 269

〈ろ〉

露出行為 ····················· 337, 345
ロッシー ··························· 36
ロベール ··························· 16

〈A-Z〉

1895年2月9日法律 ················· 95
abus de prostitution ··············· 354
atteinte à l'intégrité sexuelle ········ 309
attentat à la pudeur ··············· 309
Bardoux 法 ······················· 95
cause de non-culpabilité ············ 22
cause de non-imputabilié ··········· 22
cause objective d'irresponsabilité ······ 22
cause subjective d'irresponsabilité ····· 22
circonstance aggravante ············· 316
concours idéal ····················· 278
concours matériel ·················· 278
culpabilité ························· 1
débauche ························· 354
Delannay ·················· 141, 169
délit civil ·························· 7
diffusion ···················· 172, 334
dol éventuel ······················ 137
dol général ··············· 129, 150, 244
dol spécial ·················· 124, 245
école néo-classique moderne ou nouvelle
 ······························· 44
élément aggravant ················· 316
élément injuste ···················· 3
élément légal ······················ 1
élément matériel ················ 1, 11
élément moral ············ 1, 11, 111, 112
emprisonnement ··················· 267
erreur de droit ···················· 26
exhibitionnisme ··················· 345
facteurs aggravants ················ 316

事項索引　*395*

faits justificatifs ····················· 19
faute ································· 125
faute　非行 ···························· 7
fraudes en matière artistique ·········· 83
Garçon ································· 6
Garraud ································ 2
gravité de l'atteinte ·················· 375
Haus ···············114,119,140,148
Hennau et Verhaegen ··········140,142
HIV 感染者 ·························· 175
illicéité ······························ 1
images d'abus sexuls de mineurs ······ 334
incitation à la haine ·················· 367
infration réglementaire ················ 132
intention spéciale ···················· 128
intérêt protégé ······················· 16
justice absolue ······················· 33
Kuty ·············141,148,154,157,161
Legros ·························116,149
libération ···························· 184
mal ································· 34
mal moral ···························· 34
mal social ···························· 34
mendicité ·························57,62
négationnisme ······················ 367
nul n'est censé ignorer la loi ·········· 26

outrage public aux bonnes moeurs
···································342
outrage sexiste ······················381
Pin ·································· 17
Pirmez ·····························116
précarité（不安定さ）·······55,65,74,75
prescrit légal ·······················133
proposition de rencontre ··············328
proxénetisme ························355
publicité ···························376
qualification ························ 10
Robert ······························ 16
Roux ································ 2
Rozie ······························194
sexisme ····························370
sexting ····························335
substances ·························171
suivi prolongé ······················270
typicité ··························1,10
utilité sociale ······················ 33
vagabondage ························ 62
Vandermeersch ·················139,194
viol ······························309
Vitu ································ 4
volonté du résultat ··················122
voyeurisme ·························312

著者略歴

末道 康之（すえみち　やすゆき）

1964年　兵庫県姫路市に生まれる
1986年　慶應義塾大学法学部卒業
1995年　慶應義塾大学大学院法学研究科後期博士課程単位取得
1998年　博士（法学）（慶應義塾大学）
現　在　南山大学大学院法務研究科教授

主要著書

『フランス刑法における未遂犯論』（成文堂，1998年）
『宮澤浩一先生古稀祝賀論文集第2巻』（共著，成文堂，2000年）
『慶應の法律学　刑事法』（共著，慶應義塾大学出版会，2008年）
『フランス刑法の現状と欧州刑法の展望』（成文堂，2012年）
『フランス刑事法入門』（共著，法律文化社，2019年）

南山大学学術叢書
フランス語圏刑法学の諸相

2025年2月20日　初版第1刷発行

著　者　末　道　康　之
発行者　阿　部　成　一

〒162-0051　東京都新宿区西早稲田1-9-38

発行所　株式会社　成　文　堂

電話　03(3203)9201(代)　Fax　03(3203)9206
https://www.seibundoh.co.jp

製版・印刷　藤原印刷　　製本　弘伸製本　　　検印省略
☆乱丁・落丁本はおとりかえいたします☆
©2025 Y. Suemichi　　　Printed in Japan
ISBN978-4-7923-5436-7 C3032

定価（本体8000円＋税）